DAS UNIVERSALIEN-PROBLEM

WEGE DER FORSCHUNG

BAND LXXXIII

1978

WISSENSCHAFTLICHE BUCHGESELLSCHAFT

DARMSTADT

DAS UNIVERSALIEN-PROBLEM

Herausgegeben von

WOLFGANG STEGMÜLLER

1978

WISSENSCHAFTLICHE BUCHGESELLSCHAFT

DARMSTADT

CIP-Kurztitelaufnahme der Deutschen Bibliothek

Das Universalien-Problem / hrsg. von Wolfgang Stegmüller. — Darmstadt: Wissenschaftliche Buchgesellschaft, 1978.
(Wege der Forschung; Bd. 83)
ISBN 3-534-03740-5

NE: Stegmüller, Wolfgang [Hrsg.]

Bestellnummer 3740-5

Satz: Maschinensetzerei Janß, Pfungstadt
Druck und Einband: Wissenschaftliche Buchgesellschaft, Darmstadt
Printed in Germany
Schrift: Linotype Garamond, 9/11

ISBN 3-534-03740-5

INHALT

EINLEITUNG

Von Wolfgang Stegmüller

1. Allgemeine Einführung

Zu den überraschendsten Vorgängen in der gegenwärtigen Philosophie gehört das Wiederaufleben des Universalienstreites in modernem Gewand. Erste Ansätze dafür finden sich allerdings bereits in den Reaktionen auf die zu Beginn dieses Jahrhunderts ausbrechende logisch-mathematische Grundlagenkrise. Der Gegensatz zwischen den Vertretern eines Universalienrealismus, früher auch Hyperrealismus genannt, und des Konzeptualismus findet hier seine Entsprechung in dem Widerstreit zwischen der traditionellen Auffassung, die gelegentlich als der Platonismus der klassischen Mathematik bezeichnet wird, und den verschiedenen Varianten des Intuitionismus und Konstruktivismus. Die linguistische Wende der Philosophie in den dreißiger Jahren und die damit einsetzenden systematischen sprachphilosophischen Untersuchungen haben dazu beigetragen, daß einerseits die Auseinandersetzungen auf eine allgemeinere und abstraktere Ebene emporgehoben worden sind und daß andererseits auch die ganze Nominalismus-Problematik einbezogen wurde. Es ist vor allem das Verdienst von W. V. Quine und N. Goodman, einen systematischen Rahmen für die Diskussionen geschaffen zu haben. Aber auch viele andere Denker haben dazu beigetragen, die verschiedenen Standpunkte zu klären und voneinander abzugrenzen, Argumente zugunsten bestimmter Auffassungen vorzubringen und die allgemeine Natur solcher Argumente zu charakterisieren. Zum Teil trugen sie auch in indirekter Weise zur Klärung bei, indem sie die Vertreter bestimmter Positionen in dem Streit dadurch zu Präzisierungen ihrer Thesen zwangen, daß sie Teile dieser Diskussion oder das ganze Unterfangen selbst in Frage stellten.

Einige der wichtigsten modernen Arbeiten, die zu einem Teil inzwischen als klassisch angesehen werden können, sind in diesem Band abgedruckt. Der mit der Materie noch nicht oder wenig vertraute Leser wird vermutlich so etwas wie einen Leitfaden wünschen, der es ihm erleichtert, den Auseinandersetzungen mit Verständnis zu folgen, und der zugleich verhindert, daß er in der Fülle der Details den roten Faden immer wieder verliert. Ein solcher Leitfaden müßte jedoch die Auseinandersetzungen in allen ihren komplizierten Verzweigungen einbeziehen und würde dementsprechend umfangreich ausfallen. Statt dessen soll hier versucht werden, dem relativ unvorbereiteten Leser eine *provisorische Orientierungshilfe* zu geben.

Zum Zwecke der sprachlichen Abkürzung soll im folgenden der Ausdruck „Theorie" für jede Gesamtheit von alltäglichen oder von wissenschaftlichen, mehr oder weniger systematisch zusammenhängenden Behauptungen verwendet werden. Das Wort wird also in einem sehr weiten und völlig untechnischen Sinn verwendet; im Grenzfall besteht eine Theorie nur aus einer einzigen Behauptung. Die erste und grundlegendste Aufgabe besteht darin, herauszubekommen, was eine beliebige vorgegebene Theorie für ontologische Annahmen macht, oder einfacher: was diese Theorie als seiend oder als existierend voraussetzt. Diese Aufgabe nennen wir das Problem (I). Wir halten es fest in der Frage:

(I) *Wie lautet das Kriterium für die ontologischen Voraussetzungen einer Theorie?*

Bereits diese einfache Frage hat man häufig ganz falsch beantwortet. So ist z. B. früher immer wieder behauptet worden, daß eine Theorie, in der allgemeine Prädikatausdrücke vorkommen, außer Einzeldingen 'allgemeine Gegenstände' annehme, nämlich die Designata dieser Prädikate. In einer solchen Behauptung wird der Fehler gemacht, die Funktion von Prädikaten mit der von Eigennamen gleichzusetzen und beide Male das Schema: „Bezeichnung eines Dinges — Ding" anzuwenden. In anderen Fällen wird dasjenige übersehen, was man die *stenographische Funktion* der Sprache nennen könnte. Ein Nominalist kann durchaus von der Tapferkeit einer Armee, der Ehrlichkeit seines Freundes oder von der heutigen Morgenröte sprechen, ohne zugestehen zu müssen, an die Existenz solcher Entitäten wie Tapferkeit, Ehrlichkeit und Röte zu glauben. Denn er kann alles Gesagte durch ontologisch harmlose Wendungen ersetzen, in denen nur mehr davon die Rede ist, daß die Angehörigen jener Armee tapfere Männer seien, daß sein Freund ein ehrlicher Mensch sei usw. Mit „ontologisch harmlos" ist hierbei folgendes gemeint: Es wird in derartigen Behauptungen nur über konkrete Objekte, über irgendwelche Individuen also, gesprochen und nicht über Individuen *plus* irgendwelche abstrakten Dinge. Ähnlich verhält es sich, wenn man z. B. Eigenschaften als Objekte des Kennens oder Wissens anführt. Wenn ich jemandem versichere: „ich weiß, was eine Farbe ist" oder: „Ich kenne die Farbe rot", so darf der Betreffende mir nicht entgegenhalten, daß ich mich damit auf einen Farbenplatonismus festgelegt habe. Denn abermals könnte ich auf eine solche Behauptung erwidern, daß diese Äußerungen bloße Abkürzungen für etwas umständlichere Formulierungen seien, in denen nicht mehr über Farben, sondern über konkrete Dinge gesprochen wird, also etwa: „ich kann beurteilen, ob ein Ding farbig ist oder nicht" bzw. „ich bin imstande, rote Dinge von nichtroten Dingen zu unterscheiden".

Hat man sich diesen Sachverhalt einmal an einer Reihe von Beispielen vor Augen geführt, so scheint das Problem des Platonismus ebenso rasch zu verschwinden, wie es aufgetaucht ist. Die Übersetzung in eine ontologisch unschuldige Sprechweise scheint ja immer möglich zu sein. Ein derartiger Schluß wäre jedoch voreilig. Was die Beispiele lehren, ist bloß dies: Das gesuchte Ontologie-Kriterium muß so geartet sein, daß es unabhängig von dem zufälligen Sprachgewand, in welches der Verfechter der Theorie seine Behauptungen gekleidet hat, eine eindeutige Antwort liefert. Dagegen dürfen wir nicht von vornherein annehmen, daß uns für jede Behauptung stets eine Übersetzung zur Verfügung steht, die wir als ontologisch harmlos empfinden.

Quine hat darauf aufmerksam gemacht, daß dasjenige, worauf man bei einer Theorie achten muß, wenn man deren ontologische Voraussetzungen erkennen möchte, nicht die verwendeten Prädikate, sondern die *gebundenen Variablen* bzw. die umgangssprachlichen Äquivalente zu gebundenen Variablen sind. Quines Formel: "to be is to be the value of a bound variable" darf dabei nicht wörtlich genommen werden. Denn Quine wollte selbstverständlich nicht die absurde These produzieren, die Welt sei erst dadurch zur Existenz gekommen, daß ein Sprachbenützer erstmals gebundene Variablen verwendete. Vielmehr handelt es sich dabei nur um eine einprägsame schlagwortartige Kurzfassung eines Gedankens, der viel sorgfältiger und ausführlicher formuliert werden muß, wenn er wirklich *als Kriterium* dienen soll. Die Kurzfassung enthält bloß einen Hinweis auf das, worauf man zu achten hat. Wenn man eine Sprache, die Variablen enthält, nicht als bloßen Kalkül behandelt, sondern sie mit einer Deutung versieht, so muß man den Variablen Wertbereiche zuordnen und die Wahrheitsbedingungen von generellen Aussagen, d. h. von All- und Existenzbehauptungen, durch Bezugnahme auf die Objekte dieser Bereiche formulieren. Enthält eine in dieser Sprache formulierte Theorie Wendungen von der Gestalt: „für jede Zahl" (z. B.: „zu jeder Primzahl gibt es eine größere") oder „einige Farben" (z. B.: „einige Farben sind bunt"), so müssen diejenigen Entitäten, über die hier quantifiziert wird, zu den ontologischen Voraussetzungen der Theorie gerechnet werden. Dies gilt jedoch nicht uneingeschränkt. Selbst in solchen Fällen ist es denkbar, daß eine äquivalente und ontologisch unschuldige Fassung gefunden wird. Eine Garantie dafür, eine solche Umformulierung zu finden, hat man allerdings nicht.

Als erste approximative Beantwortung des Problems (I) bietet sich ein Kriterium von folgender Gestalt an:

(1) „Eine Entität wird von einer Theorie genau dann als existierend vorausgesetzt, wenn sie zu den Werten der gebundenen Variablen gerechnet werden muß, damit die in der Theorie behaupteten Sätze wahr werden."

Es dauerte nicht lange, bis man herausfand, daß ein Kriterium von der Gestalt (1) nicht befriedigend ist. Das gesuchte Kriterium muß nämlich mindestens zwei Adäquatheitsvoraussetzungen erfüllen: Erstens muß es *neutral in bezug auf den Wahrheitswert der Theorie* sein, d. h. das Kriterium muß es gestatten, die ontologischen Voraussetzungen der Theorie vollkommen unabhängig davon zu ermitteln, ob die Theorie richtig oder falsch ist. Zweitens muß es auch *ontologisch neutral* sein, d. h. derjenige, welcher das Kriterium verwendet, braucht nicht die ontologischen Voraussetzungen der

Theorien, die er mittels seines Kriteriums untersucht, selbst zu akzeptieren. Diese beiden Forderungen ergeben sich aus der einfachen Überlegung, daß der Benützer des Kriteriums an nichts anderem interessiert ist als herauszubekommen, welche ontologischen Voraussetzungen die Theorie macht, nicht dagegen daran, ihren Wahrheitswert festzustellen, oder gar daran, vorzuschreiben, was sie voraussetzen oder nicht voraussetzen sollte.

Die Fassung (1) des Kriteriums verstößt jedoch gegen beide Bedingungen. Wenn die Theorie *T* z. B. in der Behauptung besteht, daß es ein perpetuum mobile gibt, so liefert die Anwendung von (1) auf *T* die Aussage, *daß es etwas gibt,* das von *T* vorausgesetzt wird und das außerdem die Eigenschaft besitzt, ein perpetuum mobile zu sein.

Die das erste Problem betreffenden Bemühungen gingen somit dahin, das Kriterium (1) durch eine solche Fassung zu ersetzen, die nicht nur mit der Intention in Einklang steht, sondern die überdies die beiden Adäquatheitsbedingungen erfüllt.

Nehmen wir an, dieses Problem sei gelöst. Dann ist es uns immer noch nicht möglich, für eine vorgegebene Theorie zu entscheiden, ob es sich bei ihr z. B. um eine mit dem Nominalismus verträgliche Theorie handelt oder um eine solche, zu deren ontologischen Voraussetzungen Universalien gehören. Zweckmäßigerweise geht man hier nicht vom Universalienbegriff aus, sondern von seinem Gegenbegriff, dem Begriff des *Individuums*, der auch vom Nominalisten als zulässig anerkannt wird. Damit gelangen wir zum Problem (II).

(II) *Wie stellt man fest, ob die ontologischen Voraussetzungen einer gegebenen Theorie mit der Forderung des Nominalismus vereinbar sind, nichts anderes zuzulassen als Individuen?*

Zu dieser Frage gibt es im Prinzip zwei Arten von Antworten. Entweder man überläßt die Entscheidung der Intuition. Dies ist das Vorgehen der meisten Autoren, z. B. auch das von Quine. Oder aber man versucht auch hier wieder, jeweils eine präzise Antwort zu liefern. Die Bemühungen von N. Goodman zielen zu einem Teil darauf ab, diese zusätzliche Leistung zu erbringen. Dabei ergibt sich eine merkwürdige Schwierigkeit. Aus Gründen, auf die wir weiter unten zu sprechen kommen, kann der konsequente Nominalist nicht so vorgehen, daß er für die von einer Theorie vorausgesetzten Entitäten *im nachhinein* feststellt, ob sie seinen Anforderungen genügen oder nicht, ob es sich also dabei nur um Individuen handelt oder ob auch Nichtindividuen darunter vorkommen. Vielmehr muß er zeigen, welchen Anforderungen eine *nominalistische Weltbeschreibung* zu genügen hat. Deshalb nehmen die Goodmanschen Überlegungen zu dem Thema, *wie die Welt als eine Welt von Individuen zu beschreiben ist*, in der modernen Nominalismus-Debatte eine zentrale Stelle ein.

Von *Argumenten für* oder *gegen* eine ontologische Position war bislang überhaupt nicht die Rede. Die erfolgreiche Beantwortung der Probleme (I) und (II), die wir jetzt für einen Augenblick voraussetzen wollen, liefert nicht mehr als ein *Verständnis* der verschiedenen Positionen im Universalienstreit. Man weiß jetzt endlich, was die Vertreter der einzelnen Richtungen *meinen*. Aber man hat noch nichts darüber erfahren, wie sie ihre Position gegenüber anderen Auffassungen *begründen*. Diese Begründungen bilden den Inhalt dessen, was wir Problem (III) nennen.

(III) *Wie lauten die Argumente zugunsten der verschiedenen Positionen bzw. gegen diese?*

Natürlich kann niemand, der selbst zu einem philosophischen Resultat gelangen möchte, es dabei bewenden lassen, diese Argumente aufzuzählen. Welche Argumente er für überzeugend und gültig hält, muß er am Ende nach reiflicher Abwägung selbst entscheiden.

Bei der Beantwortung des dritten Problems tritt insofern eine zusätzliche Komplikation auf, als man jetzt nicht mehr mit einer Zweiteilung auskommt, sondern die Dreiteilung zugrunde zu legen hat, die das moderne Analogon zur Trichotomie: Universalienrealismus — Konzeptualismus — Nominalismus darstellt, nämlich: Platonismus i. e. S. — Konstruktivismus — Nominalismus.

In der Auseinandersetzung „Konstruktivismus contra Platonismus der klassischen Mathematik" gelangen alle in der mathematischen Grundlagendiskussion vorgebrachten Argumente zur Anwendung. Bekanntlich lauten die Haupteinwände der Intuitionisten und Konstruktivisten gegen das Vorgehen der klassischen Mathematiker, daß dort mit dem fiktiven Begriff des *Aktual-Unendlichen* (und mit der sich daraus ergebenden Cantorschen Hierarchie des

Unendlichen) gearbeitet werde und daß mit der Zulassung von *imprädikativen Begriffen* ein zirkuläres Verfahren in die Methode der Begriffsbildung Eingang finde. Gelegentlich wird auch bloß ein *indirektes Argument* gegen die klassische Position vorgebracht, welches sich nichtsdestoweniger als ein sehr starkes Argument erweist, nämlich daß die Nichtbeachtung der konstruktivistischen Vorschriften zu logischen Widersprüchen, nämlich den bekannten Antinomien der Mengenlehre, führe. Bisweilen aber besteht überhaupt kein Streitpunkt, da es dem Konstruktivisten nur darum geht, innerhalb des Gesamtrahmens der klassischen Mathematik das konstruktiv Erreichbare vom Nichtkonstruktiven abzugrenzen. Wenn wir einen Vertreter dieser Richtung *Konstruktivismusforscher* nennen, so können wir als *radikalen Konstruktivisten* denjenigen bezeichnen, für den es kein 'außerhalb' gibt, gegenüber dem das konstruktiv Erreichbare abzugrenzen ist; das Nichtkonstruktive wird vielmehr verworfen.

Eine analoge Situation treffen wir an, wenn wir uns dem Nominalismus zuwenden. Für den Nominalisten sind *beide* eben erwähnten Positionen gleichermaßen Varianten des Platonismus, äußerlich daran erkennbar, daß von ihnen der Klassenbegriff nicht schlechthin abgelehnt wird, sondern daß nur verschiedene Anforderungen an diejenigen Bedingungen gestellt werden, die eine Klasse festlegen. *Für den Nominalisten hingegen ist der Klassenbegriff als solcher suspekt.* Ein und demselben Objekt können verschiedene Klassen zugeordnet werden, einem Organismus z. B. die Klasse seiner Organe; die Klasse der Zellen, aus denen er besteht; die Klasse seiner Moleküle usw. Die konkrete Gesamtheit, die aus den jeweiligen Elementen dieser Klasse gebildet wird, ist aber jedesmal ein und dieselbe. Die Unterscheidung zwischen diesen Klassen ist somit nach nominalistischer Auffassung eine klare Verletzung des Grundsatzes von Ockham, keine überflüssige Vielfalt von Entitäten zuzulassen. Die Beziehung zwischen einer Klasse und ihren Elementen ist nach seiner Auffassung zu ersetzen durch *die Relation zwischen einem Ganzen und seinen Teilen.* Ob nach einer solchen Ersetzung allerdings eine Theorie aufgebaut werden kann, die auch nur annähernd so leistungsfähig ist wie die Theorien, welche auf der Element-Klassen-Relation beruhen, bleibt zunächst fraglich.

In der Stellungnahme zum Nominalismus muß man sogar drei Varianten unterscheiden. Analog zu dem, was wir den Konstruktivismusforscher nannten, gibt es auch den *Nominalismusforscher*. Er erhebt keine Einwendungen gegen die verschiedenen Formen des Platonismus, sondern ist bloß daran interessiert herauszubekommen, welche Sätze und Theorien, die prima facie platonistisch aussehen, in einer nominalistischen Sprache ausdrückbar sind. Von ihm zu unterscheiden ist derjenige *echte Nominalist*, der den Platonismus für eine zwar sinnvolle, aber falsche Theorie hält.

Diese Position wird jedoch selten vertreten. Die meisten echten Nominalisten sind in dem Sinn *radikale Nominalisten*, daß sie den Platonismus nicht einmal für etwas Sinnvolles halten. Die Argumente, die sie zugunsten ihrer Position vorbringen, sind gewöhnlich *sprachphilosophischer Natur*. Um einen radikalen Nominalisten überhaupt zu verstehen, muß man zunächst sein sprachphilosophisches Konzept begreifen. Ein neuzeitlicher Philosoph, der in besonders eindrucksvoller Weise einen konsequenten Nominalismus vertreten hat, war G. Berkeley. Er hätte niemals zugegeben, daß er andere und zwar schwächere ontologische Voraussetzungen mache als Plato. Vielmehr hätte er kategorisch erklärt, daß Plato Unsinn rede. Zu diesem Unsinn werde er allerdings durch einen Fehler verführt. Dieser Fehler werde aber nicht in der Ontologie, sondern allein in der Sprachphilosophie gemacht: *Fehler in der Deutung der Funktionsweise sprachlicher Ausdrücke verleiten die Platonisten dazu, Unsinn zu reden.* Daß Berkeley wirklich so argumentiert hätte, läßt sich daran erkennen, daß er sogar die Position von J. Locke, der ja anscheinend nur eine psychologische Variante des Konzeptualismus vertrat, für vollkommen sinnlos hielt.[1] Platonische Wesenheiten verlieren nicht ihre Abstrusität, wenn man sie in den Geist des Menschen verlagert. Nach Locke können wir z. B. einen Allgemeinbegriff von einem Dreieck bilden. An einer Stelle sagt Locke, daß dieses allgemeine Dreieck sowohl rechtwinklig als auch spitzwinklig als auch stumpfwinklig sei, an einer anderen, daß es keines von all dem sei. Im ersten Fall wäre ein derartiger Allgemeinbegriff etwas Widerspruchsvolles, im zweiten Fall ein Ding ohne Eigenschaften, also wieder etwas Unmögliches. Auch die Analyse der Schilderung des psychischen Prozesses, durch den wir zu einer Allgemeinvorstellung gelangen sollen, zeigt nach Berkeley, daß am Ende etwas ganz anderes herauskommt als das, was Locke behauptet. Wenn ich den allgemeinen Begriff *Mensch* bilde, so muß ich nach Locke von allen speziellen Hinsichten abstrahieren, in denen sich die einzelnen Menschen voneinander unterscheiden, habe mich also ausschließlich auf dasjenige zu konzentrieren, worin sie sich untereinander alle gleichen. Was, so fragt Berkeley, sehe ich denn mit meinem geistigen Auge, wenn ich diesem Rezept folge? Der Mensch, den ich mir dabei vorstellen soll, darf keine bestimmte Körpergröße, keine bestimmte Gestalt, keine spezielle Augen- und spezielle Haarfarbe, keine bestimmte Nasenform haben etc. Was nach Vollzug dieses Abstraktionsvorganges übrigbleibt, ist nicht die allgemeine Vorstellung von einem Menschen, sondern *überhaupt nichts*.

Die Wurzel für die seltsamen, zu Absurditäten führenden Konstruktionen erblickt Berkeley darin, daß Locke im Prinzip genau denselben Fehler macht wie Plato, nämlich allgemeine Prädikatausdrücke auf dieselbe Stufe zu stellen wie Eigennamen: So wie diese letzteren für uns dadurch Bedeutung erhalten, daß wir erfahren, welche Dinge sie bezeichnen, so müssen auch die Prädikate Namen von etwas sein. Während aber Eigennamen übliche Dinge bezeichnen, stellen wir fest, daß das durch Prädikate Bezeichnete keine üblichen Dinge sind, sondern allgemeine Gegenstände, also Universalien. Die jetzt entstehende endlose Diskussion über die Natur dieser Universalien ist für Berkeley nur ein spezieller Fall der Behandlung philosophischer Scheinprobleme, für deren Entstehung er die allgemeine Charakterisierung bereithält: „Zunächst wirbeln wir einen Staub auf; und dann beklagen wir uns darüber, daß wir nichts mehr sehen können!" Und dieses Scheinproblem verliert nichts von seinem Charakter, wenn es mit der unklaren Zusatzfrage belastet wird, ob jene unüblichen Dinge nur 'im Geist' existieren oder auch eine Existenz 'außerhalb des Geistes' haben. Die ganze Problematik verschwindet nach seiner Meinung mit einem Schlage, wenn wir den Gedanken preisgeben, Wörter könnten nur in der Weise Bedeutung erhalten, daß sie Namen von etwas seien. Die mit Wörtern verknüpften Vorstellungen sind stets Vorstellungen von *Einzel*dingen. Aber im Falle eines Prädikates repräsentiert eine solche Einzelvorstellung ein *beliebiges* Objekt einer bestimmten Art. Was die Vorstellung zu einer *allgemeinen* Vorstellung macht, ist nicht die Art des vorgestellten Gegenstandes, sondern die Art der *Verwendung*, die man mit ihr macht. Mit der Umlenkung unserer Aufmerksamkeit vom angeblich bezeichneten Gegenstand auf die Weise der Verwendung vollzieht Berkeley den analogen Schritt wie später Wittgenstein, nur daß er, der Denkweise seiner Zeit entsprechend, nicht primär von der Verwendung oder dem Gebrauch der Ausdrücke, sondern von der Verwendung der Vorstellungsbilder spricht, die wir mit Ausdrücken verbinden.

Dieser kurze historische Überblick sollte zunächst zur Illustration der obigen These dienen, daß die radikalen Nominalisten ihren Gegnern eine fehlerhafte Auffassung von der Sprache und ihrer Funktion, nicht aber eine fehlerhafte Ontologie vorwerfen. Wie schwierig es zu sein scheint, sich von der 'Namenstheorie der Sprache' loszulösen, zeigt das interessante historische Faktum, daß vor den Nominalisten dieses Jahrhunderts der einzige Philosoph, der Berkeleys Lehre verstand, D. Hume gewesen zu sein scheint. Durch den Rückblick sollte aber auch die fast totale Problemverschiebung angedeutet werden, die sich für einen radikalen Nominalisten ergibt. Am Ende des 2. Absatzes dieses einleitenden Abschnittes wurde die Orientierungshilfe als eine *provisorische* angekündigt. Es dürfte jetzt deutlich geworden sein, in welchem Sinn das Prädikat „provisorisch" ernst zu nehmen ist: Ein radikaler Nominalist kann die hier angestellten Betrachtungen nicht akzeptieren, insbesondere nicht die Probleme (I) und (II). Wie für ihn der Platonismus nicht auf zwar falschen, aber doch sinnvollen und verständlichen Annahmen beruht, sondern in der Produktion von Unsinn besteht, so laufen nach Auffassung des radikalen Nominalisten sogar alle Fragestellungen, die den Platonismus als ein nur mögliches Resultat in Erwägung ziehen, bloß auf ein nebuloses Gerede hinaus.

Die Wichtigkeit dieser Konsequenz darf nicht unterschätzt werden. Unsere Problemstellungen (I) bis (III) enthalten präzisierte Fassungen der herkömmlichen Unterscheidungen im Universalienstreit. Diese aber sind bereits 'Unterscheidungen von außerhalb', die für den Nominalisten unannehmbar sind. Analog wie es für den radikalen Konstruktivisten, zum Unterschied vom Konstruktivismusforscher, keine nicht konstruktivistische Logik und Mathematik gibt, sondern diese Tätigkeiten sich für ihn bei genauerer Untersuchung als Nichtlogik und Nichtmathematik enthüllen, so sind für den radikalen Nominalisten die seinen Maßstäben nicht genügenden Philosophien nicht falsch, sondern schlichter Unsinn. *Und von diesem seinem Verdikt würde auch unsere sogenannte Orientierungshilfe betroffen werden.* Sollte also ein Leser nach genauerem Eindringen in die Materie zu der Überzeugung gelangen, daß er eine Variante des radikalen Nominalismus als den richtigen Standpunkt akzeptieren sollte, so müßte er, wie der Wittgenstein des Tractatus, diese mit psychologischem Erfolg zur Orientierung benützte Hilfsleiter im nachhinein wieder umwerfen.

Mit der Schilderung der Probleme (sowie deren eventueller Auflösung) sind wir noch nicht am Ende. Weder Konstruktivisten noch Nominalisten konnten sich damit begnügen, ihre Thesen zu verkünden und ihren Standpunkt zu begründen. Sie waren mit dem konfrontiert, was man als anerkannte Leistungen der platonistischen Tradition betrachtete. Diese Resultate stellten für sie eine Herausforderung dar, nämlich die Herausforderung, *mit ihren beschränkten Hilfsmitteln möglichst vieles von diesen Leistungen zu reproduzieren.* Der konstruktivistische Mathematiker konnte zwar nicht den Anspruch erheben, die Cantorsche Hierarchie des Transfiniten innerhalb seines Systems zur Gänze nachzuvollziehen; er mußte aber wenigstens so viel von der klassischen Mathematik zu retten versuchen, wie von den diese Mathematik benützenden Naturwissenschaften benötigt wurde. Solange es scheinen mußte, daß von jener Mathematik nur ein Trümmerfeld übrigbleiben würde, durfte er nicht damit rechnen, ernst genommen zu werden. Das Programm des Nominalisten ist in dieser Hinsicht noch anspruchsvoller.

An einem einzigen Beispiel soll gezeigt werden, *wie anspruchsvoll* das nominalistische Programm ist. Weiter oben ist darauf hingewiesen worden, daß allgemeine Prädikatausdrücke und deren Bedeutungen für den Nominalisten keine Schwierigkeiten bilden. Im Rahmen wissenschaftlicher Systeme ist es aber zweckmäßig, bisweilen auch erforderlich, gewisse Prädikate mit Hilfe anderer zu *definieren*. Betrachten wir etwa die Aufgabe, das Relationsprädikat „Ahne von" mit Hilfe des Relationsprädikates „Eltern von" zu definieren. Es genügt nicht, zu sagen, die Ahnen von Beethoven seien die Eltern von Beethoven, ferner die Eltern von deren Eltern usw.; denn die Verwendung des „usw." enthält das implizite Zugeständnis, daß man sich der eigentlichen Definitionsaufgabe entzieht. G. Frege hat als erster gezeigt, wie die korrekte Definition auszusehen hat. Nennen wir eine Klasse von Organismen *abgeschlossen* in bezug auf die Elternrelation, wenn sie zu allen in ihr vorkommenden Organismen auch deren Eltern enthält. Es gibt nun sehr viele Klassen, die Beethoven enthalten und in bezug auf die Elternrelation abgeschlossen sind. Die Klasse aller Organismen gehört z.B. dazu; aber auch jede diese letztere Klasse umfassende Klasse sowie verschiedene kleinere Klassen. Was die Ahnen von Beethoven *eindeutig* auszeichnet, ist die Tatsache, daß sie zu *allen* derartigen Klassen gehören. Die gesuchte Definition kann daher lauten: „Jemand ist ein Ahne von Beethoven, wenn er erstens von Beethoven verschieden ist und zweitens zu jeder Klasse gehört, die Beethoven enthält und die in bezug auf die Elternrelation abgeschlossen ist." Diese Definition ist logisch einwandfrei, *aber nur für den Platonisten*. Denn das Definiens enthält mit der Wendung „zu jeder Klasse" eine Allquantifizierung über Klassen. Kann der Nominalist dasselbe Definitionsproblem im Rahmen der ihm zur Verfügung stehenden logischen Mittel lösen? Er kann es; aber die Lösung ist keineswegs trivial. Wir erinnern uns daran, daß der Nominalist anstelle der Elementschaftsrelation die Teil-Ganzes-Relation benützen muß. Außerdem beachten wir, daß es ihm freisteht, den Begriff des Dinges oder Individuums in allgemeinerer Weise zu gebrauchen als wir es im Alltag tun, so daß kein spezieller raum-zeitlicher oder sonstiger Zusammenhang zwischen den Teilen und dem Ganzen verlangt wird. Die Wendung „y ist Ahne von x" kann dann vom Nominalisten durch die folgende Aussageform definiert werden, die der Leser zur Einübung in den Nominalismus selbst nachprüfen möge: „Jedes Individuum z, das x als Teil enthält und das auch alle Eltern von Teilen von z als Teile enthält, hat auch y als Teil; und außerdem ist y Elter eines Individuums und ein Individuum ist Elter von x." (Die letzten beiden Zusätze dienen nur dazu, zu garantieren, daß x und y Organismen und nicht etwa Teile von solchen oder umfassendere Ganzheiten sind.)

Für den allgemeinen Fall können wir vom Problem (IV) sprechen:

(IV) *Der Konstruktivist bzw. der Nominalist hat die Aufgabe, zu zeigen, daß (und bis zu welchem Grade) das von ihm formulierte Reduktionsprogramm realisierbar ist.*

Es sei nur erwähnt, daß in bezug auf diese Frage heute noch alles im Fluß ist.

Bisher haben wir es vermieden, diejenigen Komplikationen zu erwähnen, die sich aus der Verzahnung des Universalienproblems mit anderen Problembereichen ergeben. Dazu sollen jetzt wenigstens ein paar Andeutungen gemacht werden.

In der ersten vorläufigen Antwort (1) auf das Problem (I) kommt das Wörtchen „muß" vor. Ist dies ein Hinweis darauf, daß das gesuchte Kriterium *intensionalen* Charakter hat, also im Rahmen eines rein extensionalistischen Denkgebäudes gar nicht formulierbar ist? Die Antwort scheint bejahend auszufallen, wie das einfache Beispiel zweier vermutlich falscher Theorien lehrt, die verschiedene ontologische Voraussetzungen haben, wie etwa die Theorie, welche die Existenz von Schneemenschen behauptet, und jene, welche die Existenz des Wolpertingers annimmt. Die beiden Klassen sind leer, also identisch. Auch Zweifel am Zweifel der kompetenten Fachleute hilft hier nicht weiter. Man hätte dann nur die Schneemenschen durch feuerspeiende Drachen und die Wolpertinger durch Elfen zu ersetzen, um wiederum zu Theorien zu gelangen, von denen wir doch, intuitiv gesprochen, sagen müssen, daß sie Verschiedenes voraussetzen, obzwar die fraglichen Klassen wieder leer und somit identisch sind.

Selbst dies, daß ein Nominalist selbst auch Extentionalist ist, scheint nicht logisch zwingend zu sein, obwohl zumindest *eine* Variante des modernen Nominalismus als Hyperextensionalismus charakterisiert ist. Auf gewisse Ähnlichkeiten zwischen Wittgenstein und dem Nominalisten Berkeley ist oben hingewiesen worden. Weder der frühe noch der späte Wittgenstein war jedoch ein Extensionalist. Es wäre vielleicht ein reizvolles Unterfangen, gewisse Aspekte der Spätphilosophie Wittgensteins unter der Leitidee „intensionaler Nominalismus" zu rekonstruieren. Nur nebenher sei daran erinnert, daß mit der Zulassung von Intensionen auch solche Dinge wie der Streit über die möglichen Welten und die synthetisch-analytische Dichotomie in die Nominalismus-Diskussion Eingang finden würden.

Schließlich sei noch auf eine weitere Differenzierung aufmerksam gemacht. Wir haben zu Beginn des öfteren Individuen mit *konkreten* Individuen identifiziert. Strenggenommen ist dies unzulässig. Der Nominalismus ist nur dadurch charakterisiert, daß er keine Nichtindividuen zuläßt. Nach N. Goodman ist davon streng die Position des *Partikularismus* zu unterscheiden, für den alle letzten Einheiten konkrete Dinge sind. Den Gegensatz dazu bildet der *Realismus,* der qualitative Einheiten als Grundobjekte wählt. Daß Realismus nicht mit Platonismus zusammenfällt, hat Goodman durch sein Buch *The Structure of Appearance* bewiesen, in welchem Nominalismus mit Realismus verknüpft wird: Der logische Apparat enthält keine Klassen- oder Funktionsvariablen; aber die Ausgangsbasis besteht aus qualitativen, phänomenalen Einheiten, Qualia genannt, die in diesem System *als Individuen* gewählt wurden.

Damit sind einige, aber nicht alle weiteren Überschneidungen und Differenzierungen angedeutet worden.

Viele Leser wird es interessieren, wie die Diskussionen zu den Themen „ontologische Voraussetzungen" und „Nominalismus" weitergeführt worden sind und welcher Stand heute erreicht worden ist. Glücklicherweise existiert seit einigen Jahren ein heutigen logischen Präzisionsansprüchen genügendes Werk, welches die wichtigsten systematischen Ergebnisse zu beiden Themenkreisen enthält und zugleich eine Reihe von verschiedenartigen nominalistischen Systemen beschreibt und diskutiert. Gemeint ist das Buch von Rolf A. Eberle, *Nominalistic Systems,* Dordrecht 1970. Die verschiedenen darin behandelten nominalistischen Kalküle werden nicht nur mit intuitiven Erläuterungen versehen, sondern es wird jedem Kalkül, in Analogie zum Vorgehen der modernen Logik, jeweils ein semantisches System zugeordnet, wodurch ein präziser Adäquatheitsnachweis für jeden dieser Kalküle erbracht werden kann. Von den philosophisch interessanten neuen Aspekten seien einige erwähnt: (I) Als intuitiver Ausgangspunkt dient der Gedanke, das *Prinzip von Ockham* zu präzisieren und zu verbessern. Die Individuen sind diejenigen *Entitäten,* welche zum Feld der Teil-Ganzes-Relation als der erzeugenden Grundrelation gehören. Sie bestehen aus Atomen und exakt definierbaren Summen von solchen. (II) Der Begriff des *Individuenbereichs* oder des *Universums von Individuen* kann auf Teilbereiche des Feldes der Grundrelation *relativiert* werden. Dies gestattet eine scharfe Unterscheidung zwischen *möglichen Objekten* und solchen, die in einem Universum *verwirklicht* sind. (III) Das nominalistische Analogon zum Extensionalitätsprinzip der Mengenlehre bildet ein *Individuationsprinzip,* welches zugleich implizit zur Klärung des Individuenbegriffs beiträgt. (IV) Die Art und Weise, wie ein Individuum 'in Teile zerlegt werden kann', läßt sich mittels eines *Summationsprinzips* formulieren. (V) Es bestehen für den Nominalisten anscheinend keine zwingenden Gründe für die Annahme, daß jedes Individuum eine Summe atomarer Individuen bilden muß. Neben atomistischen Bereichen können daher auch *nichtatomistische Universen* in nominalistische Untersuchungen einbezogen werden.

Das methodische Vorgehen von Eberle werden allerdings manche kritischen Leser befremdlich finden: Um die gewünschten Begriffe einzuführen, macht der Autor selbst von Begriffen Gebrauch, die über das nominalistisch Zulässige weit hinausgehen. Da der Nominalismus die 'platonistischen' Semantiken verwirft, muß es da nach allem, was oben geschildert worden ist, nicht zumindest vom nominalistischen Standpunkt selbst aus als paradox erscheinen, wenn die Grundbegriffe der nominalistischen Theorie innerhalb einer platonistischen Theorie entwickelt werden? Da es sich hier um einen prinzipiellen Sachverhalt handelt, auf den man auch bei anderen Autoren und in anderem Kontext stößt, möge durch ein Analogiebild verdeutlicht werden, wie sich diese scheinbare Paradoxie auflöst: Angenommen, jemand habe berechtigten Grund dafür, den ihm zur Verfügung stehenden Werkzeugen zu mißtrauen, da sie ihn bei bestimmten Aufgaben im Stich gelassen haben. Nehmen wir weiter an, er glaube zu wissen, welche Merkmale Werkzeuge haben müssen, auf die man sich verlassen kann und die auch alles Gewünschte leisten. Er beschließt nun, den Prozeß der Erzeugung von Gegenständen in zwei Teilprozesse zu zerlegen. In einem ersten Schritt benützt er zwar seine bisherigen, *teilweise fragwürdig gewordenen* Werkzeuge, aber ausschließlich dafür, um *neue Werkzeuge* mit den fraglichen Merkmalen zu produzieren. In einem zweiten Schritt geht er dazu über, die von ihm gewünschten *Gegenstände* mit Hilfe der neuen Werkzeuge zu erzeugen. Die Gewähr dafür, daß im ersten Teilprozeß 'nichts danebengegangen ist', hat er in dem Augenblick, wo die neuen Werkzeuge effektiv zur Verfügung stehen. Und die Gewähr dafür, daß im zweiten Teil des Prozesses 'nichts passieren wird', hat er nach Voraussetzung; denn die erkennbaren Merkmale der neuen Werkzeuge bilden für ihn gerade die Garantie der Verläßlichkeit. Die alten, nicht immer verläßlichen Werkzeuge stehen in diesem Bild für die zunächst benutzte platonistische Semantik; und die neuen Werkzeuge mit bekannten Merkmalen stehen für die nominalistischen Systeme. Ist das Neue, auf welches man sich verlassen kann, einmal so weit gediehen, daß man damit arbeiten kann, darf man das Alte, dessen man sich dabei bediente, weglassen und vergessen.

Der Leser wird vermutlich schon bemerkt haben, daß wir hier nur in einem anderen Bild das auszudrücken versuchten, was an früherer Stelle das Bild von der Wittgensteinschen Leiter leisten sollte.

Abschließend noch einige praktische Ratschläge:

Wer sich genauer in die technischen Details nominalistischer Systeme einarbeiten möchte, tut dies am besten über ein Studium von Kap. II, S. 24—101, des Buches von Eberle. Leser ohne große Routine werden dabei allerdings auf Schwierigkeiten stoßen, da Eberle in der Metatheorie einen ziemlich starken mengentheoretischen Apparat benützt und außerdem von algebraischen Beweismethoden Gebrauch macht. Solchen Lesern wird empfohlen, zunächst die beiden ersten Kapitel des Buches von N. Goodman, *The Structure of Appearance*, 2. Aufl., N. Y. 1966, S. 33—61 zu studieren und danach mit dem ersten Kapitel des Buches von Eberle zu beginnen. Parallel zur Lektüre des zweiten Kapitels sollte dann im Bedarfsfall das Buch von P. R. Halmos, *Lectures in Boolean Algebras*, N. Y. 1963, herangezogen werden.

Wer sich überdies für die verschiedenen Präzisierungsversuche des

Quineschen Ontologie-Kriteriums interessiert, der sollte unmittelbar mit dem dritten Kapitel von Eberles *Nominalistic Systems* beginnen. Diesen Lesern wird also empfohlen, die beiden Kapitel 2 und 3 des Eberleschen Buches in der umgekehrten als in der vom Autor gewählten Reihenfolge zu lesen.

2. *Einige erläuternde Anmerkungen zur Übersetzung*

Die drei Aufsätze von Quine "On Universals", "On What There Is" und "Semantics and Abstract Objects" wurden unverändert übersetzt. Da deren Inhalt aber zum Teil Eingang gefunden hat in die beiden ebenfalls übersetzten Kapitel von Quines Buch *From a Logical Point of View,* ergeben sich hier gewisse Überschneidungen. Diesen kleinen Nachteil hinzunehmen, erschien dem Herausgeber sinnvoller zu sein als entweder auf die drei Aufsätze ganz zu verzichten oder sie zu kürzen und damit zu verstümmeln. Für die Übersetzung der beiden Aufsätze "Logic and the Reification of Universals" und "Reference and Modality" wurde die erste Auflage und nicht die veränderte zweite Auflage des Buches von Quine zugrunde gelegt. Dies erwies sich nicht nur als sinnvoll, sondern sogar als notwendig, da sich verschiedene Kritiken anderer Autoren gegen Formulierungen der ersten Auflage richteten, denen Quine in der späteren Auflage Rechnung zu tragen versuchte. Zu diesen Kritiken gehören auch die hier in Übersetzung abgedruckten Aufsätze von Cartwright sowie von Scheffler/Chomsky. Wäre die zweite Auflage zugrunde gelegt worden, so hätten diese Kritiken zum Teil als offenkundig unzutreffend erscheinen müssen. Denjenigen Lesern, welche dann in der zweiten Auflage von *From a Logical Point of View* nachlesen, ist damit außerdem die Möglichkeit gegeben, den Weg der Präzisierung verschiedener Begriffe ideengeschichtlich nachzuvollziehen. Der erste der obengenannten Aufsätze aus diesem Buch enthält in der 2. Aufl. eine etwas andere Formulierung des Ontologie-Kriteriums, während im zweiten Aufsatz Teile der beiden Abschnitte 3 und 4 geändert worden sind.

Zwei spezielle Übersetzungsprobleme seien hier erwähnt. Bezüglich der Wendung "Ontological Commitment", für welche es keine genaue deutsche Entsprechung gibt, sei auf die Übersetzerfußnote zu dem Aufsatz von Church "Ontologische Voraussetzung" verwiesen. Besondere Probleme ergaben sich aus den englischen Übersetzungen der Fregeschen Ausdrücke „Sinn" und „Bedeutung" und deren Rückübersetzung ins Deutsche. Diese Probleme zerfallen in zwei Teilprobleme. Der erste Teil ist bereits von Frege selbst erzeugt worden. Denn wegen des Fehlens präziser deutschsprachiger Ausdrücke wählte er das Wort „Sinn" als Bezeichnung für etwas, das häufig, wenn nicht sogar gewöhnlich, „Bedeutung" genannt zu werden pflegt, während er „Bedeutung" als einen davon scharf zu unterscheidenden technischen Term zur Bezeichnung von etwas benützte, das im Alltagsdeutsch niemals „Bedeutung" genannt wird. Es wäre daher unsinnig gewesen, bei der Rückübersetzung konsequent die beiden Fregeschen Ausdrücke zu benützen. Der zweite Teil dieses Problemkomplexes ergibt sich daraus, daß sich auch im Englischen keine einheitliche Terminologie herausgebildet hat. Zwar werden heute in beiden Sprachen die *technischen* Ausdrücke "extension" bzw. „Extension" als Synonyma für das Fregesche „Bedeutung" und "intension" bzw. „Intension" als Synonyma für das Fregesche „Sinn" benützt. Dagegen weichen englischsprachige Autoren in der nichttechnischen Terminologie voneinander ab. Am gebräuchlichsten dürfte heute die Quinesche Terminologie sein, in der für die jeweilige intensionale Entität "sense" (andere Autoren allerdings: "meaning") und für die extensionale "reference" steht. Dieser letztere Ausdruck wurde bei substantivischer Verwendung gewöhnlich mit „Bezeichnetes" oder „Benanntes" und bei verbaler mit „bezeichnen" oder „benennen" übersetzt. Nicht gefolgt wurde einem Usus, der sich in der deutschsprachigen Linguistik in den letzten Jahren herausgebildet hat, nämlich "reference" entweder mit dem ad hoc konstruierten Kunstwort „Referenz" oder mit dem auch nicht gerade sehr aufschlußreichen Wort „Sachbezug" zu übersetzen.

Bezüglich der Arbeiten von Church sei ausdrücklich vermerkt, daß diese nicht in der zeitlichen Reihenfolge ihres Erscheinens, sondern unter dem Gesichtspunkt des zunehmenden Schwierigkeitsgrades geordnet worden sind.

Die Originalaufsätze von Ramsey und von Church sind in der

ursprünglichen Russellschen Symbolik abgefaßt. Für die Übersetzung wurde die heute übliche Standardsymbolik verwendet. Letzteres gilt auch für die Arbeiten von Quine.

Die Quellenangaben für die abgedruckten Aufsätze finden sich im Quellenverzeichnis am Schluß dieses Sammelbandes.

Anmerkung

[1] Für eine etwas detailliertere Diskussion in einem größeren historischen Zusammenhang vgl. W. Stegmüller, Glauben, Wissen und Erkennen + Das Universalienproblem einst und jetzt (1956 und 1957), 3. Aufl., Darmstadt 1974 (Libelli, Bd. XCIV).

Der folgende Beitrag wurde aus dem Englischen übersetzt von Eike von Savigny.

KENNZEICHNEN

Von Bertrand Russell

Unter einem kennzeichnenden Ausdruck verstehe ich einen Ausdruck, der einem aus der folgenden Reihe ähnelt: ein Mensch, mancher Mensch, irgendein Mensch, jeder Mensch, alle Menschen, der gegenwärtige König von England, der gegenwärtige König von Frankreich, das Massenzentrum des Sonnensystems im ersten Augenblick des zwanzigsten Jahrhunderts, die Drehung der Erde um die Sonne, die Drehung der Sonne um die Erde. Ein Ausdruck gilt als kennzeichnender Ausdruck also ausschließlich auf Grund seiner *Form.* Wir können drei Fälle unterscheiden: (1) Ausdrücke können kennzeichnende Ausdrücke sein, ohne irgend etwas zu kennzeichnen; etwa „der gegenwärtige König von Frankreich". (2) Ausdrücke können einen bestimmten Gegenstand kennzeichnen; zum Beispiel kennzeichnet „der gegenwärtige König von England" einen bestimmten Menschen.* (3) Ausdrücke können unbestimmt kennzeichnen; zum Beispiel kennzeichnet „ein Mensch" nicht viele Menschen, sondern einen unbestimmten Menschen. Die Übersetzung solcher Ausdrücke macht beträchtliche Schwierigkeiten; tatsächlich ist es schwer, eine Theorie aufzustellen, die nicht formal widerlegbar ist. Die Theorie, welche ich darlegen will, wird, soweit ich sehe, mit allen mir bekannten Schwierigkeiten fertig.

Kennzeichnen ist ein nicht nur in Logik und Mathematik, sondern auch in der Erkenntnistheorie sehr wichtiges Thema. Zum Beispiel wissen wir, daß das Massenzentrum des Sonnensystems zu einem bestimmten Zeitpunkt ein ganz bestimmter Punkt ist, und wir können allerhand Propositionen darüber behaupten; aber wir sind mit diesem Punkt nicht unmittelbar *bekannt,* sondern kennen ihn nur dank seiner Kennzeichnung. Die Unterscheidung zwischen *Bekannt-*

* (1905).

schaft mit etwas und *Wissen über etwas* ist die Unterscheidung zwischen den Dingen, die sich uns vorstellen, und denen, zu denen wir nur über kennzeichnende Ausdrücke gelangen. Wir wissen oft, daß ein bestimmter Ausdruck eindeutig kennzeichnet, obwohl wir mit dem, was er kennzeichnet, nicht bekannt sind; das ist beim obigen Beispiel des Massenzentrums der Fall. In der Wahrnehmung sind wir mit den Gegenständen der Wahrnehmung bekannt, und im Denken sind wir bekannt mit Gegenständen von etwas abstrakterer logischer Art; aber wir sind nicht unbedingt bekannt mit Gegenständen, die durch Ausdrücke gekennzeichnet werden, bei denen wir mit den Bedeutungen der Wörter, aus denen sie aufgebaut sind, bekannt sind. Um ein sehr wichtiges Beispiel zu wählen: Die Annahme, daß wir jemals mit anderer Leute Bewußtsein bekannt sind, scheint grundlos angesichts der Tatsache, daß man das Bewußtsein anderer nicht direkt wahrnehmen kann; was wir also darüber wissen, erreichen wir mit Hilfe des Kennzeichnens. Alles Denken beginnt mit Bekanntschaft; aber es gelangt zu einem Denken *über* viele Dinge, mit denen wir nicht bekannt sind.

Ich werde folgendermaßen vorgehen. Zunächst stelle ich die Theorie, welche ich verteidigen möchte, auf;[1] anschließend diskutiere ich die Theorien von Frege und Meinong und lege dar, warum keine von beiden mich zufriedenstellt; dann gebe ich die Gründe an, die für meine Theorie sprechen; und zum Schluß werde ich kurz die philosophischen Konsequenzen meiner Theorie andeuten.

Meine Theorie sieht, kurz gesagt, folgendermaßen aus: Den Begriff der *Variablen* wähle ich als Grundbegriff; „C(x)“ benutze ich zur Bezeichnung einer Proposition[2], die x als Bestandteil hat; dabei ist die Variable x wesentlich und vollständig unbestimmt. Dann können wir die beiden Sätze „C(x) ist immer wahr“ und „C(x) ist manchmal wahr“ betrachten.[3] *Alles, nichts* und *einiges* (die grundlegendsten von den kennzeichnenden Ausdrücken) können dann so aufgefaßt werden:

C (alles) bedeutet „C(x) ist immer wahr“;
C (nichts) bedeutet „‚C(x) ist falsch‘ ist immer wahr“;
C (einiges) bedeutet „Es ist falsch, daß ‚C(x) ist falsch‘ immer wahr ist“.[4]

Der Satz „C(x) ist immer wahr“ wird hier als grundlegend und undefinierbar genommen; die anderen werden mit seiner Hilfe definiert. Es wird nicht angenommen, daß *etwas, nichts* und *alles* isoliert Bedeutung haben; sondern *jede* Proposition, in der einer der Ausdrücke vorkommt, bekommt eine bestimmte Bedeutung. Das ist das Prinzip der Theorie der Kennzeichnung, die ich vertreten möchte: kennzeichnende Ausdrücke haben nie in sich selbst Bedeutung, aber jede Proposition, in deren sprachlichem Ausdruck sie vorkommen, hat Bedeutung. Die Schwierigkeiten mit den Kennzeichnungen kommen nach meiner Meinung allesamt von einer falschen Analyse der Propositionen, deren sprachlicher Ausdruck kennzeichnende Ausdrücke enthält. Wenn ich mich nicht irre, ist die richtige Analyse folgendermaßen zu gewinnen.

Angenommen, wir wollen die Proposition „Ich habe einen Menschen getroffen" verstehen. Wenn sie zutrifft, dann habe ich einen bestimmten Menschen getroffen; aber das sage ich in meiner Behauptung nicht. Nach der von mir vertretenen Theorie behaupte ich vielmehr:

„‚Ich habe *x* getroffen, und *x* ist menschlich' ist nicht immer falsch."

Wenn wir die Klasse der Menschen als die Klasse aller Gegenstände, auf welche das Prädikat *menschlich* zutrifft, definieren, gilt allgemein:

„C(ein Mensch)" bedeutet „‚C(*x*) und *x* ist menschlich' ist nicht immer falsch."

„Ein Mensch" bleibt für sich selbst damit vollkommen bedeutungsleer; aber jede Proposition, in deren sprachlichem Ausdruck „ein Mensch" vorkommt, bekommt Bedeutung.

Nehmen wir als nächstes die Proposition „alle Menschen sind sterblich". Diese Proposition [5] ist in Wahrheit ein hypothetischer Satz und besagt, daß *wenn* etwas ein Mensch ist, es dann auch sterblich ist. Sie besagt also, daß wenn *x* ein Mensch ist, *x* auch sterblich ist, ganz gleich, was *x* ist. Wenn wir „*x* ist ein Mensch" durch „*x* ist menschlich" ersetzen, bekommen wir also:

„Alle Menschen sind sterblich" bedeutet „‚Wenn *x* menschlich ist, ist *x* sterblich' ist immer wahr."

Dieser Sachverhalt wird in der symbolischen Logik dadurch ausgedrückt, daß man sagt, „alle Menschen sind sterblich" bedeute „‚*x* ist menschlich' impliziert ‚x ist sterblich' für alle Werte von x". Allgemeiner sagen wir:

„C(alle Menschen)" bedeutet „‚Wenn x menschlich ist, dann ist C(x) wahr' ist immer wahr."

Ähnlich:

„C(kein Mensch)" bedeutet „‚Wenn x menschlich ist, dann ist C(x) falsch' ist immer wahr."

„C(einige Menschen)" bedeutet dasselbe wie „C(ein Mensch)" [6];

„C(ein Mensch)" bedeutet „Es ist falsch, daß ‚C(x) und x ist ein Mensch immer falsch ist."

„C(jeder Mensch)" bedeutet dasselbe wie „C(alle Menschen)."

Wir haben dann noch die Ausdrücke zu übersetzen, welche *der, die, das* enthalten. Das sind die bei weitem interessantesten und schwierigsten kennzeichnenden Ausdrücke. Nehmen wir als Beispiel „der Vater von Charles II. ist hingerichtet worden". Darin wird behauptet, daß es ein x gegeben hat, welches der Vater von Charles II. gewesen und hingerichtet worden ist. Nun setzt der strenge Gebrauch von *der* Einzigkeit voraus; zwar sprechen wir auch dann von „*dem* Sohn von Soundso", wenn Soundso mehrere Söhne hat, aber wenn wir „ein Sohn von Soundso" sagten, wäre das korrekter. Für unsere Zwecke nehmen wir also an, daß *der* Einzigkeit voraussetzt. Wenn wir etwa sagen „x war *der* Vater von Charles II.", dann behaupten wir nicht nur, daß x zu Charles II. in einer bestimmten Beziehung stand, sondern auch, daß nichts sonst in dieser Beziehung zu Charles II. stand. Abgesehen von der Annahme der Einzigkeit und ohne kennzeichnende Ausdrücke kann die fragliche Beziehung ausgedrückt werden durch „*x hat Charles II. gezeugt*". Um einen mit „x war der Vater von Charles II." gleichbedeutenden Ausdruck zu bekommen, müssen wir hinzufügen: „Wenn y von x verschieden ist, dann hat y Charles II. nicht gezeugt", oder das damit äquivalente „wenn y Charles II. gezeugt hat, dann ist y identisch mit x". „x ist der Vater von Charles II." wird also zu „x hat Charles II. gezeugt; und ‚wenn y Charles II. gezeugt hat, dann ist y identisch mit x' gilt immer für y".

„Der Vater von Charles II. ist hingerichtet worden" wird also zu:

„Es ist für x nicht immer unzutreffend, daß x Charles II. gezeugt hat und daß *x* hingerichtet worden ist und daß ‚wenn *y* Charles II. gezeugt hat, dann ist y identisch mit *x*' für *y* immer zutrifft."

Diese Übersetzung sieht möglicherweise ziemlich unglaublich aus; aber im Augenblick begründe ich meine Theorie noch nicht, sondern *lege sie nur dar*.

Um „C(der Vater von Charles II.)" zu übersetzen, worin C für eine beliebige Aussage über ihn steht, brauchen wir oben nur C(*x*) für „*x* ist hingerichtet worden" einzusetzen. Man beachte, daß nach der obigen Übersetzung „C(der Vater von Charles II.)" für jede beliebige Aussage C impliziert:

„Es ist für *x* nicht immer unzutreffend, daß ‚wenn *y* Charles II. gezeugt hat, dann ist *y* identisch mit *x*' für *y* immer zutrifft";

in der Umgangssprache drückt man das so aus: „Charles II. hatte einen Vater und keinen weiteren". Wenn diese Bedingung nicht zutrifft, ist also *jede* Proposition von der Form „C(der Vater von Charles II.)" falsch. Zum Beispiel ist jede Proposition von der Form „C(der gegenwärtige König von Frankreich)" falsch. Das ist ein großer Erfolg unserer Theorie. Ich werde später zeigen, daß damit das Gesetz vom verbotenen Widerspruch nicht, wie es vielleicht den Anschein hat, verletzt wird.

Das Obige erlaubt eine Reduktion aller Propositionen, in denen kennzeichnende Ausdrücke vorkommen, auf Formen, in denen keine solchen Ausdrücke vorkommen. Warum man eine solche Reduktion unbedingt erreichen muß, soll die folgende Erörterung zeigen.

Die Bestätigung für die obige Theorie ergibt sich aus den Schwierigkeiten, die unvermeidbar zu sein scheinen, wenn wir annehmen, daß kennzeichnende Ausdrücke für echte Bestandteile der Propositionen stehen, in deren sprachlichem Ausdruck sie vorkommen. Von den denkbaren Theorien, die mit solchen Bestandteilen arbeiten, ist Meinongs die einfachste.[7] Diese Theorie nimmt an, daß jeder grammatisch korrekte, kennzeichnende Ausdruck für einen *Gegenstand* steht. Zum Beispiel sollen „der gegenwärtige König von Frankreich", „das runde Quadrat" und so weiter echte Gegenstände sein. Es wird eingeräumt, daß solche Gegenstände nicht *subsistieren*; aber nichtsdestoweniger sollen sie Gegenstände sein. Das ist schon an und für sich schwer zu durchschauen; aber der Haupteinwand ist, daß solche Gegenstände zugegebenermaßen das Gesetz vom ausgeschlossenen Widerspruch verletzen können. Man behauptet zum Beispiel, daß der existierende gegenwärtige König von Frankreich sowohl existiert als auch nicht existiert; daß das runde Quadrat sowohl rund als auch nicht rund ist; und so weiter. Aber das ist unerträglich; und jede Theorie, die dieses Resultat vermeiden kann, ist sicherlich vorzuziehen.

Diesen Verstoß gegen das Gesetz vom verbotenen Widerspruch vermeidet Freges Theorie. Er unterscheidet in kennzeichnenden Ausdrücken zwei Bestandteile, die wir *Bedeutung* und *Gekennzeichnetes* nennen können.[8] Zum Beispiel hat „das Massenzentrum des Sonnensystems zu Beginn des zwanzigsten Jahrhunderts" eine äußerst komplexe *Bedeutung*; dagegen ist das *Gekennzeichnete* ein bestimmter Punkt, und der ist einfach. Das Sonnensystem, das zwanzigste Jahrhundert und so weiter sind Bestandteile der *Bedeutung;* dagegen hat das *Gekennzeichnete* überhaupt keine Bestandteile.[9] Ein Vorteil dieser Unterscheidung liegt darin, daß sie zeigt, warum es sich oft lohnt, eine Identitätsbehauptung zu machen. Wenn wir sagen: „Scott ist der Verfasser von *Waverley*", dann machen wir eine Identitätsbehauptung bezüglich des Gekennzeichneten bei unterschiedlicher Bedeutung. Ich werde aber die Gründe, die für diese Theorie sprechen, nicht wiederholen, da ich für ihre Behauptungen an anderer Stelle eingetreten bin (loc. cit.) und es mir jetzt darum geht, diese Behauptung zu kritisieren.

Wenn wir uns zu der Ansicht bekennen, daß kennzeichnende Ausdrücke eine Bedeutung *ausdrücken* und ein Gekennzeichnetes *kennzeichnen*[10], dann sehen wir uns als erstes der Schwierigkeit gegenüber, die uns Fälle machen, in denen es kein Gekennzeichnetes zu geben scheint. Wenn wir sagen: „Der König von England ist kahlköpfig", dann machen wir allem Anschein nach keine Aussage über die komplexe *Bedeutung* „der König von England", sondern über den wirklichen Menschen, den die Bedeutung kennzeichnet. Aber nehmen wir jetzt „der König von Frankreich ist kahlköpfig". Wegen der formalen Gleichheit sollte diese Aussage über das von dem Ausdruck „der König von Frankreich" Gekennzeichnete gehen. Aber obgleich dieser Ausdruck *Bedeutung* hat unter der Voraussetzung, daß „der König von England" Bedeutung hat, kennzeichnet er sicher nichts, jedenfalls nicht in unmittelbar verständlicher Weise. Also möchte man annehmen, daß „der König von Frankreich ist kahlköpfig" Unsinn sein müßte; aber der Satz ist nicht unsinnig, da er offensichtlich falsch ist. Oder nehmen wir statt dessen eine Proposition wie die folgende: „Wenn *u* eine Klasse mit nur einem Element ist, dann ist dieses eine Element ein Element von *u*", oder, wie wir es ausdrücken können, „wenn *u* eine Einerklasse ist, dann ist das *u* ein *u*". Diese Proposition muß *immer* wahr sein, da das Konsequens wahr ist, wann immer das Antezedens wahr ist. Aber „das *u*" ist ein kennzeichnender Ausdruck, und vom Gekennzeichneten, nicht von der Bedeutung, wird gesagt, es sei ein *u*. Wenn nun *u* *keine* Einerklasse ist, dann scheint „das *u*" nichts zu kennzeichnen; also würde unsere Proposition allem Anschein nach Unsinn werden, sobald *u* keine Einerklasse ist.

Nun ist klar, daß solche Propositionen *nicht* einfach deshalb Unsinn werden, weil ihre Vorderglieder falsch werden. Der König in „Der Sturm" könnte sagen: „Wenn Ferdinand nicht ertrunken ist, ist er mein einziger Sohn." „Mein einziger Sohn" ist ein kennzeichnender Ausdruck, der allem Anschein nach dann und nur dann etwas kennzeichnet, wenn ich genau einen Sohn habe. Aber die obige Aussage wäre nichtsdestoweniger auch dann wahr geblieben, wenn Ferdinand wirklich ertrunken wäre. Daher müssen wir entweder in den Fällen, wo es auf den ersten Blick nichts Gekennzeichnetes gibt, für so etwas sorgen, oder wir müssen die Ansicht aufgeben, daß es in Propositionen, die kennzeichnende Ausdrücke enthalten, um das Gekennzeichnete geht. Das letztere Vorgehen befürworte ich. Das erstere kann man wählen, indem man wie Meinong mit Gegenständen arbeitet, die nicht subsistieren, und von ihnen sagt, daß sie dem Gesetz vom verbotenen Widerspruch nicht gehorchen; aber das sollte man, wenn irgend möglich, vermeiden. Auf andere Weise wählt dasselbe Vorgehen (soweit es um die Entscheidung unserer Frage geht) Frege, der per Definition ganz willkürlich dafür sorgt, daß in Fällen, wo es sonst nichts Gekennzeichnetes gäbe, etwas gekennzeichnet wird. „Der König von Frankreich" soll etwa die Nullklasse kennzeichnen; „der einzige Sohn von Herrn Soundso" (dessen stattliche Familie zehn zählt) soll die Klasse seiner Söhne kennzeichnen; und so weiter. Aber wenn dieses

Vorgehen auch vielleicht nicht gerade zu einem logischen Irrtum führt, ist es doch offensichtlich künstlich und ergibt nicht die genaue Analyse der Angelegenheit. Wenn wir also zugeben, daß man an kennzeichnenden Ausdrücken generell die beiden Seiten der Bedeutung und des Gekennzeichneten unterscheiden muß, dann führen die Fälle, in denen nichts gekennzeichnet zu werden scheint, unter beiden Annahmen zu Schwierigkeiten: sowohl unter der, daß in Wahrheit doch etwas gekennzeichnet wird, als auch unter der, daß in Wahrheit nichts gekennzeichnet wird.

Eine logische Theorie kann daran gemessen werden, wie gut sie mit Rätseln fertig wird; und wenn man über eine logische Frage nachdenkt, dann ist es ein nützlicher Plan, sich den Kopf mit so vielen Rätseln wie möglich vollzustopfen, da sie so ziemlich demselben Zweck dienen wie die Experimente in der Naturwissenschaft. Ich werde deshalb drei Rätsel aufgeben, die eine Theorie des Kennzeichnens lösen können sollte; und ich werde später zeigen, daß meine Theorie sie löst.

1. Wenn *a* mit *b* identisch ist, dann gilt, was für eines gilt, auch für das andere, und beide können in jeder Proposition gegeneinander ausgetauscht werden, ohne daß Wahrheit oder Falschheit der Proposition sich ändern. Nun wollte Georg IV. wissen, ob Scott der Verfasser von *Waverley* sei; tatsächlich *war* Scott der Verfasser von *Waverley*. Also können wir „Scott" für „der Verfasser von *Waverley*" einsetzen und dadurch beweisen, daß Georg IV. wissen wollte, ob Scott Scott sei. Aber man kann kaum annehmen, daß der erste Herr Europas am Gesetz der Identität interessiert war.

2. Nach dem Gesetz vom ausgeschlossenen Dritten ist entweder „A ist B" oder „A ist nicht B" wahr. Also ist entweder „der gegenwärtige König von Frankreich ist kahlköpfig" oder „der gegenwärtige König von Frankreich ist nicht kahlköpfig" wahr. Wenn wir aber die Dinge aufzählten, die kahlköpfig sind, und dann die, welche es nicht sind, würden wir den gegenwärtigen König von Frankreich auf keiner von beiden Listen finden. Hegelianer, die für Synthesen schwärmen, werden vermutlich den Schluß ziehen, daß er eine Perücke trägt.

3. Betrachten wir die Proposition „A unterscheidet sich von B". Wenn sie wahr ist, dann besteht ein Unterschied zwischen A und B;

diese Tatsache kann man so ausdrücken: „Der Unterschied zwischen A und B subsistiert." Wenn es aber falsch ist, daß A sich von B unterscheidet, dann gibt es keinen Unterschied zwischen A und B; das kann man so ausdrücken: „Der Unterschied zwischen A und B subsistiert nicht." Wie kann aber eine Nicht-Entität das Subjekt einer Proposition sein? „Ich denke, also bin ich" ist kein bißchen evidenter als „Ich bin das Subjekt einer Proposition, also bin ich", vorausgesetzt, daß man „ich bin" so versteht, daß es Subsistenz, d. h. Sein [11] behauptet und nicht Existenz. Es käme also heraus, daß es immer kontradiktorisch wäre, das Sein von irgend etwas abzustreiten; aber wie wir im Zusammenhang mit Meinong gesehen haben, führt das Zugeben des Seins manchmal auch zu Widersprüchen. Wenn sich A und B nicht unterscheiden, dann scheinen beide Annahmen gleich unmöglich: daß es einen Gegenstand wie „den Unterschied zwischen A und B" gibt wie daß es ihn nicht gibt.

Die Beziehung zwischen Bedeutung und Gekennzeichnetem birgt ziemlich seltsame Schwierigkeiten, die für sich allein zum Beweis dafür ausreichen dürften, daß die Theorie, die zu ihnen führt, falsch sein muß.

Wenn wir, im Gegensatz zu dem, was er *kennzeichnet*, über die *Bedeutung* eines kennzeichnenden Ausdrucks sprechen wollen, dann tun wir das am einfachsten mit Hilfe von Anführungszeichen. Wir sagen etwa:

Das Massenzentrum des Sonnensystems ist ein Punkt, kein kennzeichnender Komplex.

„Das Massenzentrum des Sonnensystems" ist ein kennzeichnender Komplex, kein Punkt.

Oder auch:

Der erste Vers von Grays *Elegy* drückt eine Proposition aus.

„Der erste Vers von Grays *Elegy*" drückt keine Proposition aus.

Bei einem beliebig gewählten kennzeichnenden Ausdruck C wollen wir also die Beziehung zwischen C und „C" betrachten, wobei der Unterschied zwischen den beiden derselbe wie in den beiden obigen Beispielen ist.

Zunächst einmal sagen wir, daß wir, wenn C vorkommt, über das *Gekennzeichnete* sprechen; kommt dagegen „C" vor, so sprechen wir über die *Bedeutung*. Nun ist die Beziehung zwischen Bedeutung und Gekennzeichnetem nicht bloß sprachlich im Ausdruck begründet; es muß eine logische Beziehung dazugehören, die wir damit ausdrücken, daß die Bedeutung das Gekennzeichnete kennzeichne. Aber wir stehen vor der Schwierigkeit, daß wir nicht beides erreichen können: einerseits die Verknüpfung von Bedeutung und Gekennzeichnetem bewahren, andererseits sie davor retten, ein und dasselbe zu sein; und weiter, daß man an die Bedeutung nur über kennzeichnende Ausdrücke herankommt. Das kommt folgendermaßen zustande.

Zu dem einen Ausdruck C sollten sowohl Bedeutung wie ein Gekennzeichnetes gehören. Sprechen wir aber von „der Bedeutung von C", so haben wir die Bedeutung des Gekennzeichneten (falls es die gibt). „Die Bedeutung des ersten Verses von Grays *Elegy*" ist dasselbe wie „die Bedeutung von 'The curfew tolls the knell of parting day'", nicht dasselbe wie „Die Bedeutung von 'der erste Vers von Grays *Elegy*'". Um also an die Bedeutung, um die es uns geht, heranzukommen, dürfen wir nicht von „der Bedeutung von C" sprechen, sondern von „der Bedeutung von 'C'", was dasselbe ist wie „C" selbst. Ähnlich bedeutet „das von C Gekennzeichnete" nicht das Gekennzeichnete, um welches es uns geht, sondern etwas, das — wenn es überhaupt kennzeichnet — das kennzeichnet, was von dem Gekennzeichneten, um das es uns geht, gekennzeichnet wird. „C" sei zum Beispiel „derjenige kennzeichnende Komplex, der im zweiten von den obigen Beispielen vorkommt". C ist dann = „der erste Vers von Grays *Elegy*", und das von C Gekennzeichnete = The curfew tolls the knell of parting day. Was wir aber als Gekennzeichnetes haben *wollten*, war „der erste Vers von Grays *Elegy*". Wir haben also nicht bekommen, was wir wollten.

Die Schwierigkeit, die man hat, wenn man von der Bedeutung eines kennzeichnenden Komplexes reden will, kann so ausgedrückt werden: Sobald wir den Komplex in eine Proposition einbauen, geht die Proposition über das Gekennzeichnete; und wenn wir eine Proposition bilden, deren Subjekt „die Bedeutung von C" ist, dann ist das Subjekt die Bedeutung (falls es eine gibt) des Gekennzeichneten, um welche es gar nicht ging. Das bringt uns dann zu der Annahme, daß wir bei der Unterscheidung zwischen Bedeutung und

Gekennzeichnetem mit der Bedeutung zu tun haben: die Bedeutung kennzeichnet etwas und ist ein Komplex, und es gibt nichts von ihr Verschiedenes, das man den Komplex nennen kann und wovon man sagen kann, es habe sowohl Bedeutung als auch etwas, was es kennzeichne. Nach der fraglichen Ansicht ist der richtige Ausdruck der, daß einige Bedeutungen etwas kennzeichnen.

Aber das stellt unsere Schwierigkeiten beim Sprechen von Bedeutungen nur stärker heraus. Denn nehmen wir an, C sei unser Komplex; dann müssen wir sagen, daß C die Bedeutung des Komplexes *ist*. Aber was gesagt wird, gilt nichtsdestoweniger immer dann, wenn C ohne Anführungsstriche auftritt, nicht von der Bedeutung, sondern von dem Gekennzeichneten, etwa wenn wir sagen: Das Massenzentrum des Sonnensystems ist ein Punkt. Um also von C selbst zu sprechen, um also eine Proposition über die Bedeutung zu bilden, darf unser Subjekt nicht C sein, sondern nur etwas, wodurch C gekennzeichnet wird. Also darf „C", der Ausdruck, den wir benutzen, wenn wir von der Bedeutung sprechen, nicht die Bedeutung sein, sondern etwas, was die Bedeutung kennzeichnet. Und C darf kein Bestandteil dieses Komplexes sein (wie das in „die Bedeutung von C" der Fall ist); denn wenn C in dem Komplex vorkommt, dann kommt das Gekennzeichnete, nicht die Bedeutung vor; und vom Gekennzeichneten gibt es keinen Rückweg zur Bedeutung, weil man jeden Gegenstand durch eine unendliche Zahl von verschiedenen kennzeichnenden Ausdrücken kennzeichnen kann.

So sähe es also danach aus, daß „C" und C verschiedene Entitäten sind und „C" C kennzeichnet; aber das kann keine Erklärung sein, weil die Beziehung von „C" zu C völlig im dunkeln bleibt; und wo sollen wir den kennzeichnenden Komplex „C" finden, der C kennzeichnen soll? Wenn C in einer Proposition vorkommt, kommt darüber hinaus nicht *nur* das Gekennzeichnete vor (wie wir im nächsten Absatz sehen werden); aber nach der fraglichen Ansicht ist C nur das Gekennzeichnete, da die Bedeutung ganz an „C" überantwortet ist. Das ist ein unentwirrbarer Knäuel; und das scheint zu beweisen, daß man sich von der ganzen Unterscheidung von Bedeutung und Gekennzeichnetem eine falsche Vorstellung gemacht hat.

Daß die Bedeutung wesentlich ist, wenn in einer Proposition ein kennzeichnender Ausdruck vorkommt, wird durch das Rätsel über den Verfasser von *Waverley* formal bewiesen. Die Proposition „Scott war der Verfasser von *Waverley*" hat eine Eigenschaft, welche die Proposition „Scott war Scott" nicht hat, nämlich die Eigenschaft, daß Georg IV. wissen wollte, ob sie wahr sei. Also sind die beiden Propositionen nicht identisch; also muß die Bedeutung von „der Verfasser von *Waverley*" genauso wesentlich sein wie das, was sie kennzeichnet, wenn wir uns auf den Standpunkt stellen, zu dem diese Unterscheidung gehört. Aber solange wir dabei bleiben, müssen wir, wie wir gerade gesehen haben, behaupten, daß nur das Gekennzeichnete wesentlich sein kann. Daher ist dieser Standpunkt aufzugeben.

Es bleibt noch zu zeigen, daß alle von uns betrachteten Rätsel von der am Anfang des Artikels dargelegten Theorie gelöst werden.

Nach der Ansicht, die ich vertrete, ist ein kennzeichnender Ausdruck wesentlich *Teil* eines Satzes; anders als die meisten einzelnen Wörter hat er keinerlei selbständige Bedeutung. Wenn ich sage: „Scott war ein Mensch", dann hat meine Aussage die Gestalt „x war ein Mensch" und das Subjekt „Scott". Sage ich dagegen: „Der Verfasser von Waverley war ein Mensch", dann hat meine Aussage nicht die Gestalt „x war ein Mensch" und nicht das Subjekt „der Verfasser von *Waverley*". Wenn wir unsere Feststellung vom Anfang dieses Artikels abkürzen, dann können wir „der Verfasser von *Waverley* war ein Mensch" ersetzen durch: „Eine und nur eine Entität hat *Waverley* geschrieben, und sie war ein Mensch." (Das entspricht der Bedeutung nicht ganz so genau wie die frühere Formulierung; aber es behält sich leichter.) Allgemein gesprochen, wenn wir sagen wollen, daß der Verfasser von *Waverley* die Eigenschaft φ hatte, dann ist das gleichbedeutend mit: „Eine und nur eine Entität hat *Waverley* geschrieben, und sie hatte die Eigenschaft φ."

Was *gekennzeichnet* wird, ist so zu erklären: Da jede Proposition, in welcher „der Verfasser von *Waverley*" vorkommt, so wie oben erklärt wird, geht die Proposition „Scott war der Verfasser von *Waverley*" (d. h. „Scott war identisch mit dem Verfasser von *Waverley*") über in: „Eine und nur eine Entität hat *Waverley* geschrieben, und Scott war mit ihr identisch"; oder, um zu der ganz ausführlichen Form zurückzukehren: „Nicht immer trifft für *x* nicht zu: daß *x* *Waverley* geschrieben hat; daß für *y* immer zutrifft, daß wenn *y* *Waverley* geschrieben hat, *y* mit *x* identisch ist; und daß Scott mit *x* identisch ist." Wenn etwa „C" ein kennzeichnender Ausdruck ist, dann kann es sein, daß es eine Entität *x* gibt (mehr kann es nicht geben), für welche die Proposition „*x* ist mit C identisch" zutrifft, wobei diese Proposition gemäß der oben gegebenen Erklärung zu verstehen ist. Wir können dann sagen, daß die Entität *x* vom Ausdruck „C" gekennzeichnet wird. Scott ist zum Beispiel das, was „der Verfasser von *Waverley*" kennzeichnet. „C" in Anführungszeichen ist dann bloß der *Ausdruck*, nichts, was den Namen *Bedeutung* tragen könnte. Der Ausdruck hat von allein keine Bedeutung, weil man ihn, um eine Proposition, in deren sprachlichem Ausdruck er vorkommt, vollständig auszudrücken, so zerlegen muß, daß er dann nicht mehr vorkommt.

Das Rätsel mit Georgs IV. Neugier findet nun eine sehr einfache Lösung. Die Proposition „Scott war der Verfasser von *Waverley*", die wir im vorangehenden Absatz ungekürzt ausgeschrieben haben, enthält keinen Bestandteil „der Verfasser von *Waverley*", für welchen wir „Scott" einsetzen könnten. Das steht nicht im Widerspruch zur Gültigkeit von Ableitungen, die als Resultat einer *sprachlichen* Ersetzung von „der Verfasser von *Waverley*" durch „Scott" entstehen, solange „der Verfasser von *Waverley*" in der Proposition ein *primäres* Vorkommnis hat, wie ich es nenne. Primäre und sekundäre Vorkommnisse von kennzeichnenden Ausdrücken unterscheiden sich folgendermaßen:

Wenn wir sagen: „Georg IV. wollte wissen, ob soundso", oder: „Soundso ist überraschend", oder: „Soundso ist wahr" und so weiter, dann muß „soundso" eine Proposition sein. Nehmen wir nun an, „soundso" enthalte einen kennzeichnenden Ausdruck. Wir können den kennzeichnenden Ausdruck entweder aus der untergeordneten Proposition „soundso" entfernen oder aus der Gesamtproposition, deren bloßer Bestandteil „soundso" ist. In beiden Fällen erhalten wir unterschiedliche Propositionen. Ich habe von einem empfindlichen Jachtbesitzer gehört, zu dem ein Gast, der sie das erstemal sah, bemerkte: „Ich habe Ihre Jacht für größer gehalten, als sie ist." Worauf der Besitzer antwortete: „Nein, meine

Jacht ist nicht größer, als sie ist." Der Gast hatte gemeint: „Die Größe, die Ihre Jacht in meiner Vorstellung hatte, wird von ihrer tatsächlichen Größe nicht erreicht." Der Besitzer hatte ihm unterstellt: „Ich habe die Größe Ihrer Jacht für größer gehalten als die Größe Ihrer Jacht." Kehren wir zu Georg IV. und zu *Waverley* zurück: Wenn wir sagen: „Georg IV. wollte wissen, ob Scott der Verfasser von *Waverley* sei", meinen wir gewöhnlich: „Georg IV. wollte wissen, ob ein und nur ein Mensch *Waverley* geschrieben habe und ob Scott dieser Mensch gewesen sei." Wir *können* auch meinen: „Ein und nur ein Mensch hat *Waverley* geschrieben, und Georg IV. wollte wissen, ob Scott dieser Mensch sei." Im letzteren Satz hat „der Verfasser von *Waverley*" ein *primäres* Vorkommnis, im ersteren ein *sekundäres*. Den letzteren könnten wir auch so ausdrücken: „Über den Menschen, der *Waverley* geschrieben hat, wollte Georg IV. wissen, ob es sich um Scott handele." Das träfe zum Beispiel zu, wenn Georg IV. Scott aus der Entfernung gesehen und gefragt hätte: „Ist das Scott?" Daß ein kennzeichnender Ausdruck *sekundär* vorkommt, können wir so definieren: der Ausdruck kommt in einer Proposition *p* vor, die ein bloßer Bestandteil der von uns betrachteten Proposition ist, und die Ersetzung des kennzeichnenden Ausdrucks ist in *p* vorzunehmen, nicht in der ganzen betreffenden Proposition. Die Mehrdeutigkeit, ob ein Ausdruck primär oder sekundär vorkommt, läßt sich in der Sprache nur schwer vermeiden; aber das schadet nichts, wenn wir auf der Hut sind. In der symbolischen Logik ist sie natürlich leicht zu vermeiden.

Die Unterscheidung von primären und sekundären Vorkommnissen versetzt uns auch in die Lage, mit dem Problem fertig zu werden, ob der gegenwärtige König von Frankreich kahlköpfig oder nicht kahlköpfig ist, und allgemein mit der logischen Stellung von kennzeichnenden Ausdrücken, die nichts kennzeichnen. Wenn „C" ein kennzeichnender Ausdruck ist, zum Beispiel „das Ding, welches die Eigenschaft F hat", dann gilt:

„C hat die Eigenschaft φ" bedeutet „ein und nur ein Ding hat die Eigenschaft F, und das Ding hat die Eigenschaft φ".[12]

Wenn nun kein Ding oder mehrere Dinge die Eigenschaft F haben, dann folgt, daß „C hat die Eigenschaft φ" für *alle* Werte von φ falsch ist. Zum Beispiel ist „der gegenwärtige König von Frankreich ist kahlköpfig" sicherlich falsch; und „der gegenwärtige König von Frankreich ist nicht kahlköpfig" ist falsch, wenn der Satz bedeutet:

„Es gibt eine Entität, die jetzt König von Frankreich und nicht kahlköpfig ist",

ist aber wahr, wenn er bedeutet:

„Es ist falsch, daß es eine Entität gibt, die jetzt König von Frankreich und kahlköpfig ist."

Das heißt: „Der König von Frankreich ist nicht kahlköpfig" ist falsch, wenn „der König von Frankreich" *primär* vorkommt, wahr, wenn der Ausdruck *sekundär* vorkommt. Und so sind alle Propositionen, in denen „der König von Frankreich" primär vorkommt, falsch; die Negationen dieser Propositionen sind wahr, aber in ihnen kommt „der König von Frankreich" sekundär vor. So entgehen wir der Schlußfolgerung, daß der König von Frankreich eine Perücke trägt.

Wir können nun auch sehen, wie man in dem Fall, wo A und B sich nicht unterscheiden, abstreiten kann, daß es einen Gegenstand wie den Unterschied zwischen A und B gibt. Wenn A und B sich unterscheiden, dann gibt es eine und nur eine Entität *x*, so daß „*x* ist der Unterschied zwischen A und B" eine wahre Proposition ist; wenn A und B sich nicht unterscheiden, dann gibt es keine solche Entität *x*. Entsprechend der Erklärung, die wir für das Kennzeichnen soeben gegeben haben, kennzeichnet also „der Unterschied zwischen A und B" dann etwas, wenn A und B sich unterscheiden, sonst nicht. Dieser Unterschied gilt generell für wahre und für falsche Propositionen. Wenn „*aRb*" bedeutet „*a* steht in der Beziehung *R* zu *b*", dann gibt es, wenn *aRb* wahr ist, so eine Entität wie die Beziehung *R* zwischen *a* und *b*; wenn *aRb* falsch ist, dann gibt es keine solche Entität. So können wir aus jeder Proposition einen kennzeichnenden Ausdruck machen, der eine Entität kennzeichnet, wenn die Proposition wahr ist, und keine Entität kennzeichnet, wenn die Proposition falsch ist. Zum Beispiel ist es wahr (wir wollen das wenigstens annehmen), daß die Erde sich um die Sonne dreht, und falsch, daß die Sonne sich um die Erde dreht; deshalb kennzeichnet „die Drehung der Erde um die Sonne" eine Entität, während „die Drehung der Sonne um die Erde" keine Entität kennzeichnet.[13]

Mit dem ganzen Bereich der Nicht-Entitäten wie „das runde

Quadrat", „die gerade Primzahl über 2", „Apollo", „Hamlet" und so weiter können wir nun zu unserer Zufriedenheit fertig werden. All das sind kennzeichnende Ausdrücke, die nichts kennzeichnen. Propositionen über Apollo sind gleichbedeutend mit dem, was die Ersetzung von Apollo entsprechend den Anweisungen der klassischen Enzyklopädie, zum Beispiel durch „der Sonnengott", ergibt. Alle Propositionen, in denen Apollo vorkommt, sind gemäß den obigen Regeln für kennzeichnende Ausdrücke zu verstehen. Hat „Apollo" ein primäres Vorkommnis, dann ist die Proposition, deren Bestandteil das Vorkommnis ist, falsch; ist das Vorkommnis sekundär, dann kann die Proposition wahr sein. Also noch einmal: „Das runde Quadrat ist rund" bedeutet: „Es gibt eine und nur eine Entität *x*, die rund und quadratisch ist, und diese Entität ist rund." Und das ist eine falsche Proposition, nicht, wie Meinong behauptet, eine wahre. „Das vollkommenste Wesen hat alle Vollkommenheiten; Existenz ist eine Vollkommenheit; also existiert das vollkommenste Wesen" wird zu:

> „Es gibt eine und nur eine Entität *x*, die im höchsten Maß vollkommen ist; sie hat alle Vollkommenheiten; Existenz ist eine Vollkommenheit; also existiert sie."

Als Beweis geht das daneben, weil die Prämisse „es gibt eine und nur eine Entität *x*, die im höchsten Maße vollkommen ist" nicht bewiesen ist.[14]

MacColl (*Mind*, N. S. Nr. 54 und Nr. 55, S. 401) unterteilt die Individuen in zwei Sorten, wirkliche und unwirkliche; und deshalb definiert er die Nullklasse als die Klasse aller unwirklichen Individuen. Darin steckt die Annahme, daß solche Ausdrücke wie „der gegenwärtige König von Frankreich", die kein wirkliches Individuum kennzeichnen, immerhin doch ein Individuum kennzeichnen — dann eben ein unwirkliches. Das ist im Kern Meinongs Theorie. Wir haben gesehen, daß man allen Grund hat, sie zurückzuweisen, weil sie gegen das Gesetz vom verbotenen Widerspruch verstößt. Mit unserer Theorie der Kennzeichnung sind wir in der Lage zu behaupten, daß es keine unwirklichen Individuen gibt; die Nullklasse ist also die Klasse, die keine Elemente hat, nicht die Klasse, welche als Elemente alle unwirklichen Individuen hat.

Es ist wichtig anzumerken, wie sich unsere Theorie auf das

Verständnis von Definitionen auswirkt, die mit kennzeichnenden Ausdrücken arbeiten. Die meisten mathematischen Definitionen gehen so vor. Ein Beispiel bietet „*m* — *n* bedeutet die Zahl, die man zu *n* addieren muß, um *m* zu erhalten". *m* — *n* soll also nach der Definition gleichbedeutend sein mit einem bestimmten kennzeichnenden Ausdruck; wir haben aber festgestellt, daß kennzeichnende Ausdrücke isoliert keine Bedeutung haben. Die Definition sollte also eigentlich so aussehen: „Jede Proposition, die *m* — *n* enthält, soll mit der Proposition gleichbedeutend sein, die dadurch entsteht, daß man ‚*m* — *n*' ersetzt durch ‚die Zahl, die man zu *n* addieren muß, um *m* zu erhalten'." Die entstehende Proposition wird entsprechend den Regeln interpretiert, die wir für die Übersetzung von Propositionen, deren sprachliche Formulierung einen kennzeichnenden Ausdruck enthält, schon angegeben haben. Im Falle, wo es zu *m* und *n* eine und nur eine Zahl *x* gibt, die, zu *n* addiert, *m* ergibt, gibt es eine Zahl *x*, die in jeder Proposition, die *m* — *n* enthält, dafür eingesetzt werden kann, ohne daß Wahrheit oder Falschheit der Proposition geändert werden. In anderen Fällen sind alle Propositionen, in denen „*m* — *n*" ein primäres Vorkommnis hat, falsch.

Die obige Theorie erklärt den Nutzen der *Identität.* Außer in Logikbüchern sagt kein Mensch jemals „*x* ist *x*", und doch werden oft Identitätsbehauptungen in der Form „Scott war der Verfasser von *Waverley*" oder „du bist derjenige" gemacht. Die Bedeutung solcher Propositionen kann man nicht klarlegen, ohne auf die Identität zurückzugreifen, wenn die Aussagen auch nicht einfach besagen, daß Scott mit etwas anderem, dem Verfasser von *Waverley*, identisch ist, oder daß du mit etwas anderem, nämlich demjenigen, identisch bist. Der kürzeste Ausdruck für „Scott ist der Verfasser von *Waverley*" scheint zu sein: „Scott hat Waverley geschrieben; und es trifft für *y* immer zu, daß wenn *y* *Waverley* geschrieben hat, *y* mit Scott identisch ist." Auf diese Weise kommt die Identität in die Proposition „Scott ist der Verfasser von *Waverley*" hinein; und zu solchen Zwecken muß man Identität behaupten.

Ein interessantes Ergebnis der obigen Theorie des Kennzeichnens ist das folgende: Wenn wir mit etwas keine unmittelbare Bekanntschaft haben, sondern uns dafür nur eine Definition mit

Hilfe kennzeichnender Ausdrücke zur Verfügung steht, dann enthalten die Propositionen, in welche dieses Ding durch einen kennzeichnenden Ausdruck eingeführt wird, das Ding nicht wirklich als Bestandteil, sondern statt dessen jene Bestandteile, für welche die verschiedenen Wörter des kennzeichnenden Ausdrucks stehen. Also sind in allen uns zugänglichen Propositionen (d. h. nicht nur in jenen, über deren Wahrheit und Falschheit wir entscheiden können, sondern in allen, über die wir nachdenken können) die Bestandteile in Wahrheit Entitäten, mit denen wir unmittelbar bekannt sind. Nun kennen wir solche Dinge wie Materie (in dem Sinne, wie sie in der Physik auftritt) und das Bewußtsein anderer Leute nur über kennzeichnende Ausdrücke, d. h. wir sind mit ihnen nicht *bekannt*, sondern kennen sie als dasjenige, was die und die Eigenschaften hat. Obgleich wir also Propositionsfunktionen $C(x)$ bilden können, die auf solche und solche materiellen Partikel oder auf des Soundso Bewußtsein zutreffen müssen, sind wir doch mit den Propositionen, welche diese Tatsachen behaupten, von denen wir wissen, daß es Tatsachen sind, nicht direkt bekannt, weil uns die Entitäten, um die es konkret geht, nicht zugänglich sind. Was wir wissen, ist: „Soundso hat ein Bewußtsein, welches die und die Eigenschaften hat"; wir wissen aber nicht: „A hat die und die Eigenschaften", wobei A das fragliche Bewußtsein *ist.* In solchen Fällen kennen wir die Eigenschaften der Dinge, ohne mit den Dingen selbst direkt bekannt zu sein, und daher ohne auch nur eine Proposition zu wissen, deren Bestandteil das Ding selbst ist.

Über die vielen anderen Folgerungen aus der Ansicht, die ich vertreten habe, will ich nichts sagen. Ich möchte den Leser nur bitten, sich nicht gegen diese Ansicht zu entscheiden — die Versuchung dazu dürfte er angesichts ihrer scheinbar übertriebenen Kompliziertheit spüren —, bevor er den Versuch gemacht hat, eine eigene Theorie zum Thema des Kennzeichnens zu entwerfen. Ich glaube, daß dieser Versuch ihn davon überzeugen wird, daß die zutreffende Theorie, wie sie auch aussehen mag, nicht so einfach sein kann, wie man vorher hätte annehmen können.

Anmerkungen

[1] Ich habe das Thema in *Principles of Mathematics*, Kap. V und § 476, erörtert. Die dort vertretene Theorie ist fast dieselbe wie die von Frege und ganz anders als die im folgenden vertretene.

[2] Genauer, eine Propositionsfunktion.

[3] Das zweite kann mit Hilfe des ersten definiert werden, wenn wir es so verstehen: „Es ist nicht wahr, daß 'C (x) ist falsch' immer wahr ist."

[4] Anstelle dieses komplizierten Ausdrucks werde ich bisweilen benutzen: „C(x) ist nicht immer falsch" oder „C(x) ist manchmal wahr"; sie sollen *definitionsgemäß* dasselbe wie der komplizierte Ausdruck bedeuten.

[5] In Bradleys *Logic*, Buch I, Kap. 1, ist das vorzüglich begründet.

[6] Psychologisch legen „C (ein Mensch)" *nur einer* nahe und „C (einige Menschen)" *mehr als einer*; aber in einer vorläufigen Skizze können wir darüber hinwegsehen.

[7] Vgl. *Untersuchungen zur Gegenstandstheorie und Psychologie*, Leipzig 1904, die ersten drei Artikel von Meinong, Ameseder und Mally.

[8] Vgl. „Über Sinn und Bedeutung", *Ztschr. f. Phil. u. phil. Kritik* N. F. 100, 1892, 25—50. [„Bedeutung" im obigen Text entspricht „Sinn" bei Frege; das Gekennzeichnete heißt bei Frege „Bedeutung". Anm. d. Übers.]

[9] Frege unterscheidet die beiden Elemente Bedeutung und Gekennzeichnetes überall, nicht nur in komplexen kennzeichnenden Ausdrücken. Die *Bedeutungen* der Bestandteile eines kennzeichnenden Komplexes, nicht was sie *kennzeichnen,* geht in seine *Bedeutung* ein. Nach Frege ist in der Proposition „Der Montblanc ist höher als 1000 m" die *Bedeutung* von Montblanc" ein Bestandteil der *Bedeutung* der Proposition, nicht etwa der konkrete Berg.

[10] Im Rahmen dieser Theorie werden wir sagen, daß ein kennzeichnender Ausdruck eine Bedeutung *ausdrückt*; und wir werden sagen, daß sowohl der Ausdruck wie die Bedeutung etwas *kennzeichnen.* Im Rahmen der anderen Theorie, die ich vertrete, gibt es keine *Bedeutung* und nur manchmal ein *Gekennzeichnetes.*

[11] Ich gebrauche die Ausdrücke gleichbedeutend.

[12] Das ist die abgekürzte, nicht die genauere Übersetzung.

[13] Die Propositionen, aus denen man solche Entitäten gewinnt, sind weder mit diesen Entitäten identisch noch mit den Propositionen, daß diese Entitäten Sein haben.

[14] Mit der Argumentation kann man gültig beweisen, daß alle Elemente der Klasse der vollkommensten Wesen existieren; man kann auch formal

beweisen, daß diese Klasse nicht *mehr* als ein Element haben kann; aber wenn Vollkommenheit als Besitz aller positiven Eigenschaften definiert wird, dann kann man fast ebenso stringent beweisen, daß die Klasse nicht einmal ein Element hat.

Der folgende Beitrag wurde aus dem Englischen übersetzt von Eike von Savigny.

UNIVERSALIEN

Von F. P. Ramsey

Diese Arbeit soll untersuchen, ob alle Gegenstände grundlegend in zwei Klassen geschieden sind, die der Einzeldinge und die der Universalien. Russell hat diese Frage in einem Aufsatz erörtert, der in den *Proceedings of the Aristotelian Society* 1911 abgedruckt ist. Sein Ergebnis, daß die Unterscheidung grundlegend sei, beruhte auf zwei vertrauten Gedankengängen; sie richten sich gegen die beiden Methoden, welche sich einem anbieten, der die Unterscheidung zunichte machen will: entweder zu behaupten, daß Universalien Bündel von Einzeldingen seien, oder aber, daß Einzeldinge Bündel ihrer Eigenschaften seien. Die Gegenargumentationen sind ganz in Ordnung, soweit sie reichen; sie scheinen mir aber nicht die ganze Frage zu erledigen. Die erste ist auch in *The Problems of Philosophy* zu finden. Gegen die Nominalisten gerichtet, zeigt sie, daß sich unter den Bestandteilen einer solchen Proposition wie „Dieses Sinnesdatum ist weiß" einer finden muß, etwa die Eigenschaft, weiß zu sein, oder die Ähnlichkeit zu irgend etwas, welcher nicht zum selben logischen Typus gehört wie das Sinnesdatum selbst. Die zweite Gegenargumentation wird auch in McTaggarts *The Nature of Existence* kurz dargelegt. Sie beweist, daß kein Mensch mit der Summe seiner Eigenschaften identifiziert werden kann. Aber wenn er auch keine seiner eigenen Eigenschaften sein kann, so ist das doch kein Grund, warum er nicht die Eigenschaft von irgend etwas anderem sein dürfte. Tatsächlich kennzeichnet Whitehead materielle Gegenstände als „echt aristotelische Adjektive"; wir können also nicht annehmen, daß die beiden Argumentationen die Unterscheidung zwischen Einzelding und Universale gegen jede Kritik absichern.

Deshalb will ich fragen: Worin besteht der Unterschied zwischen Universale und Einzelding? Was können wir über das eine sagen, was nicht auch auf das andere zutrifft? Wenn wir Russell folgen, dann werden wir dreierlei Unterscheidungen zu untersuchen haben: eine psychologische, eine physikalische und eine logische. Zunächst haben wir den Unterschied zwischen Wahrnehmung und Begriff, den Gegenständen von zweierlei geistigen Akten. Aber diese Unterscheidung dürfte wahrscheinlich nicht grundlegend wichtig sein, da ein Unterschied zwischen zwei geistigen Akten überhaupt keinem Unterschied zwischen ihren Gegenständen zu entsprechen braucht. Zweitens haben wir verschiedene Unterscheidungen zwischen Gegenständen, die auf ihrer räumlichen und zeitlichen Struktur beruhen. Zum Beispiel können manche Gegenstände zu einem Zeitpunkt nur an einem Ort sein, andere, wie die Farbe Rot, dagegen an mehreren. Obwohl dieses Thema sehr wichtig ist, können wir meiner Meinung nach auch hier den Kern der Sache noch nicht erreicht haben. Denn wenn Whitehead zum Beispiel sagt, ein Tisch sei ein Adjektiv, und Johnson sagt, er sei ein Substantiv, dann streiten sie sich nicht darüber, an wie vielen Plätzen der Tisch zu gleicher Zeit sein kann, sondern über seine logische Struktur. Also hat unsere Untersuchung es vor allem mit logischen Unterscheidungen zu tun.

Nach Russell ist die Klasse der Universalien die Vereinigung der Klasse der Prädikate und der der Relationen. Zwar ist diese These von Stout bestritten worden;[1] aber er hat schon eine hinreichende Antwort gefunden.[2] Deshalb werde ich nur die üblichere Meinung erörtern, die Russell teilt.

Danach sind Individuen (Einzeldinge) einerseits zu trennen von Eigenschaften und Relationen andererseits, wobei man Eigenschaften und Relationen als Universalien zusammenfaßt. Manchmal werden Eigenschaften sogar zu den Relationen gezählt, indem man sie als einstellige Relationen von den zwei-, drei- oder mehrstelligen unterscheidet. Auch Johnson macht eine Trennung, und zwar zwischen Substantiven auf der einen und Adjektiven auf der anderen Seite, wobei er Relationen als transitive Adjektive auffaßt; und für ihn erklärt die Unterscheidung zwischen Substantiv und Adjektiv jene zwischen Einzelding und Universale. Aber während die Autoritäten bis zu diesem Punkt übereinstimmen, haben sie doch eine wichtige Meinungsverschiedenheit. Nach

Johnson gilt folgendes: Während ein Substantiv seinem Wesen nach in Propositionen nur die Rolle des Subjekts, nicht des Prädikats spielen kann, kann ein Adjektiv sowohl die Rolle des Prädikats übernehmen als auch die eines Subjekts, dem ein Adjektiv zweiter Stufe beigelegt wird. In „Unpünktlichkeit ist ein Fehler" ist zum Beispiel das Subjekt selbst ein Adjektiv — die Eigenschaft der Unpünktlichkeit. Substantive und Adjektive verhalten sich also nicht ganz symmetrisch; denn während jedes Prädikat ein Adjektiv sein muß, können Subjekte entweder Substantive oder Adjektive sein: das Substantiv müssen wir als etwas definieren, was nur Subjekt und nie Prädikat sein kann.

Auf der anderen Seite hat Russell das in seinen Vorlesungen über den Logischen Atomismus bestritten.[3] Adjektive, sagt er, sind in gewisser Weise unvollständig; sie haben große Ähnlichkeit mit der Struktur von Propositionen. Daher kann das Adjektiv-Zeichen nie allein stehen oder Subjekt einer Proposition sein, sondern muß zu einer Proposition vervollständigt werden, in der es das Prädikat bildet. So ist das richtige Zeichen für die Röte nicht das Wort „rot", meint er, sondern die Funktion „x ist rot", und Rot kann in eine Proposition nur über die Werte dieser Funktion eintreten. Russell würde also sagen, daß „Unpünktlichkeit ist tadelnswert" eigentlich so etwas bedeute wie „Für alle x: Wenn x unpünktlich ist, dann ist x tadelnswert"; und das Adjektiv Unpünktlichkeit ist nicht das Subjekt der Proposition, sondern tritt in sie nur als Prädikat jener ihrer Teile ein, welche die Form „x ist unpünktlich" haben. Auf dieser These bauen neue Arbeiten in der zweiten Auflage der *Principia Mathematica* auf.

Keine von beiden Theorien kann ganz zufriedenstellen, obwohl sich auch keine widerlegen ließe. Und zwar stößt Russells Ansicht im Zusammenhang mit der Beziehung unserer Erkenntnis zu Universalien auf Schwicrigkeiten; aus diesem Grunde ist sie in der ersten Auflage der *Principia* abgelehnt worden. Allerdings sind diese Schwierigkeiten in meinen Augen — wie jetzt auch in Russells Augen — keineswegs unüberwindlich. Aber ich könnte sie hier nicht erörtern, ohne zahllose Fragen anzuschneiden, die für das, worauf es mir vor allem ankommen wird, unwesentlich sind.

Keine der beiden Theorien läßt sich also widerlegen; aber gegen beide kann man Einwände erheben, die durchaus Bedeutung zu haben scheinen. Russell betont zum Beispiel, eine Relation zwischen zwei Dingen könne kein drittes Ding sein, das zwischen sie trete; denn dann wäre es gar keine Relation, und das einzige wirklich relationale Element würden die Verbindungen zwischen diesem neuen Ding und den beiden ersten darstellen. Mit Überlegungen dieser Art hat Bradley seinen unendlichen Regreß begründet; Russell stimmt der Begründung jetzt offensichtlich zu. Johnson könnte antworten, daß für ihn das verknüpfende, strukturierende Element nicht die Relation sei; diese Rolle übernähmen vielmehr die charakterisierenden oder zusammenfügenden Bindungen; aber das sind höchst geheimnisvolle Dinge. Man könnte auch einwenden, daß Johnson Einzeldinge und Universalien nicht hinreichend verschieden sieht oder daß er die besondere Unvollständigkeit der Adjektive nicht berücksichtigt, welche sich darin zeigt, daß man ihnen das Hilfsverb „sein" voranstellen kann: „rot seiend", „ein Mensch seiend" sehen nicht, wie Stühle und Teppiche, nach wirklichen Dingen aus. Russell könnte man fragen, wieso es Gegenstände wie seine Universalien geben kann, in denen die Form einer Proposition enthalten ist, so daß sie unvollständig sind. In gewisser Weise, könnte man sagen, sind alle Gegenstände unvollständig: sie können in Tatsachen nur zusammen mit anderen Gegenständen vorkommen, und die Form der Propositionen, deren Bestandteile sie sind, ist in ihnen enthalten. In welcher Weise gilt das für Universalien mehr als für andere Dinge?

Offenbar ist jedoch keines dieser Argumente wirklich entscheidend, und jeder, der an der so grundlegenden Frage wirklich interessiert ist, sieht sich in einer äußerst unbefriedigenden Lage. In solchen Fällen ist es ein heuristisches Prinzip, daß die Wahrheit nicht in einer der beiden diskutierten Ansichten liegt, sondern in einer dritten Möglichkeit, an die man noch nicht gedacht hat und die wir nur entdecken können, indem wir eine Annahme ablehnen, die beide Parteien als offensichtlich wahr akzeptieren.

Beide Theorien machen eine wichtige Annahme, die man nach meiner Meinung nur in Frage zu stellen braucht, um zu sehen, daß man sie bezweifeln muß. Sie nehmen an, daß Subjekt und Prädikat sich grundlegend unterscheiden; daß nämlich in einer Proposition, die aus zwei verknüpften Gegenständen besteht, diese beiden Gegenstände verschiedene Rollen spielen müssen, der eine die des Subjekts, der andere die des Prädikates. So ist in „Sokrates ist weise“ Sokrates das Subjekt, Weisheit das Prädikat. Aber wir brauchen die Proposition nur umzudrehen und zu sagen: „Weisheit ist eine Eigenschaft von Sokrates“, und schon ist die Weisheit, vorher das Prädikat, jetzt das Subjekt. Nun scheint es mir so klar, wie nur etwas in der Philosophie sein kann, daß die beiden Sätze „Sokrates ist weise“ und „Weisheit ist eine Eigenschaft von Sokrates“ dieselbe Tatsache behaupten, dieselbe Proposition ausdrücken. Natürlich sind sie nicht derselbe Satz; aber sie haben dieselbe Bedeutung, gerade wie zwei Sätze in zwei verschiedenen Sprachen dieselbe Bedeutung haben können. Welchen Satz wir gebrauchen, hängt zum Beispiel vom Stil ab oder von dem Blickwinkel, aus dem wir die Sache betrachten. Wenn wir uns vor allem für Sokrates interessieren, dann sagen wir: „Sokrates ist weise“, wenn wir über die Weisheit reden, dann können wir sagen: „Weisheit ist eine Eigenschaft von Sokrates.“ Was wir auch sagen, wir meinen dasselbe. Nun ist im einen der beiden Sätze „Sokrates“ das Subjekt und im anderen „Weisheit“; welches von beiden Subjekt, welches Prädikat ist, hängt also davon ab, welchen besonderen Satz wir benutzen, um unsere Proposition auszudrücken. Es hat nichts mit der logischen Struktur von Sokrates oder der Weisheit zu tun, sondern geht ausschließlich die Grammatiker an. In einer hinreichend elastischen Sprache kann auf dieselbe Weise jede Proposition so ausgedrückt werden, daß man einen beliebigen Bestandteil als Subjekt wählt. Also besteht zwischen dem Subjekt und dem Prädikat einer Proposition kein wesentlicher Unterschied; keine grundlegende Klassifikation von Gegenständen kann auf einer solchen Unterscheidung beruhen.

Ich behaupte nicht, daß die vorstehende Argumentation unmittelbar schlüssig ist; ich behaupte nur, daß sie die ganze Grundlage der Unterscheidung zwischen Einzelding und Universale, soweit sie aus der Unterscheidung zwischen Subjekt und Prädikat gewonnen ist, in Zweifel zieht und daß die Frage neu geprüft werden muß. Russell hat oft betont, daß Philosophen sich sehr leicht durch die Subjekt-Prädikat-Konstruktion unserer Sprache irreführen lassen. Sie haben angenommen, daß alle Propositionen die Subjekt-Prädikat-Form haben müßten, und haben sich auf diese Weise dazu bringen lassen, die Existenz von Relationen abzustreiten. Ich werde zeigen, daß fast alle Philosophen, Russell selbst eingeschlossen, sich in einer Weise durch die Sprache haben irreführen lassen, die noch viel weiter geht; ich werde zeigen, daß die ganze Theorie von Einzeldingen und Universalien nur deshalb entstanden ist, weil man mit einem grundlegenden Zug der Wirklichkeit verwechselt hat, was bloß eine Eigenschaft unserer Sprache ist.

Wir wollen diese Unterscheidung zwischen Subjekt und Prädikat also gründlich untersuchen und dabei der Einfachheit halber Johnson folgen und Relationen als Prädikate und das, worauf Relationen zutreffen, als Subjekte auffassen. Unsere erste Frage muß sein: Wie sehen die Propositionen aus, die ein oder mehrere Subjekte und ein Prädikat haben? Trifft das für alle oder nur für einige Propositionen zu? Bevor wir uns aber an eine Antwort machen, wollen wir uns daran erinnern, daß es uns nicht bloß um eine Aufgabe aus der englischen Grammatik geht; wir sind keine Schulkinder, die Sätze in Subjekt, Objekt und so weiter zergliedern; sondern statt an den Sätzen selbst sind wir an dem interessiert, was sie bedeuten. Daraus hoffen wir die logische Struktur der Wirklichkeit zu ermitteln. „Subjekt" und „Prädikat" müssen wir also nicht als rein grammatische Ausdrücke, sondern so verstehen, daß sie von logischer Bedeutung sind.

Beginnen wir mit einer Proposition wie „Sokrates ist weise oder Plato ist ein Narr". Wahrscheinlich wird man mir darin zustimmen, daß auf sie die Vorstellung von Subjekt und Prädikat nicht zutrifft; sie trifft vielleicht zu auf die beiden Teile „Sokrates ist weise" und „Plato ist ein Narr", aber das ganze „Sokrates ist weise oder Plato ist ein Narr" ist eine alternative Proposition, nicht eine mit Subjekt und Prädikat. Dagegen könnte man folgendes einwenden: In einer solchen Proposition können wir uns das Subjekt nach Belieben wählen, zum Beispiel Sokrates. Das Prädikat wäre dann „weise seiend, falls Plato kein Narr ist" bzw. die Propositionsfunktion „x ist weise oder Plato ist ein Narr". Der Ausdruck „weise seiend, wenn Plato kein Narr ist" stünde dann für ein komplexes Universale, das Sokrates charakterisieren soll. Obgleich diese Ansicht sehr häufig vertreten wird, halte ich sie für ganz gewiß falsch. Um Klarheit in die Angelegenheit zu bringen, wollen wir ein einfacheres Beispiel wählen, eine Proposition von der Form „*aRb*"; die Theorie besagt dann, daß es drei Propositionen gibt, die miteinander in enger Beziehung stehen; die eine behauptet, daß die Relation *R* zwischen *a* und *b* besteht, die zweite, daß *a* die komplexe Eigenschaft „in der Relation *R* zu *b* stehen" hat, die dritte, daß *b* die komplexe Eigenschaft hat, daß *a* zu ihm in der Relation *R* steht. Das müssen drei verschiedene Propositionen sein, weil sie verschiedene Klassen von Bestandteilen haben. Aber es sind einfach nicht drei Propositionen, sondern eine einzige, da sie ja alle dasselbe sagen, nämlich daß *a* zu *b* in der Relation *R* steht. Die Theorie der komplexen Universalien ist also für eine unbegreifliche Dreieinigkeit verantwortlich zu machen, die so unsinnig ist wie die der Theologen.

Dieses Argument läßt sich verschärfen, indem man den Definitionsgang betrachtet, welcher folgendermaßen vor sich geht. Für bestimmte Zwecke ist „*aRb*" möglicherweise ein unnötig langer Ausdruck, den man praktischerweise zu „φb" verkürzt. Das erreicht man durch die Definition „$\varphi x = aRx$". Sie besagt, daß jeder Ausdruck von der Form φx so zu verstehen ist wie der entsprechende Ausdruck *aRx*, der lediglich so abgekürzt wird. In komplizierteren Fällen ist eine solche Abkürzung oft äußerst nützlich; aber man könnte immer auf sie verzichten, wenn man genug Zeit und Papier hätte. Wer an komplexe Universalien glaubt, steht nun vor einem Dilemma:

Ist der so definierte Ausdruck „φ" der Name einer komplexen Eigenschaft von *x*, die darin besteht, daß *a* zu *x* in der Relation *R* steht? Wenn ja, dann stellt φx die Behauptung dar, daß *x* diese Eigenschaft hat; es handelt sich um eine Subjekt-Prädikat-Proposition mit dem Subjekt *x* und dem Prädikat φ; und diese Proposition ist nicht identisch mit der relationalen Proposition *aRx*. Da aber φx nach Voraussetzung als Abkürzung für *aRx* definiert ist, ist das absurd. Denn wenn man Definitionen nicht so auffassen kann, daß sie besagen, daß Definiens und Definiendum die gleiche Bedeutung haben, wird das Definitionsverfahren unverständlich, und wir haben keinerlei Rechtfertigung mehr dafür,

Definiens und Definiendum nach Belieben gegeneinander auszutauschen, wovon doch der ganze Nutzen der Definition abhängt.

Nehmen wir andererseits an, daß das oben definierte „φ" nicht der Name der komplexen Eigenschaft ist; wie können wir dann überhaupt jemals über die komplexe Eigenschaft nachdenken, und wie können wir jemals von ihr sprechen, wo wir doch sehen, daß ihr einzig möglicher Name „φ" nicht ihr Name ist, sondern eine Abkürzung für irgend etwas anderes? Welchen Grund können wir dann haben, die Existenz dieses Dinges zu postulieren?

Obwohl die Theorie in dieser Weise ad absurdum geführt worden ist, lohnt es vielleicht dennoch, nach ihren Ursprüngen zu forschen und zu untersuchen, warum so viele Leute, wie ich selbst früher, sie vertreten haben, ohne daß ihnen Zweifel daran gekommen sind. Ich nehme an, daß der Grund vor allem in sprachlicher Bequemlichkeit zu suchen ist: die Theorie stellt uns gerade einen Gegenstand zur Verfügung, der „die Bedeutung" von „φ" darstellt. Wir möchten oft über „die Bedeutung von 'φ'" sprechen, und es ist einfacher anzunehmen, daß das ein einheitlicher Gegenstand ist, als sich klarzumachen, daß die Angelegenheit viel komplizierter ist und die Bedeutungsrelation von „φ" nicht zu einem einzigen, komplexen Gegenstand besteht, sondern zu den verschiedenen einfachen Gegenständen, die in der Definition von „φ" genannt werden. Es gibt aber noch einen anderen Grund dafür, daß die Ansicht so verbreitet ist, und zwar die eingebildete Schwierigkeit, die man andernfalls im Gebrauch von Variablen für Propositionsfunktionen sehen würde. Man könnte fragen, wie wir so eine Aussage wie „*a* hat alle Eigenschaften von *b*" verstehen sollen, ohne die Annahme zu machen, daß es Eigenschaften gibt. Die Antwort ist: Man hat sie als das logische Produkt aller Propositionen zu verstehen, die auf die folgende Weise aufgebaut werden können. Man nehme eine Proposition, in der *a* vorkommt, zum Beispiel φa, ersetze *a* durch *b*, wodurch man φb erhält, und bilde dann die Proposition $\varphi b \rightarrow \varphi a$. Zwar ist es in Wahrheit nicht ganz so einfach, aber zu einer genaueren Darstellung des Vorgehens würde viel mühsame Kleinarbeit gehören; sie wäre deshalb hier nicht angebracht. Wir können die Feststellung, daß „*a* hat alle Eigenschaften von *b*" alle Propositionen von der Form $\varphi b \rightarrow \varphi a$ auf einmal behauptet, als hinreichende Annäherung nehmen. Und da besteht natürlich keine Notwendigkeit dafür, daß φ der Name eines Universale ist, da es bloß den Rest einer Proposition ausmacht, in welcher *a* vorkommt. Die Schwierigkeit ist also reine Einbildung. Wir bemerken noch, daß dies immer dann zutrifft, wenn einige Werte einer scheinbaren Variablen unvollständige Symbole sind. Daraus erklärt sich vielleicht zum Teil, warum man so gern behauptet, einige von Russells unvollständigen Symbolen seien in Wahrheit gar nicht unvollständig, sondern die Namen von Eigenschaften oder Prädikaten.

Ich komme also zu dem Schluß, daß man die Existenz komplexer Universalien nicht annehmen darf und daß eine Proposition von der Form „Sokrates ist weise oder Plato ist ein Narr" weder Subjekt noch Prädikat hat. Ähnliche Überlegungen treffen für alle zusammengesetzten Propositionen zu, also auf alle Propositionen, die Wörter wie „und", „oder", „nicht", „alle" und „einige" enthalten; wenn wir also irgendwo eine logische Unterscheidung zwischen Subjekt und Prädikat finden sollen, dann in atomaren Propositionen, wie Russell sie nennt, die man durch Sätze ausdrücken könnte, die keines der obigen Wörter enthalten, sondern nur Namen und vielleicht eine Kopula.

Die Unterscheidung zwischen Subjekt und Prädikat wird sich dann daraus ergeben, daß die verschiedenen Namen in atomaren Propositionen in verschiedener Weise funktionieren; und wenn diese Unterscheidung nicht rein grammatisch sein soll, dann muß sie einem unterschiedlichen Funktionieren der verschiedenen Gegenstände in atomaren Tatsachen entsprechen. Wir müssen daher in erster Linie den Aufbau der atomaren Tatsache aus ihren Bestandteilen untersuchen. Zu dieser Frage könnte man drei Antworten vorschlagen. Die erste stammt von Johnson; danach sind die Bestandteile durch das miteinander verknüpft, was er die charakterisierende Bindung nennt. Was das für eine Entität ist, bleibt ziemlich dunkel, aber ich nehme an, wir können darunter etwas verstehen, was kein Bestandteil der Tatsache ist, sondern in der Sprache durch die Kopula „ist" wiedergegeben wird. Wir können die Theorie also so kennzeichnen: sie behauptet, daß eine reale

Kopula die Verknüpfung herstellt. Als zweite kommt die Theorie von Russell, nach der die Verknüpfung von einem der Bestandteile hergestellt wird: in jeder atomaren Tatsache muß es genau einen Bestandteil geben, der seinem Wesen nach unvollständig oder verknüpfend ist und die anderen Bestandteile sozusagen zusammenhält. Schließlich haben wir Wittgensteins Theorie, nach der es weder eine Kopula noch ein besonderes Verknüpfungselement gibt, sondern die Gegenstände, wie er sich ausdrückt, wie die Glieder einer Kette ineinanderhängen.

Unter unserem Gesichtspunkt gebührt der zweiten von diesen Theorien die meiste Aufmerksamkeit; denn weder die erste noch die dritte erklären wirklich, wieso Subjekt und Prädikat auf verschiedene Weise funktionieren; sie stellen das bloß dogmatisch hin. Nur nach Russells Theorie kann es einen verständlichen Unterschied zwischen Einzelding und Universale geben; er beruht dann auf der Notwendigkeit, daß es in jeder Tatsache etwas gibt, das die Verknüpfung leistet, ein Universale — das entspricht der Notwendigkeit, daß jeder Satz ein Verb haben muß. Wir müssen also als erste die Theorie von Russell betrachten.

Ihre große Schwierigkeit liegt darin, daß man verstehen soll, wie Gegenstände einer Art besonders unvollständig sein können. In gewisser Weise ist jeder Gegenstand unvollständig; er kann nämlich in Tatsachen nur in Verknüpfung mit einem oder mehreren geeigneten Gegenständen vorkommen. Genauso ist jeder Name unvollständig, weil wir andere Namen geeigneter Art hinzufügen müssen, um eine Proposition zu bilden. Wittgenstein sagt das so: „Das Ding ist selbständig, insofern es in allen *möglichen* Sachlagen vorkommen kann, aber diese Form der Selbständigkeit ist eine Form des Zusammenhangs mit dem Sachverhalt, eine Form der Unselbständigkeit. (Es ist unmöglich, daß Worte in zwei verschiedenen Weisen auftreten, allein und im Satz.)" (Tractatus logico-philosophicus 2. 0122.) Und Johnson: „Letzten Endes ist ein Universale ein Adjektiv, welches ein Einzelding charakterisieren kann, und ein Einzelding ist ein Substantiv, welches durch ein Universale charakterisiert werden kann." [4] Wir können also zugeben, daß zu „weise" die Form der Proposition gehört; aber mit „Sokrates" ist das auch so, und man sieht kaum eine Möglichkeit, zwischen beiden einen Unterschied zu machen. Das ist der Kern von Johnsons Kritik daran, daß Russell das Adjektiv nicht allein stehen läßt und daß er als Argumente der Funktion zweier Variablen, als welche er „*s* ist *p*“ behandelt, nicht *s* und *p* nimmt, sondern *s* und die Klasse der *x*, für die „*x* ist *p*“ gilt.

Ich kann mir vorstellen, daß Russell auf diese Kritik mit zweierlei Argumentationen antworten würde; ihre Schlüssigkeit müssen wir prüfen. Die erste würde sich darauf stützen, wie leicht sich der funktionale Symbolismus in der mathematischen Logik anwenden läßt. Dafür, könnte er sagen, gibt es keine Erklärung als die, daß dieser Symbolismus der Wirklichkeit besser als jeder andere entspricht. Seine zweite Argumentation würde davon ausgehen, daß jeder einen Unterschied zwischen Einzelding und Universale spüren könne; daß das Vorherrschen des Nominalismus zeige, daß man gegenüber der Wirklichkeit der Universalien immer seine Zweifel gehabt habe und daß das seinen Grund wahrscheinlich darin habe, daß sie sich als weniger selbständig, weniger selbstgenügsam tatsächlich von Einzeldingen unterschieden. Weiter, daß allein diese Darstellung des Unterschiedes zwischen Einzeldingen und Universalien zwei wirklich unterschiedliche Arten von Gegenständen aus ihnen mache — was sie ja offensichtlich seien —, und nicht Gegenstände, die bloß in unterschiedlichen Beziehungen zu uns oder zu unserer Sprache stünden. Johnson zum Beispiel kennzeichnet dagegen das Einzelding als etwas, was sich dem Denken auf Grund seiner Natur als ein im Denken zu Bestimmendes darstellt, und andere könnten sagen, Einzeldinge seien das durch das grammatische Subjekt von Sätzen Bezeichnete; und nach diesen Ansichten würde die Antwort auf die Frage, ob etwas ein Einzelding oder ein Universale sei, von unwesentlichen Eigenarten unserer Psychologie oder unserer Sprache abhängen.

Wir wollen mit der zweiten von diesen beiden Argumentationen anfangen, mit dem spürbaren Unterschied zwischen Einzelding und Universale, und die besondere Praktikabilität des Symbolismus der Propositionsfunktionen zurückstellen. Jeder, könnte man sagen, sieht einen Unterschied zwischen Sokrates und der Weisheit. Sokrates ist eine wirkliche, unabhängige Entität, Weisheit dagegen eine Eigenschaft und damit wesentlich eine Eigenschaft von etwas anderem. Zu diesem Argument muß man zuerst sagen, daß es in Wirklichkeit gar nichts mit Gegenständen zu tun hat. „Sokrates ist weise" ist keine atomare Proposition, und die Symbole „Sokrates" und „weise" sind keine Namen von Gegenständen, sondern unvollständige Symbole. Und nach Wittgenstein, dem ich zustimme, wird das auch für jedes andere Beispiel zutreffen, das man bringen könnte, da wir mit echten Gegenständen oder atomaren Propositionen nicht direkt bekannt sind, sondern ihre Existenz nur erschließen, da andere Propositionen sie voraussetzen. Was wir also spüren, ist ein Unterschied zwischen zwei Arten von unvollständigen Ausdrücken, d. h. logischen Konstruktionen, und wir können nicht ohne weitere Untersuchungen auf einen entsprechenden Unterschied zwischen Namen oder Gegenständen zweier Arten schließen.

Ich glaube, daß wir unsere Vorstellung von dem Unterschied zwischen den zweierlei unvollständigen Symbolen (Wittgenstein nennt sie „Ausdrücke") klären können, für die „Sokrates" und „weise" Beispiele sind. Wir wollen untersuchen, wann und warum ein Ausdruck sozusagen als isolierte Einheit auftritt. Zum Beispiel zerfällt „*aRb*" nicht zwanglos in „*a*" und "*Rb*"; und wir wollen wissen, warum jemand den Ausdruck so zerteilen und den Ausdruck „*Rb*" isolieren würde. Die Antwort lautet: Ginge es nur um diese Proposition, dann hätte es keinen Witz, sie so zu zerteilen; sondern ob ein Ausdruck wichtig ist, ergibt sich nur im Zusammenhang mit Generalisierung. Darauf hat Wittgenstein hingewiesen. Nicht „*aRb*", sondern „$\wedge x$ *xRb*" gibt *Rb* seine Sonderstellung. Indem wir $\wedge x$ *xRb* schreiben, benutzen wir den Ausdruck *Rb*, um die Klasse von Propositionen von der Form *xRb* zu sammeln, von denen wir behaupten wollen, sie seien wahr. Und an diesem Punkt ist der Ausdruck *Rb* wirklich wesentlich, da er das dieser Klasse von Propositionen Gemeinsame ist. Wenn wir nun sehen, daß dies der wesentliche Gebrauch von Ausdrücken ist, dann sehen wir den Unterschied zwischen Sokrates und weise sofort.

Mit Hilfe des Ausdrucks „Sokrates" sammeln wir alle Propositionen, in denen er vorkommt, also alle Propositionen, von denen wir gewöhnlich sagen würden, sie gingen über Sokrates, etwa

„Sokrates ist weise", „Sokrates ist gerecht", „Sokrates ist weder weise noch gerecht". Diese Propositionen werden als Werte von „φ Sokrates" gesammelt, wobei φ eine Variable ist.

Betrachten wir nun den Ausdruck „weise". Wir benutzen ihn dazu, die Propositionen „Sokrates ist weise", „Plato ist weise" und so weiter zu sammeln; sie sind Werte von „*x* ist weise". Aber das ist nicht die einzige Klasse, die wir unter Benützung von „weise" formen können. Wie wir „Sokrates" benutzt haben, um alle Propositionen zu sammeln, in denen der Ausdruck vorkommt, können wir auch „weise" benutzen, um alle Propositionen zu sammeln, in denen das Wort vorkommt, und zwar nicht nur die von der Form „Sokrates ist weise", sondern auch solche wie „Weder Sokrates noch Plato sind weise", welche keine Werte von „*x* ist weise" sind, sondern Werte der davon verschiedenen Funktion „φ weise", worin φ eine Variable ist. Während also Sokrates nur zu einer Klasse von Propositionen verhilft, ergibt weise deren zwei: eine, die der durch Sokrates erzeugten entspricht, nämlich die Klasse aller Propositionen, in denen weise vorkommt; und als zweite eine engere Klasse von Propositionen, die die Form „*x* ist weise" haben.

Offenbar ist das die Erklärung für den Unterschied, den wir zwischen Sokrates und weise spüren und den Russell ausdrückt, wenn er sagt, daß man mit weise die Form der Proposition gleich mitbringt. Da alle Ausdrücke vervollständigt werden müssen, wenn sie eine Proposition bilden sollen, war zunächst schwer zu verstehen, wie weise unvollständiger sein könnte als Sokrates. Nun sehen wir, daß der Grund in folgendem liegt: während wir uns für „Sokrates" einfach jede beliebige Art vorstellen können, den Ausdruck zu einer Proposition zu vervollständigen, ohne unter den Arten eine auszuzeichnen, stellen wir uns für „weise" gleich eine besondere Art der Ergänzung vor, nämlich nicht bloß alle Propositionen, in denen weise vorkommt, sondern darüber hinaus eine, in der weise auf eine besondere Art und Weise vorkommt; diese Weise des Vorkommens können wir das Vorkommen als Prädikat nennen, wie etwa in „Sokrates ist weise".

Woher kommt dieser Unterschied, und handelt es sich dabei überhaupt um einen realen Unterschied? Das heißt, können wir nicht mit „Sokrates“ so verfahren wie mit „weise“, indem wir den Ausdruck dazu benutzen, eine Klasse von Propositionen zu sammeln, die enger ist als die Klasse aller Propositionen, in denen „Sokrates“ vorkommt? Ist das unmöglich, oder tun wir es bloß einfach nie? Auf diese Fragen müssen wir jetzt eine Antwort versuchen. Das dürfte am besten auf die folgende Weise geschehen. Angenommen, wir können von den Eigenschaften von Sokrates eine Teilklasse auszeichnen, die wir Qualitäten nennen können, wobei wir ungefähr von der Vorstellung ausgehen, daß nur einfache Eigenschaften Qualitäten sein sollen. Dann könnten wir im Zusammenhang mit „Sokrates“ zwei Klassen von Propositionen bilden, gerade wie das im Zusammenhang mit „weise“ möglich ist. Es gäbe die weitere Klasse der Propositionen, in denen „Sokrates“ überhaupt vorkommt und von denen wir sagen, daß sie Sokrates Eigenschaften beilegen; aber außerdem gäbe es die engere Klasse, zu der Propositionen gehören, die Sokrates Qualitäten beilegen. Wenn etwa Gerechtigkeit und Weisheit Qualitäten wären, dann würden „Sokrates ist weise“ und „Sokrates ist gerecht“ zu der engeren Klasse gehören und Werte einer Funktion „Sokrates ist q“ sein. Hingegen würde „Sokrates ist weder weise noch gerecht“ Sokrates keine Qualität, sondern bloß eine komplexe Eigenschaft beilegen; die Proposition wäre bloß ein Wert der Funktion „Φ Sokrates“, nicht der Funktion „Sokrates ist q“.

Aber mag eine solche Unterscheidung zwischen Eigenschaften und Qualitäten auch logisch möglich sein: es sieht nicht so aus, als ob wir sie jemals systematisch durchführten. In gewisser Weise wird diese Tatsache durch einen Absatz in Johnsons *Logic* beleuchtet, wo er sagt: Während „wir aus einfachen Adjektiven korrekt ein zusammengesetztes Adjektiv bilden können, ist alles, was die Rolle von Substantiven spielt, so geartet, daß man kein echtes zusammengesetztes Substantiv bilden kann“[5]. Wir können etwa aus den beiden Propositionen „Sokrates ist weise“ und „Sokrates ist gerecht“ die Proposition „Weder ist Sokrates weise noch ist Sokrates gerecht“ bilden, oder kürzer, „Sokrates ist weder weise noch gerecht“; sie prädiziert nach Johnson immer noch ein Adjektiv von Sokrates, ist ein Wert von „φ Sokrates“ und würde die Behauptung „$\vee\varphi. \varphi$ Sokrates“, also „Sokrates hat eine Eigenschaft", rechtfertigen. Nehmen wir andererseits die beiden Propositionen „Sokrates ist weise" und „Plato ist weise" und bilden aus ihnen „Weder ist Sokrates weise noch ist Plato weise", dann haben wir damit keinen Wert von „x ist weise" und keine Rechtfertigung für „$\bigvee x . x$ ist weise", also „Jemand ist weise". Insoweit also „Sokrates ist weder weise noch gerecht" die Behauptung „Auf Sokrates trifft ein Adjektiv zu" rechtfertigt, können wir sagen, daß „weder weise noch gerecht" ein zusammengesetztes Adjektiv ist; aber da „Weder Sokrates noch Plato sind weise" die Behauptung „Etwas ist weise" nicht rechtfertigt, kann „weder Sokrates noch Plato" genausowenig ein zusammengesetztes Substantiv sein, wie Niemand ein zusammengesetzter Mensch ist.

Könnten wir dagegen einen Bereich von Qualitäten im Gegensatz zu Eigenschaften bilden, dann würde „Sokrates ist weder weise noch gerecht" die Behauptung „Sokrates hat eine Qualität" nicht rechtfertigen, und „weder weise noch gerecht" wäre keine Qualität. Dagegen wendet Johnson ein, daß es kein allgemein gültiges Kriterium gebe, nach dem wir Qualitäten von anderen Eigenschaften unterscheiden können; und diese Behauptung ist bestimmt sehr plausibel, solange wir, wie jetzt, von Qualitäten und Eigenschaften sprechen, die auf logische Konstruktionen wie Sokrates zutreffen sollen. Denn wirklich klar ist die Unterscheidung nur für echte Gegenstände; wir können dann nämlich sagen, daß φ eine Qualität vertritt, wenn φa eine atomare Proposition mit zwei Bestandteilen ist. Das würde Qualitäten von anderen Propositionsfunktionen oder Eigenschaften unterscheiden. Wenn aber das Subjekt a eine logische Konstruktion und φa eine zusammengesetzte Proposition ist, deren Analyse wir nicht kennen, dann könnte man kaum verstehen, was die Frage, ob φ einfach sei, bedeuten sollte und was es heißen sollte, φ eine Qualität zu nennen, falls φ einfach wäre. Offensichtlich würde es eine Frage relativer und nicht absoluter Einfachheit sein.

Dennoch kann man leicht sehen, daß eine entsprechende Unterscheidung theoretisch sicher auch für unvollständige Symbole gezogen werden könnte. Man nehme ein beliebiges unvollständiges Symbol „α"; es wird nicht isoliert definiert sein, sondern im Kontext irgendeines beliebig gearteten Symbols x. Zum Beispiel könnten wir αx als gleichbedeutend mit aRx definieren. Dann erhalten wir mit Hilfe dieses unvollständigen Symbols „α" zwei Klassen von Propositionen: die Klasse αx durch Ergänzung nach Anweisung der Definition, und die allgemeine Klasse von Propositionen, in denen α überhaupt vorkommt, also alle Wahrheitsfunktionen von Propositionen aus der genannten Klasse zusammen mit Propositionskonstanten, die α nicht enthalten. Zwei berühmte Beispiele dafür bilden die Kennzeichnungen und die Klassen, wie sie in den *Principia Mathematica* behandelt werden: die engere Klasse bilden jene Propositionen, in denen ein primäres Vorkommnis der Kennzeichnung bzw. Klasse enthalten ist, die weitere Klasse jene Propositionen, in denen sie beliebig vorkommen, sei es primär oder sekundär. „Primäres" und „sekundäres" Vorkommnis sind dabei entsprechend ihren Erklärungen in den *Principia Mathematica* zu verstehen.

Kurzum, für jedes unvollständige Symbol können wir seine primären und sekundären Vorkommnisse unterscheiden, und das ist im Grunde dieselbe Unterscheidung wie jene, die als typisch für das Adjektiv festgestellt worden ist. Also ist jedes unvollständige Symbol in Wahrheit ein Adjektiv; jene von ihnen, die wie Substantive aussehen, tun das nur deshalb, weil wir nicht in der Lage oder zu nachlässig sind, ihre primären und sekundären Vorkommnisse zu unterscheiden. Als praktisches Beispiel können wir den Fall der materiellen Gegenstände wählen; wir sind daran gewöhnt, sie als Substantive anzusehen, sie also nur auf eine Art zur Definition von Klassen von Propositionen zu benutzen; wir machen keinen Unterschied zwischen ihren primären und ihren sekundären Vorkommnissen. Jedenfalls hat niemand einen solchen Unterschied gemacht, bis Whitehead erklärt hat, materielle Gegenstände seien Adjektive der Ereignisse, in die sie eingebettet seien, so daß das primäre Vorkommnis eines materiellen Gegenstandes A in Propositionen der Form „A ist in E eingebettet" steht. Aus solchen Propositionen können wir alle anderen, in denen A vorkommt, aufbauen. „A ist rot" heißt dann zum Beispiel: „Für jedes E gilt: Wenn A in E eingebettet ist, dann ist Röte in E eingebettet", eine Proposition, in der A ein sekundäres Vorkommnis hat. Die Unterscheidung zwischen primärem und sekundärem Vorkommen ist also nicht bloß als logisch notwendig erwiesen, sondern in diesem Fall auch praktisch durchgeführt.

Wir kommen zu dem Schluß, daß für unvollständige Symbole nicht die Unterscheidung zwischen Substantiv und Adjektiv, sondern jene zwischen primärem und sekundärem Vorkommen grundlegend ist; und daß Substantive ganz einfach logische Konstruktionen sind, zwischen deren primären und sekundären Vorkommnissen wir nicht unterscheiden. Ein Substantiv sein ist also keine objektive, sondern eine subjektive Eigenschaft, in dem Sinne, daß sie zwar nicht von einem Einzelbewußtsein abhängt, aber doch von den gemeinsamen Elementen in aller Menschen Bewußtsein und Absichten.

Dies ist mein erstes Ergebnis; und ich glaube, es hat einige Bedeutung in der Philosophie der Natur und des Geistes. Aber es ist nicht das Ergebnis, auf welches ich den größten Wert lege, und es stellt keine Antwort auf die Frage dar, mit der ich meine Untersuchung begonnen habe. Denn das Ergebnis betrifft die Methode und die Möglichkeit, gewisse logische Konstruktionen in Substantive und Adjektive zu unterteilen, wobei die Vorstellung von Substantiv und Adjektiv ursprünglich im Zusammenhang mit diesen logischen Konstruktionen entstanden ist. Aber die Frage, die wirklich zur Debatte steht, zielt nicht auf die Möglichkeit, logische Konstruktionen in Einzeldinge und Universalien einzuteilen, sondern echte Gegenstände; und um sie zu beantworten, müssen wir zurückgehen und den Faden der Argumentation da wiederaufgreifen, wo wir ihn auf dieser langen Abschweifung über logische Konstruktionen haben fallenlassen.

Wir haben oben gesehen, daß die Unterscheidung zwischen Einzelding und Universale aus der Unterscheidung zwischen Subjekt und Prädikat hergeleitet war; diese aber, haben wir herausgefunden, kommen nur in atomaren Propositionen vor. Wir haben dann die drei Theorien atomarer Propositionen oder vielmehr atomarer Tatsachen untersucht: Johnsons Theorie, nach der es eine Bindung gibt, Russells Theorie, nach der die Verknüpfung durch Universalien hergestellt wird, von denen es in jeder atomaren Tatsache genau eines geben muß, und Wittgensteins Theorie, nach der die Gegenstände wie die Glieder einer Kette ineinanderhängen. Wir haben bemerkt, daß unter diesen Theorien nur die von Russell Subjekt und Prädikat wirklich eine unterschiedliche Funktion zuteilte und die Unterscheidung zwischen ihnen damit bedeutungsvoll machte, und sind dann zur Diskussion dieser Theorie übergegangen. Wir haben gesehen, daß Russell zwei Antworten auf die Kritik von Johnson zur Verfügung hat; die eine besteht darin, daß nur diese Theorie mit dem Unterschied zwischen Sokrates und der Weisheit fertig wird, dessen Existenz wir spüren, die zweite darin, daß sein Symbolismus weit praktischer als jeder andere ist und daher besser als jeder andere den Tatsachen entsprechen muß. Wir haben uns dann dem ersten von diesen Argumenten zugewandt und den Unterschied zwischen Sokrates und der Weisheit untersucht. Er besteht nach unseren Untersuchungen in der Tatsache, daß Sokrates nur eine Klasse von Propositionen, worin der Ausdruck vorkommt, festlegt, wogegen weise zwei solche Klassen festlegt, die vollständige Klasse „f weise" und die engere „x ist weise". Wir haben dann den Grund für diesen Unterschied zwischen den beiden unvollständigen Symbolen Sokrates und weise untersucht und sind zu dem Ergebnis gekommen, daß er subjektiv ist und von menschlichen Interessen und Bedürfnissen abhängt.

Jetzt müssen wir untersuchen, ob der Unterschied zwischen Sokrates und weise eine Bedeutung für den Aufbau atomarer Tatsachen hat, wie Russell annimmt. Damit können wir die Beurteilung von Russells zweiter möglicher Antwort, die sich auf die praktische Überlegenheit seines Symbolismus stützt, fruchtbar verbinden. Wie Johnson bemerkt hat, besteht dieser Symbolismus im Kern darin, daß man das Adjektiv nicht allein stehenläßt, sondern es durch Anhängen einer Variablen x zu einer Propositionsfunktion macht. Sofort fällt einem ein möglicher Vorteil dieses Vorgehens ein, den man im Rahmen unserer Behandlung des Unterschiedes zwischen Substantiv und Adjektiv ausdrücken kann; daß nämlich das Anhängen der Variablen x uns die Unterscheidung zwischen den Werten von φx und denen von $f(\varphi x)$ (mit variablem f) machen hilft: eine Unterscheidung, die wir im Fall des Adjektivs fordern, nicht dagegen im Fall des Substantivs. Nur auf diese Weise, könnte man sagen, können wir zwischen $\wedge x . \varphi x$ und

$\wedge f.f(\varphi\hat{z})$ unterscheiden. Aber man braucht nur sehr wenig nachzudenken, um zu sehen, daß der Vorteil sehr klein ist und keine grundlegende Bedeutung hat. Wir könnten die Unterscheidung leicht auf andere Arten machen; zum Beispiel könnten wir festsetzen, daß wenn die Variable nach dem φ kommt, sie mit unserem jetzigen Ausdruck φx gleichbedeutend sein solle; kommt sie dagegen vor dem φ, so solle sie mit unserem jetzigen Ausdruck $f(\varphi\hat{z})$ gleichbedeutend sein; oder wir könnten uns einfach entschließen, im einen Fall die Buchstaben „*x*", „*y*", „*z*" zu benutzen, im anderen „*f*", „*g*", „*h*".

Obgleich aber dieser Vorteil des Funktionensymbolismus nur eingebildet ist, gibt es einen Grund, der ihn unersetzlich macht. Nehmen wir eine Eigenschaft wie „entweder in der Relation *R* zu *a* stehen oder in der Relation *S* zu *b* stehen"; es wäre vollkommen ausgeschlossen, sie mit einem einfachen Symbol „φ" wiederzugeben. Denn wie könnten wir φ dann definieren? Wir könnten nicht festsetzen: $\varphi = Ra.\mathrm{v}.Sb$, weil wir dann nicht wüßten, ob in die Leerstellen dieselben oder verschiedene Argumente einzusetzen wären, ob φ also eine Eigenschaft oder eine Relation sein soll. Statt dessen müssen wir festsetzen: $\varphi x. = .xRa.\mathrm{v}.xSb$; und damit wird nicht die Bedeutung von φ selbst erklärt, sondern daß φ, wenn irgendein Zeichen auf es folgt, eine Abkürzung für $xRa.\mathrm{v}.xSb$ ist. Und das ist der Grund, der die Einführung von Propositionsfunktionen unausweichlich macht. Es besagt ganz einfach, daß „φ" in einem solchen Fall kein Name, sondern ein unvollständiges Symbol ist und weder isoliert definiert werden noch allein stehengelassen werden kann.

Aber dieses Ergebnis für $xRa.\mathrm{v}.xSb$ trifft nicht auf alle Propositionsfunktionen zu. Wenn φa eine atomare Proposition mit zwei Bestandteilen ist, dann ist „φ" der Name des von *a* verschiedenen Bestandteils und kann durchaus allein stehen; warum also, wird man fragen, schreiben wir auch in diesem Fall „φx" anstelle von „φ"? Der Grund dafür liegt in einer grundlegenden Eigenart der mathematischen Logik, ihrer Extensionalität, womit ich ihr vornehmliches Interesse an den Extensionen von Klassen und Relationen meine. Wenn wir in irgendeiner beliebigen Proposition irgendeinen Individuennamen durch eine Variable ersetzen, dann definiert die resultierende Propositionsfunktion eine Klasse; und die Klasse kann bei zwei Funktionen von ganz verschiedener Form, in deren erster „φ" ein unvollständiges Symbol, in deren zweiter es ein Name ist, dieselbe sein. Da die mathematische Logik an Funktionen nur als Mitteln zur Erzeugung von Klassen interessiert ist, sieht sie keinen Grund, diese beiden Arten von Funktionen zu unterscheiden, weil der Unterschied zwischen ihnen, überaus wichtig, wie er auch für die Philosophie sein mag, keinem Unterschied zwischen den durch sie definierten Klassen zu entsprechen braucht. Weil also einige φ's unvollständig sind und nicht allein stehen können und weil alle φ's gleichbehandelt werden müssen, damit man nutzlose Komplikationen vermeidet, besteht die einzige Lösung darin, keines allein stehen zu lassen.

So sieht also die Rechtfertigung von Russells Vorgehen aus. Sie ist aber gleichzeitig die Widerlegung seiner Theorie, die den Unterschied zwischen jenen Funktionen, die Namen sind, und jenen, die unvollständige Symbole sind, übersieht. Und ich habe oben bemerkt, daß diese Unterscheidung für die Mathematik zwar unwesentlich, für die Philosophie aber wesentlich ist. Ich meine damit nicht, daß Russell die Unterscheidung jetzt abstreiten würde; im Gegenteil, aus der zweiten Auflage der *Principia* wird klar, daß er sie akzeptiert. Aber ich glaube, daß seine jetzige Theorie der Universalien ein Überbleibsel seines früheren Übersehens des Unterschiedes ist.

Man wird sich erinnern, daß wir auf zwei mögliche Verteidigungen seiner Theorie der Universalien gekommen sind. Die eine stützte sich auf die Brauchbarkeit des funktionalen Symbolismus; sie bricht offenbar zusammen, und zwar, wie wir gesehen haben, weil der funktionale Symbolismus einen wesentlichen Unterschied, der den Mathematiker zufällig nicht interessiert, einfach übersieht; und die Tatsache, daß einige Funktionen nicht allein stehen können, ist kein Grund dafür, daß sie es allesamt nicht können. Die andere Verteidigungslinie stützte sich auf den spürbaren Unterschied zwischen Sokrates und weise, der in Russells logischem System einem Unterschied zwischen Individuen und Funktionen entspricht. Wie Sokrates eine Klasse von Propositionen festlegt, weise dagegen zwei, so legt *a* die eine Klasse φa fest, $\varphi \hat{z}$ dagegen die beiden Klassen φx und $f(\varphi\hat{z})$. Aber welcher Tatsache ist dieser Unterschied zwischen Individuen und Funktionen zu verdanken? Wieder einfach dem Desinteresse des Mathematikers an gewissen Dingen. Jeder, der nicht nur an Klassen von Dingen, sondern auch an ihren Qualitäten interessiert wäre, würde jene Funktionen, die Namen sind, von den anderen zu unterscheiden wünschen; und wenn wir die Gegenstände, deren Namen sie sind, Qualitäten nennen und eine variable Qualität durch q bezeichnen, so hätten wir dann nicht nur die Klasse φa, sondern auch die engere Klasse qa, und die dem Unterschied zwischen „Sokrates" und „Weisheit" entsprechende Unterscheidung wäre verschwunden. Die Symmetrie zwischen Qualitäten und Individuen wäre vollständig; beide hätten Namen, die allein stehen könnten; beide würden zwei Klassen von Propositionen festlegen, da a die Klassen φa und qa mit variablen φ und q festlegen würde und q die Klassen qx und fq mit variablen x und f.

Wäre also nicht des Mathematikers voreingenommenes Interesse, so würde er einen Symbolismus erfinden, der in bezug auf Individuen und Qualitäten vollständig symmetrisch wäre; und es wird klar, daß in den Wörtern „Individuum" und „Qualität" kein Sinn ist. Worüber wir sprechen, sind einfach Gegenstände zweierlei Art, von denen jeweils einer genügt, damit die beiden eine atomare Tatsache ausmachen. Da die beiden Typen sich in jeder Weise symmetrisch zueinander verhalten, ist nichts dahinter, wenn man den einen Typ den der Individuen und den anderen den der Qualitäten nennt; die beiden Wörter sind bedeutungslos.

Allerdings könnte man dagegen verschiedene Einwände erheben, die kurz zu behandeln sind. Zunächst könnte man sagen, daß die beiden Bestandteile einer solchen atomaren Tatsache durch die charakterisierende Bindung und/oder die Relation der Bestimmung verknüpft sein müßten; diese seien asymmetrisch und machten zwischen dem, worauf sie zuträfen, einen Unterschied als Individuen und Qualitäten. Dagegen würde ich sagen, daß die Relation der Bestimmung einfach eine verbale Fiktion ist. „q bestimmt a" heißt nicht mehr und nicht weniger als „a ist q", ist bloß eine sprachlich verlängerte Form; und da die Relation der Bestimmung zugegebenermaßen kein Bestandteil von „a ist q" ist, kann sie gar nichts sein. Was die Bindung angeht, kann ich nicht verstehen, was für ein Ding das sein sollte, und ziehe Wittgensteins Ansicht vor, daß in der atomaren Tatsache die Gegenstände miteinander ohne die Hilfe irgendeines Mittlers verknüpft sind. Das heißt nicht, daß die Tatsache einfach die Klasse ihrer Bestandteile ist, sondern daß sie darin besteht, daß die Bestandteile ohne eine vermittelnde Bindung vereint sind.

Einen weiteren Einwand legt Russells neue Verfahrensweise in der neuen Ausgabe der *Principia* nahe. Er sagt dort, daß alle atomaren Propositionen die Formen $R_1(x)$, $R_2(x, y)$, $R_3(x, y, z)$ und so weiter haben, und kann daher Individuen als das *definieren*, was in Propositionen mit beliebig vielen Bestandteilen vorkommen kann; dagegen kann eine n-stellige Relation natürlich nur in Propositionen mit $n + 1$ Bestandteilen vorkommen. Aber das setzt seine Theorie über den Aufbau atomarer Tatsachen voraus, nach der jede atomare Tatsache einen Bestandteil besonderer Sorte, Universale genannt, enthalten muß. Wir haben gesehen, daß diese Theorie vollkommen unbegründet ist. In Wahrheit wissen wir über die Formen atomarer Propositionen überhaupt nichts und können auch nichts darüber wissen; wir wissen nicht, ob einige oder alle Gegenstände in atomaren Propositionen von mehr als einer Form vorkommen können; und offensichtlich gibt es keine Möglichkeit, irgendeine derartige Frage zu entscheiden. Wir können nicht einmal sagen, daß es keine atomaren Tatsachen gibt, die aus zwei Bestandteilen desselben Typs bestehen. Man könnte annehmen, daß wir damit in eine Kontradiktion vom Typ des Elementschaftszirkels hineingeraten. Aber ein bißchen Überlegung zeigt, daß dies nicht der Fall ist; denn die Widersprüche, die daraus entstehen, daß man eine Funktion ihr eigenes Argument sein läßt, entstehen nur dann, wenn wir als Argument eine Funktion nehmen, die die Negation enthält, also ein unvollständiges Symbol, nicht den Namen eines Gegenstandes.

Wir wollen zum Schluß von diesem neuen Standpunkt aus das Vorgehen des mathematischen Logikers beschreiben. Er nimmt Gegenstände eines ganz beliebigen Typs als Subjekt seiner Überlegungen und nennt sie Individuen; damit meint er einfach, daß er diese Gegenstände ausgewählt hat, um über sie nachzudenken. Dabei hätte er genausogut Gegenstände jedes anderen Typs wählen und Individuen nennen können. Wenn er Namen dieser Individuen in Propositionen durch Variable ersetzt, nennt er das Ergebnis Funktionen, und zwar unabhängig davon, ob der konstante Teil der Funktion ein Name oder ein unvollständiges Symbol ist, weil das für die Klasse, welche durch die Funktion festgelegt ist, keinen Unterschied macht. Das Übergehen dieses Unterschiedes hat dazu geführt, daß man die funktionalen Symbole, von denen einige Namen und einige unvollständig sind, alle gleichermaßen als Namen von unvollständigen Gegenständen oder Eigenschaften behandelt, und ist für die große Verwirrung in der Theorie der Universalien verantwortlich. Wittgenstein hat als einziger von allen Philosophen diese Verwirrung durchschaut und erklärt, daß wir über die Formen der atomaren Propositionen überhaupt nichts wissen können.

Anmerkungen

[1] "The nature of universals and propositions", *Proceedings of the British Academy* 1921—22 (Nachdruck in *Studies in Philosophy and Psychology*, 1930).

[2] Vgl. das Symposium zwischen G. E. Moore, G. F. Stout und G. Dawes Hicks in: *Aristotelian Society*, Supplementary Volume III, 1923.

[3] *The Monist* 1918, 1919.

[4] *Logic*, Teil 1, S. 11.

[5] Teil 2, S. 61.

Der folgende Beitrag wurde aus dem Französischen übersetzt von Peter Bernath.

ÜBER DEN PLATONISMUS IN DER MATHEMATIK *

Von Paul Bernays

Gestatten Sie, daß ich Ihnen meinerseits vom gegenwärtigen Stand der Forschungen über die Grundlagen der Mathematik berichte. Da es in diesem Bereich Fragen gibt, die offenbleiben, bin ich nicht in der Lage, Ihnen ein endgültiges Bild zu entwerfen. Es ist jedoch zu betonen, daß die Situation keineswegs so kritisch ist, wie man glauben könnte, wenn man jene Stimmen hört, die von einer Krise der Grundlagen sprechen. Dieser Ausdruck mag in gewisser Hinsicht gerechtfertigt erscheinen, aber er läßt leicht die Meinung aufkommen, daß die mathematische Wissenschaft in ihren Grundfesten erschüttert sei.

In Wahrheit gedeihen die mathematischen Wissenschaften in voller Sicherheit und Harmonie. Die Ideen von Dedekind, Poincaré und Hilbert sind systematisch und mit großem Erfolg weiterentwickelt worden, ohne daß sich irgendeine Unstimmigkeit in den Ergebnissen zeigt.

Lediglich in philosophischer Hinsicht sind Einwände erhoben worden. Sie beziehen sich auf bestimmte Denkweisen, die der Infinitesimalrechnung und der Mengenlehre eigen sind. Diese Denkweisen sind zum erstenmal systematisch angewendet worden, als man den Methoden der Infinitesimalrechnung eine strenge Form gegeben hat. Man betrachtet die Gegenstände einer Theorie als die Elemente einer Gesamtheit und folgert daraus: Für jede Eigenschaft, die sich vermittels der Begriffe der Theorie ausdrückt, steht objektiv fest, ob es in der Gesamtheit ein Element gibt, das diese Eigenschaft besitzt oder nicht. Aus dieser Vorstellung läßt sich auch

* Vortrag, gehalten am 18. Juni 1934 im Zyklus der *Internationalen Vorträge für mathematische Wissenschaften* in der Reihe *Mathematische Logik*.

die folgende Alternative herleiten: Entweder alle Elemente einer Menge besitzen eine gegebene Eigenschaft, oder es gibt wenigstens eines, das diese Eigenschaft nicht besitzt.

Man findet in der Axiomatik der Geometrie — in der Form, die Hilbert ihr gegeben hat — ein Beispiel für diese Art der Theorienbildung. Wenn wir die Axiomatik Hilberts mit der Euklids vergleichen, wobei wir davon absehen, daß bei dem griechischen Mathematiker noch einige Axiome fehlen, so bemerken wir, daß Euklid von Figuren spricht, die erst zu konstruieren sind, während für Hilbert die Systeme der Punkte, der Geraden und der Ebenen bereits von Anfang an existieren. Euklid postuliert: Man kann zwei Punkte durch eine Gerade verbinden; Hilbert dagegen stellt das Axiom auf: Sind zwei beliebige Punkte gegeben, so existiert eine Gerade, auf der beide Punkte liegen. „Existieren" bezieht sich hier auf das System der Geraden. Dieses Beispiel zeigt bereits, daß die Tendenz, von der wir sprechen, dahin geht, die Gegenstände als losgelöst von aller Bindung an das denkende Subjekt zu betrachten.

Da diese Tendenz vor allem in der Philosophie Platons zur Geltung gekommen ist, sei es mir gestattet, sie als „Platonismus" zu bezeichnen.

Der Wert der vom Platonismus inspirierten mathematischen Konzeptionen liegt darin, daß sie Modelle für das abstrakte Vorstellen liefern, die sich durch ihre Einfachheit und ihre logische Geschlossenheit auszeichnen. Diese repräsentieren, mit gewissen Extrapolationen, bestimmte Bereiche der Erfahrung und des Anschaulichen. Wir wissen indessen, daß man die theoretischen Systeme der Geometrie und der Physik arithmetisch darstellen kann. Aus diesem Grunde richten wir unsere Aufmerksamkeit auf den Platonismus in der Arithmetik. Ich spreche übrigens hier von der Arithmetik im weiteren Sinne, worin die Analysis und die Mengenlehre eingeschlossen sind.

Die schwächste der „platonistischen" Annahmen, die von der Arithmetik eingeführt worden sind, ist die von der Gesamtheit der ganzen Zahlen. Daraus resultiert das Prinzip des „tertium non datur" für die ganzen Zahlen: Wenn P ein Prädikat von ganzen Zahlen ist, dann trifft P entweder auf jede Zahl zu, oder es gibt wenigstens eine Zahl, die eine Ausnahme bildet.

Diese Alternative ist — kraft der genannten Annahme — eine unmittelbare Folge des logischen Prinzips des „tertium non datur"; in der Analysis wendet man sie fast ständig an. So folgert man beispielsweise vermittels dieser Alternative: Für zwei reelle Zahlen a und b, die durch konvergierende Reihen gegeben sind, gilt entweder $a = b$ oder $a < b$ oder $b < a$; desgleichen: eine Folge von positiven rationalen Zahlen nähert sich entweder beliebig der Null, oder aber es existiert eine positive rationale Zahl, die kleiner ist als alle Zahlen der Folge.

Auf den ersten Blick erscheinen derartige Alternativen trivial, und man übersieht leicht, daß sich dort eine Annahme eingeschlichen hat.

Aber die Analysis gibt sich nicht mit dieser bescheidenen Art des Platonismus zufrieden; dieser kommt in stärkerem Maße in folgenden Begriffen zur Geltung: Zahlenmenge, Zahlenfolge und Funktion. Hier sieht man ab von den effektiven Möglichkeiten, eine Menge, eine Folge oder eine Funktion zu definieren. Diese Begriffe werden vielmehr in einem „quasi-kombinatorischen" Sinne gebraucht; darunter verstehe ich: im Sinne einer Analogie zwischen dem Unendlichen und dem Endlichen.

Betrachten wir zum Beispiel die verschiedenen Funktionen, die jeder Zahl einer endlichen Reihe 1, 2, ..., n eine Zahl der gleichen Reihe zuordnen. Es gibt n^n Funktionen dieser Art, und jede von ihnen erhält man durch n unabhängige Entscheidungen. Zum Unendlichen übergehend, stellt man sich nun Funktionen vor, die durch eine unendliche Zahl unabhängiger Entscheidungen erzeugt werden, durch welche jeder ganzen Zahl eine ganze Zahl zugeordnet wird, und man zieht die Gesamtheit dieser Funktionen in Betracht. Desgleichen betrachtet man eine Menge ganzer Zahlen als das Ergebnis unendlich vieler unabhängiger Akte, die für jede Zahl entscheiden, ob sie in der Menge enthalten oder nicht enthalten ist. Daran schließt sich die Idee der Gesamtheit dieser Mengen. In analoger Weise werden auch die Folgen und die Mengen reeller Zahlen betrachtet. Die Bildungsgesetze von speziellen Funktionen, Folgen oder Mengen sind — so gesehen — nur Methoden der Angabe eines Gegenstandes, der unabhängig von der Konstruktion und dieser vorgängig Existenz besitzt.

Das Auswahlprinzip ist eine direkte Anwendung der eben erwähnten quasi-kominatorischen Auffassungen. Generell wird es in der Theorie der reellen Zahlen in folgender Form angewendet: Sei

$$M_1, M_2, \ldots\ldots$$

eine Folge von nicht leeren Mengen reeller Zahlen; dann gibt es eine Folge

$$a_1, a_2 \ldots\ldots$$

dergestalt, daß für jeden Index n, a_n Element von M_n ist. Das Prinzip gibt zur Kritik Anlaß, wenn die effektive Konstruktion der Zahlenfolge gefordert wird.

Ein ähnlicher Fall liegt vor bei den, nach Poincaré, imprädikativen Definitionen. Eine imprädikative Definition einer reellen Zahl ist dadurch gekennzeichnet, daß sie eine Bedingung des Inhalts enthält, daß alle reellen Zahlen eine bestimmte Eigenschaft P haben, oder eine Bedingung des Inhalts, es existiere eine reelle Zahl mit der Eigenschaft P.

Diese Art von Definitionen stützt sich auf die Annahme der Gesamtheit der Folgen ganzer Zahlen, da ja eine reelle Zahl durch einen Dezimalbruch dargestellt wird, d. h. durch eine spezielle Folge ganzer Zahlen.

Man verwendet sie insbesondere zum Beweis des Grundtheorems, daß eine beschränkte Menge reeller Zahlen immer eine obere Grenze, d. h. eine kleinste obere Schranke besitzt. In den Theorien von Cantor erstrecken sich die platonistischen Begriffsbildungen weit über die Theorie der reellen Zahlen hinaus. Dies geschieht durch die iterierte Anwendung des quasi-kombinatorischen Funktionsbegriffes und durch die Verwendung von Vereinigungsprozessen. Das sind ja die bekannten Methoden der Mengenlehre.

Die platonistischen Konzeptionen der Analysis und der Mengenlehre haben auch in den modernen Theorien der Algebra und der Topologie Anwendung gefunden, wo sie sich als sehr fruchtbar erwiesen haben.

Dieser kurze Überblick mag genügen, um den Platonismus und seine Anwendung in der Mathematik zu charakterisieren. Diese Anwendung ist eine so übliche, daß es keine Übertreibung ist, wenn man sagt, der Platonismus sei heute herrschend in der Mathematik.

Andererseits sehen wir jedoch, daß diese Tendenz von Anfang an grundsätzlich kritisiert worden ist und viele Diskussionen verursacht hat. Die Kritik hat sich verstärkt durch die Entdeckung der Paradoxien der Mengenlehre, obwohl durch diese Antinomien nur der extreme Platonismus widerlegt wird.

Bisher haben wir nur einen beschränkten Platonismus behandelt, der nicht mehr prätendiert als — sozusagen — eine idealisierende Extrapolation eines Denkbereiches. Aber man ist hierbei nicht stehengeblieben. Viele Mathematiker und Philosophen interpretieren die Methoden des Platonismus im Sinne eines Begriffsrealismus und postulieren die Existenz einer Ideenwelt, die alle Gegenstände und Beziehungen der Mathematik enthält. Durch die Antinomie von Russell — Zermelo, aber auch durch andere Antinomien, hat sich dieser absolute Platonismus als unhaltbar erwiesen.

Wenn man diese Widersprüche in ihrer rein logischen Form zum erstenmal hört, wirken sie wie Wortspiele ohne ernstliche Bedeutung. Man muß jedoch bedenken, daß diese anscheinend spielerischen Formen der Paradoxien als Konsequenzen aus den Forderungen des absoluten Platonismus erhalten wurden.

Es geht in diesen Antinomien besonders darum, sichtbar zu machen, daß es unmöglich ist, folgende Dinge miteinander in Einklang zu bringen: den Gedanken der Gesamtheit aller mathematischen Gegenstände und die allgemeinen Begriffe von Menge und Funktion; in der Tat, die Gesamtheit selber würde einen Bereich von Elementen für weitere Mengen sowie von Argumenten und Werten für weitere Funktionen ergeben.

Wir müssen also auf den absoluten Platonismus verzichten. Dabei ist zu betonen, daß dieses fast die einzige Einschränkung ist, die sich aus den genannten Widersprüchen ergibt. Mancher mag das bedauern, da man sich doch von allen Seiten auf die Paradoxien beruft. In der Tat wird jedoch durch das Erfordernis, die Paradoxien zu vermeiden, noch kein eindeutiges Programm festgelegt. Insbesondere wird der beschränkte Platonismus von diesen Antinomien überhaupt nicht berührt.

Jedenfalls erhielt die Grundlagenkritik der Analysis von dieser Seite einen neuen Impuls, und unter den verschiedenen Möglichkeiten, den Widersprüchen auszuweichen, bot sich die der völligen Elimination des Platonismus als die radikalste an.

Sehen wir zu, wie diese Elimination sich vollziehen läßt. Sie geschieht in zwei Schritten entsprechend den beiden wesentlichen Annahmen des Platonismus. Der erste Schritt besteht darin, die Begriffe einer Menge, einer Folge, einer Funktion, die ich „quasi-kombinatorisch" genannt habe, durch konstruktive Begriffe zu ersetzen. Der Gedanke einer unendlichen Zahl unabhängiger Bestimmungen wird verworfen. Man betont, daß eine unendliche Folge oder ein Dezimalbruch nur durch ein arithmetisches Gesetz festgelegt werden kann, und betrachtet das Kontinuum als eine Menge von Elementen, die durch derartige Gesetze definiert sind. Dieses Vorgehen erfolgt im Sinne der Tendenz zur vollkommenen Arithmetisierung der Analysis. In der Tat muß man zugestehen, daß in der gewöhnlichen Methode der Analysis die Arithmetisierung keine vollständige ist. Die Begriffsbildungen, die man hier anwendet, reduzieren sich nicht völlig — wie wir gesehen haben — auf den Begriff der ganzen Zahl und die logischen Begriffe.

Wenn wir indessen den Gedanken verfolgen, daß jede reelle Zahl durch ein arithmetisches Gesetz definiert ist, dann drängt sich die Idee der Gesamtheit der reellen Zahlen nicht mehr auf, und das Auswahlprinzip verliert seine Evidenz. Überdies sind wir dann genötigt, wofern wir nicht — wie Russell und Whitehead — zusätzliche Voraussetzungen einführen, auf verschiedene gebräuchliche Schlußweisen zu verzichten. Diese Konsequenzen hat vor allem Hermann Weyl in seinem Buch *Das Kontinuum* zur vollen Deutlichkeit gebracht.

Gehen wir nun zum zweiten Schritt der Elimination über. Er besteht darin, auf die Idee der Gesamtheit der ganzen Zahlen zu verzichten. Dieser Gesichtspunkt wurde zuerst von Kronecker geltend gemacht und später dann von Brouwer systematisch weiterentwickelt.

Obwohl viele von Ihnen im März eine authentische Darstellung dieser Methode von Prof. Brouwer selber erhalten haben, erlaube ich mir dennoch einige erklärende Worte.

In bezug auf Kronecker muß man zunächst ein Mißverständnis beseitigen, das durch den häufig zitierten Aphorismus nahegelegt wird: „Die natürlichen Zahlen sind von Gott geschaffen, alles andere in der Mathematik ist Menschenwerk." Wenn das wirklich die Überzeugung von Kronecker gewesen wäre, hätte er die Vorstellung von der Gesamtheit der ganzen Zahlen anerkennen müssen.

In Wahrheit ist die Methode Kroneckers — und auch die von Brouwer — gerade dadurch charakterisiert, daß sie die Voraussetzung vermeidet, es gebe eine fertige Reihe der natürlichen Zahlen, die eine ideale Gegenständlichkeit (in platonistischem Sinne) bildet.

Man kann nach Kronecker und Brouwer von der Zahlenreihe nur im Sinne eines nie endenden Prozesses sprechen, der über jede erreichte Grenze hinausgeht.

Dieser Ausgangspunkt hat weitere Divergenzen zur Folge, vor allem in der Anwendung und Interpretation logischer Formen: Weder ein allgemeines Urteil über die natürlichen Zahlen noch ein Existenzurteil kann so aufgefaßt werden, daß es eine Eigenschaft der Zahlenreihe ausdrückt. Ein allgemeiner zahlentheoretischer Satz muß als eine Voraussage angesehen werden, daß eine gewisse Eigenschaft bei jeder Zahlenkonstruktion angetroffen wird. Die Behauptung der Existenz einer Zahl mit einer bestimmten Eigenschaft wird als Teilaussage einer bestimmten Behauptung interpretiert, die eine Zahl der fraglichen Eigenschaft angibt oder einen Weg weist, um zu einer solchen Zahl zu gelangen. Dieses nennt Hilbert ein „Partialurteil".

Aus dem gleichen Grunde hat die Negation eines allgemeinen Satzes oder eines Existenzsatzes über die natürlichen Zahlen keinen unmittelbaren Sinn. Man muß die Negation verschärfen, um zu einer mathematischen Behauptung zu gelangen. Eine solche Verschärfung der Negation eines Satzes, welcher die Existenz einer Zahl mit einer Eigenschaft P aussagt, wird z. B. durch die Aussage geliefert, daß es eine Zahl der Eigenschaft P nicht geben kann oder daß die Annahme einer Zahl dieser Eigenschaft zu einem Widerspruch führt. Für solche verschärfte Negationen ist jedoch das Prinzip des ausgeschlossenen Dritten nicht mehr anwendbar.

Auf diese Weise ergeben sich die für Brouwers „Intuitionismus" charakteristischen Komplikationen. So kann man z. B. nicht generell die folgende Alternative anwenden: Eine unendliche Reihe mit positiven Gliedern ist entweder konvergent oder divergent; zwei konvergierende Summen repräsentieren entweder dieselbe reelle

Zahl oder verschiedene Zahlen. In der Theorie der ganzen Zahlen und der algebraischen Zahlen lassen sich diese Schwierigkeiten vermeiden, und es gelingt hier, alle wesentlichen Theoreme und Begründungen aufrechtzuerhalten.

In der Tat hat schon Kronecker gezeigt, daß die Theorie der algebraischen Zahlkörper sich nach seinem methodischen Programm entwickeln läßt, also ohne auf die Gesamtheit der ganzen Zahlen Bezug zu nehmen.[1]

Was die Analysis angeht, so wissen Sie, daß diese von Brouwer gemäß den Forderungen des Intuitionismus entwickelt wurde. Man muß allerdings dabei einige Theoreme der gebräuchlichen Analysis aufgeben, so z. B. den Fundamentalsatz, daß jede stetige Funktion in einem abgeschlossenen Intervall ein Maximum besitzt. Nur weniges von der Mengenlehre bleibt in der intuitionistischen Mathematik erhalten.

Summarisch können wir sagen, daß der Intuitionismus für die Zahlentheorie angemessen ist, die halbplatonistische Methodik, welche die Vorstellung von der Gesamtheit der ganzen Zahlen verwendet, jedoch die quasikombinatorischen Begriffe vermeidet, für die Theorie der reellen Zahlen angemessen ist, und die gebräuchliche platonistische Methodik für die geometrische Theorie des Kontinuums. Diese Situation ist keineswegs erstaunlich; ist es doch ein dem heutigen Mathematiker vertrautes Verfahren, in jeder Disziplin nur die für sie notwendigen Voraussetzungen zu verwenden. Durch diese Beschränkung gewinnt eine Theorie an methodischer Klarheit; und in dieser Richtung erweist sich der Intuitionismus als fruchtbar.

Aber wie Sie wissen, begnügt sich der Intuitionismus nicht mit dieser Rolle; er wendet sich gegen die gebräuchliche Mathematik und behauptet, allein die wahre Mathematik zu vertreten.

Andererseits sind die Mathematiker im allgemeinen gar nicht bereit, die bewährten und eleganten Methoden der Analysis gegen eine kompliziertere Methodik einzutauschen, ohne daß es dafür eine zwingende Notwendigkeit gäbe.

Man muß also die Frage grundsätzlich betrachten. Versuchen wir, uns den Intuitionismus und seine Philosophie genauer zu vergegenwärtigen.

Die Instanz, auf die sich Brouwer beruft, ist die Evidenz. Er behauptet, daß die Vorstellungen, auf die sich der Intuitionismus stützt, uns in evidenter Weise durch die reine Anschauung gegeben sind. In dieser Berufung auf die reine Anschauung steht er zum Teil in Einklang mit Kant. Während aber für Kant eine reine Anschauung von Raum und Zeit existiert, erkennt Brouwer nur die Anschauung der Zeit an, von der er wie Kant die Zahlvorstellung ableitet.

Was die philosophische Position angeht, muß man Brouwer, wie mir scheint, zwei wesentliche Dinge zugestehen: erstens, daß der Begriff der natürlichen Zahl einen anschaulichen Ursprung hat. Daran haben auch die Untersuchungen der Logiker, auf die ich später zurückkommen werde, nichts geändert. Zweitens ist zuzugestehen, daß man die Arithmetik und die Geometrie nicht in der Weise gleichstellen darf, wie Kant es getan hat. Die Vorstellung der Zahl ist elementarer als die geometrischen Vorstellungen.

Jedoch die Existenz einer geometrischen Anschauung völlig abzulehnen, erscheint als ein wenig voreilig. Lassen wir aber diese Frage hier beiseite; es gibt dringendere: Ist es wirklich sicher, daß sich die Evidenz der arithmetischen Anschauung genauso weit erstreckt, wie es zur Abgrenzung der intuitionistischen Arithmetik erforderlich ist? Und schließlich: Ist es möglich, eine scharfe Grenze zu ziehen zwischen dem, was evident, und dem, was lediglich plausibel ist?

Ich glaube, diese beiden Fragen wird man verneinen müssen. Was zunächst die Evidenz im allgemeinen angeht, so wissen Sie, daß die Menschen — und selbst die Wissenschaftler — darüber verschiedener Meinung sind. Sogar ein und derselbe Mensch verwirft mitunter Annahmen, die ihm vorher als evident erschienen.

Ein Beispiel einer vieldiskutierten Evidenzfrage, über welche bis heute Meinungsverschiedenheit besteht, ist die der Evidenz des Parallelenaxioms. Ich glaube, daß die Kritik, die sich gegen dieses Axiom gerichtet hat, sich zum Teil durch die besondere Stellung erklärt, die es im System Euklids hat. Verschiedene andere Axiome waren hier weggelassen, so daß sich das Parallelenaxiom von den übrigen durch seine Komplikation unterschied.

Ich möchte mich begnügen, hierzu das Folgende zu bemerken:

Man kann überhaupt die geometrische Evidenz anzweifeln; man kann der Meinung sein, sie erstrecke sich nur auf topologische Gegebenheiten oder auch auf die Sachverhalte, die durch die projektiven Axiome ausgedrückt werden. Man kann andererseits behaupten, die geometrische Intuition sei nicht exakt. Diese Ansichten sind konsequent, und zugunsten einer jeden von ihnen können Argumente angeführt werden. Aber zu behaupten, die metrische Geometrie besitze eine Evidenz, die auf diejenigen Gesetze beschränkt ist, die der euklidischen Geometrie mit derjenigen von Bolyai-Lobatschefskij gemeinsam sind, also eine exakte metrische Evidenz, die aber nicht die Existenz eines exakten Quadrats garantiert, eine solche Behauptung scheint mir sehr künstlich. Dennoch haben mehrere Mathematiker diese Ansicht vertreten.

Es ging uns hier darum, die Schwierigkeiten aufzuzeigen, denen man begegnet, wenn man den Bereich der Evidenz abgrenzen will. Diese Schwierigkeiten ändern jedoch nichts daran, daß es unbestreitbare Evidenzen gibt, und der Intuitionismus weist jedenfalls solche Evidenzen auf. Aber bewegt er sich wirklich nur im Bereich dieser elementaren Evidenzen? Dies steht nicht völlig außer Zweifel, und zwar aus folgendem Grunde: Der Intuitionismus läßt gänzlich die Möglichkeit außer acht, daß die Rechenoperationen, die für die Anwendung der rekursiven Definitionen erfordert werden, für sehr große Zahlen keine konkrete Bedeutung mehr besitzen. Ausgehend von zwei ganzen Zahlen k, l, gelangt man ohne weiteres zu k^l; dieser Prozeß führt nach wenigen Schritten zu Zahlen, die unsere Vorstellungskraft und sogar die in der Naturwissenschaft vorkommenden Zahlen übertreffen, z. B. $67^{(257^{729})}$.

Der Intuitionismus ebenso wie die gewöhnliche Mathematik behauptet, eine solche Zahl könne durch eine Dezimalentwicklung dargestellt werden. Könnte man nicht die Kritik, die der Intuitionismus an den Existenzbehauptungen übt, weiterführen und die Frage aufwerfen: Was bedeutet die Behauptung der Existenz einer Dezimalentwicklung der eben genannten Zahl, da wir doch nicht wirklich imstande sind, sie uns zu verschaffen? Brouwer beruft sich auf die Anschauung; aber man kann bezweifeln, ob es hier wirklich eine anschauliche Evidenz gibt. Wird hier nicht vielmehr die allgemeine Methode der Analogie angewandt, die darin besteht, die Beziehungen, die an den berechenbaren Zahlen verifiziert werden können, auf die unzugänglichen Zahlen auszudehnen? In der Tat ist die Anwendung dieser Analogie um so stärker motiviert, als es keine scharfe Unterscheidung zwischen zugänglichen und unzugänglichen Zahlen gibt.

Man könnte hier den Begriff eines „ausführbaren Prozesses" bilden und die rekursiven Definitionen so verstehen, daß ihre Anwendung auf ausführbare Rechenoperationen beschränkt ist. Um Widersprüche zu vermeiden, müßte man sich allerdings davor hüten, das Prinzip des ausgeschlossenen Dritten auf den Begriff „ausführbar" anzuwenden; aber eine solche Beschränkung versteht sich für den Intuitionismus ja von selbst.

Ich hoffe, ich werde richtig verstanden: Ich bin weit davon entfernt, zu empfehlen, daß man die Arithmetik mit der genannten Einschränkung betreiben soll. Ich möchte nur zeigen, daß der Intuitionismus sich auf Behauptungen stützt, die zweifelhaft sind und von denen man sich im Prinzip lösen könnte; die dadurch resultierende Theorie wäre freilich ziemlich dürftig.

Es steht also nicht völlig außer Zweifel, daß der Bereich der vollen Evidenz sich auf den ganzen Intuitionismus erstreckt. Andererseits bejahen mehrere Mathematiker die volle Evidenz der intuitionistischen Arithmetik und behaupten ebenso die Evidenz der Vorstellung der Zahlenreihe in folgendem Sinne: Um die Existenz einer Zahl zu beweisen, ist es nicht nötig, für diese Zahl direkt oder durch Rekursion eine obere Schranke aufzuweisen. Übrigens haben wir ja eben gesehen, wie weit die Angabe einer solchen Schranke im allgemeinen von einer wirklich konkreten Vorführung entfernt ist.

Kurz gesagt, der Gesichtspunkt der anschaulichen Evidenz liefert keine eindeutige Entscheidung zugunsten des Intuitionismus.

Außerdem muß man beachten, daß die Evidenzen, auf die sich der Intuitionismus in seinen Überlegungen stützt, nicht alle den Charakter der Unmittelbarkeit besitzen; es treten auch abstrakte Betrachtungen hinzu. In der Tat verwendet man beim Intuitionismus häufig Formulierungen, die eine allgemeine Hypothese der Form enhalten: „Wenn jede Zahl n die Eigenschaft A(n) besitzt, dann hat man B." Eine solche Formulierung wird im Sinne des

Intuitionismus folgendermaßen interpretiert: „Wenn erwiesen ist, daß jede Zahl n die Eigenschaft A(n) besitzt, dann B." Hier liegt ein Bedingungssatz von abstraktem Charakter vor; da nämlich im Intuitionismus die Beweismethoden nicht festgelegt sind, ist die Bedingung, daß etwas bewiesen sei, nicht anschaulich bestimmt. Es ist richtig, daß man die genannte Formulierung auch im Sinne eines Partialurteils auffassen kann, d. h. als Angabe einer Überlegung, die von der genannten Bedingung zu dem Schlußsatz B führt, und zwar einer Überlegung, die man effektiv vorlegt. (Das entspricht ungefähr der Interpretation, die Kolmogoroff dem Intuitionismus gibt.) Jedenfalls muß die Schlußfolgerung von der Annahme der Gültigkeit bzw. der Erwiesenheit eines allgemeinen Satzes ausgehen, einer Annahme, die nicht anschaulich bestimmt ist. Es ist also eine abstrakte Überlegung.

In dem hier betrachteten Beispiel ist das abstrakte Element immerhin noch eingeschränkt. Der abstrakte Charakter nimmt aber zu, wenn man die Hypothesen übereinanderschichtet, d. h. wenn man Behauptungen wie die folgenden aufstellt: „Wenn man aus der Annahme, daß A(n) für jede beliebige Zahl n gilt, auf B schließen kann, gibt es auch C" oder: „Wenn aus der Annahme, daß die Annahme A auf einen Widerspruch führt, ein Widerspruch folgt, gilt B" oder in kürzerer Form: „Wenn die Absurdität von A absurd ist, gilt B". Man kann in der Übereinanderschaltung solcher abstrakter Bedingungssätze noch weiter gehen.

Durch die systematische Anwendung solcher abstrakter Schlußfolgerungen hat Brouwer die Methoden von Kronecker überschritten, und es gelang ihm so, eine allgemeine intuitionistische Logik aufzustellen, die von Heyting systematisiert wurde.

Betrachtet man diese intuitionistische Logik, in welcher der Begriff der Folgerung unbeschränkt angewendet wird, und vergleicht man die Methode, die hier angewendet wird, mit der gewöhnlichen Methode, so bemerkt man, daß es nicht das wesentliche Charakteristikum des Intuitionismus ist, sich für das mathematische Verfahren ausschließlich auf anschauliche Evidenz zu stützen, sondern vielmehr Bezug zu nehmen auf das denkende und handelnde Subjekt.

Das ist eine grundsätzliche methodische Haltung. Sie steht im

Gegensatz zu der üblichen Art, Mathematik zu betreiben, die darin besteht, bei der Aufstellung von Theorien von dem denkenden Subjekt möglichst zu abstrahieren.

Diese Feststellung läßt uns daran zweifeln, ob der Intuitionismus die einzige Methode der mathematischen Überlegung ist. Denn selbst wenn wir zugeben, daß die Tendenz zur Loslösung vom denkenden Subjekt im Platonismus zu weit getrieben worden ist, müssen wir darum noch nicht glauben, die Wahrheit liege im anderen Extrem. Indem wir die beiden uns offenstehenden Möglichkeiten betrachten, werden wir vielmehr suchen, durch ihre Ausnutzung eine Anpassung der Methode an den Charakter des Gegenstands der jeweilig behandelten Disziplin zu bewirken.

Für die Zahlentheorie zum Beispiel ist es am natürlichsten, den anschaulichen Begriff der Zahl zu verwenden. In der Tat kann man auf diese Art die Zahlentheorie begründen, ohne ein Axiom der vollständigen Induktion oder ein Unendlichkeitsaxiom einzuführen, wie man es einerseits bei Peano, andererseits bei Russell findet.

Will man den anschaulichen Zahlenbegriff vermeiden, so wird man veranlaßt, einen Begriff höherer Allgemeinheit einzuführen, wie den Allgemeinbegriff einer Behauptung, einer Funktion oder einer beliebigen Zuordnung; diese Begriffe sind jedoch ohne weiteres nicht scharf abgegrenzt. Sie lassen sich freilich axiomatisch präzisieren, wie das in der axiomatischen Mengenlehre geschieht, aber dann wird das Axiomensystem sehr kompliziert.

Sie wissen, daß Frege versucht hat, die Arithmetik aus der reinen Logik abzuleiten, indem er diese als die allgemeine Theorie der Gesamtheit der mathematischen Gegenstände ansah. Obwohl dieser Unternehmung, die einem absoluten Platonismus entspricht, durch den Widerspruch von Russell — Zermelo die Grundlage entzogen wurde, hat die logische Schule doch nicht den Gedanken aufgegeben, die Arithmetik in ein System der Logik einzuordnen. Anstelle eines absoluten Platonismus hat man dabei axiomatische Voraussetzungen eingeführt. Hierdurch verliert nun allerdings das so gewonnene System den rein logischen Charakter.

Im System der *Principia Mathematica* sind es nicht nur die Axiome des Unendlichen und der Reduzierbarkeit, die über die reine Logik hinausgehen, sondern bereits die Grundannahme eines universellen Bereiches der Individuen und eines Bereiches der Grundprädikate hat nicht rein logischen Charakter. Daß uns eine Dingwelt zur Verfügung stehe, die gleichsam für die theoretische Behandlung präpariert ist, in der die Gegenständlichkeiten in Subjekte und Prädikate getrennt sind, dies ist in der Tat eine Annahme ad hoc.

Aber selbst mit solchen zusätzlichen Annahmen gelingt es nicht, die Arithmetik dem System der Logik ganz einzuverleiben. Da dieses System sich nach festen Regeln formal aufbaut, müßte man jedes Theorem der Arithmetik mit Hilfe einer bestimmten Reihe von Anwendungen der Regeln, ausgehend von gewissen Grundaussagen des Systems, gewinnen können. Das ist nun aber nicht der Fall: Nämlich, wie Kurt Gödel bewiesen hat, überschreitet die Arithmetik jeden gegebenen Formalismus. (Die gleiche Feststellung gilt übrigens für die axiomatische Mengenlehre.)

Das Vorhaben, die Arithmetik aus der Logik abzuleiten, ist aus der traditionellen Ansicht hervorgegangen, die Logik stehe zur Arithmetik in der Beziehung des Allgemeinen zum Besonderen. Tatsächlich aber ist die mathematische Abstraktion, wie mir scheint, nicht von geringerem Grade, vielmehr nur anders gerichtet als die logische Abstraktion.

Alle diese Erwägungen vermindern jedoch keineswegs den Wert der Untersuchungen der Logiker, welche auf die systematische Entwicklung der Logik und auf die Formalisierung der mathematischen Beweise gerichtet sind. Hier sollte nur die These verfochten werden, daß für die Zahlentheorie die anschauliche Methode der Begründung die angemessenste ist.

Im Gegensatz dazu erscheint in der Theorie des Kontinuums — also im Gebiete der Analysis — die intuitionistische Methode als ziemlich künstlich. Die Idee des Kontinuums ist eine geometrische Idee, welche durch die Analysis in arithmetischer Sprache ausgedrückt wird.

Ist die Methode der intuitionistischen Darstellung des Kontinuums der Idee des Kontinuums besser angepaßt als die übliche Methode?

Hermann Weyl will uns dieses glauben machen. Er wirft der üblichen Analysis vor, das Kontinuum in einzelne Punkte zu zerhacken. Aber trifft dieser Vorwurf nicht eher den Halbplatonismus, der das Kontinuum als eine Menge von arithmetischen Gesetzen betrachtet, als die gebräuchliche Methode? In der Tat besteht doch für die gebräuchliche Methode eine durchaus befriedigende Analogie zwischen der Art, wie sich ein fester Punkt aus dem Kontinuum löst, und der Art, wie eine durch ein arithmetisches Gesetz definierte reelle Zahl sich aus der Gesamtheit der reellen Zahlen löst, in der die einzelnen Elemente im allgemeinen nur implizite auftreten zufolge des quasikombinatorischen Begriffes einer Zahlenfolge.

Diese Analogie scheint mir der Natur des Kontinuums angemessener zu sein, als diejenige, die der Intuitionismus zwischen dem fließenden Charakter des Kontinuums und den Ungewißheiten der ungelösten arithmetischen Probleme aufstellt.

Es ist wahr, daß in der gebräuchlichen Analysis der Begriff einer stetigen Funktion und auch derjenige einer differenzierbaren Funktion eine Allgemeinheit besitzt, welche bei weitem unsere anschauliche Vorstellung von einer Kurve übersteigt. Trotzdem gelingt es in dieser Analysis, den Satz vom Maximum einer stetigen Funktion und das Rollesche Theorem zu beweisen; auf diese Weise kommt man der anschaulichen Vorstellung näher.

Die intuitionistische Methode dagegen geht zwar von einem viel eingeschränkteren Begriff der Funktion aus, gelangt aber nicht zu so einfachen Theoremen wie die eben erwähnten, vielmehr muß sie diese durch kompliziertere Theoreme ersetzen. Das rührt davon her, daß die intuitionistische Vorstellung nicht jenen Charakter der Geschlossenheit besitzt, der zweifellos zur geometrischen Vorstellung des Kontinuums gehört. Und es ist auch dieser Charakter, der einer vollkommenen Arithmetisierung des Kontinuums entgegensteht.

Durch diese Überlegungen werden wir darauf aufmerksam, daß der Dualismus von Arithmetik und Geometrie in Beziehung steht mit dem Gegensatz von Intuitionismus und Platonismus. Die Arithmetik wird beherrscht durch den Zahlbegriff. Dieser ist ursprünglich anschaulich; es tritt dann aber die platonistische Vorstellung von der Gesamtheit der natürlichen Zahlen hinzu. In der Geometrie dagegen ist die platonistische Vorstellung des Raumes die beherrschende. Ausgehend von dieser aber finden dann Konstruktionen von Figuren als Prozesse im intuitionistischen Sinne statt.

So zeigt es sich, daß die beiden Tendenzen, die intuitionistische und die platonistische, ihre natürliche Rolle haben; sie ergänzen sich, und man muß sich Gewalt antun, will man auf eine von beiden verzichten.

Aber der Dualismus dieser beiden Tendenzen, ebenso wie der von Arithmetik und Geometrie, hat nicht den Charakter einer vollen Symmetrie. Wie wir bereits bemerkt haben, ist es nicht angängig, Arithmetik und Geometrie ganz auf gleiche Stufe zu stellen: Der Zahlbegriff ist für unseren Geist unmittelbarer als die Vorstellung des Raumes. Desgleichen muß man anerkennen, daß die Annahmen des Platonismus einen Charakter von Transzendenz haben, der sich nicht im Intuitionismus findet.

Dieser Charakter von Transzendenz macht eine gewisse Vorsicht hinsichtlich jeder platonistischen Annahme erforderlich. Denn selbst wenn eine solche Annahme keineswegs willkürlich ist und sich mit Natürlichkeit einstellt, so kann es dennoch sein, daß die Vorstellungsweise, aus der sie hervorgeht, nur eine beschränkte Anwendung erlaubt, bei deren Überschreitung man in einen Widerspruch geraten würde.

Auf diese Möglichkeit müssen wir um so mehr achthaben, als wir durch das Streben nach Einfachheit angewiesen sind, unseren methodischen Prinzipien einen möglichst großen Anwendungsbereich zu geben. Und die Notwendigkeit einer Einschränkung wird oft nicht bemerkt.

So war es der Fall, wie wir gesehen haben, bei der Vorstellung der Totalität, die vom absoluten Platonismus zu weit ausgedehnt worden ist. Hierbei zeigte sich die Notwendigkeit einer Einschränkung durch die Entdeckung des Widerspruchs von Russell — Zermelo.

Es ist daher wünschenswert, eine Methode zu finden, die uns garantiert, daß die platonistischen Annahmen, die den mathematischen Theorien zugrunde liegen, nicht die erlaubten Grenzen überschreiten. Die Annahmen, um die es sich dabei handelt, kommen hinaus auf Vorstellungen von Gesamtheiten und auf das Prinzip der Analogie oder der Permanenz der Gesetze. Und die

Bedingung, welche die Anwendung dieser Leitgedanken einschränkt, ist keine andere als die der Widerspruchsfreiheit der Folgerungen, die sich aus jenen zugrundegelegten Annahmen ergeben.

Wie Sie wissen, geht Hilbert darauf aus, uns eine solche Garantie der Widerspruchsfreiheit zu geben, und seine Beweistheorie zielt darauf ab.

Diese Theorie stützt sich teilweise auf die Ergebnisse der Logiker. Wie diese gezeigt haben, lassen sich die Beweise, die in der Arithmetik, in der Analysis und in der Mengenlehre geführt werden, formalisieren, d. h. sie können mit Hilfe logischer Symbole durch rechnerische Verfahren ausgedrückt werden, die sich nach festen Regeln vollziehen. Den Ausgangssätzen entsprechen dabei Ausgangsformeln, und einer logischen Folgerung entspricht die Ableitung einer Formel aus einer oder mehreren Formeln gemäß einer bestimmten Regel. Bei dieser Formalisierung wird eine platonistische Annahme dargestellt durch eine Ausgangsformel oder durch eine Regel des Übergangs von erhaltenen Formeln zu weiteren Formeln. Auf diese Weise wird die Untersuchung nach Beweismöglichkeiten zurückgeführt auf Probleme, wie man sie in der elementaren Zahlentheorie antrifft. Insbesondere erhält man einen Beweis der Widerspruchsfreiheit einer Theorie, wenn es gelingt, zu zeigen, daß es unmöglich ist, zwei kontradiktorische Formeln A und $\bar{A}$ (die Überstreichung stellt die Negation dar) abzuleiten. Diese Unmöglichkeitsbehauptung, um deren Beweis es sich handelt, hat die gleiche Struktur wie z. B. die Behauptung, daß es unmöglich ist, die Gleichung $a^2 = 2b^2$ durch zwei ganze Zahlen a und b zu erfüllen.

Somit wird durch die symbolische Reduktion die Frage der Widerspruchsfreiheit einer Theorie auf eine Frage von elementar-arithmetischem Charakter zurückgeführt.

Ausgehend von diesem Grundgedanken hat Hilbert ein detailliertes Programm einer Beweistheorie entworfen und zugleich auch die Leitgedanken für die Durchführung angegeben. Seine Absicht war dabei, sich an anschauliche kombinatorische Überlegungen zu halten; auf diese wollte er sich gemäß seinem „finiten Standpunkt“ beschränken.

In diesem Rahmen des Finiten wurde die Theorie bis zu einem

gewissen Punkt entwickelt. Dazu haben mehrere Mathematiker beigetragen: Ackermann, von Neumann, Skolem, Herbrand, Gödel, Gentzen.

Diese Untersuchungen sind indessen nicht über einen verhältnismäßig beschränkten Bereich hinausgekommen. Man gelangte in der Tat nicht einmal dazu, die Widerspruchsfreiheit der axiomatischen Zahlentheorie zu beweisen. Andererseits weiß man, daß die Formalisierung dieser Theorie sich vollziehen läßt, indem man zu dem gewöhnlichen Logikkalkül die formalisierten Axiome von Peano sowie die rekursiven Definitionen der Summe $a + b$ und des Produktes $a \cdot b$ hinzufügt.

Diese Situation wurde geklärt durch ein allgemeines Theorem von Gödel, gemäß welchem ein Beweis der Widerspruchsfreiheit einer formalisierten Theorie nicht dargestellt werden kann mit Hilfe dieses Formalismus selbst. Aus diesem Theorem erhält man folgendes speziellere Ergebnis: Es ist unmöglich, mit elementaren kombinatorischen Methoden die Widerspruchsfreiheit einer solchen formalisierten Theorie zu beweisen, in deren Rahmen man jeden Beweis eines arithmetischen Satzes darstellen kann, der mit den elementaren kombinatorischen Methoden geführt ist.

Nun läßt sich dieser Satz, wie es scheint, auf den Formalismus der axiomatischen Zahlentheorie anwenden. Wenigstens haben uns alle bisher unternommenen Versuche kein einziges Beispiel eines elementaren kombinatorischen Beweises geliefert, den man nicht in diesem Formalismus darstellen könnte, und die Methoden, durch welche es in den betrachteten Fällen gelingt, einen Beweis in den genannten Formalismus zu übersetzen, scheinen generell hierfür zu genügen. Indem wir uns auf diesen Anschein stützen,[2] gelangen wir zu der Folgerung, daß ein stärkeres Mittel als die elementaren Kombinations-Methoden notwendig ist, um die Widerspruchsfreiheit der axiomatischen Zahlentheorie zu beweisen.

Eine Entdeckung von Gödel und Gentzen führt uns zu einer solchen stärkeren Methode. Sie haben unabhängig voneinander gezeigt, daß die Widerspruchsfreiheit der intuitionistischen Arithmetik die Widerspruchsfreiheit der axiomatischen Zahlentheorie nach sich zieht. Zu diesem Ergebnis gelangten sie mit Hilfe der Formalisierung der intuitionistischen Logik und Arithmetik, wie sie von Heyting durchgeführt wurde. Die Überlegung ist verhältnismäßig einfach und erfordert nur elementare Methoden. Um aus dem genannten Ergebnis den Schluß zu ziehen, daß die axiomatische Zahlentheorie widerspruchsfrei ist, genügt es, sich auf die Widerspruchsfreiheit der intuitionistischen Arithmetik zu stützen.

Dieser Beweis der Widerspruchsfreiheit der axiomatischen Zahlentheorie zeigt uns unter anderem, daß der Intuitionismus durch seine abstrakten Folgerungsweisen die elementaren kombinatorischen Methoden wesentlich überschreitet.

Es stellt sich nun die Frage, ob die verstärkte Methodik der Beweistheorie, die sich durch die Zulassung der abstrakten Folgerungsweisen des Intuitionismus ergibt, uns in den Stand setzt, die Widerspruchsfreiheit der Analysis zu beweisen. Die Beantwortung dieser Frage würde sehr wichtig und sogar entscheidend sein im Hinblick auf die Beweistheorie, wie auch, so scheint es mir, in Hinsicht auf die Rolle, die dem Intuitionismus zuzuschreiben ist.

Die Untersuchungen über die Grundlagen der Mathematik sind in vollem Gange. Mehrere grundsätzliche Fragen bleiben offen, und wir wissen nicht, was uns in diesem Bereich noch zu entdecken beschieden ist. Jedenfalls erwecken diese Untersuchungen in ihren wechselnden Aspekten unsere Neugier — ein Gefühl, das nur in geringerem Maße von den klassischen Bereichen der Mathematik hervorgebracht wird, die bereits eine größere Vollkommenheit erreicht haben.

Anmerkungen

[1] Zu diesem Zweck hat Kronecker in seinen Vorlesungen u. a. ein Verfahren dargelegt, wie man den Begriff einer reellen algebraischen Zahl einführen kann, eine Methode, die man fast ganz vergessen hat, obwohl sie die einfachste ist, um diesen Begriff zu definieren. Die Methode besteht darin, die reellen algebraischen Zahlen darzustellen durch die Zeichenwechsel von irreduziblen Polynomen einer Variablen mit ganzen rationalen Koeffizienten; ausgehend von dieser Definition führt man die Elementaroperationen und die Größenbeziehung für die reellen algebraischen Zahlen ein und stellt fest, daß die geläufigen Rechengesetze gültig sind; schließlich beweist man, daß ein Polynom mit algebraischen Koeffizienten, welches für zwei algebraische Argumente a und b Werte von verschiedenem Vorzeichen annimmt, zwischen a und b eine Nullstelle hat.

[2] Wenn man sich anschickt zu zeigen, daß es möglich ist, jeden elementaren kombinatorischen Beweis eines arithmetischen Satzes in den Formalismus der axiomatischen Zahlentheorie zu übersetzen, sieht man sich der Schwierigkeit gegenüber, den Bereich der elementaren kombinatorischen Methoden genau abzugrenzen.

Der folgende Beitrag wurde aus dem Englischen übersetzt von Walter Hoering.

ÜBER UNIVERSALIEN[1]

Von Willard van Orman Quine

1. Über ontologische Voraussetzungen

Der philosophische Streit darüber, ob es *Universalien* oder abstrakte Entitäten gibt, ist kein Streit über die Zulässigkeit von Ausdrücken für Allgemeinbegriffe, also Prädikatausdrücken. Beide Parteien werden zugeben, daß derartige Prädikatausdrücke, z. B. „Mensch" und vielleicht sogar Ausdrücke für abstrakte Individualbegriffe, wie „Menschheit" und „7", sinnvoll zumindest in dem Sinne sind, daß sie als Teile von Aussagen auftreten, die als Ganzes genommen wahr oder falsch sind. Worin sich die *Platonisten* (wie ich jene nennen will, die Universalien akzeptieren) von ihren Gegnern, den *Nominalisten* unterscheiden, ist, daß sie eine Welt von Entitäten, Universalien postulieren, die derartigen allgemeinen oder abstrakten Worten entsprechen.

Der Platonist wird wahrscheinlich der Ansicht sein, daß das Wort „Mensch" ein Universale benennt oder bezeichnet, nämlich die Klasse der Menschen oder die Eigenschaft, ein Mensch zu sein, ähnlich wie das Wort „Cäsar" den konkreten Gegenstand Cäsar bezeichnet. Tatsächlich aber ist dies ein unwesentliches Detail. Der Platonist könnte sich ebensogut der Ansicht des Nominalisten anschließen, daß Prädikatausdrücke, obwohl im Kontext sinnvoll, überhaupt keine Namen sind. Ganz allgemein sind Namen, „Cäsar" eingeschlossen, unwesentlich für die Sprache, wie ich das auch in *Mathematical logic* (§ 27) betont habe. Es ist möglich, die gebundenen Quantifikationsvariablen als einziges Mittel zur direkten Bezeichnung von Gegenständen zu verwenden. Eine derartige Unterdrückung der Namen ist eine oberflächliche Veränderung der Sprache und entscheidet den Universalienstreit nicht. Dieser Streit hat Entitäten zum Gegenstand, nicht sprachliche Ausdrücke. Er überlebt die Elimination der Kategorie der Namen.[2]

Unabhängig von irgendeiner Frage des Bezeichnens ist der Platonist der Meinung, daß unsere Fähigkeit, Prädikatausdrücke zu verstehen und Ähnlichkeiten zwischen konkreten Gegenständen festzustellen, unerklärlich wäre, falls es nicht Universalien als Gegenstände der Wahrnehmung gäbe. Der Nominalist andererseits ist der Ansicht, daß eine derartige Bezugnahme auf eine Welt von Entitäten jenseits der konkreten Gegenstände in Raum und Zeit nur leeres Wortgeklingel ist, dem kein erklärender Wert zukommt. Diese Streitfrage werde ich nicht zu lösen versuchen.

Aber auch ohne Lösung dieses Problems ist es doch möglich, auf gewisse Formen von sprachlichen Ausdrücken hinzuweisen, die explizit Universalien voraussetzen, die explizit behaupten, daß es solche Entitäten gibt oder die vorgeben, von ihnen zu handeln. Das sind Formen sprachlicher Ausdrücke, die der Nominalist meiden muß. Die Eigenschaft, an der man derartige sprachlichen Ausdrücke erkennt, ist nicht das bloße Auftreten von Prädikat- oder abstrakten Ausdrücken; denn wir haben gesehen, daß der Nominalist der Ansicht ist, daß solche Wörter sinnvoll im Kontext gebraucht werden können, ohne daß ihnen derartige Entitäten entsprächen. Es *gibt* aber Arten des Gebrauches, die eine direkte Behauptung, es gebe Universalien, enthalten. Auf den entscheidenden Punkt wurde bereits oben hingewiesen in der Anspielung auf die gebundenen Variablen. Der Nominalist kann in widerspruchsfreier Weise gebundene Variablen benützen, um sich auf konkrete Gegenstände zu beziehen; gebraucht man sie aber, um sich auf Universalien zu beziehen, so ist dies ein offensichtlich platonistischer Akt.[3]

Der Quantor „$\bigvee x$" bedeutet „es gibt eine Entität x, derart daß", und der Quantor „$\bigwedge x$" bedeutet „jede Entität ist so beschaffen, daß". Die gebundenen Variablen einer Theorie durchlaufen alle Entitäten, von denen die Theorie handelt. Daß die klassische Mathematik von Universalien handelt oder behauptet, daß es Universalien gibt, heißt einfach, daß die klassische Mathematik Universalien als Werte ihrer gebundenen Variablen voraussetzt.

Wenn wir z. B. sagen,

$$\bigvee x\,(x \text{ ist Primzahl und } 5 < x < 11),$$

sagen wir, daß *es etwas gibt,* was Primzahl ist und zwischen 5 und 11 liegt; und diese Entität ist tatsächlich die Zahl 7, ein Universale *par excellence.*

Wenn ich den ontologischen Bezug einer Theorie in dieser Weise an die Quantifikation binde, dann nehme ich natürlich an, daß die Theorie mit Quantoren arbeitet und nicht etwa mit anderen Hilfsmitteln, wie etwa den Pronomen der Alltagssprache oder den Kombinatoren von Schönfinkel und Curry. Man könnte für diese Alternativformen äquivalente Kriterien entwickeln. Im folgenden jedoch wollen wir uns an die Quantifikation als die Standardform unserer Systeme halten.

Die reine Quantorenlogik selbst braucht nicht in der Weise aufgefaßt zu werden, daß sie von Universalien handelt, denn sie macht keine Voraussetzungen bezüglich der Werte ihrer gebundenen Variablen. Was die unbindbaren Prädikatvariablen betrifft, die meist in der Darstellung der Prädikatenlogik verwendet werden, so brauchen diese nicht als Variablen aufgefaßt werden, welche Attribute oder Klassen als Werte verlangen. Man kann sie als bloße schematische Buchstaben auffassen, die verwendet werden, um die Form wahrer Aussagen darzustellen. Das heißt, daß man das Theorem „$\bigwedge x\,(Fx \wedge Gx) \rightarrow \bigwedge x\, Fx$" nicht etwa als Aussage, sondern als Schema oder Diagramm auffaßt, das jede von verschiedenen wahren Aussagen darstellt, z. B. „$\bigwedge x$ (x ist ausgedehnt $\wedge$ x hat Masse) $\rightarrow$ $\bigwedge x$ (x ist ausgedehnt)".

Gleicherweise können die unbindbaren „p", „q" usw. der Aussagenlogik als bloße schematische Buchstaben aufgefaßt werden, im Gegensatz zu Variablen, die Propositionen oder Wahrheitswerte als Werte verlangen, so daß die Aussagenlogik wie die Quantorenlogik keine Annahme über Universalien macht. Eine ähnliche Bemerkung gilt auch für die sogenannte Algebra der Klassen, ohne Quantoren. Trotz ihres Namens setzt sie keine Klassen voraus. Irgendeine Formel dieser Algebra z. B. „$A \cap B \subset$ A" kann einfach als Schema aufgefaßt werden, das jede von verschiedenen wahren Aussagen darstellt, z. B. „Alle weißen Bären sind weiß". Die Buchstaben sind schematische Buchstaben oder Leerstellen und nicht Variable, welche Klassen als Werte verlangen. Sobald wir aber diese Buchstaben in Quantoren als gebundene Variablen benutzen, setzen wir Klassen voraus.

2. *Harmlose Abstraktion*

Es kann vorkommen, daß eine Theorie, die mit nichts anderem als mit konkreten Individuen zu tun hat, leicht als von Universalien handelnd *rekonstruiert* werden kann. Die Methode, an die ich denke, ist die der *Identifizierung des Ununterscheidbaren:* die Behandlung verschiedener Objekte als identisch miteinander, wenn sie sich in keiner Hinsicht voneinander unterscheiden, die innerhalb der Theorie formulierbar ist. Betrachten wir etwa eine Theorie von Körpern, die in bezug auf ihre Länge verglichen werden. Die Werte der gebundenen Variablen sind physikalische Objekte und das einzige Prädikat ist „L", wo „Lxy" bedeutet „x ist länger als y". Falls nun $\neg Lxy \wedge \neg Lyx$ gilt, dann gilt jede wahre Aussage, welche die Theorie über x macht, auch für y — und umgekehrt. Daher kann man „$\neg Lxy \wedge \neg Lyx$" als „$x = y$" behandeln. Eine derartige Identifizierung läuft darauf hinaus, daß wir als Werte unserer Variablen nicht mehr physikalische Gegenstände nehmen, sondern Universalien, nämlich Längen.

Ein weiteres Beispiel einer solchen Identifizierung des Ununterscheidbaren läßt sich in der Theorie der Inschriften [inscriptions] finden, einer formalen Syntax, in der die Werte der gebundenen Variablen konkrete Inschriften sind. Das wichtige Prädikat ist hier „C", wo „$Cxyz$" bedeutet, daß x aus einem Teil besteht, der gestaltgleich y ist, gefolgt von einem Teil, der gestaltgleich z ist. Als Bedingung der Vertauschbarkeit oder Ununterscheidbarkeit in dieser Theorie ergibt sich die Gestaltgleichheit, die man folgendermaßen ausdrücken kann:

$$\bigwedge z \bigwedge w \, (Cxzw \leftrightarrow Cyzw) \wedge (Czxw \leftrightarrow Czyw).$$

Wenn wir jetzt die Bedingung als „$x = y$" behandeln, verwandeln wir unsere Theorie der Inschriften in eine Theorie der Ausdrücke, in der die Werte der Variablen nicht mehr einzelne Inschriften sind, sondern die abstrakten *Zeichengestalten* der Inschriften.

Eine solche Identifizierung des Ununterscheidbaren ist in gleicher

Weise auch in Theorien möglich, die bereits von Universalien handeln. Betrachten wir z. B. eine Theorie der *Attribute,* deren einzige Junktoren extensional und von der Art sind, wie sie in der Theorie der sogenannten Propositionalfunktionen in den *Principia Mathematica* vorkommt. Attribute sind innerhalb der Ausdrücke dieser Theorie ununterscheidbar immer dann, wenn sie *extensional gleich* sind — d. h. wenn sie Attribute genau der gleichen Dinge sind. Wenn wir demgemäß extensionale Gleichheit als Identität behandeln, rekonstruieren wir die Theorie der Attribute als eine Theorie der Klassen; denn das Charakteristikum von Klassen im Gegensatz zu Attributen ist, daß sie identisch sind, wenn sie die gleichen Elemente besitzen.

Was uns in unserer gegenwärtigen Untersuchung des Universalienproblems jedoch beschäftigt, ist die Identifizierung des Ununterscheidbaren als eine Methode der Rekonstruktion einer Theorie von Partikularien als eine Theorie von Universalien. Wir haben gesehen, wie diese Methode bei der Theorie des Längenvergleichs von Körpern funktioniert und auch bei der Syntax der Inschriften. Es ist nun wichtig festzustellen, daß diese Methode der Abstraktion von Universalien durchaus mit dem Nominalismus vereinbar ist, der philosophischen Auffassung, nach der es in Wirklichkeit gar keine Universalien gibt. Denn dort kann man die auftretenden Universalien als bloße Redeweisen auffassen — wegen des metaphorischen Gebrauchs des Identitätszeichens für etwas, was nicht wirklich Identität ist, sondern in dem einen Beispiel Längengleichheit, in dem anderen Beispiel Gestaltgleichheit. Bei der Abstraktion von Universalien durch die Identifikation des Ununterscheidbaren geschieht nichts weiter, als daß das gleiche alte System von Partikularien in neuer Weise formuliert wird.

Unglücklicherweise ist diese harmlose Art der Abstraktion völlig ungeeignet dazu, etwas anderes als einander ausschließende Klassen zu abstrahieren. Denn, wenn eine Klasse mit dieser Methode abstrahiert wurde, dann ist das, was sie zusammenhält, die Ununterscheidbarkeit ihrer Elemente durch die betreffende Theorie. Daher würde eine Überschneidung zweier derartiger Klassen diese ununterscheidbar machen und in einer einzigen Klasse aufgehen lassen.

Eine andere, kühnere Methode, Universalien zu abstrahieren, besteht darin, Buchstaben als gebundene Variablen zuzulassen, die bisher nur als schematische Buchstaben ohne ontologische Bedeutung verwendet wurden. Wenn wir daher die Aussagenlogik durch Einführung der Quantoren „$\bigwedge p$" und „$\bigvee p$" erweitern, dann können wir die Variablen nicht mehr als schematische Buchstaben auffassen; statt dessen müssen wir sie als Variable betrachten, welche geeignete Entitäten als Werte annehmen — Entitäten, als deren Namen dann die Aussagen zu betrachten wären. Diese Entitäten können als Propositionen aufgefaßt werden oder, wenn man Frege folgt, einfach als Wahrheitswerte. Sie reduzieren sich tatsächlich auf Wahrheitswerte, wenn wir an dieser Stelle eine Strategie der Identifizierung des Ununterscheidbaren zur Anwendung bringen, so wie sich dies im allgemeinen empfiehlt. Denn Propositionen mit gleichem Wahrheitswert sind in der Theorie der Wahrheitswertfunktionen ununterscheidbar. Wir erhalten auf jeden Fall eine Theorie mit Universalien oder abstrakten Entitäten, ob es nun Propositionen oder Wahrheitswerte sind.

Auch dieses Beispiel von Abstraktion ist mit dem Nominalismus vereinbar. Denn nach dem Vorbild von Fitch[4] können wir Quantifikationen „$\bigwedge p\ \varphi p$", und „$\bigvee p\ \varphi p$" als Abkürzungen für „$\varphi S \wedge \varphi(\neg S)$" und „$\varphi S \vee \varphi(\neg S)$" auffassen, wo „$S$" eine Abkürzung für irgendeine bestimmte, willkürlich gewählte Aussage ist. Was eine quantifizierte sprachliche Äußerung für Propositionen oder Wahrheitswerte zu sein schien, ist damit von einem nominalistischen Standpunkt aus als bloße Redeweise legitimiert.

3. Die Bindung von Prädikatbuchstaben

Die Abstraktion durch Bindung schematischer Buchstaben läßt sich nicht immer so leicht mit dem Nominalismus vereinbaren. Wenn wir die schematischen Prädikatbuchstaben der Prädikatenlogik binden, erreichen wir damit eine Verdinglichung der Universalien, die kein Kunstgriff, ähnlich dem von Fitch, hinwegerklären kann. Diese Universalien sind Entitäten, als deren Namen dann die Prädikate betrachtet werden können. Man kann sie als Attribute oder als Klassen auffassen. Tatsächlich ist es die Klassen-Version, die durch die Strategie der Identifizierung des Ununterscheidbaren ausgewählt wird.

Zur Vorbereitung der Untersuchung des Übergangs von Prädikatenlogik zu Mengenlehre durch Bindung der Prädikatbuchstaben, wollen wir eine explizite Formulierung der Prädikatenlogik bringen. Man kann ihr die folgenden Axiomen-Schemata zugrunde legen:

A1. $\bigwedge x\,(Fx \rightarrow Gx) \rightarrow (\bigwedge x\,Fx \rightarrow \bigwedge x\,Gx)$,

A2. $p \rightarrow \bigwedge x\,p$,

A3. $\bigwedge x\,Fx \rightarrow Fy$,

und die Schlußregeln:

R1. Ziehe beliebige Schlüsse, die sich direkt durch die Wahrheitstabellen rechtfertigen lassen,

R2. Wende einen Quantor „$\bigwedge x$", oder „$\bigwedge y$", usw. auf beliebige Theoreme an,

R3. Substituiere beliebige Formeln für „p", „q", „Fx", „Fy", „Gx", „Fxy", „Gzw", usw. (und beachte diverse Einschränkungen, die hier nicht erwähnt zu werden brauchen),

R4. Substituiere freie Vorkommnisse von „x", oder „y" usw. für alle Vorkommnisse einer anderen solchen Variablen,

R5. Benenne eine gebundene Variable um.

Der Existenzquantor „$\bigvee x$" kann wie üblich als Abkürzung für „$\neg\bigwedge x\neg$" aufgefaßt werden, so daß man für ihn keine besonderen Axiome benötigt.

Die Theoreme der Prädikatenlogik sind nicht als wahre Aussagen aufzufassen, sondern als gültige Schemata auf Grund der schematischen Prädikatbuchstaben. Vgl. Abschnitt 1.

Um nun die Quantorenlogik so zu erweitern, daß sie die Mengenlehre aufnehmen kann, fügen wir folgende allgemeine Festlegung hinzu:

R6. Gewähre den Prädikatbuchstaben alle Rechte der Variablen „x", „y", usw.

Wenn man Prädikatbuchstaben auf diese Weise zur Quantifikation zuläßt, erhalten sie den Status von Variablen, die Klassen als Werte annehmen; und die Schreibweise „Fx" (oder „FG", usw.), wenn „F" gebunden ist, erhält die Bedeutung, das x (oder G, usw.)

ist ein Element der Klasse *F*. (Prädikatbuchstaben, die mit Paaren von Individuen gebraucht werden, z. B. „*F*“ in „*Fxy*“, würden den Status von Variablen erhalten, die *Relationen* und nicht Klassen als Werte annehmen. Vergessen wir das aber für den Augenblick.)

Eine derartige Erweiterung der Prädikatenlogik dadurch, daß man einfach den Prädikaten-Variablen alle Rechte von „*x*“, „*y*“, usw. gibt, scheint eine sehr natürliche Methode zu sein, eine Welt von Universalien — Klassen, Mengen — zu schaffen, die jene Prädikate oder Bedingungen widerspiegeln, die in der Sprache ausgedrückt werden können. Tatsächlich aber stellt sich heraus, daß man hiermit eine Welt von Klassen ins Leben ruft, die *viel mehr* umfaßt als jene Bedingungen, die man in der Sprache ausdrücken kann. Dieses Resultat ist möglicherweise gar nicht erwünscht, denn der intuitive Gedanke, der dahintersteht, wenn man eine Welt von Universalien postuliert, ist nur der, daß man eine Realität hinter den sprachlichen Formen postulieren will. Es folgt aber aus Cantors Beweis das Resultat, daß die Mengen, die Gegenstände einer beliebigen Art als Elemente haben, nicht eindeutig auf diese Gegenstände abgebildet werden können. Cantors Beweis läßt sich in der besprochenen Erweiterung der Quantorenlogik durchführen. Eine Konsequenz seines allgemeinen Theorems ist, daß es Klassen geben muß, insbesondere Klassen sprachlicher Formen, denen keine sprachliche Form entspricht.

Aber das ist noch gar nichts im Vergleich zu dem, was man tatsächlich in der betrachteten Theorie zeigen *kann*. Wir können nämlich Russells Paradox folgendermaßen ableiten:

$GH \leftrightarrow GH$,	nach R1;
$\bigwedge H\,(GH \leftrightarrow GH)$,	nach R2, R6;
$\bigwedge F \neg \bigwedge H\,(FH \leftrightarrow GH) \rightarrow \neg \bigwedge H\,(GH \leftrightarrow GH)$,	nach A3, R3—6;
$\neg \bigwedge F \neg \bigwedge H\,(FH \leftrightarrow GH)$,	aus den letzten beiden Formeln nach R1;
$\bigvee F \bigwedge H\,(FH \leftrightarrow GH)$,	nach Definition;
$\bigvee F \bigwedge H\,(FH \leftrightarrow \neg HH)$,	nach R3, R6;
$\bigvee F\,(FF \leftrightarrow \neg FF)$,	nach ein paar leichten Schritten.

4. *Über die Voraussetzungen der klassischen Mathematik*

Die klassische Mathematik besitzt die oben beschriebene Theorie als Grundlage; jedoch mit der einen oder anderen Einschränkung, so daß die Konsistenz wiederhergestellt ist, aber Cantors Resultat erhalten bleibt. Die bekannteste Art der Einschränkung ist die einfache Typentheorie, die auf Russell zurückgeht. Hier hängt man an die Klassenvariablen positiv ganzzeilige Indizes an, wie bei „F^3"; die Variablen „x", „y", usw. stellt man sich, ohne es hinzuschreiben mit dem Index „0" versehen vor. Für das Sinnvoll-Sein dieser Schreibweise für die Elementschaftsbeziehung wird dann verlangt, daß nebeneinander geschriebene Variablen absteigende aufeinanderfolgende Indizes tragen müssen. Insbesondere wird das „HH", das in der Ableitung des Russell-Paradoxes auftritt, auf diese Weise eine sinnlose und unzulässige Zeichenreihe, unabhängig davon, welchen Index man dem „H" zuordnet. So wird das Paradox ausgeschaltet.

Geeignete Indizes für Relationsvariable wären komplizierter. Aber dieses Problem kann man umgehen, indem man auf Relationsvariablen zugunsten von Klassenvariablen völlig verzichtet. Denn Relationen können mit Hilfe der bekannten Kunstgriffe von Wiener und Kuratowski in der Mengenlehre wiedergewonnen werden.

Von dieser Art ist die Grundlegung der klassischen Mathematik. Es gibt Spielraum für Variationen im Detail; in allen Fällen jedoch ist Platonismus im Spiel: Universalien werden in nichtreduzierbarer Weise vorausgesetzt. Die Universalien, die dadurch postuliert werden, daß man Prädikatbuchstaben bindet, sind nie mit Hilfe irgendeiner bloßen Konvention oder abkürzenden Schreibweise hinweg erklärt worden, auf welche man die früheren, nicht dermaßen umfassenden Fälle von Abstraktion zurückführen konnte.

Die so postulierten Klassen sind tatsächlich alle Universalien, welche die Mathematik benötigt. Die Zahlen sind, wie Frege zeigte, als gewisse Klassen von Klassen definierbar. Relationen lassen sich, wie Wiener zeigte, ebenfalls als gewisse Klassen von Klassen definieren. Und Funktionen sind, wie Peano betonte, Relationen. Aber auch Klassen allein machen uns genügend Sorgen, wenn wir philosophische Bedenken gegenüber der Zulassung von Entitäten haben, die keine konkreten Gegenstände sind.

Die Tatsache, daß Klassen Universalien *sind,* oder abstrakte Entitäten, wird manchmal dadurch verschleiert, daß man von Klassen oder Mengen als bloßen Aggregaten oder Ansammlungen spricht und so eine Klasse von Steinen etwa mit einem Haufen von Steinen vergleicht. Der Haufen ist tatsächlich ein konkreter Gegenstand — genauso konkret — wie die Steine, aus denen er besteht. Aber die Klasse der Steine im Haufen kann korrekterweise nicht mit dem Haufen identifiziert werden. Wäre dies möglich, dann könnte man nämlich in ähnlicher Weise eine andere Klasse mit dem gleichen Haufen identifizieren — nämlich die Klasse der Moleküle von Steinen des Haufens. In Wirklichkeit muß man aber diese Klassen auseinanderhalten; denn wir möchten sagen, daß die eine etwa hundert Elemente hat, die andere aber Trillionen. Klassen sind daher abstrakte Entitäten. Wir können sie Aggregate oder Ansammlungen nennen, wenn wir wollen, aber sie sind Universalien; das heißt, wenn es Klassen *gibt.*

Man erinnere sich, Russell hatte eine klassenlose [no-class] Theorie. Ausdrücke, die sich scheinbar auf Klassen bezogen, wurden so im Kontext definiert, daß beim Ausschreiben alle derartigen Bezugnahmen verschwanden. Dieses Resultat wurde von manchen, besonders Hans Hahn[5], als Befreiung der Mathematik vom Platonismus begrüßt, als Verträglichmachung der Mathematik mit einer rein konkreten Ontologie. Aber diese Interpretation ist falsch. Russells Methode eliminiert Klassen, aber nur durch Bezugnahme auf eine andere Welt genauso abstrakter oder universaler Entitäten — die sogenannten Propositional-Funktionen.

Der Ausdruck „Propositional-Funktionen" wird in den *Principia Mathematica* in mehrdeutiger Weise verwendet; manchmal bedeutet er ein *Prädikat* oder einen Kontext der Schreibweise jener Art, die aus Termen Aussagen aufbaut; manchmal andererseits bedeutet er ein *Attribut* oder eine *Beziehung.* Russells klassenlose Theorie gebraucht Propositional-Funktionen in diesem zweiten Sinn als Werte der gebundenen Variablen. Daher kann man für die Theorie höchstens in Anspruch nehmen, daß sie gewisse Universalien auf andere zurückführt, nämlich Klassen auf Attribute. Eine solche Zurückführung erscheint aber ziemlich sinnlos, wenn wir uns überlegen, daß die zugrunde liegende Theorie der Attribute selbst wohl besser überhaupt als Mengenlehre aufgefaßt worden wäre — im Einklang mit der Strategie der Identifizierung des Ununterscheidbaren.

5. Neuformulierung der Klassenlogik

Stellen wir uns die Grundlegung der Mathematik als Klassenlogik vor, so wie sie in Abschnitt 3 und dem Anfang von Abschnitt 4 beschrieben wurde. In dieser Beschreibung behielt ich zunächst einmal die schematischen Prädikatbuchstaben der Prädikatenlogik als gebundene Klassenvariablen bei, um zu zeigen, wie die Bindung schematischer Buchstaben zum Platonismus in der Mathematik führen kann. Aber es ist besser, sobald einmal der schematische Charakter dieser Buchstaben auf solche Weise verfälscht worden ist, zu anderen Buchstaben überzugehen. Wir wollen daher „x", „y", usw. mit positiven, ganzzahligen Indizes als unsere Klassen-Variablen benützen. Auch weiterhin wollen wir diese Buchstaben ohne Indizes als Individuen-Variablen benützen, d. h. so, als ob sie den Index „0" trügen. Schließlich wollen wir „ε" statt der Nebeneinanderschreibung dazu benützen, um die Klassen-Elementschaftsbeziehung auszudrücken.

Die schematischen Buchstaben „F", „G", usw. können für wirklich schematischen Gebrauch beibehalten werden, so wie etwa in der Formulierung der Axiomenschemata A1—3 und der Regeln R1—5, welche die Behandlung der Quantoren regeln; und solche Buchstaben brauchen keine Indizes mehr. Anstatt jedoch R6 anzunehmen, rekonstruieren wir einfach A1—3 und R1—5 selbst derart, daß sie beliebige Indizes an den Variablen „x", „y", usw. zulassen. Wir wollen die so rekonstruierten A1—3 und R1—5 als A′1—3 und R′1—5 ansprechen.

Aber wir müssen noch ein weiteres Axiomen-Schema hinzufügen, nämlich das der *Klassenabstraktion* oder (wie Leśniewski sie nannte) der Pseudo-Definition:

A′4. $\bigvee y^{n+1} \bigwedge x^{n} (x^{n} \varepsilon y^{n+1} \leftrightarrow Fx^{n})$.

(Einsetzungsbeispiele dieses Schemas hätten natürlich feste Ziffern anstelle von „n" und „$n+1$"; der allgemeine Zahlbegriff wird daher nicht vorausgesetzt.) Die Notwendigkeit dieses Schemas resultiert einfach aus unserer neu angenommenen typographischen Differenzierung zwischen Klassen-Variablen und schematischen Prädikatbuchstaben. Die entsprechende Formel der früheren Version dieses Systems war beweisbar, wie man in der fünften Zeile des Beweises von Russells Paradox in § 3 sieht.

Das ist noch kein vollständiges System. Gödel hat gezeigt, daß keine konsistente Systematisierung der platonischen Klassenlogik vollständig sein kann. Es gibt daher kein Ende für die weitere Einführung von Axiomenschemata, die wir vielleicht für spezielle Zwecke hinzufügen möchten. (Das gilt natürlich in gleicher Weise für die frühere Version des Systems.) Ein weiteres Axiomenschema aber, das man besonders hier anführen müßte, ist das Axiomenschema der *Extensionalität.*

A′5. $\bigwedge x^{\mathrm{n}} (x^{\mathrm{n}} \, \varepsilon \, y^{\mathrm{n}+1} \leftrightarrow x^{\mathrm{n}} \, \varepsilon \, z^{\mathrm{n}+1})$
$$\rightarrow (y^{\mathrm{n}+1} \, \varepsilon \, w^{\mathrm{n}+2} \rightarrow z^{\mathrm{n}+1} \, \varepsilon \, w^{\mathrm{n}+2}).$$

Das ist die Formel, die verlangt, daß unsere Variablen Klassen als Werte annehmen und nicht Attribute.

Das auf A′1—5 und R′1—5 gegründete System ist, von Details in der Formulierung abgesehen, schon von Tarski[6] benutzt worden. Wir besitzen keine klarere Formulierung der Grundlegung der Mathematik. Aber sie ist platonistisch. Und sie ist eine *ad hoc*-Struktur, die nicht vorgibt, eine intuitive Basis zu besitzen. Wenn man ursprünglich den Eindruck hatte, daß gewisse Überlegungen die Bindung von schematischen Prädikatbuchstaben rechtfertigten, dann war Russells Paradox sicher ihre *reductio ad absurdum.* Die nun folgende Aufpfropfung einer Typentheorie ist ein künstliches Hilfsmittel, um das System in seinen Hauptzügen nur als System wiederherzustellen, getrennt von jedem Gedanken an eine intuitive Begründung. Mehr kann man auch für die diversen Alternativen zur Typentheorie nicht in Anspruch nehmen, die es in der Literatur gibt; zumindest nicht für jene, die für die Zwecke der klassischen Mathematik liberal genug sind.

6. Begrenzte Quantifizierung über Klassen

Der Quantor „$\wedge x^1$" in der Logik von Abschnitt 5, bedeutet „für alle Klassen x^1 von Individuen", oder wie wir sagen können „für alle Klassen x^1 des *ersten Typs*". „$\wedge x^2$" bedeutet analog „für alle Klassen x^2 von Individuen" oder „für alle Klassen x^2 des *zweiten Typs*". Aber betrachten wir nun Quantoren, deren Bereich auf Klassen beschränkt ist, die nicht mehr als *k* Elemente besitzen. Für diese wollen wir die Schreibweise „$\underset{k}{\wedge} x^n$" verwenden, in der Bedeutung „für alle Klassen x^n des *n*-ten Typs, die nicht mehr als *k* Elemente besitzen". Für $n = 1$ und jedes feste *k* stellt sich heraus, daß man die entsprechende Art der Quantifizierung völlig ohne Voraussetzung von Klassenvariablen definieren kann. Als Grundlage benötigt man nur die gewöhnliche Prädikatenlogik (vgl. den Anfang von Abschnitt 3) zusammen mit der Theorie der *Identität.*

Die Identität könnte in bekannter Weise mit Hilfe der Klassenlogik von Abschnitt 5 definiert werden: „$x^n = y^n$" bedeutet „$\wedge z^{n+1} (x^n \varepsilon z^{n+1} \leftrightarrow y^n \varepsilon z^{n+1})$". Soweit sie auf Individuen beschränkt wird, kann man aber auch die Identität selbst als Grundbegriff wählen und ohne Bezugnahme auf gebundene Klassenvariablen untersuchen: das heißt ohne platonistische Voraussetzungen. In diesem Fall müssen wir ein Axiom und ein Axiomenschema für die Identität von Individuen annehmen:

A6. $x = x$,

A7. $x = y \wedge Fx \rightarrow Fy$.

Das System A1—3, A6—7, R1—5, das die Prädikatenlogik plus Identitätstheorie umfaßt, ist frei von jeder Festlegung auf abstrakte Entitäten.

Das Symbol „ε", das bisher dem System fremd war, wird nun in gewissen speziellen Kontexten durch folgende Definitionen eingeführt:

D1. $x \, \varepsilon \, \Lambda \leftrightarrow_{\mathrm{df}} \neg (x = x)$,

D2. $x \, \varepsilon \, \{y\} \leftrightarrow_{\mathrm{df}} x = y$, $x \, \varepsilon \, \{y, z\} \leftrightarrow_{\mathrm{df}} (x = y) \vee (x = z)$, usw.

Das Zeichen „Λ" kann als Bezeichnung der Null-Klasse aufgefaßt werden und die Schreibweise „$\{y_1, y_2, \ldots, y_k\}$" als Bezeichnung der Klasse, deren Elemente $y_1, y_2, \ldots, y_k$ sind. In Wirklichkeit werden aber keine Klassen vorausgesetzt, denn diese Schreibweisen werden durch D1—2 als bloße Redeweisen hinwegerklärt.

Nun kann der beschränkte Quantor „$\underset{k}{\wedge} x^1_k$“ für jedes feste k durch die folgende Definition eingeführt werden:

D3. $\underset{k}{\wedge} x^1_k\, Fx^1 =_{df} F\Lambda \wedge \wedge y_1 \wedge y_2 \ldots \wedge y_k F\{y_1, y_2, \ldots, y_k\}.$

Für „Fx^1“ müssen wir uns hier eine beliebige Formel vorstellen, die „x^1“ nur an Stellen enthält, wo ihnen „ε“ unmittelbar vorangeht. Das „$F\Lambda$“ im Definiens von D3 stellt das Resultat der Ersetzung von „Λ“ für „x^1“ in der ganzen Formel „Fx^1“ dar; und analog für „$F\{y_1, y_2, \ldots, y_k\}$“. In jedem einzelnen Beispiel lassen sich daher die Ausdrücke im Definiens von D3 ausschreiben mit Hilfe von D1—2.

Das Definiens von D3 gibt die intendierte Bedeutung, d. h. „für jede Klasse x^1 von k oder weniger Individuen gilt Fx^1“. Denn die Bedingung „$F\Lambda$“ garantiert, daß „Fx^1“ gilt, wenn x^1 0 Elemente hat und das zweite Konjunktionsglied sichert, daß „Fx^1“ gilt, wenn die Elemente von x^1 *beliebige* Gegenstände $y_1, y_2, \ldots, y_k$ sind. Die Gegenstände $y_1, y_2, \ldots, y_k$ werden k an der Zahl sein oder *weniger* (aber wenigstens eins), da nichts verbietet, daß einige von ihnen identisch sind.

Während „ε“ in D1—2 nur für Fälle definiert war, in denen es vor „Λ“ steht oder vor einem Ausdruck der Form „$\{y_1, y_2, \ldots, y_k\}$“, definiert D3 andererseits „ε“ auch, wenn es vor einer Klassenvariablen, wie z. B. „x^1“, steht; denn „Fx^1“ von D3 steht für ein beliebiges Resultat einer Einsetzung von „x^1“ für „Λ“ oder „$\{y_1, y_2, \ldots, y_k\}$“. Natürlich leistet D3 dies nur, wenn die betreffende Klassenvariable durch einen irgendwo weiter vorne stehenden beschränkten Quantor gebunden wird.

Da nun die Schreibweise „$z \,\varepsilon\, x^1$“ erklärt ist (für in richtiger Weise quantifizierte Kontexte), können wir Vorkommnisse des Identitätszeichens „=“ zwischen Klassenvariablen folgendermaßen erklären:

D4. $(x^1 = y^1) \leftrightarrow_{df} \wedge z\,(z \,\varepsilon\, x^1 \leftrightarrow z \,\varepsilon\, y^1).$

(Man beachte, daß sich „$x^1 = y^1$“ mit Hilfe von D1—4 nur dann eliminieren läßt, wenn es in einem größeren Kontext auftritt, der durch beschränkte Quantoren für „x^1“ und „y^1“ regiert wird.)

7. Ableitung der unbeschränkten Quantifikation

Auf diese Weise wird eine Theorie aufgebaut, die alle Zwecke und Funktionen einer Logik der beschränkten Quantifikation über Klassen und konkrete Individuen erfüllt, und zwar mit Hilfe von Konventionen über bloße Abkürzungen, auf einer Basis, die keine Klassen oder andere Universalien voraussetzt. Die Variablen der Grundnotation [primitive notation] lassen nur konkrete Gegenstände als Werte zu.

Aber konkrete Gegenstände in welchem Sinn? — Sagen wir, materielle Gegenstände, vergangene, gegenwärtige und zukünftige Punkt-Ereignisse und raum-zeitlich verstreute Totalitäten von Punkt-Ereignissen. Nehmen wir nun an, die Physik zeigt, daß es nur endlich viele gibt [7] — d. h. weniger als eine endliche Zahl *t*. Dann haben alle Klassen von Individuen höchstens *t* Elemente und dann hat „$\bigwedge_t x^1$" von D3 die Wirkung eines unbeschränkten Quantors „$\bigwedge x^1$" über Klassen von Individuen. Wir können definieren:

D5. $\bigwedge_t x^1 \leftrightarrow_{df} \bigwedge x^1$.

Wir können nun noch einmal D1—4 mit um 1 erhöhten Indizes anschreiben — d. h., wir nehmen den Index „2", wo „1" stand, und „1", wo keiner war. Wenn das geschehen ist, können wir D5 mit um 1 erhöhtem Index wieder anschreiben — für *t* auf t_1 ($= 2^t$) erhöht. Das liefert uns einen unbeschränkten Quantor „$\bigwedge x^2$" über Klassen des zweiten Typs, da diese Klassen nicht größer als t_1 sein können.

Wir sind dann in der Lage, die ganzen D1—5 mit um 2 erhöhten Indizes wieder anzuschreiben, wobei *t* auf t_2 ($= 2^{t_1}$) erhöht wird. Als nächstes können wir diese Definition mit um drei erhöhten Indizes anschreiben, wobei *t* auf t_3 ($= 2^{t_2}$) erhöht wird; und so weiter ohne Ende. Auf diese Weise erhalten wir Quantoren „$\bigwedge x^n$" für jedes beliebige *n*.

Selbst der Platonist, der Klassen als real akzeptiert und eine Logik wie die in Abschnitt 5 erklärte zu verwenden gewillt ist, wird unserer Zahl *t* zustimmen, wenn er als seine Entitäten des Typs 0 die Gegenstände einer finitistischen Physik nimmt.[8] Wenn er soweit mit uns übereinstimmt, dann muß er zugeben, daß die

Quantifikation über Klassenvariablen, die wir gerade definieren konnten, *salva veritate* mit seiner eigenen vertauschbar ist. Und doch zeigen unsere Definitionen, wie man alle Aussagen seiner Logik in eine klassenfreie Schreibweise übersetzen kann: in eine Schreibweise, die auf Quantorenlogik und Identität für Individuen beschränkt ist.

(Theoreme, die freie Variable „x^1", „y^2", usw. enthalten, werden sich nicht nach obigem Rezept übersetzen lassen. Wir können sie aber auch behandeln, wenn wir annehmen, daß die freien Variablen als stillschweigend allquantifiziert aufzufassen sind.)

Es ist klar, daß A′1—5 und R′1—5 gültig bleiben, wenn die Zahl der Entitäten niedrigsten Typs in der Welt durch eine bestimmte positive ganze Zahl t beschränkt wird. Es gibt nichts in A′1—5 oder R′1—5, das eine unendliche Zahl von Individuen erfordern würde. Sobald die Klassenvariablen, die in A′1—5 und R′1—5 auftreten, ebenso wie in D1—5 (und ihren Analoga für höhere Indizes) definiert worden sind, müssen wir statt A′1—5 und R′1—5 die Axiome A1—3, A6—7 und R1—5 als Grundlage für die Ableitung von Theoremen nehmen. Natürlich wird diese neue Basis nicht ausreichen, wenn wir nicht zur Unterstützung von D5 ein Axiom hinzufügen, das besagt, daß es nicht mehr als t Individuen gibt:

A8. $\bigvee x_1 \bigvee x_2 \ldots \bigvee x_t \bigwedge y \; (y = x_1 \vee y = x_2 \vee \ldots \vee y = x_t)$.

Dieses Axiom (das man im Hinblick auf D1—5 auch in der äquivalenten kürzeren Form „$\bigvee x_1 \bigwedge y \; (y \, \varepsilon \, x^1)$" hätte angeben können) würde insbesondere benötigt, um A′4 abzuleiten. Man beachte, daß „t" in A8 durch eine Zahl ersetzt zu denken ist, so daß man das Auslassungszeichen „. . ." ausfüllen kann.

Unter der Voraussetzung einer endlichen Grenze t für den ganzen kumulativen Inhalt der raum-zeitlichen Welt verschwänden daher die platonischen Züge des Systems von Abschnitt 5. Man könnte sie als bloße Redeweisen hinwegerklären. Das ganze System erweist sich als Abkürzung einer Art zu sprechen, die der Nominalist akzeptieren kann. Sogar die Typentheorie mit ihrer scheinbar künstlichen Einführung von Indizes wird nun mit Hilfe von D1—5 und ihren Analoga für höhere Indizes erklärt. Die Verwerfung von Formen „$x^2 \, \varepsilon \, x^2$" als sinnlos, ein weiterer scheinbar willkürlicher Zug der Typentheorie, erhält nun ebenfalls eine Begründung aus den Definitionen. Denn die fraglichen sinnlosen Fälle erscheinen nun einfach als Fälle, die nicht von den Definitionen erfaßt werden — was Sinnlosigkeit einer sehr einfachen Art ist.

Die derart gerechtfertigte Logik zu Abschnitt 5 ist, wie schon bemerkt, unvollständig. Eines der zusätzlichen Axiome, die manchmal zur Ergänzung vorgeschlagen werden, ist das Unendlichkeitsaxiom, welches verlangt, daß es unendlich viele Individuen gibt. Gegen dieses zusätzliche Axiom würde sich der Nominalist immer noch sperren, da es mit der vorangehenden Rechtfertigung der fraglichen Logik nicht vereinbar ist. Wenn man sich weigert, das Unendlichkeitsaxiom zu akzeptieren, dann hat man Schwierigkeiten bei der Ableitung mancher mathematischen Ergebnisse; aber das ist nicht ein so ernster Nachteil, wie man zunächst annehmen möchte. Wir können immer noch jede vorgegebene Grenze für die Reihe der ganzen Zahlen überschreiten, indem wir einfach zu einem genügend hohen Typ aufsteigen. Es ist bemerkenswert, daß Whitehead und Russell jenes Axiom als vorläufig behandelten, und es stets als explizite Hypothese anführten, wo es gebraucht wurde.

Man muß jedoch der Tatsache ins Auge sehen, daß eine Logik, die mit dem Nominalismus nur vereinbart werden kann, wenn man eine in hohem Maße spekulative physikalische Hypothese von der Art von A8 annimmt, wenig besser ist als eine Logik, die gar nicht mit dem Nominalismus vereinbart werden kann. Es gibt auch noch eine andere Hinsicht, in der ein pedantischer Nominalist die obige Reduktion der platonistischen Logik unakzeptabel finden könnte: die tatsächlich mit Hilfe von D1—5 ausgeschriebene Form von „$\wedge x^1\ Fx^1$“, angenommen man kennt *t*, wäre *zu lang*, um *zu existieren*; ebenso für A8. Auch wenn wir eine Inschrift nur als eine geeignet geformte Partikelverteilung auffassen, ohne zu verlangen, daß sie sichtbar durch Menschenhand gegen einen Kontrast bietenden Hintergrund aufgezeichnet werde — so gibt es immer noch nicht genügend Materie in der ganzen Raum-Zeit für A8 oder die ausgeschriebene Form von „$\wedge x^1\ Fx^1$“.

Anmerkungen

[1] Die erste Hälfte dieser Arbeit entspricht ziemlich genau der ersten Hälfte der Arbeit *On the problem of universals,* die ich vor der 'Association for Symbolic Logik' am 8. Februar 1947 vorgetragen habe, die zweite Hälfte der Arbeit ist jedoch neu. Ein Teil der anderen Hälfte der Arbeit vom 8. Februar 1947 wird in einer erweiterten Form als Teil einer Arbeit erscheinen, die ich in Zusammenarbeit mit Prof. Goodman vorbereite. Die Anregung zur vorliegenden Arbeit kam auch großenteils aus Diskussionen mit ihm.

[2] Eine gegenteilige Meinung wurde von Morris Lazerowitz vertreten: *The existence of the universals,* Bd. 40 (1946), S. 1—24.

[3] Ich habe diesen Punkt ausführlicher begründet in "Notes on existence and necessity," *The journal of philosophy,* Bd. 40 (1943), S. 113—127.

[4] Frederic B. Fitch, *Modal functions in two-valued logic,* J. S. L., Bd. 2 (1937), S. 125—128.

[5] Hans Hahn, *Überflüssige Wesenheiten* (Wien, 1930), S. 22.

[6] Alfred Tarski, „Einige Betrachtungen über die Begriffe der ω-Widerspruchsfreiheit und der ω-Vollständigkeit", *Monatshefte für Mathematik und Physik,* Bd. 40 (1933), S. 97—112.

[7] Der Nominalist mit subjektivistischer Neigung wird seine Individuen vielleicht nicht als materielle Gegenstände, sondern als Sinnesdaten auffassen wollen; zweifellos wird er aber der Endlichkeitsforderung zustimmen wollen.

[8] Das gleiche gilt, wenn er seine Entitäten vom Typ 0 als Sinnesdaten auffaßt. Vgl. die vorhergehende Anm.

Der folgende Beitrag wurde aus dem Englischen übersetzt von Walter Hoering.

WAS ES GIBT

Von Willard van Orman Quine

Das Erstaunliche am ontologischen Problem ist, daß es so einfach ist. Drei Silben genügen zu seiner Formulierung: „Was gibt es", ein Wort als Antwort: „alles", und jedermann wird zustimmen. Aber eigentlich heißt das nur: es gibt, was es gibt. Bei Einzelfällen jedoch bleibt ein Spielraum für Meinungsunterschiede; und so hat sich das Problem jahrhundertelang am Leben erhalten.

Nehmen wir an, zwei Philosophen, McX und ich haben eine ontologische Meinungsverschiedenheit. Angenommen, McX behauptet, daß etwas existiert, von dem ich behaupte, daß es nicht existiert. McX kann von seinem Standpunkt aus berechtigtermaßen den Unterschied zwischen unseren Auffassungen dadurch beschreiben, daß er sagt, daß ich mich weigere, gewisse Entitäten anzuerkennen. Ich müßte natürlich gegen diese Formulierung unseres Meinungsunterschiedes protestieren, denn ich behaupte ja, daß es gar keine Entitäten der von ihm angedeuteten Art gibt, die ich anerkennen könnte; aber daß ich seine Formulierung unseres Meinungsunterschiedes für falsch halte, ist gar nicht so wichtig, denn ich bin sowieso gezwungen, seine Ontologie für falsch zu halten.

Wenn *ich* andererseits versuche, den Unterschied zwischen unseren Auffassungen zu beschreiben, dann — so scheint es — stehe ich vor einem Dilemma. Ich kann nicht zugeben, daß es irgendwelche Dinge gibt, die McX anerkennt und ich nicht, denn wenn ich zugäbe, daß es solche Dinge gibt, dann würde das ja meiner Behauptung ihrer Nichtexistenz widersprechen.

Es scheint — wären diese Argumente richtig —, daß bei jedem ontologischen Streit der Vertreter der negativen Auffassung insofern im Nachteil ist, als er nicht in der Lage ist, zu sagen, daß sein Opponent eine andere Meinung vertritt.

Das ist das alte platonische Rätsel des Nicht-Seins. Nicht-Sein muß in irgendeinem Sinn sein, was gäbe es sonst, was es nicht gibt? Dieser verwickelten Lehre könnte man den Spitznamen *Platos Bart* geben. Dieser Bart hat sich im Verlauf der Geschichte als ziemlich hart erwiesen, denn oft wurde Occams Rasiermesser an ihm stumpf.

Ein Gedankengang dieser Art ist es, der Philosophen wie McX dazu führt, Sein zu unterstellen, wo man sonst ganz damit zufrieden wäre, daß es nichts gibt. Betrachten wir etwa Pegasus. Wenn Pegasus nicht *wäre*, so argumentiert McX, würden wir über gar nichts reden, wenn wir das Wort gebrauchen; deshalb wäre es schon Unsinn, zu sagen, daß Pegasus nicht ist. In der Meinung, uns so gezeigt zu haben, daß die Negierung von Pegasus nicht in kohärenter Weise aufrechterhalten werden kann, zieht er den Schluß, daß Pegasus existiert.

Aber McX kann sich doch nicht ganz einreden, daß irgendein Bereich der Raum-Zeit, sei er nah oder fern, ein fliegendes Pferd aus Fleisch und Blut enthält. Wenn man dann insistiert, weitere Details über Pegasus zu erfahren, dann sagt er, daß Pegasus eine Idee im Geist des Menschen ist. Aber an dieser Stelle wird eine Konfusion offenbar. Nehmen wir zum Zweck der Diskussion einmal an, daß es eine Entität und sogar eine eindeutig bestimmte Entität gebe (obwohl dies ziemlich unplausibel ist), welche die geistige Pegasus-Idee ist; aber diese geistige Entität ist nicht das, worüber die Leute sprechen, wenn sie die Existenz von Pegasus negieren.

McX verwechselt niemals das Parthenon mit der Parthenon-Idee. Das Parthenon ist körperlich; die Parthenon-Idee ist geistig (jedenfalls nach McX's Idee von Idee, und eine bessere habe ich nicht anzubieten). Das Parthenon ist sichtbar; die Parthenon-Idee ist unsichtbar. Es ist nicht leicht, sich zwei Dinge vorzustellen, die verschiedener wären und weniger für eine Verwechslung geeignet als das Parthenon und die Parthenon-Idee. Aber wenn wir vom Parthenon zu Pegasus übergehen, dann beginnt die Konfusion — und zwar deshalb, weil McX sich eher durch die gröbste und flagranteste Fälschung täuschen ließe, als daß er das Nicht-Sein von Pegasus zugäbe.

Der Gedanke, daß Pegasus sein muß, weil es sonst Unsinn wäre zu sagen, daß Pegasus nicht ist, hat, wie man gesehen hat, McX in eine ganz simple Konfusion hineingeführt. Subtilere Geister kommen, wie sie das gleiche Rezept als Ausgangspunkt nehmen, auf Theorien von Pegasus, die nicht ganz so offensichtlich irregeleitet sind, wie die von McX und die entsprechend schwieriger zu beseitigen sind. Einer dieser subtileren Geister heiße etwa Ypsilon. Pegasus, so behauptet Ypsilon, hat sein Sein als nicht aktualisierte Möglichkeit. Wenn wir von Pegasus sagen, daß es so etwas nicht gibt, dann sagen wir eigentlich genauer, daß Pegasus nicht das besondere Attribut der Aktualität zukommt. Zu sagen, daß Pegasus nicht aktual ist, ist logisch auf der gleichen Stufe damit, daß man etwa sagt, daß das Parthenon nicht rot ist; in beiden Fällen sagen wir etwas über eine Entität, deren Sein nicht in Frage gestellt wird.

Ypsilon ist einer jener Philosophen, die mit vereinten Kräften den Ruin des guten alten Wortes „existieren" herbeiführen. Trotz seiner Anerkennung nicht aktualisierter Möglichkeiten beschränkt er das Wort „existieren" auf Aktualität — und bewahrt so eine Illusion einer ontologischen Übereinstimmung zwischen ihm und jenen von uns, die den Rest seiner aufgeblasenen Welt zurückweisen. Wir sind alle geneigt zu sagen, in unserem Alltagsgebrauch des Wortes „existieren", daß Pegasus nicht existiert, was einfach heißt, daß es überhaupt keine solche Entität gibt. Wenn Pegasus existierte, dann wäre er in Zeit und Raum, aber nur, weil das Wort „Pegasus" raum-zeitliche Nebenbedeutungen hat, und nicht weil das Wort „existiert" raum-zeitliche Nebenbedeutungen hätte. Daß ein raum-zeitlicher Bezug fehlt, wenn wir die Existenz der Kubikwurzel aus 27 behaupten, dann einfach deshalb, weil eine Kubikwurzel nicht eine raum-zeitliche Art von Ding ist, und nicht, weil wir das Wort „existieren" mehrdeutig gebrauchten.[1] Ypsilon jedoch, in einem wenig vernünftigen Versuch konziliant zu erscheinen, gibt uns freundlich die Nichtexistenz von Pegasus zu und besteht jedoch dann, im Gegensatz zu dem, was *wir* mit Nichtexistenz von Pegasus meinten, darauf, daß Pegasus *ist*. Existenz ist eine Sache, sagt er, und Subsistenz eine andere. Die einzige Möglichkeit, die ich kenne, um dieser Verwirrung der Probleme Herr zu werden, ist, zugunsten Ypsilons auf das Wort „Existieren" zu verzichten. Ich werde versuchen, es nicht wieder zu gebrauchen. Ich habe immer noch „ist". Soweit die Lexikographie; kehren wir zurück zu Ypsilons Ontologie.

Ypsilons überbevölkerte Welt ist in vielen Hinsichten unschön. Sie beleidigt das ästhetische Gefühl von uns, die wir einen Sinn für Wüstenlandschaften haben; aber das ist nicht das schlimmste. Ypsilons Slum der Möglichkeiten ist eine Brutstätte verdächtiger Elemente. Nehmen wir z. B. den möglichen dicken Mann in jenem Eingang; und dann noch den möglichen kahlen Mann in jenem Eingang. Sind die beiden der gleiche mögliche Mann oder zwei mögliche Männer? Wie entscheiden wir uns? Wieviel mögliche Männer sind dort am Eingang? Gibt es mehr mögliche dünne als dicke? Wie viele von ihnen sind gleich? Oder würde die Tatsache ihrer Gleichheit sie zu einem machen? Sind keine *zwei* möglichen Dinge gleich? Heißt das das gleiche wie, daß es für zwei Dinge unmöglich ist, gleich zu sein? Oder, ist schließlich der Begriff der Identität einfach auf nicht aktualisierte Möglichkeiten nicht anwendbar? Aber welchen Sinn kann es haben, über Entitäten zu sprechen, von denen man nicht sinnvollerweise sagen kann, daß sie mit sich selbst identisch sind oder voneinander verschieden? Diese Entitäten sind beinahe unverbesserlich. Durch eine Frege-Therapie mit Individualbegriffen könnte man Rehabilitationsversuche anstellen; aber ich bin der Meinung, wir sollten einfach lieber Ypsilons Slum ausräumen, und zwar ein für allemal.

Ich will damit nicht sagen, daß wir jenen Problemen den Rücken kehren sollten, die sich aus dem Begriff der Möglichkeit zusammen mit den anderen Modalitäten der Notwendigkeit, Unmöglichkeit und Kontingenz ergeben. Aber wir können zumindest die Anwendung der Modalitäten auf vollständige Aussagen beschränken. Wir können das Adverb „möglicherweise" einer ganzen Aussage voranstellen und uns sehr wohl Gedanken über die semantische Analyse eines solchen Gebrauchs machen; aber wir können kaum erwarten, daß wir bei einer solchen Analyse einen wesentlichen Fortschritt dadurch machen, daß wir unsere Welt durch sogenannte *mögliche Entitäten* erweitern. Ich habe den Verdacht, daß das Hauptmotiv für so eine Erweiterung nichts anderes als der alte Gedanke ist, daß etwa Pegasus sein muß, weil es sonst Unsinn wäre, auch nur zu sagen, daß er nicht ist.

Und doch scheint es, daß all die üppige Fruchtbarkeit von Ypsilons Universum der Möglichkeiten wieder in nichts zusammenfällt, wenn wir unser Beispiel leicht verändern und nicht von Pegasus sprechen, sondern von der runden, eckigen Kuppel des Berkeley Colleges. Wenn es, außer in dem Fall, daß Pegasus wäre, Unsinn wäre zu sagen, daß er nicht ist, dann wäre es nach dem gleichen Schluß Unsinn zu sagen, die runde, eckige Kuppel von Berkeley College ist nicht, es sei denn, sie wäre. Aber im Gegensatz zu Pegasus kann man die runde, eckige Kuppel von Berkeley College nicht einmal als nicht aktualisierte *Möglichkeit* zulassen. Können wir jetzt Ypsilon so weit bringen, daß er auch eine Welt von nicht aktualisierten Unmöglichkeiten zuläßt? Falls ja, dann könnte man eine große Zahl peinlicher Fragen über sie stellen. Wir könnten sogar hoffen, Ypsilon dadurch in Widersprüche zu verwickeln, daß wir ihn dazu verleiten, von gewissen dieser Entitäten zu sagen, sie seien zugleich rund und eckig. Aber der listige Ypsilon wählt das andere Horn des Dilemmas und gibt zu, daß es Unsinn ist zu sagen, daß die runde, eckige Kuppel von Berkeley College nicht ist. Er sagt, „die runde, eckige Kuppel" ist sinnlos.

Ypsilon ist nicht der erste, der diese Alternative gewählt hat. Die Lehre von der Sinnlosigkeit von Widersprüchen geht weit zurück. Und diese Tradition pflanzt sich noch bei Autoren fort, die mit Ypsilon gar keine Motive gemeinsam zu haben scheinen. Und doch frage ich mich, ob nicht die erste Versuchung, Zuflucht bei einer derartigen Lehre zu nehmen, im wesentlichen aus den gleichen Motiven kam, die wir bei Ypsilon beobachtet haben. Sicher besitzt die Doktrin als solche, für sich genommen, keine besondere Anziehungskraft; und sie hat ihre Anhänger zu geradezu donquixotisch extremen Konsequenzen getrieben, nämlich die Beweismethode der *reductio ad absurdum* in Frage zu stellen — ein Zweifel, in dem ich eine *reductio ad absurdum* der Doktrin selbst vermute.

Außerdem hat die Doktrin der Sinnlosigkeit von Widersprüchen den ernsten methodologischen Mangel, daß sie es prinzipiell unmöglich macht, jemals eine anwendbare Methode zu entwickeln, mit der man prüfen könnte, was sinnvoll ist und was nicht. Es wäre uns für immer unmöglich, systematische Entscheidungsmethoden dafür zu entwickeln, ob eine Zeichenreihe sinnvoll ist oder nicht — sogar ob sie für uns selbst sinnvoll ist, von anderen Leuten ganz zu schweigen. Es folgt nämlich aus einer mathematisch-logischen Entdeckung von Church, daß es keine allgemein anwendbare Methode zur Prüfung der Widersprüchlichkeit geben kann.

Ich habe verächtlich von Platos Bart gesprochen und angedeutet, daß er verwirrt ist. Ich habe des langen und breiten die Schwierigkeiten behandelt, die es bringt, mit ihm zu leben. Nun ist es Zeit, daran zu denken, daß man etwas unternimmt.

Russell zeigte in seiner Theorie der Kennzeichnungen klar, wie man in sinnvoller Weise scheinbare Namen verwenden kann, ohne vorauszusetzen, daß es die Entitäten gibt, die man angeblich benennt. Die Namen, auf die sich Russells Theorie direkt anwenden läßt, sind komplexe deskriptive Namen wie etwa „der Autor von *Waverley*", „der gegenwärtige König von Frankreich", „die runde, eckige Kuppel von Berkeley College". Russell analysiert solche Ausdrücke systematisch als Teile der vollständigen Sätze, in denen sie vorkommen. Der Satz „Der Autor von *Waverley* war ein Dichter" wird analysiert als „jemand (besser: etwas) schrieb *Waverley* und war Dichter; und sonst nichts schrieb *Waverley*". (Der Zweck des hinzugefügten Satzteils „und sonst nichts schrieb *Waverley*" liegt in der Festlegung der Eindeutigkeit, die durch das Wort „der" ausgedrückt wird, das in „*der* Autor von *Waverley*" vorkommt.) Der Satz „Die runde, eckige Kuppel von Berkeley College ist rosa" wird erklärt als „etwas ist rund und eckig und ist Kuppel von Berkeley College und ist rosa, und nichts sonst ist rund und eckig und Kuppel von Berkeley College".

Der Vorzug dieser Analyse besteht darin, daß etwas, was ein Name zu sein scheint, als sogenanntes unvollständiges Zeichen *im Kontext* umschrieben wird. Als Analyse des Kennzeichnungsausdruckes gibt man nicht einen einheitlichen Ausdruck an, sondern die ganze Aussage, die der Kontext der Kennzeichnung war, erhält ihren vollen Anteil an Bedeutung — sei sie nun wahr oder falsch.

Die unanalysierte Aussage „der Autor von *Waverley* war ein Dichter" enthält „der Autor von *Waverley*" als Teil, der, wie McX und Ypsilon fälschlich annehmen, einen Bezug auf ein Objekt voraussetzt, um überhaupt sinnvoll zu sein. In Russells Übersetzung hingegen „etwas schrieb *Waverley* und war Dichter; und sonst nichts schrieb *Waverley*" wird die Last des Bezugs auf ein Objekt, die zunächst dem Kennzeichnungsausdruck auferlegt war, nun von Wörtern einer Art übernommen, welche die Logiker gebundene Variablen nennen, quantifizierte Variablen, nämlich Wörter wie „etwas", „nichts", „alle". Diese Wörter, die durchaus nicht den Eindruck erwecken, als seien sie Namen speziell des Autors von *Waverley*, sollen überhaupt keine Namen sein; sie beziehen sich auf Entitäten im Allgemeinen mit jener Art von wohlüberlegter Vieldeutigkeit, die ihnen eigen ist. Diese quantifizierenden Wörter oder gebundenen Variablen sind natürlich ein Grundbestandteil der Sprache, und es ist nicht zu bezweifeln, daß sie — zumindest im Kontext — Bedeutung haben. Aber das setzt in keiner Weise voraus, daß es entweder den Autor von *Waverley* oder die runde, eckige Kuppel von Berkeley College oder irgendwelche anderen speziell geforderten Objekte gibt.

Soweit es um Kennzeichnungen geht, gibt es keine Schwierigkeiten mehr bei der Zuerkennung oder Aberkennung von Sein. „Der Autor von *Waverley ist*" („es gibt genau einen Autor von *Waverley*") wird von Russell erklärt als „jemand (oder genauer etwas) schrieb *Waverley* und sonst nichts schrieb *Waverley*". „Der Autor von *Waverley* ist nicht" („es gibt keinen Autor von Waverley") wird entsprechend erklärt als Adjunktion „entweder schrieb jedes Ding den *Waverley* nicht oder zwei oder mehrere Dinge schrieben den *Waverley*". Diese Adjunktion ist falsch aber sinnvoll; und sie enthält keinen Ausdruck, der vorgibt, Name des Autors von *Waverley* zu sein. In ähnlicher Weise analysiert man die Aussage „die runde, eckige Kuppel von Berkeley College ist nicht". So entledigt man sich der alten Vorstellung, daß Behauptungen über das Nichtsein sich selbst widerlegen. Wenn eine Aussage über das Sein oder Nichtsein nach Russells Theorie der Kennzeichnungen analysiert wird, dann gibt es in dem entstehenden Ausdruck nichts mehr, was als Name jener vorgeblichen Entität aufgefaßt werden kann, um deren Sein es geht; so daß man nicht mehr annehmen kann, daß die Sinnhaftigkeit der Aussage voraussetzt, daß es eine derartige Entität gibt.

Wie steht es nun mit „Pegasus"? Da dies ein Wort ist und kein Kennzeichnungsausdruck, ist Russells Argument nicht direkt anwendbar. Man kann es aber leicht anwendbar machen. Wir müssen nur „Pegasus" als Kennzeichnung formulieren, und zwar so, daß unser Gedanke adäquat wiedergegeben wird. Z. B.: „Das geflügelte Pferd, das von Bellerophon gefangen wurde." Wenn wir einen solchen Ausdruck für „Pegasus" einsetzen, können wir dann im weiteren Verlauf die Aussage „Pegasus ist" oder „Pegasus ist nicht" genau analog zu Russells Analyse von „Der Autor von *Waverley* ist" und „Der Autor von *Waverley* ist nicht" analysieren.

Wenn wir auf diese Weise einen Namen, der aus einem Wort besteht, oder einen vorgeblichen Namen wie „Pegasus" unter Russells Theorie der Kennzeichnung subsumieren wollen, müssen wir daher zunächst imstande sein, das Wort in eine Kennzeichnung zu übersetzen. Aber das ist keine wirkliche Einschränkung. Wenn der Begriff von Pegasus so dunkel oder so grundlegend wäre, daß keine passende Übersetzung der üblichen Art in eine Kennzeichnung zur Verfügung stände, dann könnten wir uns immer noch des folgenden trivial erscheinenden Kunstgriffs bedienen: Wir könnten uns auf das *ex hypothesi* unanalysierbare, irreduzible Attribut *Pegasus zu sein* beziehen und, um es auszudrücken, das Verbum „ist-Pegasus" oder „pegasiert" verwenden. Das Hauptwort „Pegasus" selbst könnte man dann als abgeleitetes Wort behandeln und mit der Kennzeichnung „das Ding, das Pegasus ist", „das Ding, das pegasiert" identifizieren.[2]

Wenn die Einführung eines Prädikats wie „pegasiert" uns darauf festzulegen scheint, daß es — in Platos Himmel oder im Geist der Menschen — ein entsprechendes Attribut gibt, schön und gut. Weder wir noch Ypsilon noch McX haben bisher über das Sein oder Nichtsein von Universalien diskutiert, sondern über das von Pegasus. Wenn wir mit Hilfe von „pegasieren" das Hauptwort „Pegasus" als Kennzeichnung gemäß Russells Theorie interpretieren können, dann haben wir das alte Vorurteil erledigt, daß man nicht sagen kann, daß Pegasus nicht ist, ohne daß man voraussetzt, daß Pegasus in irgendeiner Weise ist.

Wir können nun einen ganz allgemeinen Schluß ziehen. McX und Ypsilon nahmen an, daß wir nicht in sinnvoller Weise eine Aussage der Form „Der und der ist nicht" behaupten können, in der anstelle von „Der und der" ein einfacher (Hauptwort) oder ein kennzeichnender singulärer Ausdruck steht, es sei denn der und der ist. Man sieht nun ganz allgemein, daß diese Annahme unbegründet ist, weil man den fraglichen singulären Ausdruck immer — in trivialer oder anderer Weise — durch einen Kennzeichnungsausdruck ersetzen kann, der dann *à la* Russell hinweganalysiert wird.

Wir legen uns auf eine Ontologie fest, die Zahlen enthält, wenn wir sagen, daß es Primzahlen gibt, die größer sind als eine Million. Wir legen uns auf eine Ontologie fest, die Zentauren enthält, wenn wir sagen, daß es Zentauren gibt; und wir legen uns auf eine Ontologie fest, die Pegasus enthält, wenn wir sagen, daß Pegasus ist. Aber wir setzen keine Ontologie voraus, die Pegasus oder den Autor von *Waverley* oder die runde, eckige Kuppel von Berkeley College enthält, wenn wir sagen, daß Pegasus oder der Autor von *Waverley* oder die fragliche Kuppel *nicht* sind. Wir brauchen uns nicht mehr mit der Täuschung zu quälen, daß die Sinnhaftigkeit einer Aussage, die einen singulären Ausdruck enthält, eine Entität voraussetzt, deren Name jener Ausdruck ist. Ein singulärer Ausdruck braucht kein Name zu sein, um sinnvoll zu sein.

Auch ohne Kenntnis von Russell hätten Ypsilon und McX diesen Tatbestand ahnen können, hätten sie nicht — wie die meisten von uns — übersehen, daß ein sehr großer Unterschied besteht zwischen *Sinn* und *Benanntem* und das schon in dem einfachen Fall eines singulären Ausdrucks, der tatsächlich Name eines Gegenstandes ist. Betrachten wir das folgende Beispiel von Frege. Das Wort „Abendstern" benennt einen bestimmten, großen, kugelförmigen physikalischen Gegenstand, der Millionen Kilometer von uns entfernt durch den Raum eilt. Das Wort „Morgenstern" benennt den gleichen Gegenstand — wie vermutlich ein aufmerksamer Babylonier als erster festgestellt hat. Aber man kann nicht behaupten, daß die beiden Wörter den gleichen Sinn haben; sonst hätte jener Babylonier auf Beobachtungen verzichten und sich mit Reflexionen über den jeweiligen Sinn der betreffenden Wörter zufriedengeben können. Daher müssen die Bedeutungen, die ja voneinander verschieden sind, etwas anderes sein als der benannte Gegenstand, der in beiden Fällen der gleiche ist.

Die Verwechslung von Sinn und Benanntem brachte McX nicht nur dazu, daß er glaubte, er könnte seine Ablehnung von Pegasus nicht sinnvoll formulieren; eine noch weitergehende Verwechslung von Sinn und Benanntem verhalf ihm zweifellos zu seiner absurden Vorstellung, daß Pegasus eine Idee ist, eine geistige Entität. Er verwechselte den angeblichen, *genannten Gegenstand* Pegasus mit dem *Sinn* des Wortes „Pegasus", und schloß daher, daß Pegasus sein müsse, damit das Wort einen Sinn habe. Aber was für Art von Ding ist ein Sinn? Das ist eine umstrittene Frage; aber man könnte ganz plausibel einen Sinn als Idee im Geist beschreiben unter der Voraussetzung, daß man dieser Formulierung einen klaren Sinn geben kann. Deshalb wird Pegasus, der ursprünglich mit einem Sinn verwechselt worden war, schließlich zu einer Idee im Geist. Um so bemerkenswerter ist es, daß Ypsilon, der zunächst die gleichen Motive hatte wie McX, gerade diesen Fehler vermied und statt dessen bei nicht aktualisierten Möglichkeiten endete.

Wenden wir uns nun dem ontologischen Problem der Universalien zu: der Frage, ob es solche Entitäten gibt wie Attribute, Relationen, Klassen, Zahlen, Funktionen. McX denkt, und das war bei ihm gar nicht anders zu erwarten, daß es sie gibt. Über Attribute sagt er: „Es gibt rote Häuser, rote Rosen, rote Sonnenuntergänge. Das ist vorphilosophisches Alltagswissen, über das es keinen Zweifel gibt. Diese Häuser, Rosen und Sonnenuntergänge müssen etwas gemeinsam haben; und das, was sie gemeinsam haben, genau das nenne ich das Attribut der Röte." Für McX ist es also sogar noch selbstverständlicher und trivialer, daß es Attribute gibt als daß es rote Häuser, Rosen und Sonnenuntergänge gibt. Ich glaube, das ist für die Metaphysik charakteristisch oder zumindest für jenen Teil der Metaphysik, den man Ontologie nennt: Jemand, der eine Aussage zu diesem Thema überhaupt als wahr betrachtet, muß sie als trivialerweise wahr betrachten. Die Ontologie, die man hat, ist grundlegend für das Begriffssystem, mit dessen Hilfe man alle Erfahrungen interpretiert, auch die alltäglichsten. Beurteilt man sie innerhalb eines bestimmten Begriffssystems — und wie sonst könnte man sie beurteilen? — dann ist eine ontologische Aussage selbstverständlich. Sie benötigt überhaupt keine besondere Rechtfertigung. Ontologische Aussagen folgen unmittelbar aus allen

Arten von gelegentlichen Aussagen über Alltagstatsachen, genau wie — zumindest nach dem Begriffssystem des McX — aus „es gibt rote Häuser, rote Rosen, rote Sonnenuntergänge" folgt „es gibt ein Attribut".

In einem anderen Begriffssystem betrachtet, kann eine ontologische Aussage, die für den Geist von McX ein Axiom ist, mit der gleichen Unmittelbarkeit und Trivialität als falsch erkannt werden. Man kann zugeben, daß es rote Häuser, rote Rosen und Sonnenuntergänge gibt, aber verneinen, daß sie irgend etwas gemeinsam haben. Man kann darin nur eine volkstümliche und irreführende Ausdrucksweise sehen. Die Wörter „Häuser", „Rosen", „Sonnenuntergänge" gelten für diverse individuelle Entitäten, welche Häuser, Rosen und Sonnenuntergänge sind, und das Wort „rot" oder „roter Gegenstand" gilt für verschiedene individuelle Entitäten, die rote Häuser, rote Rosen, rote Sonnenuntergänge sind; aber es gibt nicht noch zusätzlich irgendeine Entität, sei sie individuell oder anders, die durch das Wort „Röte" oder etwa durch das Wort „Hausheit", „Rosenheit", „Sonnenuntergangheit" benannt wird. Daß alle, die Häuser, die Rosen und die Sonnenuntergänge, rot sind, kann man als letzte und irreduzible Tatsache nehmen und man kann die Meinung vertreten, daß McX in bezug auf tatsächliche Erklärungskraft mit all den okkulten Entitäten, die er setzt und denen er Namen wie „Röte" gibt, in keiner Weise besser daran ist.

Eine naheliegende Strategie, mit der McX versucht haben könnte, uns seine Ontologie der Universalien unterzujubeln, wurde schon unschädlich gemacht, bevor wir uns dem Problem der Universalien zuwandten. McX kann nicht behaupten, daß Prädikate wie „rot" oder „ist-rot", die wir alle gebrauchen, als Namen betrachtet werden müssen, als Namen je einer einzigen Universalien-Entität, damit sie überhaupt sinnvoll sind. Denn wir haben gesehen, daß es eine viel speziellere Sache ist, ein Name zu sein, als sinnvoll zu sein. McX kann uns nicht einmal — wenigstens nicht auf Grund *dieses* Argumentes — den Vorwurf machen, wir hätten ein Attribut des Pegasierens gesetzt, dadurch, daß wir das Prädikat „pegasieren" verwenden.

Aber McX verfällt auf eine andere listige Taktik. „Ich will

Ihnen diese Unterscheidung zwischen Sinn und Benanntem zugestehen", sagt er, „die Ihnen soviel zu bedeuten scheint. Ich will sogar so weit gehen, daß ich zugebe, daß 'ist rot', 'pegasiert' usw. nicht Namen von Attributen sind; daß diese Wörter Sinn haben, leugnen Sie nicht. Aber diese *Sinne*[2a], ob sie nun *benannt* sind oder nicht, sind doch Universalien, und ich wage zu sagen, daß einige von ihnen sogar genau jene Dinge sein könnten, die ich Attribute nenne oder etwas, was letzten Endes so ziemlich den gleichen Zweck erfüllt."

Das ist für McX eine ungewöhnlich scharfsinnige Betrachtung; und das einzige Gegenmittel, das ich kenne, ist, Sinne überhaupt abzulehnen. Es fällt mir auch nicht schwer, Sinne nicht zuzulassen, denn damit sage ich ja nicht, daß Wörter und Aussagen nicht sinnvoll sein können. McX und ich stimmen ganz genau überein in unserer Klassifikation der sprachlichen Formen in sinnvolle und sinnlose, auch wenn McX das Sinnvollsein auffaßt als das *Haben* (in irgendeinem Sinne dieses Wortes) einer abstrakten Entität, die er Sinn nennt — eine Auffassung, die ich nicht teile. Mir steht es frei zu behaupten, daß die Tatsache, daß eine vorgegebene sprachliche Äußerung sinnvoll ist (oder *signifikant*, wie ich es lieber ausdrücke, um nicht die Hypostasierung von Sinnen zu Entitäten herauszufordern), eine letzte und irreduzible Tatsache sei; oder ich kann auch darangehen, dies direkt mit Hilfe dessen zu analysieren, was die Leute tun, wenn sie mit der fraglichen oder einer ähnlichen sprachlichen Äußerung konfrontiert werden.

Es scheint letztlich nur zwei Verwendungsweisen von Sinn zu geben: Das *Haben* von Sinn, d. h. Signifikanz und die Sinn-*Gleichheit* oder Synonymität. Was man das *Angeben* des Sinnes einer Äußerung nennt, ist einfach die Äußerung eines Synonyms, das gewöhnlich in klarerer Sprache ausgedrückt ist als das Original. Wenn wir gegenüber den Sinnen als solchen allergisch sind, können wir direkt davon sprechen, daß Äußerungen signifikant oder nicht signifikant sind und daß sie synonym oder heteronym miteinander sind. Das Problem der klaren und strengen Erklärung der Adjektive „signifikant" und „synonym" — vorzugsweise meiner Meinung nach in der Sprache des Verhaltens — ist genauso schwierig, wie es wichtig ist.[3] Aber der Erklärungswert spezieller und irreduzibler intermediärer Entitäten, genannt Sinne, ist sicher illusorisch.

Bis jetzt habe ich die Meinung vertreten, daß wir singuläre Ausdrücke in signifikanter Weise in Sätzen benützen können, ohne daß es Entitäten gibt, welche jene Ausdrücke benennen. Ich habe gezeigt, daß wir allgemeine Ausdrücke benützen können, z. B. Prädikate, ohne zugeben zu müssen, daß sie Namen abstrakter Entitäten sind. Ich habe weiterhin gezeigt, daß wir Äußerungen als signifikant betrachten können, sowie als synonym oder heteronym miteinander, ohne eine Welt von Entitäten, genannt Sinne, einzuführen. An diesem Punkt wird McX anfangen, sich zu wundern, ob unsere ontologische Immunität überhaupt noch Grenzen hat. Kann denn *gar nichts*, was wir sagen, uns darauf festlegen, daß wir Universalien voraussetzen oder andere Entitäten, die wir für unerwünscht halten?

Ich habe bereits eine negative Antwort auf diese Frage vorgeschlagen, als ich im Zusammenhang mit Russells Theorie der Kennzeichnungen von gebundenen Variablen oder Quantifikationsvariablen gesprochen habe. Wir können sehr leicht zu ontologischen Verpflichtungen dadurch gelangen, daß wir z. B. sagen, daß *es etwas gibt* (gebundene Variable!), das rote Häuser und Sonnenuntergänge gemeinsam haben; oder daß *es etwas gibt*, das eine Primzahl ist, die größer ist als eine Million. Aber das ist im wesentlichen die *einzige* Art und Weise, in der wir uns in ontologische Verpflichtungen verwickeln können: Durch unseren Gebrauch von gebundenen Variablen. Der Gebrauch von vorgeblichen Namen ist kein Kriterium, denn wir können jederzeit ihren Namens-Status sofort aufheben, es sei denn, es kann unter jenen Dingen, die wir durch den Gebrauch gebundener Variablen akzeptieren, eine entsprechende Entität festgestellt werden. Namen sind wirklich für die ontologische Frage völlig unwichtig, denn ich habe (an „Pegasus" und „pegasieren") gezeigt, daß Namen in Kennzeichnungen umgewandelt werden können, und Russell hat gezeigt, daß Kennzeichnungen eliminiert werden können. Alles, was wir mit Hilfe von Namen sagen können, kann auch in einer Sprache gesagt werden, die Namen ganz vermeidet. Als Entität vorausgesetzt zu werden, heißt ganz allein und einfach, zu den Werten einer

Variablen gerechnet zu werden. In den Kategorien der traditionellen Grammatik ausgedrückt, kommt es etwa darauf hinaus, daß man sagt: zu sein heißt, zum Bezugsbereich eines Pronomens zu gehören. Die Pronomen sind die grundlegenden Mittel des Sich-Beziehens-auf-etwas; Hauptwörter sind, wie Peirce auch wußte, Pro-Pronomen. Der Bereich der Variablen der Quantifizierung „etwas", „nichts", „alle", ist unsere ganze Ontologie — was immer sie auch sei; und wir sind dann und nur dann einer bestimmten ontologischen Voraussetzung überführt, wenn das vorgeblich Vorausgesetzte zu den Entitäten gerechnet werden muß, die zum Bereich unserer Variablen gehören müssen, damit eine unserer Behauptungen wahr wird. Wir können z. B. sagen, daß einige Hunde weiß sind, und brauchen uns dadurch auch nicht darauf festzulegen, daß wir Hundheit oder Weißheit als Entitäten anerkennen. „Einige Hunde sind weiß" sagt aus, daß einige Dinge, die Hunde sind, auch weiß sind; und damit diese Aussage wahr sein kann, muß der Bereich der Dinge, auf die sich die gebundene Variable „etwas" bezieht, auch einige weiße Hunde enthalten, aber keine Hundheit oder Weißheit. Wenn wir andrerseits sagen, daß einige zoologische Spezies Kreuzungen zulassen, dann legen wir uns darauf fest, daß wir als Entitäten jene Spezies selbst anerkennen, so abstrakt sie auch sein mögen. Wir bleiben so lange so festgelegt, bis wir einen Weg finden, die Behauptung so umzuformulieren, daß klar wird, daß der scheinbare Bezug unserer gebundenen Variablen auf Spezies nur eine Redeweise war, die sich vermeiden läßt.

Die klassische Mathematik steckt, wie das Beispiel der Primzahlen, die größer sind als eine Million, klar zeigt, bis zum Hals in Voraussetzungen, die zu einer Ontologie abstrakter Entitäten führen. Daher kommt es, daß der große mittelalterliche Universalienstreit in der modernen Philosophie der Mathematik erneut ausgebrochen ist. Das Problem ist heute klarer als früher, denn wir haben jetzt ein expliziteres Kriterium dafür, auf welche Ontologie eine gegebene Theorie oder eine Redeweise festgelegt ist: eine Theorie ist auf genau jene Entitäten festgelegt, auf welche sich die gebundenen Variablen beziehen können müssen, damit die Behauptungen der Theorie wahr werden.

Weil dieses Kriterium für ontologische Voraussetzungen in der philosophischen Tradition nicht in klarer Form aufgetreten ist, haben die modernen Philosophen der Mathematik im allgemeinen nicht erkannt, daß sie eigentlich das alte Universalienproblem in einer neuen, klareren Form diskutiert haben. Aber die fundamentalen Meinungsunterschiede zwischen den modernen Auffassungen über die Grundlagen der Mathematik laufen ziemlich explizit auf die Frage hinaus, wie man den Bereich der Entitäten wählen soll, auf den sich die gebundenen Variablen beziehen dürfen.

Die drei Hauptstandpunkte im mittelalterlichen Universalienstreit werden von den Historikern als *Realismus, Konzeptualismus* und *Nominalismus* bezeichnet. Im wesentlichen die gleichen drei Lehren treten im 20. Jahrhundert in Übersichtsdarstellungen der Philosophie der Mathematik unter den neuen Namen *Logizismus, Intuitionismus* und *Formalismus* auf.

Realismus im Sinne des mittelalterlichen Universalienstreits ist die platonische Lehre, daß Universalien oder abstrakte Entitäten unabhängig vom Geist existieren; der menschliche Geist mag sie entdecken, aber er kann sie nicht erzeugen. Der *Logizismus,* der durch Frege, Russell, Whitehead, Church und Carnap repräsentiert wird, gestattet den Gebrauch von gebundenen Variablen zur Bezugnahme auf abstrakte Entitäten, ganz gleichgültig, ob sie bekannt oder unbekannt, spezifizierbar oder unspezifizierbar sind.

Im *Konzeptualismus* wird die Meinung vertreten, daß es Universalien gibt, daß sie aber Erzeugnisse des Geistes sind. Der *Intuitionismus,* der in jüngster Zeit in der einen oder anderen Form von Poincaré, Brouwer, Weyl u. a. vertreten wurde, erlaubt den Gebrauch von gebundenen Variablen zum Bezug auf abstrakte Entitäten nur dann, wenn man sie einzeln aus vorgegebenen Ingredienzien zusammenbrauen kann. Im Logizismus wird behauptet, daß Klassen entdeckt werden, während im Intuitionismus behauptet wird, daß sie erfunden werden — so hat Fraenkel es ausgedrückt — und das ist eine ziemlich zutreffende Beschreibung des alten Gegensatzes zwischen Realismus und Konzeptualismus. Dieser Gegensatz ist kein bloßer Streit um Worte; er hat eine tiefgreifende Auswirkung darauf, wieviel von der klassischen Mathematik man zu übernehmen bereit ist. Die Logizisten oder Realisten erhalten auf Grund ihrer Annahmen Cantors aufsteigende Stufen des Unendlichen; die Intuitionisten müssen schon bei der untersten Stufe des Unendlichen haltmachen und, als indirekte Folge, sogar einige der klassischen Gesetze der reellen Zahlen über Bord werfen. Der moderne Grundlagenstreit zwischen Logizismus und Intuitionismus erwuchs auch tatsächlich aus verschiedenen Auffassungen über die Unendlichkeit.

Der *Formalismus*, der mit dem Namen von Hilbert verbunden ist, hat mit dem Intuitionismus gemeinsam, daß er des Logizisten ungezügelten Gebrauch von Universalien ablehnt. Aber der Formalist findet auch den Intuitionismus unbefriedigend; und zwar könnte dies aus zwei einander entgegengesetzten Gründen geschehen. Der Formalist könnte sich wie der Logizist gegen die Verstümmelung der klassischen Mathematik zur Wehr setzen; oder er könnte, wie die alten *Nominalisten*, überhaupt die Einführung abstrakter Entitäten ablehnen — sogar im eingeschränkten Sinn von durch-den-Geist-erzeugten Entitäten. Die Auswirkung ist die gleiche: der Formalist behält die klassische Mathematik bei, aber als Spiel mit sinnlosen Zeichen. Dieses Zeichenspiel kann durchaus nützlich sein — wie etwa als Denk-Krücke für Physiker und Ingenieure. Aber aus der Nützlichkeit folgt nicht notwendigerweise ein Sinn. Auch aus dem deutlichen Erfolg der Mathematiker im Theoreme-Produzieren und in der Auffindung von objektiven Grundlagen zur gegenseitigen Verständigung über Resultate kann man keinen Sinn folgern. Denn als adäquate Grundlage der Verständigung unter Mathematikern kann man einfach die Regeln nehmen, nach welcher die Zeichen behandelt werden, da diese syntaktischen Regeln im Gegensatz zu den Zeichen selbst durchaus sinnvoll und verständlich sind.[4]

Ich habe die Meinung vertreten, daß sich wichtige Folgerungen daraus ergeben können, auf welche Art von Ontologie wir uns festlegen — besonders in Verbindung mit der Mathematik, obwohl das nur ein Beispiel ist. Wie sollen wir nun zwischen verschiedenen Ontologien unterscheiden? Sicher wird die Antwort nicht durch die semantische Regel geliefert: „zu sein heißt, der Wert einer Variable zu sein". Diese Regel dient vielmehr dazu, zu prüfen, ob eine bestimmte Bemerkung oder Lehre im Einklang mit einer vorgegebenen Ontologie ist. Wir betrachten gebundene Variablen in

Verbindung mit der Ontologie nicht, um zu wissen, was es gibt, sondern um zu wissen, was eine bestimmte Bemerkung oder Lehre, die von uns oder jemand anderem stammen kann, *aussagt* darüber, was ist; und das ist wirklich ein Problem, das mit der Sprache zu tun hat. Aber, was ist, ist eine andere Frage.

Bei Diskussionen darüber, was ist, gibt es aber doch Gründe dafür, auf einer semantischen Ebene zu operieren; einmal, weil man aus der Zwangssituation herauskommen möchte, die wir zu Beginn dieses Aufsatzes geschildert haben: Dem Dilemma, daß ich nicht ausdrücken kann, daß es Dinge gibt, die McX anerkennt und ich nicht. Solange ich mich an meine Ontologie halte, im Gegensatz zu der von McX, kann ich nicht meine gebundenen Variablen sich auf jene Entitäten beziehen lassen, die zur Ontologie von McX, aber nicht zu meiner gehören. Ich kann jedoch in konsistenter Weise unseren Gegensatz dadurch charakterisieren, daß ich die Aussagen beschreibe, die McX behauptet. Ich kann über McX's Sätze sprechen, vorausgesetzt nur, daß meine Ontologie Schriftgestalten oder zumindest konkrete Inschriften und Äußerungen anerkennt.

Ein weiterer Grund dafür, sich auf eine semantische Ebene zurückzuziehen, ist der, daß man eine gemeinsame Ausgangsbasis für Diskussionen sucht. Ontologische Meinungsverschiedenheiten sind grundlegende Meinungsverschiedenheiten über den Begriffsapparat; und doch können McX und ich trotz dieser grundlegenden Gegensätze zu der Meinung gelangen, daß unsere Begriffsapparate in ihren mittleren und höheren Regionen genügend konvergieren, um uns eine erfolgreiche Verständigung über gewisse Themen wie Politik, das Wetter und insbesondere die Sprache zu gestatten. Insofern unsere grundlegende ontologische Kontroverse aufwärts übersetzt werden kann in eine semantische Kontroverse über Wörter und das, was man mit ihnen tun kann, insoweit kann man gerade noch vermeiden, daß die Kontroverse zirkulär wird und zuammenbricht.

Es ist daher kein Wunder, daß der ontologische Streit in einem Streit über die Sprache endet. Aber wir dürfen nicht den voreiligen Schluß ziehen, daß von den Wörtern abhängt, was es gibt. Die Übersetzbarkeit einer Frage in die semantische Terminologie beweist nicht, daß die Frage eine sprachliche ist. Neapel sehen, heißt, einen Namen tragen, welcher, den Wörtern „sieht Neapel" vorangestellt, einen wahren Satz ergibt; und doch liegt im Neapel-Sehen nichts Sprachliches.

Wenn wir eine Ontologie annehmen, so ist das, glaube ich, im Prinzip der Annahme einer wissenschaftlichen Theorie, etwa eines physikalischen Systems, ähnlich: wir nehmen, zumindest soweit wir vernünftig sind, das einfachste begriffliche Schema an, in das unsere ungeordneten Bruchstücke unverarbeiteter Erfahrung eingefügt werden können. Unsere Ontologie ist bestimmt, sobald wir das gesamte Begriffssystem festgelegt haben, das die Wissenschaft im weitesten Sinne aufnehmen soll; und die Überlegungen, die einen vernünftigen Aufbau irgendeines Teiles jenes Begriffssystems bestimmen, z. B. den Bau des biologischen oder physikalischen Teils, sind von gleicher Art wie die Überlegungen, die über einen vernünftigen Aufbau des Ganzen entscheiden. In dem Maße, in dem man sagen kann, daß die Annahme des Systems einer wissenschaftlichen Theorie eine Frage der Sprache ist, in genau dem gleichen Maße — aber nicht in einem stärkeren Sinne — kann man dies auch von der Annahme einer Ontologie sagen.

Aber die Einfachheit, als Leitprinzip beim Aufbau von Begriffssystemen verwendet, ist keine klare und eindeutige Idee; sie kann durchaus zwei oder mehrere Lösungen gestatten. Stellen wir uns z. B. vor, daß wir die ökonomischste Menge von Begriffen gefunden haben, die geeignet ist, die unmittelbare Erfahrung Zug um Zug zu beschreiben. Die Entitäten dieses Systems — die Werte der gebundenen Variablen — sind, nehmen wir einmal an, die einzelnen subjektiven Ereignisse des Fühlens oder Reflektierens. Dann würden wir zweifellos doch finden, daß ein physikalistisches Begriffssystem, das von äußeren Objekten spräche, im großen und ganzen unsere Beschreibung stark vereinfachen würde und daher große Vorteile mit sich brächte. Dadurch, daß wir verstreute Empfindungsereignisse miteinander in Verbindung bringen und sie als Wahrnehmungen eines Objektes behandeln, reduzieren wir die Komplexität unseres Erfahrungsstroms zu einer begrifflichen Einfachheit, mit der man arbeiten kann. Die Regel der Einfachheit ist tatsächlich unser leitendes Prinzip, wenn wir Sinnesdaten und Objekte einander zuordnen: Wir assoziieren ein früheres und ein späteres rundes Sinnesdatum mit dem gleichen sogenannten Pfennig oder mit verschiedenen sogenannten Pfennigen so, wie es die Forderung der größten Einfachheit für unser Gesamt-Weltbild verlangt.

Wir haben hier zwei konkurrierende Begriffssysteme: ein phänomenalistisches und ein physikalistisches. Welches sollen wir vorziehen? Jedes hat seine Vorteile; jedes hat auf seine Weise seine besondere Einfachheit. Beide, so würde ich vorschlagen, verdienen, entwickelt zu werden. Denn jedes kann man in seiner Weise als das fundamentalere betrachten: das eine ist erkenntnistheoretisch grundlegend, das andere physikalisch grundlegend.

Das physikalische Begriffsschema vereinfacht unsere Beschreibung der Erfahrung dadurch, daß Myriaden verstreuter Empfindungsereignisse mit einzelnen sogenannten Objekten in Verbindung gebracht werden; und doch ist es nicht wahrscheinlich, daß jeder Satz über physikalische Objekte tatsächlich, sei es auch auf schwierigen Umwegen, in die phänomenalistische Sprache übersetzt werden kann. Physikalische Objekte sind postulierte Entitäten, die unsere Beschreibung des Stroms der Erfahrung abrunden und vereinfachen, genauso wie die Einführung der irrationalen Zahlen die Gesetze der Arithmetik vereinfacht. Vom Standpunkt des Begriffsschemas der elementaren Arithmetik der rationalen Zahlen hätte die umfassendere Arithmetik der rationalen und irrationalen Zahlen den Status einer bequemen Fiktion, die einfacher ist als die wörtliche Wahrheit (nämlich die Arithmetik der Rationalzahlen) und die doch die wörtliche Wahrheit als Teil verstreut enthält. In ähnlicher Weise ist von einem phänomenalistischen Standpunkt das Begriffssystem der physikalischen Objekte ein bequemer Mythus, einfacher als die wörtliche Wahrheit und doch diese als Teil enthaltend.[5]

Wie steht es nun aber wiederum mit Klassen oder Attributen physikalischer Gegenstände? Eine platonistische Ontologie dieser Art ist, vom Standpunkt eines streng physikalischen Begriffsschemas, genauso ein Mythus wie das physikalische Begriffssystem für den Phänomenalismus. Diese Fiktion höherer Stufe ist wieder gut und nützlich insofern, als sie unsere Beschreibung der Physik vereinfacht. Da die Mathematik einen wesentlichen Bestandteil dieses höheren Mythus bildet, ist ihre Nützlichkeit für die Physik klar genug. Wenn ich sie trotzdem als Fiktion anspreche, so ist das ein Echo der schon als Formalismus erwähnten Philosophie der Mathematik. Eine formalistische Haltung jedoch gegenüber dem physikalischen Begriffssystem kann mit gleichem Recht ein Ästhet oder ein Phänomenalist einnehmen.

Die Analogie zwischen dem Mythus der Mathematik und dem Mythus der Physik ist, vielleicht zufälligerweise, noch in manch anderer Hinsicht auffallend eng. Betrachten wir z. B. die Grundlagenkrise der Mathematik, die um die Jahrhundertwende durch die Entdeckung von Russells und anderen Antinomien der Mengenlehre ausgelöst wurde. Diese Widersprüche mußten durch unintuitive *ad hoc* eingeführte Kunstgriffe unschädlich gemacht werden; so wurden *nun* mathematische Fiktionen in vorsätzlicher und für jeden erkennbarer Weise eingeführt. Und in der Physik? Es ergab sich eine Antinomie zwischen der Wellen- und der Korpuskulartheorie des Lichts; und wenn das kein so vollständiger Widerspruch war wie Russells Antinomie, so ist, vermute ich, der Grund dafür, daß die Physik nicht so vollständig wie Mathematik ist. Und auch die zweite große moderne Grundlagenkrise der Mathematik — 1931 durch Gödels Beweis ausgelöst, daß es in arithmetischen Systemen unentscheidbare Aussagen geben muß — hat ihre Entsprechung in der Physik, nämlich in Heisenbergs Unbestimmtheitsprinzip.

Auf den zurückliegenden Seiten habe ich versucht zu zeigen, daß einige bekannte Argumente zugunsten gewisser Ontologien fehlerhaft sind. Außerdem habe ich ein explizites Kriterium für die ontologischen Voraussetzungen angegeben, die in einer Theorie gemacht werden. Aber die Frage, welche Ontologie man nun akzeptieren soll, ist immer noch offen, und der naheliegendste Ratschlag ist der der Toleranz und Experimentierfreudigkeit. Wir sollten auf jeden Fall untersuchen, wieviel vom physikalistischen Begriffsschema auf ein phänomenalistisches Begriffsschema reduziert werden kann; und natürlich muß die Physik ebenfalls weiter verfolgt werden, mag sie auch *in toto* irreduzibel sein. Wir sollten herauszufinden suchen, wie oder zu welchem Grade die Naturwissenschaften unabhängig von einer platonistischen Mathematik aufgebaut werden können; aber wir sollten auch die Mathematik weiterverfolgen und ihre platonistische Basis untersuchen.

Unter den verschiedenen Begriffssystemen, die für diese diversen

Programme am besten geeignet sind, befindet sich eines — das phänomenalistische —, das erkenntnistheoretische Priorität beansprucht. Im Rahmen des phänomenalistischen Begriffssystems betrachtet, sind die Ontologien der physikalischen und der mathematischen Objekte Mythen. Die Eigenschaft, ein Mythus zu sein, ist aber relativ; in diesem Falle relativ zu dem erkenntnistheoretischen Standpunkt. Dieser Standpunkt ist einer unter vielen und entspricht einem unter den vielen Zwecken und Interessen, die wir verfolgen.

Literaturhinweise

Bernays, Paul, « Sur le platonisme dans les mathématiques », *L'Enseignement mathématique* 34, 1935, S. 52—68.

Black, Max, *The Nature of Mathematics,* London 1933.

Church, Alonzo, "A Note on the Entscheidungsproblem," *Journal of Symbolic Logic* 1, 1936, S. 40 f., 101 f. (für eine möglicherweise zugänglichere Darstellung des Gedankenganges vgl. Hilbert-Bernays, Bd. 2, Supplement II).

Fraenkel, A. A., « Sur la notion d'existence dans les mathématiques », *L'Enseignement mathématique* 34, 1935, S. 18—32.

Frank Philip, *Modern Science and its Philosophy,* Cambridge/Mass. 1949.

Gödel, Kurt, „Über formal unentscheidbare Sätze der Principia Mathematica und verwandter Systeme", *Monatshefte für Mathematik und Physik,* 38, 1931, S. 173—198 (für eine einführende Darstellung und weitere Literaturhinweise vgl. Quine [2], S. 245 ff.).

Goodman, Nelson, und W. V. Quine, "Steps Toward a Constructive Nominalism," *Journal of Symbolic Logic* 12, 1947, S. 105—122 (um der Gefahr zu begegnen, daß der Leser Teile meiner späteren Schriften teilweise falsch interpretiert, wenn er versucht, sie mit dem so ansprechend freimütigen ersten Satz des erwähnten Artikels zu vereinbaren, möchte ich sagen, daß ich jetzt vorziehen würde, jenen Satz aufzufassen als hypothetische Formulierung von Bedingungen für die behandelte Konstruktion).

Hilbert, David, und Paul Bernays, *Grundlagen der Mathematik*, 2 Bde., Berlin ^{1}1934/39, ^{2}1968/70.

Quine, W. V., *From a Logical Point of View*, Cambridge 1953.

— (2), *Methods of Logic,* New York 1950.

Anmerkungen

[1] Der Anstoß zu einer terminologischen Unterscheidung zwischen Existenz, angewendet auf Objekte, die irgendwo in Raum Zeit aktualisiert sind, und Existenz (oder Subsistenz oder Sein), angewendet auf andere Entitäten, kommt vielleicht von dem Gedanken, daß Naturbeobachtung nur für Existenzfragen der ersten Art relevant ist. Aber dieser Gedanke kann sofort durch Gegenbeispiele widerlegt werden, wie z. B. „Das Verhältnis der Zahl der Zentauren zu der Zahl der Einhörner". Wenn es solch ein Verhältnis gäbe, dann wäre es eine abstrakte Entität, nämlich eine Zahl. Aber nur durch Naturbeobachtung kommen wir darauf, daß die Zahl der Zentauren und die Zahl der Einhörner jeweils gleich 0 ist und daß es daher keinen derartigen Bruch gibt.

[2] Für weitere Bemerkungen für eine derartige Angleichung aller singulären Ausdrücke an Kennzeichnungen vgl. Quine (2), S. 218—24.

[2a] [Die Notwendigkeit, hier und im folgenden den Plural des Wortes „Sinn" in einer sonst im Deutschen ungebräuchlichen Weise zu verwenden, ergab sich daraus, daß der Autor ausdrücklich wünschte, daß die Terminologie der Übersetzung in Einklang mit Freges Unterscheidung von „Sinn" und „Bedeutung" zu wählen sei. So übersetzen wir *„sense"* und *„reference"* mit *„Sinn"* und *„Benanntes"* (oder auch *„Bezeichnetes"*) Anm. d. Übers.]

[3] Vgl. mein "Two Dogmas of Empiricism" [*Philos. Review,* 1951, S. 346—365].

[4] Vgl. Goodman und Quine. Für eine weitergehende Diskussion der auf den letzten zwei Seiten behandelten allgemeinen Themen vgl. auch Bernays, Fraenkel, Black. [Der Artikel von Bernays ist in dem vorliegenden Sammelband auf deutsch abgedruckt auf S. 64 ff.]

[5] Die arithmetische Analogie stammt von Frank, S. 108 f.

Der folgende Beitrag wurde aus dem Englischen übersetzt von Walter Hoering.

SEMANTIK UND ABSTRAKTE GEGENSTÄNDE

Von Willard van Orman Quine

Lassen Sie mich damit beginnen, daß ich meinem Bedauern über zwei Tendenzen Ausdruck gebe, die in der Philosophie der Sprache aufgetreten sind. Die eine ist die Tendenz, Sinn und Bezeichnung [sense and reference] zu verwechseln; die andere die Tendenz, die Kategorie der singulären Ausdrücke über die Maßen zu erweitern.

Gegen die Neigung zu einer Konfusion von Sinn mit Bezeichnung hat schon Frege angekämpft, obwohl diese auch zu Freges Zeiten nicht so verbreitet war wie die andere. Es gibt eine lange Tradition für die Unterscheidung zwischen Konnotation und Denotation oder zwischen Intension und Extension; und das ist genau die Unterscheidung zwischen Sinn und Bezeichnung. Auf der Stufe der singulären Ausdrücke jedoch wurden Sinn und Bezeichnung nicht so klar unterschieden. Vielleicht gibt es eine Verbindung zwischen Mills Lehre, daß Eigennamen keine Konnotation, sondern nur ein Bezeichnetes besitzen, und der weit verbreiteten, aber auf einem Irrtum beruhenden Neigung, den Sinn eines Eigennamens mit dem benannten Gegenstand zu verwechseln.

Eine weitere Art von Ausdrücken, deren Sinn im allgemeinen mit ihrem Bezeichneten verwechselt wurde, sind die Aussagen. Aussagen wurden häufig als Namen von Propositionen behandelt, wobei die letzteren als Entitäten einer bestimmten Art aufgefaßt wurden, die man am besten als die *Bedeutungen* von Aussagen beschreibt. Die Konfusionen im Falle der Eigennamen und im Falle der Aussagen sind einander entgegengesetzt. Man faßt das bezeichnete Objekt als Sinn seines Namens auf, da man sonst keine Konnotation findet, während man eine Aussage als Namen ihres Sinnes auffaßt, in Ermangelung von etwas Besserem, das bezeichnet werden könnte.

Frege hielt Sinn und Bezeichnung in allen Fällen scharf getrennt.

Er faßte Ausdrücke für Allgemeinbegriffe, d. h. Prädikatausdrücke [general terms] derart auf, daß sie ihre Extension — die Klasse aller Dinge, für die der Ausdruck wahr ist — *bezeichnen*, während eine Aussage seiner Auffassung nach ihren Wahrheitswert bezeichnet. Andererseits nahm er als Sinn einer Aussage die Proposition an, was analog der Intension oder dem Gedanken ist, welcher der Sinn eines Prädikatausdruckes ist. Für singuläre Ausdrücke nahm er ebenfalls einen Sinn an, der verschieden ist von den bezeichneten Objekten. Tatsächlich sind Prädikatausdrücke und Aussagen für Frege singuläre Ausdrücke (d. h. Ausdrücke für Individualbegriffe), da er beide als Namen jeweils einer Entität auffaßt — als Namen einer Klasse oder eines Wahrheitswerts. So ist Frege ein Paradebeispiel der zweiten Tendenz, die ich zu mißbilligen versprach — der Tendenz, die Kategorie der singulären Ausdrücke über die Maßen zu erweitern. Aber lassen Sie mich dies zurückstellen, bis ich gesagt habe, was ich über den Sinn zu sagen habe.

Wenn man die Trennung zwischen Sinn und Bezeichnung in richtiger Weise beachtet, zerfallen die Probleme, die man sonst unter dem Namen Semantik zusammenfaßt, in zwei Klassen, die so grundsätzlich verschieden sind, daß sie gar keinen gemeinsamen Namen verdienen. Ich werde sie die *Theorie des Sinns* und die *Theorie der Bezeichnung* nennen. „Semantik" wäre ein guter Name für die Theorie des Sinns, wäre es nicht eine Tatsache, daß manche der besten Arbeiten im Gebiet der sogenannten Semantik, insbesondere die von Tarski, zu der Theorie der Bezeichnung gehören. Die wichtigsten Begriffe in der Theorie des Sinns sind, abgesehen vom Sinn selbst, *Synonymität* (oder Sinngleichheit), *Signifikanz* (das Sinnvollsein) und die *Analytizität* (die Wahrheit auf Grund des Sinnes); ein weiterer ist die *analytische Implikation* [entailment]. Die Hauptbegriffe in der Theorie der Bezeichnung sind *Benennen*, *Wahrheit* und *Bezeichnen* (oder „Wahrheit für" in dem Sinn, in der der Ausdruck „grün" für jedes grüne Ding wahr ist oder es bezeichnet). Ein weiterer Begriff ist *Extension*, die Klasse der bezeichneten Gegenstände, und auch der Begriff der *Werte* von Variablen. Die Theorie der Bezeichnung ist der Schauplatz der sogenannten semantischen Paradoxien, wie etwa der von Grelling und Berry und der des Epimenides.

Die Theorie des Sinnes wird nicht von Paradoxien geplagt, aber sie hat Schwierigkeiten einer anderen Art. Die naheliegendste Frage ist die nach der Natur ihrer Gegenstände: Was für eine Art von Ding soll der Sinn sein? Der Sinn ist offensichtlich irgendwie als Idee intendiert — als Verstandesidee für einige Semantiker, als platonische Idee für andere. Gegenstände beider Arten sind so schwer faßbar, um nicht zu sagen anzweifelbar, daß man nur geringe Hoffnung darauf haben kann, eine wirkliche Wissenschaft über sie aufzubauen. Es ist nicht einmal klar, wenn man schon „Sinn" voraussetzt, wann man einen und wann man zwei vor sich hat: Es ist nicht klar, wann man Ausdrücke als sinngleich ansehen soll und wann nicht. Wenn man zu einem Kriterium der Synonymität gelangen sollte, dann wird vermutlich die Bezugnahme auf Sinn als Entität bei der ganzen Unternehmung keine sehr große Rolle gespielt haben.

Ein Gefühl, daß man Entitäten wie Sinn benötigt, kann daher kommen, daß man die Verschiedenheit von bedeuten (einen Sinn haben) und bezeichnen nicht erkannt hat. Sobald aber die Theorie des Sinnes scharf von der Theorie des Bezeichnens getrennt ist, bedarf es nur eines kleinen weiteren Schrittes, bis man erkennt, daß die Aufgabe der Theorie des Sinnes einfach darin besteht, die Synonymität von Ausdrücken, das Sinnvoll-Sein von Ausdrücken sowie die Analytizität und die analytische Implikation von Ausdrücken zu behandeln. Der Sinn selbst als obskure intermediäre Entität kann durchaus entbehrt werden.[1] Das ist ein Schritt, den Frege nicht gemacht hat. Die Begriffe der Synonymität, des Sinnvoll-Seins, der Analytizität und der analytischen Implikation hängen sehr eng zusammen. Aussagen sind, grob gesprochen, synonym, wenn die Äquivalenz zwischen ihnen analytisch ist (d. h. wenn sie sich gegenseitig analytisch implizieren). Singuläre Ausdrücke sind synonym, wenn ihre Identität analytisch ist. Prädikate sind synonym, wenn — falls man sie mit Variablen schreibt — ihre allquantifizierte Äquivalenz analytisch ist. Ein Ausdruck ist sinnvoll, wenn er mit sich selbst synonym ist. Eine Aussage ist analytisch, wenn sie in unserem groben Sinn synonym ist mit irgendeinem willkürlich gewählten Beispiel einer analytischen Aussage — etwa mit „$\wedge x\ (x = x)$". Aber es ist sehr schwierig, diese eng verbundene

Gruppe von Begriffen mit Ausdrücken in Verbindung zu bringen, die wir wirklich verstehen. Die Theorie des Sinnes erscheint mir in einem Zustand, der mit dem der Theologie vergleichbar ist, selbst wenn man annimmt, daß der mysteriöse Begriff des Sinnes eliminiert ist. Nur, daß ihre Begriffe munter in den angeblich wissenschaftlichsten und am ernstesten zu nehmenden Arten der Philosophie verwendet werden.

Als Empirist bin ich der Meinung, daß die kognitive Synonymität von Aussagen in der Gleichheit der empirischen Bedingungen für ihre Bestätigung bestehen sollte. Eine Aussage ist analytisch, wenn die operationale Bedingung ihrer Verifikation sozusagen die Null-Bedingung ist. Aber hier gebrauche ich Ausdrücke, von denen ich nicht behaupten kann, daß ich sie verstehe, solange man nicht wesentliche Fortschritte in der Theorie der Bestätigung gemacht hat. Zieht man in Betracht, welch gute Männer [good man (= Goodman!)] sich mit dem Problem der Bestätigung beschäftigen, dann mag dieser Optimismus berechtigt erscheinen. Wenn man aber Synonymität, Analytizität und die weiteren Begriffe nur auf Grund eines noch zu erreichenden Verständnisses der Bestätigung erklären soll, dann, so denke ich, bestünde bei den Philosophen die Tendenz, sich nicht genug vor jener Zirkularität in acht zu nehmen, die droht, wenn man den Begriff der Bestätigung auf Grund von Begriffen wie Synonymität und Analytizität behandelt.

Soviel zum Sinn. Lassen Sie mich nun zur Theorie der Bezeichnung zurückkehren, um die von Frege und anderen geübte Praxis der übermäßigen Erweiterung der Kategorie jener Ausdrücke zu beklagen, die bezeichnen. Sobald die Theorie des Sinnes gut von der Theorie des Bezeichnens getrennt ist, gibt es keine Notwendigkeit dafür, nach einem bezeichneten Gegenstand zu suchen, um zu sichern, daß ein sprachlicher Ausdruck sinnvoll ist. Ich ziehe es vor, anzunehmen, daß das Bezeichnen die Funktion der singulären Ausdrücke im ursprünglichen engen Sinn ist, welcher Prädikatausdrücke und Aussagen ausschließt. Prädikatausdrücke und Aussagen haben bezeichnende Funktionen einer eigenen Art, die vom Sinn-Haben verschieden ist. Ein Prädikatausdruck ist *wahr* von diesem oder jenem Gegenstand und *falsch* von diesem oder jenem Gegenstand und eine Aussage ist *wahr* oder *falsch*. Ein Prädikatausdruck *hat* seine Extension, d. h. die Klasse aller Dinge, von denen er wahr ist, und eine Aussage *hat* ihren Wahrheitswert; aber es besteht keine Notwendigkeit, einen Prädikatausdruck als Namen seiner Extension zu behandeln oder eine Aussage als Namen ihres Wahrheitswertes. Namen können für Klassen und für Wahrheitswerte gebildet werden, so wie für alles andere; aber ich ziehe es vor, Prädikatausdrücke und Aussagen überhaupt nicht als Namen zu betrachten. In diesem Punkt, aber durchaus nicht in allen anderen, stimme ich mit Carnaps *Meaning and Necessity* überein.

Warum ich Prädikatausdrücke und Aussagen aus der Kategorie der singulären Ausdrücke heraushalten will, wird später klarer werden. Zunächst wollen wir untersuchen, worin im Prinzip das Bezeichnen oder Benennen besteht. Ich nehme an, daß wir eine Sprache benützen, für die die Quantifikation grundlegend ist. Es ist dann klar, daß die Dinge, die wir als existierend anerkennen müssen, damit unsere sprachlichen Äußerungen wahr werden, genau jene Dinge sind, die in den Bereich oder die Bereiche unserer Quantifikationsvariablen fallen müssen, damit die Aussagen, welche wir behaupten, tatsächlich wahr werden. Das ergibt sich aus dem Sinn der Quantoren: „Jeder Gegenstand *x* derart daß“, „es gibt ein *x*, derart daß“. Es folgt, daß ein Ausdruck nur dann als Name von etwas betrachtet zu werden braucht, wenn er stets für die Variable einer Allquantifikation [2] substituierbar ist, ohne daß dabei aus Wahrheit Falschheit oder Unsinn wird.

Wenn man sagt, daß Frege Prädikatausdrücke als Namen von Klassen und Aussagen als Namen von Wahrheitswerten behandelt, so heißt das einfach, daß er die Substitution von Prädikatausdrücken für quantifizierte Klassenvariablen und die Substitution von Aussagen für quantifizierte Wahrheitswert-Variablen zuläßt.

Der Nachteil dieses Verfahrens ist, daß es zu einer falschen Darstellung der ontologischen Voraussetzungen des größten Teils unserer sprachlichen Äußerungen führt. Wenn wir sagen, daß einige Hunde schwarz sind, $\bigvee x$ (*x* ist ein Hund $\wedge$ *x* ist schwarz), dann nehmen wir explizit einige schwarze Hunde in unsere Welt auf, legen uns aber nicht auf abstrakte Entitäten wie Hundheit oder die Klasse der schwarzen Dinge fest. Daher ist es irreführend, die Wörter „Hund“ und „schwarz“ als Namen solcher Entitäten aufzufassen.

Klassen werden tatsächlich in sprachlichen Äußerungen vorausgesetzt, in denen über Klassenvariablen quantifiziert wird. Es gibt Gelegenheiten, welche direkt derartige sprachliche Äußerungen verlangen; z. B. wenn wir sagen wollen, daß einige zoologische Arten untereinander kreuzbar sind, oder wenn wir nach der Methode Freges Vorfahre durch Eltern definieren wollen: x ist Vorfahre von y, wenn x zu *jeder Klasse* gehört, die y und alle Eltern ihrer eigenen Elemente enthält. Es gibt daher ernsthafte Beweggründe für die Verwendung von Quantifikationen über Klassen; und insofern gibt es auch eine Berechtigung für singuläre Ausdrücke, welche Klassen bezeichnen — wie etwa: „Hundheit" und „die Klasse von Napoleons Vorfahren". Wir sollen aber nicht singuläre Ausdrücke in Kontexte hineinlesen, in denen keine Bezugnahme auf Klassen erfolgt.

Ich würde daher unterscheiden zwischen:

(1) $\bigvee x$ (x ist-ein-Hund $\wedge$ x ist-schwarz)

und:

(2) $\bigvee x$ ($x \varepsilon$ Hundheit $\wedge$ $x \varepsilon$ Klasse-der-schwarzen-Dinge).

(2) ist eine Spezialisierung der Form:

$\bigvee x\, (x \varepsilon y \wedge x \varepsilon z)$,

oder:

$\bigvee x\, (x \varepsilon \alpha \wedge x \varepsilon \beta)$.

Die „Hundheit" und „Klasse-der-schwarzen-Dinge" in (2) sind singuläre Ausdrücke, die an Stelle geeigneter Quantifikationsvariablen auftreten können. Andererseits sind die Prädikatausdrücke „ist-ein-Hund" und „ist-schwarz" in (1) nicht als sinnvollerweise für Variablen substituierbar zu betrachten. Ich würde die Form von (1) nur durch ein *Schema* „$\bigvee x\, (Fx \wedge Gx)$" repräsentieren, in dem „F" und „G" rein diagrammatisch sind und eine Quantifizierung über sie nicht zulässig ist.

Ich gebe zu, daß (1) und (2) als Ganze äquivalente Aussagen sind. Aber sie unterscheiden sich dadurch, daß (1) zu dem Teil der Sprache gehört, der in bezug auf die Frage der Existenz von Klassen neutral ist, während (2) ein entartetes Stück des höheren Teils der Sprache ist. Es ist nur deshalb entartet, weil es eben als Ganzes (1) äquivalent ist.

Der größte Teil des logischen Schließens spielt sich auf einer

Stufe ab, auf der keine abstrakten Entitäten vorausgesetzt werden. Derartiges Schließen geschieht meist mit Hilfe der Prädikatenlogik, deren Gesetze durch Schemata dargestellt werden können, die keine Quantifikation über Klassenvariablen enthalten. Für viel von dem, was man gewöhnlich mit Hilfe der Algebra der Klassen oder der Algebra der Relationen formuliert, benötigt man nicht so etwas wie Klassen oder Relationen; vielmehr kann man es leicht schematisch in der Quantorenlogik ausdrücken, die gegebenenfalls durch die Theorie der Identität zu ergänzen ist.

Daher betrachte ich es als einen Mangel an einer Formulierung der Theorie der Bezeichnung, die für alle Zwecke geeignet sein soll, wenn, wie bei Frege, diese Formulierung so beschaffen ist, daß wir uns von Anfang an auf abstrakte Entitäten beziehen, statt nur dort, wo ein wirklicher Zweck hinter einer derartigen Bezugnahme liegt. Daher mein Wunsch, Prädikatausdrücke und abstrakte singuläre Ausdrücke auseinanderzuhalten.

Ich argumentiere hier nicht für eine völlige Abschaffung von abstrakten Entitäten. Als ich die Theorie des Sinnes diskutierte, vertrat ich die Meinung, daß es nutzlos sei, einen Sinn als Entität anzunehmen. Meine Behauptung dort lief darauf hinaus, daß man keinen Gewinn davon erwarten kann, wenn man über solche angebliche Entitäten wie Sinne (Bedeutungen) quantifiziert. Aber Quantifikation über Klassen oder abstrakte Entitäten ist wesentlich für die Mengenlehre und in der Tat auch für den größten Teil der klassischen Mathematik; und die Mathematik ist bildlich wie auch wörtlich etwas, mit dem man rechnen muß. Ich betone nur, daß wir uns nicht selbst daran hindern sollen, klar zwischen jenem Teil unserer sprachlichen Äußerungen zu unterscheiden, der tatsächlich von einer Ontologie der abstrakten Entitäten abhängt, und jenem Teil, bei dem das nicht der Fall ist.

Wenn ich Prädikatausdrücken die Eigenschaften von Namen abspreche, dann will ich damit nicht leugnen, daß mit ihnen gewisse Klassen in einer anderen Weise als durch die Namensrelation verbunden sind. Ganz im Gegenteil. In jenem Teil der Theorie der Bezeichnung, die mit Klassen zu tun hat, gibt es Gelegenheit, von der *Extension eines* Prädikatausdrucks zu sprechen — der Klasse aller Dinge, für die das Prädikat wahr ist. Es gibt in jenem Teil der Theorie der Bezeichnung Gelegenheit dazu, solche Klassen vorauszusetzen und über sie zu quantifizieren. Eine derartige Gelegenheit ergibt sich, wenn wir in der Bezeichnungstheorie die Gültigkeit der Schemata der reinen Prädikatenlogik behandeln. Denn ein prädikatenlogisches Schema ist gültig, wenn es sich für alle Zuordnungen von Klassen als Extensionen zu den schematischen Prädikatbuchstaben als wahr erweist. Die allgemeine Theorie der quantorenlogischen Gültigkeit bezieht sich also auf Klassen, aber für die einzelnen Aussagen, die durch die Schemata der Quantorenlogik repräsentiert werden, braucht das nicht zu gelten: die Aussage „$\bigvee x$ (x ist ein Hund $\wedge$ x ist schwarz)“ enthält für sich genommen keine Bezugnahme auf die abstrakte Extension eines Prädikates.

In ähnlicher Weise kann man in der Theorie der Gültigkeit von Wahrheitswerten von Aussagen sprechen, z. B. wenn man die aussagenlogische Wahrheit definiert. Aber es ist nicht möglich, Aussagen als Namen überhaupt oder als Namen dieser Werte zu behandeln. Wenn wir einfach eine Aussage behaupten, dann beziehen wir uns dadurch noch nicht auf eine Entität von der Art der Wahrheitswerte, es sei denn, die Aussage spricht zufällig über diese.

Es kann sich tatsächlich in speziellen Systemen als bequem und elegant erweisen, Aussagen als Namen aufzufassen — etwa von 0 und 1 — wie in Churchs System. Man betrachtet das vielleicht besser so, daß in diesem speziellen System die Namen von 0 und 1 den Zweck von Aussagen erfüllen. Dagegen habe ich gar nichts. Ähnlich kann man Frege so auffassen, daß er seine singulären Ausdrücke zusammen mit der Elementschaftsbeziehung die Aufgabe von Prädikatausdrücken erfüllen läßt. Und auch dagegen kann man nichts haben, wenn man dies als ein Mittel auffaßt, nur der Eleganz wegen die Logik niedrigerer Stufe in ein System der Logik höherer Stufe einzubauen. Wogegen ich mich wende, ist die Übernahme dieser speziellen Hilfsmittel in die allgemeine Theorie der Bezeichnung. Es ist besser, in der Bezeichnungstheorie so vorzugehen, daß man sprachlichen Äußerungen keine speziellen ontologischen Voraussetzungen unterschiebt, von denen sie unabhängig sind.

Sogar in der höheren Theorie der Gültigkeit verhält es sich so, daß die Bezugnahme auf Wahrheitswerte von Aussagen und Extensionen von Prädikaten am Ende eliminiert werden kann. Denn die aussagenlogische Gültigkeit kann durch Ausrechnung der Wahrheitswerttabelle neu definiert werden und die Gültigkeit in der Prädikatenlogik einfach durch Bezugnahme auf die Ableitungsregeln (da Gödel bewiesen hat, daß sie vollständig sind). Hier haben wir ein gutes Beispiel für die Elimination von ontologischen Voraussetzungen in einem bestimmten Gebiet.

Im allgemeinen ist es, glaube ich, wichtig zu zeigen, wie man die Zwecke eines gewissen Ausschnittes der Mathematik mit einer reduzierten Ontologie erreichen kann, ebenso wie es auch wichtig ist, zu zeigen, wie ein zunächst nicht konstruktiver Beweis in der Mathematik mit konstruktiven Mitteln durchgeführt werden kann. Das Interesse an Fortschritten dieser Art braucht genausowenig auf einer totalen Intoleranz gegenüber abstrakten Entitäten zu beruhen wie auf einer totalen Intoleranz gegenüber nichtkonstruktiven Beweisen. Wichtig ist es, daß wir unser Werkzeug verstehen und die diversen Voraussetzungen der diversen Teile unserer Theorie parat haben und sie, wo wir nur können, vermindern. Auf diese Weise werden wir am ehesten in die Lage versetzt, schließlich die völlige Entbehrlichkeit mancher Voraussetzung zu entdecken, die uns schon immer *ad hoc* erschien und intuitiv mit Mißbehagen erfüllt hat.

Anmerkungen

[1] Als ich diese Arbeit bei einer Zusammenkunft des "Institute for the Unity of Science" im April 1950 vortrug, dachte ich nicht an eine Veröffentlichung. Acht Monate später las ich bei der Zusammenkunft der American Philosophical Association meine Arbeit "Two Dogmas of Empiricism", die dann im *Philosophical Review* Januar 1951 erschien. Ich stelle beim Korrekturlesen fest, daß die obigen 25 Zeilen fast wörtlich in den "Two Dogmas" vorkamen (S. 22 f.), obwohl die beiden Arbeiten in der Hauptsache verschiedenen Inhalt haben.

[2] Für eine Variable von passendem Typ, falls es solche Unterscheidungen gibt.

Der folgende Beitrag wurde aus dem Englischen übersetzt von Walter Hoering.

LOGIK UND DIE VERDINGLICHUNG VON UNIVERSALIEN

Von Willard van Orman Quine

1

Manche meinen, daß unsere Fähigkeit, Ausdrücke für Allgemeinbegriffe — d. h. Prädikatausdrücke [general terms] — zu verstehen und zu erkennen, daß ein konkretes Ding einem zweiten ähnlich ist, unerklärlich wäre, gäbe es nicht Universalien als Gegenstände des Verständnisses. Andere hingegen können in einer derartigen Berufung auf eine Welt von Entitäten jenseits der konkreten Gegenstände in Raum und Zeit keinen Erklärungswert sehen. Aber auch ohne eine Lösung dieser Streitfrage sollte es möglich sein, auf gewisse Redeweisen hinzuweisen, die *explizit* Entitäten einer bestimmten Art voraussetzen, z. B. Universalien, und die dem Anschein nach etwas über diese aussagen. Und es sollte möglich sein, andere Redeweisen zu kennzeichnen, die nicht explizit jene Entitäten voraussetzen. Ein Kriterium für diesen Zweck, irgendein Maßstab für ontologische Voraussetzungen, ist nötig, wenn wir überhaupt in der Lage sein wollen, in sinnvoller Weise zu sagen, daß eine gegebene Theorie diese oder jene Gegenstände voraussetzt oder nicht. Wir haben schon früher[1] gesehen, daß ein derartiges Kriterium sich nicht auf die singulären Ausdrücke der gegebenen Sprache bezieht, nicht auf die angeblichen Namen, sondern auf den Bereich der Quantifizierung. Im folgenden werden wir dies genauer untersuchen.

Die Quantoren „$\bigvee x$“ und „$\bigwedge x$“ bedeuten „es gibt eine Entität x derart, daß“ und „jede Entität x ist so beschaffen, daß“. Der hier verwendete Buchstabe „x“ wird gebundene Variable genannt. Er wird ähnlich wie ein Pronomen benützt, nämlich um den Quantor für spätere Bezugnahme zu kennzeichnen und um in dem darauffolgenden Text auf den richtigen Quantor zurückzuverweisen. Die Verbindung zwischen Quantifizierung und Entitäten außerhalb der Sprache, seien sie nun Universalien oder Partikularien, liegt in der Tatsache, daß die Wahrheit oder Falschheit einer quantifizierten Aussage gewöhnlich auch davon abhängt, was wir zum Bereich der Entitäten zählen, den wir durch die Ausdrücke „irgendeine Entität *x*" oder „jede Entität *x*" ansprechen — den sogenannten Wertbereich der Variablen. Daß die klassische Mathematik von Universalien handelt, oder behauptet, daß es Universalien gebe, heißt einfach, daß die klassische Mathematik Universalien als Werte ihrer gebundenen Variablen voraussetzt. Wenn wir z. B. sagen

$$\bigvee x\ (x \text{ ist Primzahl} \wedge x > 1\,000\,000),$$

sagen wir, daß *es etwas gibt,* das Primzahl ist und größer ist als ein Million. Jede derartige Entität ist eine Zahl und daher ein Universale. Allgemein: *Eine Entität wird genau dann von einer Theorie vorausgesetzt, wenn sie zum Wertbereich der Variablen gerechnet werden muß, damit die von der Theorie behaupteten Aussagen wahr werden.*

Ich behaupte keine Abhängigkeit des Seins von der Sprache. Betrachtet werden nicht die ontologische Situation, sondern die ontologischen Voraussetzungen einer Sprechweise. Was es gibt, hängt im allgemeinen nicht vom Sprachgebrauch ab, was man sagt, daß es gebe, hingegen durchaus.

Das obige Kriterium für ontologische Voraussetzungen ist in erster Linie auf sprachliche Äußerungen anzuwenden und nicht auf Menschen. Eine Möglichkeit, die man hat, die ontologischen Voraussetzungen der eigenen sprachlichen Äußerungen nicht zu teilen, besteht offensichtlich darin, daß man eine Haltung der Frivolität einnimmt. Eltern, die das Märchen vom Aschenputtel erzählen, sind genausowenig gezwungen, eine Feen-Patin und eine Kürbis-Kutsche in ihre Ontologie aufzunehmen, wie das Märchen als wahr anzunehmen. Ein anderer und ernsterer Fall, in dem man sich von den ontologischen Voraussetzungen seiner sprachlichen Äußerungen befreien kann, ist folgender: man zeigt, wie eine bestimmte Art, die Quantifizierung zu gebrauchen, die prima facie gewisse Gegenstände vorauszusetzen scheint, in eine Redeweise übersetzt werden kann, die keine derartigen Voraussetzungen macht. (Vgl. z. B. Abschnitt

4, unten.) In diesem Fall kann man mit Recht sagen, daß die scheinbar vorausgesetzten Gegenstände als praktische Fiktionen, als Redeweisen hinwegerklärt worden sind.

Quantifikationskontexte, „$\bigwedge x$ (... x ...)" und „$\bigvee x$ (... x ...)" sind nicht die einzigen sprachlichen Äußerungen, in denen die Variable „x" auftreten kann. Die Variable ist auch wesentlich für die Redeweise der singulären Kennzeichnung „der Gegenstand x derart, daß ...", die Redeweise der Klassenabstraktion „die Klasse aller Gegenstände x derart, daß ..." und andere. Der Gebrauch von Variablen in Quantifikationen ist jedoch erschöpfend in dem Sinne, daß jeder Gebrauch von gebundenen Variablen auf diese Art des Gebrauchs *reduzierbar* ist. Jede Aussage, die eine Variable enthält, kann mittels bekannter Regeln in eine Aussage übersetzt werden, in der die Variable nur in Quantifikationen gebraucht wird.[2] Alle anderen Verwendungsweisen von gebundenen Variablen können als Abkürzungen von Kontexten aufgefaßt werden, in denen die Variablen nur als Quantifikationsvariablen auftreten.

Gleichermaßen gilt, daß jede Aussage, die Variablen enthält, mittels anderer Regeln in eine Aussage übersetzt werden kann, in der die Variablen nur für Klassenabstraktion benützt werden;[3] und mittels wieder anderer Regeln in eine Aussage, in der die Variablen nur für Funktions-Abstraktion verwendet werden (vgl. Church [1]). Gleichgültig, welche dieser Rollen von Variablen man als die grundlegende ansieht, kann man sich stets an das oben kursiv gedruckte Kriterium für ontologische Voraussetzungen halten.

Eine raffinierte Methode, die von Schönfinkel erfunden und von Curry und anderen weiterentwickelt wurde, gestattet es, sich von den Variablen völlig zu befreien, indem man zu einem System von Konstanten übergeht, Kombinatoren genannt, welche gewisse logische Funktionen ausdrücken. Unser Kriterium ontologischer Voraussetzungen ist natürlich auf sprachliche Äußerungen, die aus Kombinatoren aufgebaut sind, nicht anwendbar. Sobald wir aber eine systematische Methode für die Hin- und Rückübersetzung zwischen Aussagen, die Kombinatoren gebrauchen, und Aussagen, die Variablen gebrauchen, kennen, können wir ohne Schwierigkeit ein äquivalentes Kriterium für die ontologischen Voraussetzungen kombinatorischer sprachlicher Äußerungen entwickeln. Wenn man so vorgeht, stellt sich heraus, daß die Entitäten, die in Aussagen mit Kombinatoren vorausgesetzt werden, genau jene Entitäten sind, die man als Argumente oder Werte von Funktionen zulassen muß, damit die fraglichen Aussagen wahr werden.

Hauptsächlich und grundsätzlich aber richtet sich unser Kriterium ontologischer Voraussetzungen auf jene wohlbekannte Klasse sprachlicher Äußerungen, in denen nur Quantifikationen vorkommen. Die Korrektheit des Kriteriums bei dieser Anwendung zu behaupten, heißt tatsächlich nicht mehr als zu sagen, daß man keinen Unterschied sieht zwischen dem „es gibt" von „es gibt Universalien", „es gibt Einhörner", „es gibt Flußpferde" und dem „es gibt" von „$\bigvee x$", „es gibt Entitäten x derart, daß". Dieses Kriterium in seiner Anwendung auf Quantifikationskontexte anzugreifen, heißt einfach, man sagt entweder, daß die bekannte Quantifikations-Notation in irgendeinem neuen Sinn wieder verwendet wird (worüber wir uns nicht weiter zu bekümmern brauchen) oder daß das bekannte „es gibt" von „es gibt Universalien" usw. in irgendeinem neuen Sinn wieder verwendet wird (worüber wir uns genausowenig zu bekümmern brauchen). Wenn wir einen Richtstab brauchen, um die ontologischen Voraussetzungen dieser oder jener unserer Theorien abzuschätzen und jene Voraussetzungen durch Abänderung der Theorien zu ändern, dann kann uns das vorhandene Kriterium gute Dienste leisten, denn die Quantifikationsform ist eine bequeme Normalform für jede Theorie. Wenn wir eine andere Sprachform bevorzugen, z. B. die der Kombinatoren, können wir trotzdem unser Kriterium ontologischer Voraussetzungen zum Tragen bringen, soweit wir gewillt sind, geeignete systematische Beziehungen zwischen den Ausdrucksweisen jener abweichenden und der bekannten Sprache der Quantifizierung anzunehmen.

Der polemische Gebrauch des Kriteriums ist eine andere Sache. Nehmen wir an, jemand behauptet, er lehne Universalien ab, gebraucht aber trotzdem skrupellos alle jene Redeweisen, die auch der hemmungsloseste Platonist gebrauchen könnte. Er kann, wenn wir unser Kriterium ontologischer Voraussetzungen auf ihn richten, einwenden, daß die unerwünschten Voraussetzungen, die wir ihm unterschieben, auf nicht intendierten Interpretationen seiner Aussagen beruhen. Seine Position ist formal unangreifbar, solange er die Taktik verfolgt, uns keine Übersetzung zuzugestehen, die uns gestatten würde, zu verstehen, worauf er hinaus will. Es ist kaum verwunderlich, daß wir nicht in der Lage sind, zu sagen, welche Objekte vorgegebene Äußerungen als existierend voraussetzen, wenn wir gar nicht wissen können, wie derartige Äußerungen in eine Sprache zu übersetzen sind, zu der „es gibt" gehört.

Es gibt in der Philosophie auch Befürworter der normalen Sprache. Ihre Sprache ist ohne Zweifel eine, zu der „es gibt" gehört. Ein Kriterium ontologischer Voraussetzungen jedoch, das sich auf eine wirkliche oder vorgestellte Übersetzung von Aussagen in Quantifikationsform bezieht, werden sie mit größtem Mißtrauen betrachten. Hier besteht die Schwierigkeit darin, daß der idiomatische Gebrauch von „es gibt" in der normalen Sprache keine Grenzen kennt, die jenen vergleichbar wären, die man vernünftigerweise in den sprachlichen Äußerungen in der Wissenschaft beachten würde, wenn man sie ganz gewissenhaft mit Hilfe der Quantifikation formulierte. Nun ist eine philologische Beschäftigung mit dem unphilosophischen Gebrauch von Worten genau das, was für viele wertvolle Untersuchungen benötigt wird. Sie vernachlässigt aber als irrelevant einen wichtigen Aspekt philosophischer Analyse — den schöpferischen Aspekt, der in der fortschreitenden Verfeinerung der Wissenschaftssprache besteht. Gemäß diesem Aspekt der philosophischen Analyse wird jede Revision von Bezeichnungs- und Gebrauchsweisen, die geeignet ist, die Theorie zu vereinfachen oder die Rechnungen zu erleichtern oder eine philosophische Schwierigkeit zu beseitigen, ohne Einschränkungen verwendet, solange man nur alle wissenschaftlichen Aussagen in die revidierte Sprechweise übersetzen kann, ohne einen Inhalt zu verlieren, der für das wissenschaftliche Unterfangen wesentlich ist. Die normale Sprache bleibt tatsächlich grundlegend. Nicht nur genetisch, sondern auch als Mittel für die endgültige Klärung solcher künstlicher Sprechweisen durch beliebig ausführliche Umschreibungen. Aber nicht mit der normalen Sprache, sondern vielmehr mit dieser oder jener vorliegenden oder vorgeschlagenen Verfeinerung der Wissenschaftssprache beschäftigen wir uns, wenn wir die Gesetze des logischen Schließens oder Analysen behandeln, wie etwa Freges Analyse des

Begriffs der ganzen Zahl, Dedekinds Analyse der reellen Zahlen, Weierstraß' Analyse des Grenzwertbegriffs oder Russells Analyse der singulären Kennzeichnung.[4] Und es ist nur in diesem Geiste, in bezug auf diese oder jene vorgenommene oder vorgestellte logische Schematisierung dieses oder jenes Teils oder der ganzen Wissenschaft, daß wir berechtigterweise nach ontologischen Voraussetzungen fragen können. Die philosophischen Anhänger der normalen Sprache haben recht, wenn sie die endgültige Adäquatheit irgendeines Kriteriums für ontologische Voraussetzungen der normalen Sprache bezweifeln, aber sie haben nicht recht, wenn sie annehmen, daß man über die philosophische Frage der ontologischen Voraussetzungen nicht mehr sagen kann. Wir werden auch oft unexakterweise auf der Stufe der normalen Sprache von ontologischen Voraussetzungen sprechen. Aber das ist nur insofern sinnvoll, als wir die naheliegendste, wahrscheinlichste Formalisierungsmöglichkeit mit Hilfe der Quantifizierung im Sinne haben. An dieser Stelle zeigt sich das „es gibt" des normalen Deutsch als unzuverlässiger Führer — und zwar als allzu unzuverlässig, wenn wir ihm nur als Philologen folgen und nicht an die naheliegendsten Möglichkeiten logischer Schematisierung denken.

In bezug auf eine völlig fremde Sprache *L* kann es tatsächlich geschehen, daß wir trotz unserer aufrichtigsten Anstrengungen uns einzufühlen, die ontologischen Voraussetzungen nicht einmal in gröbster, ungefährster Weise abschätzen können. Es kann durchaus der Fall sein, daß es keine objektive Methode gibt, *L* in solcher Weise mit der bekannten Art von Sprache in Beziehung zu bringen, daß man in *L* ein eindeutiges Analogon der Quantifizierung oder des „es gibt" feststellen könnte. Das Auffinden einer solchen Beziehung könnte selbst für jemanden unmöglich sein, der beide Sprachen wie eine Muttersprache beherrscht und fließend etwa Geschäftsbriefe absatzweise hin- und rückübersetzen kann. In diesem Fall wäre es nur ein Versuch, einfach einen provinziellen Zug des Begriffsschemas unseres Kulturkreises über den Bereich seiner Bedeutung hinaus zu übertragen, wenn man nach den ontologischen Voraussetzungen von *L* suchen würde. Entität, Gegenständlichkeit [entity, objectuality] ist der Begriffswelt des *L*-Sprachlers fremd.

2

So wie die Quantorenlogik normalerweise aufgebaut wird, werden Theoreme etwa folgendermaßen zur Darstellung gebracht:

(1) $[\bigwedge x\,(Fx \rightarrow Gx) \wedge \bigvee x\, Fx] \rightarrow \bigvee x\, Gx$

„*Fx*" und „*Gx*" stehen für irgendwelche Sätze, z. B. „*x* ist ein Wal" und „*x* schwimmt". Die Buchstaben „*F*" und „*G*" werden manchmal als Variable aufgefaßt, welche Attribute oder Klassen als Werte annehmen, z. B. Walheit und Schwimmendheit oder die Klasse der Wale und die Klasse der schwimmenden Dinge. Was nun Attribute von Klassen unterscheidet, ist nur, daß, während Klassen von gleichen Elementen identisch sind, Attribute verschieden sein können, obwohl sie genau den gleichen Dingen zukommen. Deshalb müssen wir, wenn wir das Prinzip der Identifizierung des Ununterscheidbaren[5] auf die Quantorenlogik anwenden, Klassen und nicht Attribute als Werte von „*F*", „*G*" usw. nehmen. Die konstanten Ausdrücke, für die „*F*", „*G*" usw. stehen, nämlich Prädikate oder Prädikatausdrücke [general terms], wie „ist ein Wal" und „schwimmt", werden dann als Namen für Klassen betrachtet; denn diejenigen Dinge, anstelle von deren Namen Variablen stehen, sind die Werte dieser Variablen. Church [2] verdankt man den interessanten, weitergehenden Vorschlag, daß, während Prädikate Klassen benennen, ihnen als Bedeutungen Attribute zugeordnet werden können.

Am besten schlägt man aber noch einen anderen Weg ein. Wir können (1) und ähnliche gültige Formen einfach als Schemata oder Diagramme auffassen, welche die Form eines jeden von verschiedenen wahren Sätzen angeben, z. B. die Form von

(2) $[\bigwedge x$ (*x* hat eine Masse $\rightarrow$ *x* ist ausgedehnt)
$\wedge \bigvee x$ (*x* hat eine Masse)] $\rightarrow \bigvee x$ (*x* ist ausgedehnt).

Es ist hier nicht notwendig, das „hat Masse" und „ist ausgedehnt" von (2) als Namen von Klassen oder sonst etwas aufzufassen und man braucht auch nicht „*F*" und „*G*" von (1) als Variablen zu verstehen, die Klassen oder sonst irgend etwas als Werte annehmen. Erinnern wir uns an unser Kriterium ontologischer Voraussetzungen: Eine Entität wird von einer Theorie genau dann vorausgesetzt, wenn man sie als Werte der gebundenen Variablen benötigt, damit die von der Theorie behaupteten Aussagen wahr werden. „*F*" und „*G*" sind nicht bindbare Variablen und brauchen daher nur als Platzhalter für Prädikate betrachtet zu werden, als Leerstellen in einem Satz-Diagramm.

Im elementarsten Teil der Logik, der Aussagenlogik[6], werden die Theoreme gewöhnlich so dargestellt, daß „*p*", „*q*" usw. die Stelle von Teilaussagen einnehmen; z. B. $[(p \rightarrow q) \land \neg q] \rightarrow \neg p$". Man nimmt manchmal an, daß die Buchstaben „*p*", „*q*" usw. Entitäten gewisser Art als Werte annehmen; und daß, da die konstanten Ausdrücke, für die „*p*", „*q*" stehen, Aussagen sind, deren Namen Aussagen sind. Diese Entitäten wurden manchmal *Propositionen* genannt. In diesem Wortgebrauch ist „Proposition" nicht synonym mit „Aussage" (wie dies normalerweise der Fall ist), sondern bezieht sich vielmehr auf hypothetische abstrakte Entitäten gewisser Art. Im Gegensatz hierzu gibt es auch (namentlich bei Frege) die Auffassung, daß Aussagen stets eine von zwei Entitäten benennen, einen der Wahrheitswerte: das Wahre, das Falsche. Beide Behandlungsweisen sind künstlich. Aber die von Frege ist vorzuziehen, da sie sich in Übereinstimmung mit dem Grundsatz der Identifizierung des Ununterscheidbaren befindet. Wenn man schon Propositionen zulassen will, dann ist es, wie Frege bemerkte, besser, sie als *Bedeutungen* von Aussagen aufzufassen und nicht als das, was Aussagen benennen.

Am besten aber kehrt man zum normalen Standpunkt zurück, nach dem Namen eine Art von Ausdrücken sind und Aussagen eine andere. Wir brauchen weder Aussagen als Namen aufzufassen noch „*p*", „*q*" usw. als Variable, welche die von den Aussagen benannten Entitäten als Werte besitzen; denn „*p*", „*q*" usw. werden nicht als von Quantoren gebundene Variable verwendet. Wir können „*p*", „*q*" usw. als schematische Buchstaben auffassen, vergleichbar mit „*F*", „*G*" usw.; und wir brauchen auch „$[(p \rightarrow q) \land \neg q] \rightarrow \neg p$" wie (1) nicht als Satz aufzufassen, sondern mehr als Schema oder Diagramm, mit der Eigenschaft, daß alle tatsächlichen Aussagen der abgebildeten Form wahr sind. Die schematischen Buchstaben „*p*", „*q*" usw. stehen in den Schemata, um den Platz von Teilaussagen einzunehmen, genau wie die schematischen Buchstaben „F“, „G“ usw. in den Schemata stehen, um die Stelle von Prädikaten einzunehmen; und es gibt nichts in der Logik der Wahrheitswertfunktionen oder Quantoren, das uns zwingen könnte, Aussagen oder Prädikate als Namen von irgendwelchen Entitäten aufzufassen oder zu sagen, daß diese schematischen Buchstaben als Variable irgendwelche derartige Entitäten als Werte annehmen. Nur die gebundene Variable benötigt Werte.

Unterbrechen wir an dieser Stelle, um die wesentlichen Unterscheidungen ganz klar zu machen. Betrachten wir die Ausdrücke:

$$x + 3 > 7, \quad \wedge x\ (Fx \rightarrow p).$$

Das erste hier ist ein Satz. Es ist allerdings kein *geschlossener* Satz oder eine Aussage, da es das freie „x“ enthält. Aber es ist ein offener Satz, der im Kontext mit Quantoren auftreten und so Teil einer Aussage werden kann. Der andere Ausdruck, „$\wedge x\ (Fx \rightarrow p)$“ ist überhaupt kein Satz, sondern ein Schema — wenn man „F“ und „p“ so, wie im letzten Abschnitt empfohlen, auffaßt. Das Schema „$\wedge x\ (Fx \rightarrow p)$“ kann nicht so in einen Kontext von Quantoren eingebettet werden, daß es Teil einer Aussage wird, denn schematische Buchstaben sind keine bindbaren Variablen.

Der Buchstabe „x“ ist eine bindbare Variable — eine, deren Werte, wie wir für die Zwecke unseres Beispiels „$x + 3 > 7$“ annehmen wollen, Zahlen sind. Die Variable steht *an Stelle* von *Namen* von Zahlen, z. B. für arabische Zahlen; die *Werte* der Variable sind die Zahlen selbst. Genau, wie nun der Buchstabe „x“ an Stelle von Ziffern (und anderen Namen von Zahlen) steht, so steht der Buchstabe „p“ an Stelle von Aussagen (und Sätzen im allgemeinen). Wenn man Aussagen wie Ziffern als Namen gewisser Entitäten auffaßte und „p“ wie „x“ als bindbare Variable, dann wären die *Werte* von „p“ Entitäten, deren Namen Aussagen wären. Aber wenn wir „p“ als schematischen Buchstaben behandeln, als unbindbaren Platzhalter für Aussagen, dann können wir den Gedanken, daß Aussagen Namen sind, fallenlassen. Es bleibt wahr, daß „p“ an Stelle von Aussagen steht, wie „x“ an Stelle von Ziffern steht. Während aber das bindbare „x“ als Werte Zahlen besitzt, hat das unbindbare „p“ gar keine Werte. Buchstaben haben die Eigenschaft, echte Variable zu sein, welche eine Welt von Gegenständen als ihre Werte voraussetzen, *nur* wenn es gestattet ist, sie zu binden, so daß dann wirkliche Aussagen über derartige Gegenstände entstehen.

„*F*" wird entsprechend behandelt wie „*p*". Wenn man Prädikate als Namen gewisser Entitäten auffaßt und „*F*" als bindbare Variable behandelt wird, dann sind die Werte von „*F*" Entitäten, deren Namen Prädikate sind. Behandeln wir hingegen „*F*" als schematischen Buchstaben, als unbindbaren Platzhalter für Prädikate, dann können wir die Auffassung von Prädikaten als Namen fallenlassen und wir brauchen keine Werte für „*F*". „*F*" steht einfach an Stelle von Prädikaten. Etwas anders und fundamentaler ausgedrückt: „*Fx*" steht an Stelle von Sätzen.

Hätten wir nicht die Absicht „*x*" später explizit oder implizit zu quantifizieren, dann wäre unser Vorschlag „*p*" und „*F*" einen rein schematischen Status zu geben, in gleicher Weise auf „*x*" anwendbar. Das würde heißen, daß man „*x*" in „$x + 3 > 7$" und ähnlichen Kontexten als Platzhalter für Ziffern behandelte, aber den Gedanken fallen ließe, daß es für die Ziffern Zahlen zum Benennen gibt. In diesem Falle würde „$x + 3 > 7$" wie „$\wedge x\ (Fx \rightarrow p)$" zu einem bloßen Schema oder einem Platzhalter für eine Aussage werden, der mit echten Aussagen (wie „$2 + 3 > 7$") zwar die Form gemeinsam haben, aber nicht durch Quantifizierung in eine Aussage verwandelt werden kann.

Jeder der beiden Ausdrücke „$x + 3 > 7$" und „$\wedge x\ (Fx \rightarrow p)$" ist in seinem Status grundsätzlich verschieden von Ausdrücken wie dem folgenden:

(3) $$\vee \alpha\ (\varphi \vee \psi)$$

im Sinne von *New Foundations for Mathematical Logic* [Quine, *From a Logical Point of View,* Kap. V, hier nicht abgedruckt]. (3) steht sozusagen eine semantische Stufe höher als „$x + 3 > 7$" und „$\wedge x\ (Fx \rightarrow p)$": es steht als Name eines Satzes [(*für* einen Satz)] — auf jeden Fall, sobald wir die Ausdrücke festgelegt haben, auf die sich die griechischen Buchstaben beziehen. Im Gegensatz dazu ist „$\wedge x\ (Fx \rightarrow p)$" kein Name für einen Satz; es ist für nichts ein Name. Es ist *selbst* ein Pseudosatz, der nur für den Zweck konstruiert wurde, eine Form zu manifestieren, die sich in verschiedenen Sätzen manifestiert. Schemata verhalten sich zu Sätzen nicht wie Namen zu ihren Gegenständen, sondern wie Rohlinge zu Münzen.

Die griechischen Buchstaben sind wie „*x*" Variablen, aber Variablen in einem Teilstück der Sprache, das speziell für das Sprechen *über* die Sprache eingerichtet ist. Wir haben von „*x*" als Variable gesprochen, die Zahlen als Werte annimmt und daher an Stelle von Namen von Zahlen steht; entsprechend sind die griechischen Buchstaben Variablen, die Sätze oder andere Ausdrücke als Werte annehmen und daher an Stelle von *Namen* (z. B. Anführungen) *von* solchen Ausdrücken stehen. Man beachte, daß die griechischen Buchstaben echte bindbare Variable sind, auf die man wortsprachlich ausgedrückte Quantoren anwenden kann wie „gleichgültig, welcher Ausdruck φ ist", „es gibt eine Aussage ψ der Art daß".

Es gibt also zwischen „φ" und „*p*" einen doppelten grundlegenden Unterschied. Erstens ist „φ" eine Variable, die Sätze als Werte annimmt; „*p*" ist gemäß der Schema-Auffassung überhaupt keine Variable (in dem Sinne, daß sie Werte annähme). Zweitens ist „φ" grammatisch ein Substantiv, das an Stelle von Namen von Sätzen steht; „*p*" ist grammatisch ein Satz, der den Platz von Sätzen einnimmt.

Dieser Unterschied wird in gefährlicher Weise durch die Art des Gebrauchs in (3) verschleiert, wo die griechischen Buchstaben „φ" und „ψ" an der Stelle von Sätzen statt an Stelle von Substantiven stehen. Aber diese Verwendungsweise wäre Unsinn, hätte man nicht eine spezielle und künstliche Konvention über die Verwendung griechischer Buchstaben zwischen logischen Zeichen. Gemäß dieser Konvention ist (3) eine Abkürzung für das unmißverständliche Substantiv:

> das Resultat der Einsetzung der Variablen α und der Sätze φ und ψ in die entsprechenden Leerstellen von „$\bigvee$ (∨)".

Es ist offensichtlich, daß hier die griechischen Buchstaben an Substantiv-Stellen stehen (sie beziehen sich *auf* eine Variable und zwei Aussagen) und der Gesamtausdruck ist wiederum ein Substantiv. In einigen meiner Schriften, z. B. [2], habe ich darauf bestanden, die irreführende Verwendungsweise (3) mit einer Sicherheitsvorrichtung in Form modifizierter Anführungszeichen zu versehen:

$$\ulcorner \bigvee \alpha (\varphi \vee \psi) \urcorner .$$

Diese Anführungszeichen weisen auf die Tatsache hin, daß das Ganze wie eine normale Anführung ein Substantiv ist, das sich *auf* einen Ausdruck bezieht. Sie isolieren auch in augenfälliger Weise jene Teile des Textes, in denen der gleichzeitige Gebrauch von griechischen Buchstaben und logischen Zeichen in ungewöhnlicher Weise verstanden werden muß. Meistens werden aber in der Literatur diese Quasi-Anführungszeichen weggelassen. Das normale Vorgehen der meisten Logiker, wenn sie sich überhaupt bemühen, semantische Unterscheidungen nicht zu vernachlässigen, ist das von *New Foundations* (wenn auch meistens mit Fraktur- oder fettgedruckten lateinischen Buchstaben an Stelle von griechischen).

Soviel über den Gebrauch von griechischen Buchstaben. Sie werden als praktisches Hilfsmittel unten in den Abschnitten 5-6 wiederkehren, aber ihre augenblickliche Wichtigkeit liegt einfach in ihrer augenblicklichen Unwichtigkeit. Die Unterscheidung, an der uns im Augenblick liegt, jene zwischen Satz und Schema, ist nicht eine Unterscheidung zwischen Gebrauch und Erwähnung von Ausdrücken; ihre Bedeutung liegt auf ganz anderem Gebiet. Die Bedeutung dessen, daß man den Schema-Status für „*p*", „*q*" usw. als „*F*", „*G*" usw. beibehält, anstatt diese Buchstaben als bindbare Variablen zu behandeln, liegt darin, daß wir dadurch (a) daran gehindert werden, über sie zu quantifizieren, und (b) daß wir Aussagen und Prädikate nicht als Namen von irgend etwas anzusehen brauchen.

3

Der Leser wird inzwischen sicher denken, daß unsere Befürwortung eines Schema-Status für „*p*", „*q*" usw. und „*F*", „*G*" usw. nur daher kommt, daß wir Entitäten wie Klassen und Wahrheitswerte nicht zulassen wollen. Aber das ist nicht wahr. Es kann, wie wir sofort sehen werden, durchaus gute Gründe geben, derartige Entitäten zuzulassen, ebenso Namen von ihnen und bindbare Variablen, die derartige Entitäten — jedenfalls Klassen — als Werte annehmen. Mein augenblicklicher Einwand richtet sich nur dagegen, Aussagen und Prädikate selbst als Namen von solchen, oder überhaupt von Entitäten aufzufassen und auf diese Weise die „p", „q" usw. des Aussagenkalküls und die „F", „G" usw. der Quantorenlogik mit bindbaren Variablen zu identifizieren. Als bindbare Variablen haben wir „x", „y" usw.; und falls eine Unterscheidung zwischen Variablen für Individuen und Variablen für Klassen oder Wahrheitswerte benötigt wird, können wir noch besondere Alphabete hinzufügen. Aber es gibt Gründe für die Beibehaltung des Schema-Status für „p", „q" usw. und „F", „G" usw.

Ein Grund ergibt sich daraus, daß die Auffassung von „Fx" als Behauptung der Zugehörigkeit von x zu einer Klasse oder Menge in vielen Mengenlehren zu einer technischen Schwierigkeit führen kann. Es gibt nämlich Mengenlehren, in denen nicht jede ausdrückbare Bedingung für x eine Menge bestimmt, und Theorien, in denen nicht jeder Gegenstand geeignet ist, Element von Klassen zu sein[7]. In einer solchen Theorie kann „Fx" eine beliebige Bedingung für einen Gegenstand x darstellen, „$x \varepsilon y$" hingegen nicht.

Jedoch der Hauptnachteil einer Angleichung schematischer Buchstaben an gebundene Variablen läge darin, daß dies zu einer falschen Beschreibung der ontologischen Voraussetzungen des größten Teils unserer sprachlichen Äußerungen führen würde. Wenn wir sagen, daß manche Hunde weiß sind,

(4) $\bigvee x$ (x ist ein Hund $\wedge$ x ist weiß),

setzen wir damit keine abstrakten Entitäten voraus, wie Hundheit oder die Klasse der weißen Dinge.[8] Daher wäre es irreführend, die Worte „Hund" und „weiß" als Namen derartiger Entitäten aufzufassen. Aber genau das tun wir, wenn wir die Form von (4) als „$\bigvee x\ (Fx \wedge Gx)$" darstellen und hier „$F$" und „$G$" als bindbare Mengenvariablen auffassen.

Wir können natürlich stets zu der expliziten Form „$\bigvee x\ (x \varepsilon y \wedge x \varepsilon z)$" übergehen, wenn wir tatsächlich bindbare Mengenvariablen zur Verfügung haben wollen. (Wir können auch statt „y" und „z" besondere Buchstaben für Klassenvariablen einführen.) Obwohl wir die Prädikatausdrücke „Hund" und „weiß" nicht als Namen der Hundheit und der Klasse der weißen Dinge auffassen, braucht man nicht weit zu gehen, um echte Namen für diese abstrakten Entitäten zu finden, nämlich die singulären Ausdrücke „Hundheit" und „die Klasse der weißen Dinge". Singuläre Terme, die Entitäten benennen, kann man ganz legal für Variable einsetzen, die solche Entitäten als Werte annehmen und wir erhalten demgemäß:

(5) $\bigvee x$ (x ε Hundheit ∧ x ε Klasse der weißen Dinge)

als Beispiel der Form „$\bigvee x\ (x \varepsilon y \wedge x \varepsilon z)$". (5) ist außerdem wie (4) ein Beispiel für die Form „$\bigvee x\ (Fx \wedge Gx)$"; aber (4) ist kein Beispiel der Form „$\bigvee x\ (x \varepsilon y \wedge x \varepsilon z)$".

Ich gebe zu, daß (4) und (5), jeweils als ganze Aussage genommen, äquivalent sind. Aber sie unterscheiden sich darin, daß (4) eindeutig zu dem Teil der Sprache gehört, der in bezug auf die Frage der Existenz von Klassen neutral ist, während (5) speziell auf jenen Teil der Sprache zugeschnitten ist, in dem Klassen als Werte von Variablen vorausgesetzt werden. (5) ist eben gerade ein Spezialfall aus jenem Teil der Sprache, und zwar in doppelter Hinsicht: Es enthält tatsächlich keine Quantifizierung über Klassen und ist, als ganze Aussage genommen, äquivalent mit (4).

Der Angleichung schematischer Buchstaben an gebundene Variable, gegen die ich gewettert habe, muß man jedoch eine gewisse Nützlichkeit zugestehen, wenn man mit einem Minimum an Vorbereitungen vom ontologisch harmlosen Bereich der elementaren Logik zu einer Theorie der Klassen oder anderer abstrakter Entitäten überwechseln will. Dies könnte entweder erwünscht sein, weil man etwas verbergen will oder, und das wäre ein ehrenwerteres Motiv, weil man Spekulationen über die Entstehungsgeschichte anstellen möchte. Aus eben diesem Motiv werde ich diese Methode in den Abschnitten 4—5 anwenden. Daß die Methode für diesen Zweck nützlich ist, liegt gerade an ihren Mängeln.

Die Tatsache, daß Klassen Universalien *sind* oder abstrakte Entitäten, wird manchmal dadurch verschleiert, daß man über Klassen wie über bloße Anhäufungen, Kollektionen, spricht und somit eine Klasse von Steinen etwa einem Haufen von Steinen ähneln läßt. Der Haufen ist tatsächlich ein konkretes Ding, so konkret, wie seine Steine. Aber die Klasse der Steine kann nicht von Rechts wegen mit dem Haufen identifiziert werden. Denn wäre dies möglich, dann könnte man nach der gleichen Schlußweise eine andere Klasse mit dem gleichen Haufen identifizieren, nämlich die Klasse der Moleküle von Steinen im Haufen. Tatsächlich muß man jedoch diese Klassen unterscheiden. Denn wir werden sagen wollen, daß die eine genau, sagen wir, 100 Elemente hat, während die andere Trillionen Elemente besitzt. Klassen sind daher abstrakte Entitäten; wir können sie Aggregate oder Kollektionen nennen, wenn wir wollen, aber sie sind Universalien — das heißt, wenn *es* Klassen *gibt.*

Es gibt Situationen, die ganz direkt sprachliche Äußerungen über Klassen fordern.[9] Eine derartige Situation ergibt sich, wenn wir gemäß Freges Methode Ahne mit Hilfe von Eltern definieren: *x* ist Ahne von *y*, wenn *x* zu *jeder Klasse* gehört, die *y* enthält und alle Eltern ihrer Elemente.[10] Es gibt daher ernste Motive für die Quantifizierung über Klassen und es gibt gleichermaßen einen Platz für singuläre Terme, die Klassen benennen, wie „Hundheit" oder „die Klasse der Vorfahren Napoleons".

Wenn man Ausdrücken für Allgemeinbegriffe oder Prädikate den Status von Klassennamen vorenthält, so soll damit nicht bestritten werden, daß oft (oder immer, wenn man von den gerade erwähnten mengentheoretischen Welten absieht) gewisse Klassen mit Prädikaten anders als durch die Namensrelation verbunden sind. Es gibt Anlässe, von der *Extension* eines allgemeinen Ausdrucks oder Prädikates zu sprechen: der Klasse aller Dinge, für die das Prädikat wahr ist. Eine derartige Gelegenheit ergibt sich, wenn man den Gegenstand der Gültigkeit der Schemata der reinen Quantorenlogik behandelt; denn ein Schema der Quantorentheorie ist gültig, wenn es wahr wird für alle Werte seiner freien (aber bindbaren) Variablen, bei allen Zuordnungen von Klassen als Extensionen zu den schematischen Prädikatbuchstaben. Die allgemeine Theorie der quantorenlogischen Gültigkeit macht also von Klassen Gebrauch; bei Einzelaussagen, die durch quantorenlogische Schemata repräsentiert werden, muß dies nicht der Fall sein. Die Aussage (4), für sich genommen, enthält keine Bezugnahme auf die abstrakte Extension eines Prädikates. Ähnlich kann man in der Theorie der Gültigkeit z. B. von Wahrheitswerten von Aussagen sprechen, wenn man die aussagenlogische Gültigkeit definiert. Aber es besteht kein Zwang, Aussagen als Namen dieser Wahrheitswerte oder überhaupt als Namen zu behandeln. Wenn wir ganz einfach eine Aussage behaupten, dann beziehen wir uns damit noch nicht auf irgendeine Entität von der Art des Wahrheitswertes — falls die Aussage nicht zufällig so etwas zum Gegenstand hat.

Es kann sich tatsächlich in speziellen Systemen als bequem und elegant erweisen, Aussagen als Namen zu rekonstruieren — z. B. für 2 und 1 wie etwa in Churchs System [1]. Aber das wird wohl besser so verstanden, daß hier die Namen von 2 und 1 die Rolle von Aussagen übernehmen — in diesem speziellen System. Dagegen habe ich nichts. Ähnlich kann Frege derart aufgefaßt werden, daß er seine singulären Ausdrücke zusammen mit der Elementschaftsbeziehung die Arbeit von Prädikatausdrücken [general terms] verrichten läßt. Und dagegen, gegen diese Art und Weise, die Logik niederer Stufe in ein bestimmtes System der Logik höherer Stufe um der Eleganz willen einzubauen, gibt es auch keinen Einwand. Von speziellen Systemen abgesehen, ist es jedoch im allgemeinen offensichtlich wünschenswert, sprachliche Äußerungen so zu analysieren, daß man nicht Teilen dieser Äußerungen spezielle ontologische Voraussetzungen unterschiebt, die gar nicht in ihnen enthalten sind.

Der größte Teil des logischen Schließens spielt sich auf einer Stufe ab, auf der keine abstrakten Entitäten vorausgesetzt werden. Solches Schließen verwendet hauptsächlich die Quantorenlogik, deren Gesetze durch Schemata dargestellt werden können, in denen keine Quantifizierung über Klassenvariablen vorkommt. Viel von dem, was man meist mit Hilfe von Klassen, Relationen und sogar des Zahlbegriffs formuliert, kann leicht schematisch innerhalb der Quantorenlogik neu formuliert werden, vielleicht auch in der Quantorenlogik plus Identitätstheorie.[11] Ich betrachte es daher als einen Fehler, wenn eine Formulierung einer Theorie der Bezeichnung [reference], die für beliebige Zwecke geeignet sein soll, den Eindruck erweckt, daß wir uns von Anfang an auf abstrakte Entitäten beziehen und nicht nur dort, wo eine derartige Bezugnahme tatsächlich zweckmäßig ist. Daher mein Bemühen, Prädikatausdrücke [general terms] und abstrakte singuläre Ausdrücke auseinanderzuhalten.

Sogar in der Theorie der quantorenlogischen Gültigkeit ist es möglich, die Bezugnahme auf Wahrheitswerte von Aussagen und Extensionen von Prädikaten schließlich zu eliminieren. Denn die aussagenlogische Gültigkeit kann man durch die bekannte Auswertungsmethode für Wahrheitswerttabellen neu definieren und die Gültigkeit in der Quantorenlogik kann man einfach durch die Ableitungsregeln festgelegt denken (da Gödel ihre Vollständigkeit bewiesen hat). Das ist ein gutes Beispiel für die Beseitigung ontologischer Voraussetzungen in einem bestimmten Gebiet.

Ganz allgemein ist es, glaube ich, wichtig zu zeigen, wie man die Zwecke eines gewissen Teils der Mathematik mit einer reduzierten Ontologie erreichen kann — genauso wie es wichtig ist zu zeigen, daß ein vorerst nicht konstruktiver Beweis konstruktiv durchgeführt werden kann. Das Interesse an einem Fortschritt dieser Art braucht genausowenig auf einer vollständigen Intoleranz gegenüber abstrakten Entitäten zu basieren wie auf einer vollständigen Intoleranz gegenüber nichtkonstruktiven Beweisen. Worauf es ankommt, ist, das Werkzeug zu verstehen, das wir handhaben, die diversen Voraussetzungen der verschiedenen Teile unserer Theorie parat zu haben und sie, wo immer möglich, zu reduzieren. Auf diese Weise wird es uns am besten gelingen, die vollständige Entbehrlichkeit mancher Voraussetzung zu entdecken, die uns immer schon *ad hoc* erschien und intuitiv gestört hat.

4

Es kann der Fall sein, daß eine Theorie, die von nichts anderem als konkreten Individuen handelt, mit Hilfe der Methode der Identifizierung des Ununterscheidbaren so rekonstruiert werden kann, daß sie von Universalien handelt. Betrachten wir etwa eine Theorie von Körpern, die in bezug auf ihre Länge verglichen werden. Die Werte der gebundenen Variablen sind physikalische Objekte und das einzige Prädikat ist „L“, wo „Lxy“ bedeutet „x ist länger als y“. Falls nun $\neg Lxy \wedge \neg Lyx$ gilt, dann gilt jede wahre Aussage der Theorie über x auch für y und umgekehrt. Daher kann man „$\neg Lxy \wedge \neg Lyx$“ als „$x = y$“ behandeln. Eine derartige Identifizierung läuft darauf hinaus, daß wir als Werte unserer Variablen nicht mehr physikalische Objekte annehmen, sondern Universalien, nämlich Längen.

Ein anderes Beispiel einer solchen Identifizierung des Ununterscheidbaren läßt sich in der Theorie der *Inskriptionen* finden, einer formalen Syntax, in der die Werte der gebundenen Variablen konkrete Inskriptionen sind. Das wichtige Prädikat hier ist „C", wo „$Cxyz$" bedeutet, daß x aus einem Teil besteht, der gestaltgleich y ist, gefolgt von einem Teil, der gestaltgleich z ist. Als Bedingung der Vertauschbarkeit oder Ununterscheidbarkeit in dieser Theorie ergibt sich die Gestaltgleichheit, die man folgendermaßen ausdrücken kann:

$$\bigwedge z \bigwedge w \, [(Cxzw \leftrightarrow Cyzw) \wedge (Czxw \leftrightarrow Czyw) \wedge (Czwx \leftrightarrow Czwy).$$

Wenn wir diese Bedingung als „$x = y$" behandeln, verwandeln wir unsere Theorie der Inskriptionen in eine Theorie der Zeichengestalten, in der die Werte der Variablen nicht mehr einzelne Inskriptionen sind, sondern die abstrakten Zeichengestalten der Inskriptionen.

Diese Methode der Abstraktion von Universalien ist durchaus vereinbar mit dem Nominalismus (jener philosophischen Auffassung, nach der es überhaupt keine Universalien gibt). Denn man kann die Universalien hier als bloße Redeweisen auffassen — eingeführt durch den metaphorischen Gebrauch des Identitätszeichens für etwas, das in Wirklichkeit nicht Identität, sondern Längengleichheit ist, oder im zweiten Beispiel Gestaltgleichheit. Wenn wir Universalien durch Identifizierung des Ununterscheidbaren abstrahieren, dann ist das nur eine Umformulierung des alten Systems von Partikularien. Leider kann man aber mit dieser harmlosen Art von Abstraktion nur zu einander ausschließenden Klassen gelangen. Denn wenn eine Klasse mit dieser Methode abstrahiert wird, dann wird sie nur durch die Ununterscheidbarkeit ihrer Elemente in der zugrundeliegenden Theorie zusammengehalten, so daß eine Überschneidung von zwei derartigen Klassen sofort zu ihrer Verschmelzung zu einer einzigen Klasse führen würde.

Eine andere, kühnere Methode, Universalien zu abstrahieren, besteht darin, Buchstaben als gebundene Variablen zuzulassen, die bisher nur als schematische Buchstaben ohne ontologische Bedeutung verwendet wurden. Wenn wir daher die Aussagenlogik durch Einführung der Quantoren „$\bigwedge p$", „$\bigwedge q$", „$\bigvee p$" usw. erweitern, dann können wir die Aussagen-Buchstaben nicht mehr als nur schematisch auffassen. Statt dessen müssen wir sie als Variablen betrachten, welche geeignete Entitäten als Werte annehmen, nämlich Propositionen, oder besser Wahrheitswerte — wie bereits erwähnt. Wir erhalten eine Theorie mit Universalien oder jedenfalls abstrakten Entitäten.

Tatsächlich ist es aber so, daß sogar die Quantoren „$\bigwedge p$" und „$\bigvee p$" mit dem Nominalismus verträglich sind, wenn wir in einem extensionalen System arbeiten.[12] Denn nach Tarski können wir „$\bigwedge p\ (\ldots p \ldots)$" und „$\bigvee p\ (\ldots p \ldots)$" (wo „$\ldots p \ldots$" ein beliebiger Kontext ist, der „p" als Teilaussage enthält) jeweils als Abkürzungen für die Konjunktion und Adjunktion „$\ldots S \ldots$" und „$\ldots \neg S \ldots$" auffassen, wo „S" eine Abkürzung für eine bestimmte willkürlich gewählte Aussage ist. Wenn wir in einem extensionalen System arbeiten, können wir zeigen, daß diese künstliche Definitionsweise für „p", „q" usw. alle einschlägigen Gesetze erfüllt. Was quantifiziertes Sprechen über Propositionen oder Wahrheitswerte zu sein schien, wird so für den Nominalisten als bloße Redeweise legitimiert. Was ein sprachlicher Ausdruck zu sein schien, in dem Aussagen als Namen vorkamen, wird als bildliche Übersetzung eines sprachlichen Ausdrucks erklärt, in dem dies nicht vorkommt.

Aber Abstraktion durch Bindung schematischer Buchstaben ist nicht immer so leicht mit dem Nominalismus vereinbar. Wenn wir die schematischen Buchstaben der Quantorenlogik binden, erreichen wir eine Verdinglichung von Universalien, die wir nicht analog zu Tarskis Methode hinwegerklären können. Diese Universalien sind Entitäten, als deren Namen sodann die Prädikate zu betrachten sind. Man könnte sie, wie in Abschnitt 2 bemerkt, als Attribute oder Klassen auffassen, besser aber als Klassen.

In Abschnitt 3 wurden starke Gründe für die Beibehaltung einer Schreibweise vorgebracht, die unterscheidet zwischen schematischen Prädikatbuchstaben, wie den „F" von „Fx", und bindbaren Variablen, die man in Verbindung mit „ε" gebraucht und die Klassen als Werte annehmen. Die Gründe hierfür waren Gründe der logischen und philosophischen Klarheit. Nun kann es, andersherum betrachtet, aus den gleichen Gründen naheliegen, die Unterscheidung auszulöschen, wenn wir an der Genetik interessiert sind. Der ontologisch entscheidende Schritt der Annahme eines Universums von Klassen oder anderen abstrakten Entitäten kann als nur kleiner Schritt dargestellt werden, als natürlicher Schritt, bei dem man bloß zuläßt, daß zunächst schematische Buchstaben sich in die Quantoren einschleichen. Auf diese Weise wurde „*p*" vor einigen Abschnitten unverändert in die Quantoren aufgenommen. Ähnlich wollen wir nun im Geiste einer vorgestellten Wiederholung der Genese der Mengenlehre im einzelnen untersuchen, wie diese aus der Quantorenlogik durch Bindung zunächst schematischer Prädikatbuchstaben hervorgeht.

5

Zunächst müssen wir die Quantorenlogik näher betrachten. Quantorenlogische Schemata werden aus den schematischen Komponenten „*p*", „*q*", „*Fx*", „*Gx*", „*Gy*", „*Fxy*" usw. mit Hilfe der Quantoren „$\wedge x$", „$\wedge y$", „$\vee x$" usw. und den aussagenlogischen Operatoren „$\neg$", „$\wedge$", „$\vee$", „$\rightarrow$", „$\leftrightarrow$" aufgebaut.[13] Man kennt verschiedene Systematisierungen der Quantorenlogik, die vollständig in dem Sinne sind, daß alle gültigen Schemata ableitbar sind. (Vgl. oben Abschnitt 3.) Ein derartiges System wird durch die Regeln R1, R2, R4 und R5 von *New Foundations* bestimmt, wenn wir dort „φ", „ψ", „χ" und „ω" derart interpretieren, daß sie sich auf quantorenlogische Schemata beziehen. Die Definitionen D1—6 jenes Aufsatzes sind noch hinzuzufügen.

Ein ins Auge fallendes Prinzip der Quantorenlogik ist, daß man für alle Vorkommnisse von Prädikatbuchstaben, auf die Variable folgen, eine beliebige Bedingung für diese Variablen substituieren kann. Für „*Fx*" können wir jedes beliebige Schema substituieren, z. B. „$\wedge y\ (Gx \rightarrow Hyx)$", vorausgesetzt, wir führen für „*Fz*", „*Fw*" usw. parallele Substitutionen durch: „$\wedge y\ (Gz \rightarrow Hyz)$", „$\wedge y\ (Gw \rightarrow Hyw)$".[14] Dieses Substitutionsprinzip braucht nicht zusätzlich zu R1, R2, R4 und R5 vorausgesetzt zu werden, da sein Gebrauch im Prinzip stets wie folgt umgangen werden kann: Statt z. B. „$\wedge y\ (Gx \rightarrow Hyx)$" für „*Fx*" in einem Theorem φ zu substituieren, um ein Theorem ψ zu erhalten, können wir stets ψ auch dadurch bekommen, daß wir den Beweis von φ selbst wiederholen, jedoch mit „$\wedge y\ (Gx \rightarrow Hyx)$" an Stelle von „$Fx$".

Ein weiteres bekanntes Prinzip der Quantorenlogik ist das der Existenzverallgemeinerung, welches den Übergang von einem Theorem φ zu einem Theorem $\vee x\ \psi$ gestattet, wo φ sich von ψ nur dadurch unterscheidet, daß es freie Vorkommnisse von „y" überall dort enthält, wo φ freie Vorkommnisse von „x" enthält. Z. B. liefert Existenzverallgemeinerung aus „$Fy \leftrightarrow Fy$" „$\vee x\ (Fy \leftrightarrow Fx)$". Dieses Prinzip brauchte deshalb nicht zusätzlich zu R1, R2, R4 und R5 angenommen zu werden, weil alles, was man mit seiner Hilfe ableiten kann, auch auf dem Umweg einer Reihe von Anwendungen von R1, R2 und R4 (und D1—6) abgeleitet werden kann.

Es besteht keine Notwendigkeit dafür, gerade R1, R2, R4 und R5 als die Grundprinzipien zur Erzeugung der gültigen quantorenlogischen Schemata zu verwenden. Sie sind zufällig ein adäquates System von Regeln, aber andere Wahlmöglichkeiten wären genauso adäquat;[15] einige dieser Möglichkeiten enthielten Substitution oder Existenzverallgemeinerung als Grundregeln und schlössen eine oder mehrere der Regeln R1, R2, R4 und R5 aus. Nun kann die Ausdehnung der Quantifizierung auf Prädikatbuchstaben als Mittel der Erweiterung der Quantorenlogik zur Mengenlehre dargestellt werden als bloße Maßnahme, den Prädikatbuchstaben alle Rechte der Variablen „x", „y" usw. zu gewähren. Sehen wir, wie diese Festlegung funktioniert. Zunächst einmal ist das quantorenlogische Schema „$\wedge y\ (Gy \leftrightarrow Gy)$" offensichtlich gültig und muß daher als Theorem der reinen Quantorenlogik ableitbar sein. Nun gestattet uns unsere neue Festlegung, „F" und „G" die Rechte der gewöhnlichen Variablen zu gewähren, die Anwendung der Existenz-Generalisation auf „$\wedge y\ (Gy \leftrightarrow Gy)$" derart, daß man „$\vee F\ \wedge y\ (Fy \leftrightarrow Gy)$" erhält. Hieraus wiederum ergibt sich durch Substitution „$\vee F\ \wedge y\ (Fy \leftrightarrow \varphi)$", wo φ eine beliebige Bedingung für y darstellt.

„F", das auf diese Weise zur Quantifikation zugelassen wurde, erhält somit den Status einer Variable, die Klassen als Werte annimmt; und die Schreibweise „Fy" erhält die Bedeutung, daß y

Element der Klasse *F* ist. So erkennt man das obige Resultat „$\bigvee F \bigwedge y\,(Fy \leftrightarrow \varphi)$" als R3 von Aufsatz V.[16]

Eine derartige Erweiterung der Quantorenlogik dadurch, daß man einfach den Prädikatenvariablen alle Rechte von „*x*", „*y*" usw. gibt, scheint eine sehr natürliche Methode zu sein, eine Welt von Universalien zu schaffen, die jene Prädikate oder Bedingungen widerspiegelt, die in der Sprache ausgedrückt werden können. Tatsächlich aber stellt sich heraus, daß man hiermit eine Welt von Klassen proklamiert, die *viel mehr* umfaßt als die Bedingungen, die man in der Sprache ausdrücken kann. Dieses Resultat ist möglicherweise gar nicht erwünscht, denn der intuitive Gedanke, der dahintersteht, wenn man eine Welt von Universalien postuliert, ist nur der, daß man eine Realität hinter den sprachlichen Formen postulieren will. Das Resultat ist aber trotzdem unvermeidlich. Wir können es als Folgerung aus dem schon früher erwähnten Theorem von Cantor erhalten.[17] Cantors Beweis läßt sich in der besprochenen Erweiterung der Quantorenlogik durchführen. Eine Konsequenz seines Theorems ist, daß es Klassen geben muß, insbesondere Klassen sprachlicher Formen, denen keine sprachliche Form entspricht.

Aber das ist noch gar nichts im Vergleich zu dem, was man in der betrachteten Theorie zeigen *kann*. Wir haben nämlich gesehen, daß die Theorie ausreicht zur Ableitung von R1—5, inklusive R3; und wir sahen in Aufsatz V, daß R1—5 zu Russells Paradox führen. Der klassischen Mathematik liegt ungefähr die obige Theorie zugrunde, die jedoch in der einen oder anderen willkürlichen Weise eingeschränkt wird, derart, daß die Widerspruchsfreiheit wiederhergestellt wird, ohne Cantors Resultat zu stören. Diverse derartige Einschränkungen wurden schon früher untersucht.[18] Die eben entwickelte Schreibweise kann man dadurch vereinfachen, daß man mehrstellige bindbare Prädikatenvariablen wegläßt (wie „*F*" *in* „*Fxy*"), da man wie in *New Foundations* Relationen aus Klassen aufbauen kann; die übrigbleibenden Formen „*Fx*", „*Fy*", „*Gx*" usw. mit bindbarem „*F*", „*G*" usw. können umgeschrieben werden als „$x \varepsilon z$", „$y \varepsilon z$", „$x \varepsilon w$" usw., im Einklang mit unserem Vorschlag am Anfang dieses Aufsatzes. So gelangen wir zu der Schreibweise von Aufsatz V. Jedenfalls aber werden Universalien in nicht eliminierbarer Weise vorausgesetzt. Die Universalien, welche durch Bindung der Prädikatbuchstaben postuliert werden, sind niemals mit Hilfe einer bloßen Abkürzungskonvention hinwegerklärt worden, auf die wir uns bei früheren weniger umfassenden Fällen von Abstraktion berufen konnten.

Die so postulierten Klassen oder Mengen stellen tatsächlich alle Universalien dar, welche die Mathematik benötigt. Zahlen sind, wie Frege zeigte, als gewisse Klassen von Klassen darstellbar, Relationen, wie bemerkt, ebenso als gewisse Klassen von Klassen; und Funktionen sind, wie Peano betonte, Relationen. Aber auch Klassen allein machen uns genügend Sorgen, wenn wir philosophische Bedenken gegenüber der Zulassung von Entitäten haben, die keine konkreten Gegenstände sind.

Russell ([1], [2], *Principia*) hatte eine [no-class] klassenlose Theorie. Ausdrücke, die sich scheinbar auf Klassen bezogen, wurden so im Kontext definiert, daß beim Ausschreiben alle derartigen Bezugnahmen verschwanden. Dieses Resultat wurde von manchen, besonders von Hans Hahn, als Befreiung der Mathematik vom Platonismus begrüßt, als Verträglichmachung der Mathematik mit einer rein konkreten Ontologie. Aber diese Interpretation ist falsch. Russells Methode eliminiert Klassen, aber nur durch Bezugnahme auf eine andere Welt genauso abstrakter oder universeller Entitäten — die sogenannten Propositional-Funktionen. Der Ausdruck „Propositional-Funktionen“ wird in den *Principia Mathematica* in mehrdeutiger Weise verwendet; manchmal bedeutet er einen offenen Satz und manchmal ein Attribut. Russells klassenlose Theorie gebraucht Propositional-Funktionen in diesem zweiten Sinn als Werte von gebundenen Variablen. Daher kann man für die Theorie höchstens in Anspruch nehmen, daß sie gewisse Universalien auf andere zurückführt: Klassen auf Attribute. Eine derartige Zurückführung erscheint einem ziemlich sinnlos, wenn man sich überlegt, daß die zugrundeliegende Theorie der Attribute selbst vielleicht besser überhaupt als Mengenlehre zu interpretieren gewesen wäre, im Einklang mit der Strategie der Identifizierung des Ununterscheidbaren.

6

Durch die Verwendung von Prädikatbuchstaben als Quantifikationsvariable haben wir eine Flut von Universalien ausgelöst, gegen welche die Intuition machtlos ist. Wir können weder sehen, was wir tun, noch, wohin uns die Flut trägt. Unsere Maßnahmen gegen Widersprüche sind *ad hoc*-Mittel, die nur dadurch und nur insofern gerechtfertigt sind, als sie Widersprüche zu beseitigen scheinen.

Es gibt aber auch eine maßvollere Methode der Behandlung von Prädikatbuchstaben als Quantifikationsvariable. Sie bewahrt uns einen gewissen Anschein von Kontrolle über die Situation, ein gewisses Gefühl, wohin wir gehen. Die Idee hinter dieser bescheideneren Methode ist, daß Klassen ihrer Natur nach begrifflich sind und vom Menschen geschaffen. Am Anfang gibt es nur konkrete Dinge und diese können als die Werte der gebundenen Variablen der noch unverdorbenen Quantorenlogik aufgefaßt werden. Nennen wir sie *Gegenstände der Ordnung* 0. Die Quantorenlogik selbst, ergänzt durch beliebige außerlogische Prädikate, stellt eine Sprache dar, mit der wir über konkrete Gegenstände der Ordnung 0 reden können; wir nennen diese Sprache L_0. Nun soll der erste Schritt zur Verdinglichung von Klassen auf solche Klassen beschränkt werden, welche die Eigenschaft haben, daß das Enthaltensein als Element in ihnen einer in L_0 ausdrückbaren Bedingung äquivalent ist; und entsprechend für Relationen. Wir wollen diese Klassen und Relationen *Gegenstände der Ordnung* 1 nennen. So fangen wir an, Prädikatbuchstaben zu quantifizieren mit dem Gedanken, daß sie Gegenstände der Ordnung 1 als Werte annehmen; und als Hinweis auf diese Begrenzung versehen wir solche Variablen mit dem Exponenten „1". Die Sprache, die man durch diese Erweiterung von L_0 erhält, nennen wir L_1. Sie enthält zwei Arten gebundener Variablen, nämlich die alten Individuenvariablen und Variablen mit dem Exponenten „1". Wir können die Ordnungen als kumulativ betrachten, d. h. etwa die Gegenstände der Ordnung 0 gleichzeitig zu den Gegenständen der Ordnung 1 zählen. Das bedeutet, daß man die Werte von „x", „y" usw. zu den Werten von „F^1", „G^1" usw. zählt. Wir können „F^1x" willkürlich als Identität von F^1 mit x definieren, falls F^1 ein Individuum ist.[19] Der nächste Schritt besteht nun darin, alle weiteren Klassen zu verdinglichen, die so beschaffen sind, daß das Enthaltensein als Element in ihnen äquivalent mit einer in L_1 ausdrückbaren Bedingung ist; und ähnlich für Relationen. Diese Klassen und Relationen nennen wir *Gegenstände der Ordnung* 2. Im Einklang mit der kumulativen Verwendung der Ordnungen zählen wir zu diesen Gegenständen auch die Gegenstände der Ordnung 1. So können wir „F^2", „G^2" usw. binden, mit dem Gedanken, daß sie als Werte Gegenstände der Ordnung 2 annehmen.

Indem wir so zu L_3, L_4 usw. fortschreiten, führen wir gebundene Variablen mit immer weiter wachsenden Exponenten ein, und lassen zu gleicher Zeit zunehmend weitere Bereiche von Klassen und Relationen als Werte unserer Variablen zu. Die Grenze L_ω dieser Reihe von kumulativen Sprachen — oder, was auf das gleiche hinausläuft, die Vereinigung aller dieser Sprachen — ist unsere endgültige Logik von Klassen und Relationen gemäß dem neuen Verfahren.

Als nächstes wollen wir eine Theorie, die im wesentlichen auf L_w hinausläuft, direkt durch Regeln bestimmen und nicht durch eine Summierung einer unendlichen Reihe. Für den Zweck der allgemeinen Theorie kann man in den obigen Plan gewisse Vereinfachungen einführen. Im Stadium L_0 wurde ein gewisses Anfangs-Sortiment außerlogischer Prädikate erwähnt; aber die Wahl derartiger Prädikate ist nur für Anwendungen wichtig und kann in der formalen Theorie mit dem gleichen Recht weggelassen werden, mit dem wir über die Frage der Natur der Gegenstände der Ordnung 0 hinweggehen. Außerdem kann man, wie schon in anderem Zusammenhang zu Ende des letzten Abschnittes erwähnt, die Verwendung mehrstelliger bindbarer Variablen vermeiden. Und wir können die restlichen Formen „F^3x", „G^2F^3" usw. in der bevorzugten Schreibweise „$x^0 \varepsilon y^3$", „$y^3 \varepsilon z^2$" usw. darstellen. Die Schreibweise wird dadurch identisch mit der von *New Foundations* mit dem Unterschied, daß alle Variablen Exponenten erhalten. Es gibt keine Restriktionen, die denen der Typentheorie analog sind: keine Forderung der Konsekutivität; es werden nicht einmal die sinnvollen Kombinationen eingeschränkt. Eine Kombination wie

„$y^3 \, \varepsilon \, z^2$" kann als sinnvoll beibehalten werden und sogar als wahr für einige Werte von y^3 und z^2 trotz der Tatsache, daß alle Elemente von z^2 von der Ordnung 1 sind. Da nämlich Ordnungen kumulativ sind, kann y^3 durchaus von der Ordnung 1 sein.

Überdies können die Regeln *R*1—5 von Aufsatz V unverändert übertragen werden, mit Ausnahme gewisser Einschränkungen für *R*2—3. R2 wird dergestalt eingeschränkt, daß der Exponent von β nicht größer sein darf als der Exponent von α. Der Grund hierfür ist klar: Wenn α Klassen der Ordnung *m* als Werte annimmt und β Klassen der Ordnungen *n*, dann werden alle möglichen Werte von β nur dann eine Teilmenge jener von α sein, wenn $m > n$. R3 wird dadurch eingeschränkt, *daß „y" und „x" steigende Exponenten tragen müssen, und daß* φ *keinen Exponenten enthalten darf, der höher ist als der von „x", und keinen gleichhohen im Bereich von Quantoren.* Diese Einschränkung spiegelt die Tatsache wider, daß Klassen der Ordnung $m+1$ ihre Elemente aus der Ordnung *m* beziehen, gemäß Bedingungen, die in L_m formulierbar sind.

*P*1 kann beibehalten werden, aber die darin vorkommenden Zeichen „⊂" und „=" müssen im Hinblick auf die Exponenten folgendermaßen neu definiert werden: „$x^m \subset y^n$" und „$x^m = y^n$" sind für alle *m* und *n* jeweils Abkürzungen von:

$$\bigwedge z^h \, (z^h \, \varepsilon \, x^m \rightarrow z^h \, \varepsilon \, y^n), \quad \bigwedge z^k \, (x^m \, \varepsilon \, z^k \rightarrow y^n \, \varepsilon \, z^k)$$

wo $h = m - 1$ ist und $k = m + 1$. Wir benötigen dann auch noch ein Postulat „$x = y \rightarrow (x \, \varepsilon \, z \leftrightarrow y \, \varepsilon \, z)$" für alle Wahlen von Exponenten.

Diese Klassentheorie ist der von Weyl eng verwandt und an Stärke vergleichbar mit Russells sogenannter verzweigter Typentheorie,[20] deren Widerspruchsfreiheit durch Fitch bewiesen wurde. Aber sie ist ihrer Form nach viel einfacher als diese Systeme. Sie repräsentiert wie diese eine konzeptualistische Position im Gegensatz zum platonischen Realismus[21]; sie behandelt Klassen als Konstruktionen und nicht als Entdeckungen. Die Theorie macht halt vor gewissen Arten des Schließens, nämlich jenen Definitionen, die Poincaré (S. 43—48) als *imprädikative Definitionen* ablehnte: der Bestimmung einer Menge durch Bezugnahme auf eine Gesamtheit von Gegenständen, die eben jene Menge enthält. Die obige Einschränkung für R3 ist nichts weiter als eine genaue Formulierung des Verbots von sogenannten imprädikativen Definitionen. Wenn man Klassen als schon existierend annimmt, dann ist offensichtlich nichts dagegen einzuwenden, daß man eine davon auswählt gemäß einer Eigenschaft, die deren Existenz voraussetzt. Für den Konzeptualisten andererseits existieren Klassen nur insoweit, als sie sich in geordneter Weise erzeugen lassen. Diese Andeutung der konzeptualistischen Position ist natürlich vage und metaphorisch und, da sie logische Gesetze mit einem zeitlichen Prozeß in Verbindung zu bringen scheint, ist sie auch rätselhaft und verwirrend. Wir können jedoch auf eine von Metaphern freie Formulierung der Position hinweisen, nämlich auf das oben beschriebene System.

Sehen wir nun, wie es kommt, daß Russells Paradox hier vermieden wird. Der Beweis von Russells Paradox besteht darin, daß man das φ von R3 als „$\neg(y \varepsilon y)$" nimmt und dann x für y einsetzt. Der erste dieser Schritte läßt sich trotz der Einschränkung von R3 immer noch durchführen. Wir erhalten:

(6) $$\bigvee x^{n+1} \bigwedge y^{n} [y^{n} \varepsilon x^{n+1} \leftrightarrow \neg (y^{n} \varepsilon y^{n})]$$

für jedes n. Der zweite Schritt aber, der zum Widerspruch führen würde, wird verhindert:

(7) $$\bigvee x^{n+1} [x^{n+1} \varepsilon x^{n+1} \leftrightarrow \neg (x^{n+1} \varepsilon x^{n+1})].$$

Denn eine Ableitung von (7) aus (6) mit Hilfe von R1, R2, R4 und R5 erforderte, falls man versuchte, sie explizit durchzuführen, eine Benutzung des folgenden Spezialfalles von R2:

$$\bigwedge y^{n} [y^{n} \varepsilon x^{n+1} \leftrightarrow \neg (y^{n} \varepsilon y^{n})] \rightarrow [x^{n+1} \varepsilon x^{n+1} \leftrightarrow \neg (x^{n+1} \varepsilon x^{n+1})].$$

Aber dieser Spezialfall verletzt unsere Einschränkung für R2, da nämlich $n+1$ größer ist als n.

Intuitiv liegt folgende Situation vor. Die gültige Formel (6) liefert uns für jedes n die Existenz der Klasse der Nicht-Selbst-Elemente der Ordnung n. Aber diese Klasse ist nicht selbst von der Ordnung n; und daher führt die Frage, ob sie sich selbst als Element enthält, nicht zu einer Paradoxie.

Die konzeptualistische Mengenlehre setzt keine Klassen als existierend voraus, die nicht Bedingungen entsprechen, welche mit Hilfe der Elementschaftsbeziehung formulierbar sind. Im letzten Abschnitt wurde bemerkt, daß Cantors Theorem eine gegenteilige Situation zur Folge hat. Dieses Theorem ist jedoch hier nicht ableitbar. Denn Cantors Beweis macht Gebrauch von einer Menge h

jener Elemente einer Menge *k*, die nicht Elemente der Teilklasse von *k* sind, der sie zugeordnet sind.[22] Diese Festlegung von *h* ist aber imprädikativ, da sie eine Quantifizierung über die Teilklassen von *k* enthält, von denen *h* selbst eine ist. So kommt es, daß ein Theorem der klassischen oder fast klassischen Mathematik durch den Konzeptualismus über Bord geworfen wird. Dasselbe Geschick ereilt Cantors Beweis der Existenz von überabzählbaren Unendlichkeiten; denn dieses Theorem ist tatsächlich nur ein Korrolar des eben diskutierten Satzes. Bis jetzt ging alles gut: glückliche Befreiung. Aber es stellen sich auch Hindernisse ein, wenn man gewisse traditionellere und gewiß erwünschtere Sätze der Mathematik beweisen will, z. B. daß jede beschränkte Klasse reeller Zahlen eine kleinste obere Schranke besitzt.

Als Russell seine verzweigte Typentheorie entwarf, brachten ihn diese Einschränkungen dazu, sein „Reduzibilitätsaxiom“ einzuführen. Aber die Hinzufügung dieses Axioms, das vom konzeptualistischen Standpunkt nicht zu rechtfertigen ist, führt dazu, daß die ganze platonistische Klassenlogik wieder in ihre Rechte eingesetzt wird. Ein ernsthafter Konzeptualist wird daher das Reduzibilitätsaxiom als falsch verwerfen.[23]

7

Für den Platonisten ist alles erträglich, was noch nicht zum Widerspruch führt; und wenn ein Widerspruch doch auftritt, dann genügt es dem Platonisten, wenn er diesen mit einer *ad hoc*-Einschränkung beseitigen kann. Der Konzeptualist ist wählerischer. Er toleriert die elementare Arithmetik und vieles mehr, aber er schreckt vor der Theorie der höheren Unendlichkeiten und Teilen der höheren Theorie der reellen Zahlen zurück. In einer grundsätzlichen Hinsicht aber sind Konzeptualist und Platonist gleich: Beide setzen Universalien, nämlich Klassen, in irreduzibler Weise als Werte ihrer gebundenen Variablen voraus. Die platonistische Mengenlehre von Abschnitt 5 und die konzeptualistische Mengenlehre von Abschnitt 6 unterscheiden sich nur folgendermaßen: In der platonistischen Theorie wird die Welt der Klassen nur widerwillig und minimal soweit eingeschränkt, daß gerade eben der Zweck der Vermeidung einer

Paradoxie erreicht wird, während in der konzeptualistischen Theorie die Welt der Klassen bereitwillig und drastisch gemäß dem Bild der schrittweisen Erzeugung eingeschränkt wird. Es wäre ein Fehler, zu glauben, daß dieses Bild tatsächlich die Klassen erklärt oder sie hinwegerklärt, denn es gibt keinen Hinweis darauf, wie man die Klassenquantifizierung des Konzeptualisten in eine grundlegendere und ontologisch harmlosere Schreibweise übersetzen könnte. Das Gefühl des Konzeptualisten, daß er auf festerem Grund steht als der Platonist, ist tatsächlich bis zu einem gewissen Grad gerechtfertigt, aber die Rechtfertigung beschränkt sich auf die folgenden beiden Punkte: die Klassen-Welt, die er voraussetzt, ist kärglicher als die des Platonisten und sein Einschränkungsprinzip beruht auf einem Bild, das einen gewissen intuitiven Wert besitzt.

Eine heroische oder quichottische Position nimmt der Nominalist ein, der sich überhaupt der Quantifizierung über Universalien, z. B. Klassen, enthält. Es steht ihm frei, die Aussagen- und Quantorenlogik (mit Identität) zu akzeptieren, ebenso beliebige feste Prädikate, die sich auf Partikularien (Einzeldinge) oder Nichtuniversalien beziehen (gleichgültig wie diese konstruiert wurden). Er kann sogar die sogenannten Mengen- und Relationen-Algebren in ihrem engsten Sinn akzeptieren und auch die rudimentärsten Anfänge der Arithmetik; denn diese Theorien können als bloß andere Schreibweisen für die Quantoren- und Identitätslogik aufgefaßt werden.[24] Er kann Gesetze akzeptieren, die Variablen für Mengen, Relationen und Zahlen enthalten, solange die behaupteten Gesetze für alle Werte dieser Variablen gelten sollen. Denn er kann derartige Gesetze wie die Gesetze der Aussagen- und Quantorenlogik als Schemata behandeln. Gebundene Variablen für Mengen oder Relationen oder Zahlen jedoch, wenn sie in Existenz- oder Allquantoren innerhalb von Teilsätzen auftreten, müssen vom Nominalisten in allen Kontexten abgelehnt werden, in denen er sie nicht durch Übersetzung hinwegerklären kann. Er muß sich von ihnen befreien, wenn er sie braucht.

Der Nominalist könnte sich natürlich die volle Freiheit der Quantifizierung über Zahlen zurückerobern, wenn er diese durch eine willkürliche Zuordnung mit den verschiedenen Partikularien seiner anerkannten Welt — etwa mit den konkreten Individuen der physikalischen Welt — identifizierte. Aber diese Ausflucht hat den Nachteil, daß sie nicht die unendliche Vielfalt der Zahlen garantieren kann, welche die klassische Arithmetik verlangt. Der Nominalist hat die unendliche Welt der Universalien als Traumwelt zurückgewiesen; er wird nicht seiner Welt von Partikularien eine Unendlichkeit unterschieben, wenn diese nicht eine objektive Tatsache ist, die etwa durch die Physiker bezeugt ist. Vom mathematischen Standpunkt besteht hier der wichtige Unterschied der Standpunkte genau im Gegensatz zwischen der Bereitschaft oder Nicht-Bereitschaft, sofort eine unendliche Welt zu postulieren. Das ist eine klarere Unterscheidung als jene zwischen Nominalisten und ihren Gegenspielern, so wie sie normalerweise verstanden wird; denn die letztere Einteilung hängt ab von der nicht allzu klaren Unterscheidung zwischen dem, was als Partikulare, und dem, was als Universale gilt. Der Gegensatz schließlich zwischen Konzeptualisten und Platonisten ist dann der Gegensatz zwischen jenen, die nur eine Stufe der Unendlichkeit annehmen, und jenen, die eine Cantorsche Hierarchie der Unendlichkeiten zulassen.

Der Nominalist, oder der, der sich noch eine agnostizistische Haltung gegenüber einer Unendlichkeit von Entitäten bewahrt hat, kann sich doch noch auf indirekte Weise mit der Mathematik des Infinitisten — des Konzeptualisten oder Platonisten — anfreunden. Obwohl er an eine derartige Mathematik nicht glauben kann, ist er trotzdem *fähig*, die Regeln, nach denen sie betrieben wird, zu formulieren.[25] Aber er würde gern zeigen, daß alles, was die klassische Mathematik für die Wissenschaft leistet, theoretisch auch gleichermaßen (vielleicht weniger einfach) mit wirklich nominalistischen Methoden geleistet werden kann — ohne die Hilfe einer bedeutungslosen Mathematik, von der man nur die Syntax nominalistisch beschreiben kann. An dieser Stelle wartet Arbeit auf den Nominalisten. Hier erwartet ihn auch die stärkste Versuchung, nämlich der bequemeren Arbeitsweise des Konzeptualisten zu verfallen, der, da er ein genügend großes Stück der klassischen Mathematik akzeptiert, nur die Entbehrlichkeit der Theorie der höheren Unendlichkeiten und gewisser Teile der Theorie der reellen Zahlen zeigen muß.

Taktisch gesehen, ist zweifellos der Konzeptualismus die stärkste der drei Positionen. Denn wer des Nominalismus müde ist, kann in den Konzeptualismus zurückfallen und dennoch sein puritanisches Gewissen mit dem Gedanken beruhigen, daß er doch noch nicht so weit heruntergekommen ist, mit den Platonisten Haschisch zu rauchen.

Literaturhinweise

Cantor, Georg, „Über eine elementare Frage der Mannigfaltigkeitslehre", *Jahresberichte der deutschen Mathematiker-Vereinigungen* 1 (1890 bis 1891), 75—78. Wiederabgedruckt in *Gesammelte Abhandlungen* (Berlin, 1932).

Church, Alonzo [1], "A set of postulates for the foundation of logic," *Annals of Mathematics 33* (1932), 346—366; 34 (1933), 839—864.

— [2], "A formulation of the logic of sense and denotation," in *Structure, Method, and Meaning: Essays in Honor of Henry M. Sheffer* (Paul Henle, H. M. Kallen, and S. K. Langer, eds.; New York: Liberal Arts Press, 1951), pp. 3—24.

Fitch, F. B., "The consistency of the ramified Principia," *Journal of Symbolic Logic* 3 (1938), 140—149.

Frege, Gottlob, "On sense and nominatum," in Feigl and Sellars (eds.) Readings in Philosophical Analysis (N. Y. 1949) pp. 85—102. Übersetzung von „Über Sinn und Bedeutung", *Zeitschrift für Philosophie und philosophische Kritik* 100 (1892), 25—50.

Gödel, Kurt, „Die Vollständigkeit der Axiome des logischen Funktionenkalküls", *Monatshefte für Mathematik und Physik* 37 (1930), 349—360.

Poincaré, Henri, *Sechs Vorträge über ausgewählte Gegenstände aus der reinen Mathematik und mathematischen Physik* (Leipzig und Berlin, 1910).

Quine, W. V. [1], *From a Logical Point of View*, Cambridge, Mass., 1953.

— [2], *Mathematical Logic*, ³1951 Cambridge, Mass.

— [3], *Methods of Logic*, New York, 1950.

— [4], "On the Axiom of Reducibility," *Mind* 45, 1936, S. 498 ff.

Russell, Bertrand [1], "On denoting," *Mind* 14 (1905), 479—493.

— [2], "Mathematical logic as based on the theory of types," *American Journal of Mathematics* 30 (1908), 222—262.

Tarski, Alfred, "Sur les *truth-functions* au sens de MM. Russell et Whitehead," *Fundamenta Mathematicae 5* (1924), 59—74.

Anmerkungen

1 S. 12 ff. [Wenn nichts anderes vermerkt, beziehen sich Seitenangaben auf Quines *From a Logical Point of View.*]

2 Vgl. S. 85 ff.

3 Vgl. S. 94 f.

4 Vgl. S. 165 ff.

5 Vgl. S. 71.

6 Vgl. S. 84.

7 Vgl. z. B. S. 92, 96 ff.

8 Vgl. S. 13.

9 Vgl. S. 12 ff.

10 Beachte die Analogie zwischen dieser Definition und (3) von S. 98.

11 Vgl. in dem vorliegenden Sammelband S. 161.

12 Über Extensionalität vgl. S. 30. Für eine Diskussion nichtextensionaler Systeme vgl. Aufsatz VIII [von *From a Logical Point of View*].

13 Vgl. S. 83 f.

14 Für eine genauere Formulierung dieser Regel vgl. mein [2], § 25.

15 Vgl. z. B. Hilbert-Ackermann, Grundzüge der Theoretischen Logik, 4. Aufl. Kap. 3; Quine [1], S. 88; [2], S. 157—161, 191.

16 Vgl. S. 89. Die Voraussetzung von R3, nämlich, daß „x" (oder jetzt „F") in φ nicht vorkommt ist durchaus nötig, wegen der Bedingungen, die in jeder strengen Formulierung der Substitutionsregel auftreten, mit der φ eben für „Gy" substituiert wurde.

17 S. 92 f.

18 S. 90 ff., 96 ff.

19 Vgl. S. 81 f.

20 Ohne Reduzibilitätsaxiom. Vgl. in dem vorliegenden Sammelband S. 160.

21 Vgl. oben S. 14 f. Der konzeptualistische Standpunkt in den Grundlagen der Mathematik wird manchmal *Intuitionismus* in einem weiteren Sinne genannt. Der engere Sinn von „Intuitionismus" bezieht sich nur auf Brouwers und Heytings spezielle Art von Konzeptualismus, die den Satz vom ausgeschlossenen Dritten nicht anerkennt.

22 Vgl. S. 92 f.

23 Vgl. mein [3].

24 Vgl. mein [2] S. 230 ff., 239.

25 Vgl. S. 15.

Der folgende Beitrag wurde aus dem Englischen übersetzt von Walter Hoering.

BEZEICHNUNG UND MODALITÄT*

Von WILLARD VAN ORMAN QUINE

1

Eines der Grundprinzipien, denen die Identität gehorcht, ist das der *Substituierbarkeit* — oder, wie man es auch gut nennen könnte: das Prinzip der *Ununterscheidbarkeit des Identischen.* Es besagt: *falls eine wahre Identitätsaussage gegeben ist, kann jeder der beiden durch sie verbundenen Ausdrücke für den anderen in beliebigen wahren Aussagen ersetzt werden, mit dem Ergebnis, daß auch die entstehenden Aussagen wahr werden.* Es ist nicht schwer, für dieses Prinzip Gegenbeispiele zu finden. Die folgenden Aussagen zum Beispiel:

(1) Giorgione = Barbarelli

(2) Giorgione wurde wegen seiner Größe so genannt

sind wahr. Aber die Ersetzung des Namens „Giorgione" durch den Namen „Barbarelli" macht (2) falsch:

Barbarelli wurde wegen seiner Größe so genannt.

Ebenso sind die Aussagen:

(3) Cicero = Tullius

(4) „Cicero" enthält sechs Buchstaben

wahr, aber bei Ersetzung des ersten Namens durch den zweiten wird (4) falsch. Und doch scheint die Basis des Substituierbarkeitsprinzips durchaus tragfähig zu sein. Alles was man über die Person Cicero (oder Giorgione) sagen kann, sollte in gleicher Weise für die Person Tullius (oder Barbarelli) gelten, da dies die gleiche Person ist.

* [Seitenverweise im Text und in den Anmerkungen beziehen sich, wenn nicht anders vermerkt, auf die Original-Ausgabe: *From a Logical Point of View.*]

Im Falle von (4) löst sich das Paradox sofort: (4) ist keine Aussage über die Person Cicero, sondern nur über das Wort „Cicero". Das Substituierbarkeitsprinzip sollte nicht auf Kontexte ausgedehnt werden, in denen der zu ersetzende Name so vorkommt, daß er sich nicht bloß auf das Objekt bezieht. Wenn die Substituierbarkeit nicht gilt, so zeigt das nur, daß das zu ersetzende Vorkommnis nicht *völlig gerade*[1] ist, d. h. daß die Aussage nicht nur vom Gegenstand, sondern auch von der Form des Namens abhängt. Denn es ist klar, daß alles, was man über einen Gegenstand behaupten kann, wahr bleibt, wenn man sich mittels eines anderen Namens auf den Gegenstand bezieht.

Ein Ausdruck, der aus einem zweiten zwischen Anführungszeichen gesetzten Ausdruck besteht, stellt einen Namen jenes zweiten Ausdrucks dar; und es ist klar, daß das Vorkommnis jenes zweiten Ausdrucks oder eines Teils davon im Kontext der Anführungszeichen im allgemeinen nicht gerade ist. Insbesondere ist das Vorkommen des Personennamens innerhalb der Anführungszeichen in (4) nicht gerade; es gehorcht nicht dem Substituierbarkeitsprinzip. Der Eigenname tritt dort nur als Teil eines längeren Namens auf, der außer diesem Teil zwei Anführungszeichen enthält. Eine Einsetzung für einen Eigennamen in einem derartigen Kontext wäre genausowenig zu rechtfertigen wie eine Einsetzung für den Ausdruck „WEIN" im Kontext „SCHWEIN".

Das Beispiel (2) ist nicht ganz so einfach, denn es handelt sich hier um eine Behauptung über einen Mann und nicht nur über seinen Namen. Der Mann und nicht sein Name wurde wegen seiner Größe so und so genannt. Trotzdem zeigt das Versagen der Substituierbarkeit, daß das Vorkommnis des Eigennamens in (2) nicht *völlig* gerade ist. So kann man auch (2) leicht in eine Aussage übersetzen, die zwei Vorkommnisse des Namens enthält, das eine völlig gerade und das andere nicht.

(5) Giorgione wurde wegen seiner Größe „Giorgione" genannt.

Das erste Vorkommnis ist völlig gerade. Einsetzung gemäß (1) verwandelt (5) in eine Aussage, die genauso wahr ist:

Barbarelli wurde wegen seiner Größe „Giorgione" genannt.

Das zweite Vorkommnis des Eigennamens ist genausowenig gerade wie irgendein anderes Vorkommnis innerhalb von Anführungszeichen. Es wäre nicht ganz korrekt, nun zu schließen, daß das Vorkommen eines Namens in Anführungszeichen *niemals* gerade ist. Betrachten wir die Aussagen:

(6) „Giorgione spielte Schach“ ist wahr.

(7) „Giorgione“ war der Name eines Schachspielers.

Beide Aussagen sind wahr oder falsch, je nachdem, ob die Aussage:

(8) Giorgione spielte Schach,

die keine Anführungszeichen enthält, wahr oder falsch ist. Unser Kriterium des geraden Vorkommens macht die Vorkommnisse des Namens „Giorgione“ in (8) gerade und muß in gleicher Weise die Vorkommnisse von „Giorgione“ in (6) und (7) gerade machen, obwohl in (6) und (7) Anführungszeichen vorkommen. Die Wahrheit über Anführungszeichen ist nicht, daß sie gerades Vorkommen beseitigen, sondern daß sie es beseitigen *können* (und normalerweise auch beseitigen). Die Beispiele (6) und (7) sind deshalb Ausnahmen, weil die speziellen Prädikate „ist wahr“ und „war der Name eines“ die Wirkung der Anführungszeichen wieder zunichte machen, wie man beim Vergleich von (6) und (7) mit (8) sieht.

Um ein Beispiel für eine weitere gebräuchliche Art von Aussagen zu erhalten, in denen Namen nicht gerade vorkommen, betrachten wir eine Person namens Philipp, welche die Bedingung erfüllt:

(9) Philipp weiß nicht, daß Tullius Catilina anklagte

oder vielleicht die Bedingung:

(10) Philipp glaubt, daß Tegucigalpa in Nicaragua liegt.

Substitution (9) auf Grund von (3) ergibt:

(11) Philipp weiß nicht, daß Cicero Catilina anklagte,

was zweifellos falsch ist. Eine Substitution auf Grund der wahren Identität:

Tegucigalpa = Hauptstadt von Honduras

verwandelt den wahren Satz (10) ebenfalls in einen falschen:

(12) Philipp glaubt, daß die Hauptstadt von Honduras in Nicaragua liegt.

Wir sehen daher, daß die Vorkommnisse des Namens „Tullius“ und „Tegucigalpa“ in (9)—(10) nicht völlig gerade sind.

Darin liegt ein grundsätzlicher Unterschied zwischen (9) und (10) und

Crassus hörte Tullius Catilina anklagen.

Diese Aussage behauptet eine Relation zwischen drei Personen. Die Personen bleiben in dieser Relation unabhängig davon, welche Namen man für sie verwendet. (9) hingegen kann nicht einfach als Behauptung einer Relation zwischen drei Personen betrachtet werden, genausowenig (10) als eine Relation zwischen einer Person, einer Stadt und einem Land — zumindest wenn wir unsere Wörter so verstehen, daß wir (9) und (10) als wahr annehmen und (11) und (12) als falsch.

Vielleicht wollen manche Leser Glauben und Nichtwissen als Relationen zwischen Personen und Aussagen rekonstruieren und (9) und (10) folgendermaßen schreiben:

(13) Philipp weiß nicht „Tullius klagte Catilina an"

(14) Philipp glaubt „Tegucigalpa liegt in Nicaragua",

um jedes nicht völlig gerade Vorkommnis eines Namens in Anführungszeichen zu stellen. Hiergegen argumentiert Church in [4]. Er verwendet hierbei den Begriff der Analytizität, der uns nicht vertrauenswürdig scheint. Man kann sein Argument nicht einfach ignorieren; aber es ist nicht nötig, daß wir uns hier zu dieser Angelegenheit äußern. Es sei nur bemerkt, daß wir gewiß nicht (9) bis (10) als (13)—(14) auffassen *müssen*. Wir *müssen* nur bemerken, daß die Kontexte „weiß nicht, daß ..." und „glaubt, daß ..." dem Kontext der Anführungszeichen in der folgenden Hinsicht *ähneln*: Ein Name kann in einer Aussage *S* gerade vorkommen und trotzdem in einer längeren Aussage, die man dadurch erhält, daß man *S* in den Kontext „weiß nicht, daß ..." oder „glaubt, daß ..." einbettet, nicht gerade vorkommen. Um die Situation mit einem Wort zu beschreiben, können wir die Kontexte „weiß nicht, daß ..." und „glaubt, daß ..." *opak*[2] nennen. Das gleiche gilt auch für die Kontexte „weiß, daß ...", „sagt, daß ...", „bezweifelt, daß ...", „ist überrascht, daß ..." usw. Es wäre sauber, aber unnötig, alle opaken Kontexte in die Form von Anführungen zu zwingen; man kann auch die Anführung als einen unter vielen opaken Kontexten auffassen.

Als nächstes soll gezeigt werden, daß die Opakheit auch in sogenannten *modalen* Kontexten „notwendigerweise ..." und „möglicherweise ..." auftritt, zumindest wenn wir ihnen die Bedeutung der *strengen* [*strict*] Notwendigkeit und Möglichkeit geben, wie in der Modallogik von Lewis.[3] Gemäß dem *strengen* Sinn von „notwendigerweise“ und „möglicherweise“ würde man die folgenden Aussagen für wahr halten:

(15) 9 ist notwendigerweise größer als 7

(16) Notwendigerweise gilt, daß es Leben auf dem Abendstern gibt, wenn es Leben auf dem Abendstern gibt

(17) Die Zahl der Planeten ist möglicherweise kleiner als 7

und die folgenden für falsch:

(18) Die Zahl der Planeten ist notwendigerweise größer als 7

(19) Notwendigerweise gilt, daß es Leben auf dem Morgenstern gibt, wenn es Leben auf dem Abendstern gibt

(20) 9 ist möglicherweise kleiner als 7.

Die allgemeine Idee der strengen Modalitäten hängt folgendermaßen mit dem angeblichen Begriff der *Analytizität* zusammen: Eine Aussage der Form „notwendigerweise ...“ ist wahr genau dann, wenn die Teilaussage, die von „notwendigerweise“ abhängt, analytisch ist, und eine Aussage der Form „möglicherweise ...“ ist falsch genau dann, wenn die Negation der Teilaussage, die von „möglicherweise“ abhängt, analytisch ist. Man könnte daher (15) bis (17) folgendermaßen formulieren:

(21) „$9 > 7$“ ist analytisch

(22) „Wenn es Leben auf dem Abendstern gibt, dann gibt es Leben auf dem Abendstern“ ist analytisch

(23) „Die Zahl der Planeten ist nicht kleiner als 7“ ist nicht analytisch

und entsprechend für (18)—(20).

Daß die Kontexte „notwendigerweise ...“ und „möglicherweise ...“ opak sind, kann man nun sehr schnell einsehen; denn Einsetzung auf Grund der wahren Identitäten:

(24) Die Zahl der Planeten = 9

(25) Der Abendstern = der Morgenstern

verwandelt die wahren Sätze (15)—(17) in die falschen Sätze (18) bis (20).

Man beachte, daß die Tatsache, daß (15)—(17) mit (21)—(23) äquivalent sind, und die Tatsache, daß „9“ und „Abendstern“ und „die Zahl der Planeten“ in (21)—(23) in Anführungszeichen vorkommen, allein noch keine Rechtfertigung dafür wären, zu schließen, daß „9“ und „Abendstern“ und „die Zahl der Planeten“ in (15)—(17) ungerade vorkommen. Wenn man so schlösse, dann wäre dies, als wollte man die Äquivalenz von (8) mit (6) und (7) als Argument dafür anführen, daß „Giorgione“ in (8) ungerade vorkommt. Was zeigt, daß die Vorkommnisse von „9“, „Abendstern“ und „die Zahl der Planeten“ in (15)—(17) ungerade sind [ebenso in (18)—(20)], ist die Tatsache, daß eine Einsetzung auf Grund von (24)—(25) die wahren Sätze (15)—(17) in falsche Sätze verwandelt (und die falschen Sätze (18)—(20) in wahre Sätze).

Wie schon bemerkt, könnte man geneigt sein, anzunehmen, daß (9) und (10) eigentlich durch (13) und (14) auszudrücken seien. Analog könnte man annehmen wollen, daß den Sätzen (15)—(17) eigentlich die Sätze (21)—(23) zugrunde liegen.[4] Aber das ist auch wieder nicht nötig. Wir werden sicher nicht (6) und (7) als irgendwie grundlegender als (8) auffassen und wir brauchen nicht (21) bis (23) für grundlegender zu halten als (15)—(17). Wichtig ist nur, zu erkennen, daß die Kontexte „notwendigerweise ...“ und „möglicherweise ...“ wie Anführung und „weiß nicht, daß ...“ und „glaubt, daß ...“ opak sind.

2

Gerade eben wurde das Phänomen der Opakheit am Beispiel des Verhaltens von singulären Ausdrücken erklärt. Aber, wie wir wissen, kann man singuläre Ausdrücke durch Umschreibung eliminieren. Die Dinge, auf die man sich in einer Theorie bezieht, sind letztlich nicht jene Dinge, die von singulären Ausdrücken benannt werden, sondern die Werte der quantifizierten Variablen. Wenn also die Opakheit eine Krankheit ist, die es verdient, daß man sich über sie Sorgen macht, dann müssen ihre Symptome nicht nur bei singulären Termen auftreten, sondern ebenso in Verbindung mit Quantifizierungen.[5] Richten wir daher auf diese unser Augenmerk.

Die Verbindung zwischen Benennen und Quantifizieren ist schon in der Operation implizit, mit der wir von „Sokrates ist sterblich“ schließen auf „$\bigvee x$ (x ist sterblich)“, d. h. „etwas ist sterblich“. Das ist genau die Operation, die wir früher (S. 153) *Existenzverallgemeinerung* genannt haben, nur daß jetzt ein singulärer

Term „Sokrates" auftritt, wo wir früher eine freie Variable hatten. Der Gedanke hinter Schlüssen dieser Art ist, daß alles, was von einem durch einen gegebenen singulären Term benannten Ausdruck wahr ist, von irgend etwas wahr ist. Und natürlich verliert der Schluß seine Berechtigung, wenn der fragliche singuläre Ausdruck nichts benennt. Zum Beispiel schließen wir aus

Ein Ding wie Pegasus gibt es nicht

nicht:

$\bigvee x$ (es gibt kein Ding wie x),

d. h. „es gibt etwas, das es nicht gibt".

Ein Schluß dieser Art ist natürlich im Falle eines ungeraden Vorkommens irgendeines Substantivs in gleicher Weise ungerechtfertigt. Aus (2) erhielte man durch existentielle Verallgemeinerung:

$\bigvee x$ (x wurde wegen seiner Größe so genannt)

das heißt „irgend etwas wurde wegen seiner Größe so genannt". Das ist natürlich sinnlos, da es für das „so genannt" keinen dazu passenden vorangehenden Ausdruck mehr gibt. Man beachte, daß im Gegensatz hierzu die Existenzgeneralisierung in bezug auf das völlig gerade Vorkommnis in (5) die vernünftige Schlußfolgerung liefert:

$\bigvee x$ (x wurde wegen seiner Größe „Giorgione" genannt)

das heißt „etwas wurde wegen seiner Größe ‚Giorgione' genannt".

Die logische Operation der *Allspezialisierung* ist jene Operation, durch die wir z. B. aus „alles ist mit sich selbst identisch", oder formalisiert „$\bigwedge x$ ($x = x$)", darauf schließen, daß Sokrates = Sokrates. Dies und die Existenzgeneralisierung sind zwei Aspekte eines einzigen Prinzips. Denn statt zu sagen, „$\bigwedge x$ ($x = x$)" impliziert „Sokrates = Sokrates" könnten wir genausogut sagen: der negierte Satz „Sokrates $\neq$ Sokrates" impliziert „$\bigvee x$ ($x \neq x$)". Das Prinzip, das in diesen beiden Schlüssen enthalten ist, bildet das Verbindungsglied zwischen Quantifizierungen und jenen singulären Aussagen, die deren Spezialisierungen darstellen. Aber es ist nur bedingt ein Prinzip. Es gilt nur in dem Fall, in dem ein Ausdruck etwas benennt und in dem er außerdem gerade vorkommt. Das Prinzip ist einfach der logische Gehalt des Gedankens, daß ein gegebenes Vorkommnis gerade ist. Aus diesem Grunde stellt es, als Anhängsel der rein logischen Theorie der Quantifizierung, eine Anomalie dar. Darin liegt auch die logische Bedeutung der Tatsache, daß alle singulären Ausdrücke, abgesehen von denjenigen Variablen, die in Verbindung mit Quantoren als Pronomen dienen, durch Umschreibung eliminierbar und ersetzbar sind.[6]

Wir sahen eben, wie es dem opaken Kontext (2) bei Existenzgeneralisierung erging. Schauen wir nun, was mit unseren anderen opaken Kontexten geschieht. Auf das Vorkommnis des Eigennamens (4) angewendet, führt die Existenzgeneralisierung auf:

(26) $\vee x$ („x" enthält sechs Buchstaben)

das heißt:

(27) Es gibt etwas derart, daß „es" sechs Buchstaben enthält,

oder etwa:

(28) „Etwas" enthält sechs Buchstaben.

Nun heißt der Ausdruck:

„x" enthält sechs Buchstaben

einfach:

der 24. Buchstabe des Alphabets enthält sechs Buchstaben.

In (26) ist das Vorkommen des Buchstaben im Kontext der Anführungszeichen für den vorhergehenden Quantor genauso irrelevant, wie etwa das Vorkommen von „s" im Kontext „sechs". (26) besteht einfach aus einem falschen Satz, vor dem ein irrelevanter Quantor steht. (27) ist ähnlich. Der Teil:

„es" enthält sechs Buchstaben

darin ist falsch und das davorgesetzte „es gibt etwas der Art, daß" ist irrelevant. (28) hinwiederum ist falsch.

Es ist nicht ganz so offensichtlich und daher um so wichtiger, zu erkennen, daß auch die Anwendung der Existenzgeneralisierung auf die Fälle (9) und (10) nicht gerechtfertigt ist. Anwendung auf (9) ergibt:

$\vee x$ (Philipp weiß nicht, daß x Catilina anklagte)

das heißt:

(29) es gibt etwas der Art, daß Philipp nicht weiß, daß es Catilina anklagte.

Was ist das für ein Gegenstand, der Catilina anklagte, ohne daß Philipp davon weiß? Ist das Tullius, das heißt Cicero? Diese Annahme stünde in Widerspruch zu der Tatsache, daß (11) falsch ist.

Man beachte auch, daß (29) nicht mit:

Philipp weiß nicht, daß $\vee x$ (x klagte Catilina an)

verwechselt werden darf, ein Satz, der obwohl falsch, ganz problemlos ist, bei dem auch keine Gefahr besteht, daß man ihn durch Existenzgeneralisierung aus (9) erschließen würde.

Eine Schwierigkeit, die dem scheinbaren Folgen von (29) aus (9) analog ist, tritt auch auf, wenn wir versuchen, die Existenzgeneralisierung auf modale Aussagen anzuwenden. Aus den scheinbaren Folgen

(30) $\vee x$ (x ist notwendigerweise größer als 7)

(31) $\vee x$ (notwendigerweise gilt, es gibt Leben auf dem Abendstern, wenn es Leben auf x gibt)

von (15) und (16) ergeben sich die gleichen Fragen wie bei (29). Welche Zahl ist es, die gemäß (30) notwendigerweise größer als 7 sein soll? Gemäß (15), woraus (30) geschlossen wurde, war das 9, d. h. die Zahl der Planeten. Nähme man aber dies an, so geriete man in Konflikt mit der Tatsache, daß (18) falsch ist. Kurz gesagt, notwendigerweise größer als 7 zu sein, ist nicht Eigenschaft einer Zahl, sondern hängt davon ab, wie man sich auf die Zahl bezieht. Ebenso: was ist das Ding x, dessen Existenz in (31) behauptet wird? Gemäß (16), woraus (31) geschlossen wurde, war es der Abendstern, d. h. der Morgenstern. Aber dies anzunehmen, würde uns mit der Tatsache in Konflikt bringen, daß (19) falsch ist. Notwendigerweise oder möglicherweise das und das zu sein, ist im allgemeinen nicht eine Eigenschaft des betreffenden Gegenstands, sondern hängt davon ab, wie man sich auf den Gegenstand bezieht.

Man beachte, daß (30) und (31) nicht zu verwechseln sind mit:

notwendigerweise $\vee x$ ($x > 7$)

notwendigerweise $\vee x$ (wenn es Leben auf dem Abendstern gibt, dann gibt es Leben auf x).

Das sind Sätze, aus denen sich kein Interpretationsproblem ergibt, das analog zu dem von (30) und (31) wäre. Den Unterschied kann man an einem neuen Beispiel noch klarer machen. In einem Spiel, das kein Unentschieden zuläßt, ist es notwendig, daß einer der Spieler gewinnen wird; aber es gibt keinen Spieler, von dem man sagen könnte, daß es notwendig ist, daß er gewinnt.

Wir haben im vorhergehenden Abschnitt gesehen, wie sich Opakheit in Verbindung mit singulären Ausdrücken auswirkt. Die Aufgabe, die wir uns zu Anfang dieses Abschnittes gesetzt hatten, war, festzustellen, wie sich Opakheit in Verbindung mit Quantifizierung auswirkt. Die Antwort ist jetzt klar: Wenn wir auf einen opaken Kontext einer Variablen einen Quantor anwenden in der Absicht, daß er diese Variable von außerhalb des opaken Kontextes binden soll, dann erhalten wir unintendierten Sinn oder Unsinn von der Art von (26)—(31). Mit einem Wort: Wir können nicht vernünftig *in* einen opaken Kontext *hineinquantifizieren.*

Der Kontext einer Anführung und die weiteren Kontexte „. . . so genannt wurde", „weiß nicht, daß . . .", „glaubt, daß . . .", „notwendigerweise . . .", und „möglicherweise . . ." wurden im vorangehenden Abschnitt als opak erkannt und zwar wegen des Versagens der Substituierbarkeit der Identität, angewendet auf singuläre Ausdrücke. In diesem Abschnitt haben wir sie mit einem Kriterium als opak festgestellt, das nicht mehr mit singulären Ausdrücken zu tun hat, sondern mit einem Fehlverhalten der Quantifizierung. Vielleicht hat aber der Leser doch das Gefühl, daß wir mit diesem zweiten Kriterium in Wirklichkeit nicht von den singulären Ausdrücken weggekommen sind. Denn die Kritik an den Quantifikationen (29)—(31) beruht immer noch auf einer Klärung des Verhältnisses der singulären Ausdrücke „Tullius" und „Cicero", „9" und „die Zahl der Planeten", „Abendstern" und „Morgenstern". Diese Rückkehr zu unseren alten singulären Ausdrücken aus Erklärungsgründen ist aber tatsächlich vermeidbar. Das soll nun durch ein neues Argument für die Sinnlosigkeit von (30) gezeigt werden. Alles, was größer ist als 7, ist eine Zahl. Und jede beliebige vorgegebene Zahl x, die größer ist als 7, kann durch diverse Bedingungen eindeutig bestimmt werden, von denen manche „$x > 7$" als *notwendige* Folge haben und manche nicht. Ein und dieselbe Zahl x wird einmal eindeutig festgelegt durch die Bedingung:

(32) $x = \sqrt{x} + \sqrt{x} + \sqrt{x} \neq \sqrt{x}$

und auch durch die Bedingung:

(33) es gibt genau x Planeten;

aber (32) hat „$x > 7$" als notwendige Folge, (33) hat dies hingegen nicht. *Notwendig* größer zu sein als 7 ergibt keinen Sinn, wenn man es auf eine *Zahl* x anwendet. Notwendigkeit kommt nur der Verbindung zwischen „$x > 7$" und der Definitionsweise (32) für x zu, im Gegensatz zur Definitionsweise (33).

Aus ähnlichen Gründen war (31) sinnlos, denn die Art von Gegenstand *x*, welche die Bedingung:

(34) wenn es Leben auf dem Abendstern gibt,
dann gibt es Leben auf *x*

erfüllt, nämlich ein physikalischer Gegenstand, kann durch diverse Bedingungen bestimmt werden, von denen keine (34) als notwendige Folge hat. Die *notwendige* Erfüllung von (34) ist sinnlos, wenn man sie auf einen physikalischen Gegenstand *x* anwendet; Notwendigkeit kommt bestenfalls der Verbindung zwischen (34) und der einen oder anderen Festlegungsweise für *x* zu.

Man kann gar nicht stark genug betonen, wie wichtig es ist, Opakheit zu erkennen. Wir sahen in Abschnitt 1, daß die Opakheit die Substituierbarkeit der Identität zerstört. Wir sehen jetzt, daß sie auch die Quantifizierung unterbricht: Quantoren außerhalb eines opaken Zusammenhangs sind irrelevant für Variable innerhalb des Zusammenhanges. Dies wiederum ist offensichtlich im Falle der Anführung, wie dieses groteske Beispiel zeigt: $\bigvee v$(„*vier*" enthält „*v*").

3

Wir sehen aus (30)—(31), wie ein Quantor, angewendet auf einen modalen Satz, einfach zu Unsinn führen kann. Unsinn ist einfach Abwesenheit von Sinn und kann immer durch willkürliche Zuordnung irgendeines Sinnes behoben werden. Man muß aber hier folgende wichtige Tatsache im Auge behalten: Auch wenn man ein Verständnis der Modalitäten voraussetzt (durch unkritische Verwendung des zugrundeliegenden Begriffs der Analytizität) und wenn man weiter ein Verständnis der normalerweise so genannten Quantifizierung voraussetzt, dann erhält man immer noch nicht automatisch eine Bedeutung für quantifizierte Modalsätze wie (30) bis (31). Diese Tatsache darf von keinem übersehen werden, der es unternimmt, Regeln für eine quantifizierte Modallogik auszuarbeiten.

Die Wurzel der Schwierigkeiten ist die Opakheit modaler Kontexte. Aber diese hängt teilweise von der vorausgesetzten Ontologie ab, d. h. davon, welche Gegenstände als mögliche Gegenstände der Bezugnahme zugelassen werden. Das sieht man am leichtesten, wenn man für den Augenblick zum Standpunkt von Abschnitt 1 zurückkehrt, wo Opakheit auf Grund des Versagens der Substituierbarkeit von Namen erklärt wurde, die sich auf das gleiche Objekt beziehen. Nehmen wir nun an, wir wollten alle Objekte ablehnen, die, wie 9 und der Planet Venus oder der Abendstern, durch Namen bezeichnet werden können, für welche die Substituierbarkeit in modalen Kontexten nicht gilt. Das würde alle Beispiele beseitigen, die auf Opakheit von modalen Kontexten hinweisen.

Aber was für Gegenstände würden in einer solcherart gereinigten Welt überleben? Ein Gegenstand *x* muß, um beibehalten zu werden, folgende Bedingung erfüllen: Wenn *A* eine Aussage ist, die ein gerades Vorkommnis eines Namens von *x* enthält, und *A'* aus *A* dadurch entsteht, daß man in *A* dafür irgendeinen anderen Namen von *x* substituiert, dann müssen *A* und *A'* nicht nur, für sich genommen, den gleichen Wahrheitswert besitzen, sondern sie müssen auch wahrheitswertgleich bleiben, wenn man ihnen „notwendigerweise" oder „möglicherweise" voranstellt. Äquivalent ausgedrückt: die Ersetzung eines Namens von *x* durch einen anderen in einer analytischen Aussage muß wieder eine analytische Aussage ergeben. Oder nochmals anders formuliert: zwei beliebige Namen von *x* müssen synonym sein.[7]

Auf diese Weise wird der Planet Venus als materieller Gegenstand ausgeschlossen, da er die nicht-synonymen Namen „Venus", „Abendstern", „Morgenstern" besitzt. Diesen drei Namen müssen wir, wenn modale Kontexte nicht opak werden sollen, drei Gegenstände entsprechen lassen und nicht einen — vielleicht den Venus-Begriff, den Abendstern-Begriff und den Morgenstern-Begriff.

Analog wird 9, als eindeutig bestimmte ganze Zahl zwischen 8 und 10, ausgeschlossen — wegen des Besitzes der nicht-synonymen Namen „9" und „die Zahl der Planeten". Diesen beiden Namen entsprechend müssen wir, wenn modale Kontexte nicht opak werden sollen, zwei Gegenstände akzeptieren und nicht einen: vielleicht den 9-Begriff und den Zahl-der-Planeten-Begriff. Diese Begriffe sind nicht Zahlen, denn der eine ist weder größer noch kleiner als der andere, noch identisch mit ihm.

Die Forderung, daß zwei Namen von *x* synonym sein sollen,

kann statt als Einschränkung für die zulässigen Gegenstände *x* als eine solche für das zulässige Vokabular an singulären Ausdrücken angesehen werden. Das ist aber dann um so schlimmer für diese Art und Weise, die Bedingung auszudrücken. Wir haben hier einfach eine weitere Manifestation der Oberflächlichkeit der Behandlung ontologischer Fragen unter dem Gesichtspunkt der singulären Ausdrücke. Die wirkliche Einsicht, die nun in Gefahr ist, verdunkelt zu werden, war vielmehr folgende: Richtig verstanden kommt Notwendigkeit nicht der Erfüllung von Bedingungen *durch Gegenstände* zu (wie etwa durch die Felsenkugel, welche die Venus ist, oder die Zahl, welche die Anzahl der Planeten ist), unabhängig davon, wie man diese festgelegt hat. Diese Tatsache wurde am einfachsten durch die Betrachtung singulärer Ausdrücke dargestellt; aber sie wird nicht durch deren Elimination aus der Welt geschafft. Prüfen wir nun die Angelegenheit nicht unter dem Gesichtspunkt der singulären Ausdrücke, sondern unter dem der Quantifizierung.

Vom Gesichtspunkt der Quantifizierung aus zeigte sich die Opakheit modaler Kontexte in der Sinnlosigkeit von Quantifikationen der Art (30)—(31). Der Hauptpunkt der Schwierigkeiten mit (30) ist der, daß eine Zahl *x* durch jede von zwei Bedingungen eindeutig bestimmt sein kann, z. B. (32) und (33), welche nicht notwendigerweise, d. h. analytisch, äquivalent miteinander sind. Nehmen wir aber einmal an, wir würden alle derartigen Gegenstände nicht akzeptieren, sondern nur solche Gegenstände *x*, *für die je zwei beliebige Bedingungen, die x eindeutig festlegen, analytisch äquivalent sind.* Alle Beispiele, wie (30)—(31), welche die Opakheit modaler Kontexte zeigen, würden dann hinweggefegt. Es würde dann ganz allgemein sinnvoll werden, zu sagen, daß es einen Gegenstand gibt, der unabhängig von irgendeiner Weise, ihn festzulegen, notwendigerweise diese oder jene Eigenschaften hätte. Kurz gesagt, es würde legitim werden, in modale Kontexte hineinzuquantifizieren.

Die letzte kursiv gedruckte Bedingung kann formal, ohne Benützung singulärer Ausdrücke in einem Schema folgendermaßen ausgedrückt werden:

(35) $\{\bigwedge y\,[Fy \leftrightarrow (y = x)] \wedge \bigwedge y\,[Gy \leftrightarrow (y = x)]\}$
$\rightarrow$ [notwendigerweise $\bigwedge y\,(Fy \leftrightarrow Gy)$].

„$\bigwedge y\,[Fy \leftrightarrow (y = x)]$“ sagt uns nämlich, daß die Bedingung „Fy“ eindeutig y als x festlegt; und entsprechend für „$\bigwedge y\,[Gy \leftrightarrow (y = x)]$“. Man kann (35) vereinfachen zu:

(36) $\bigwedge y\,[Fy \leftrightarrow (y = \mathrm{x})] \rightarrow$
[notwendigerweise $\bigwedge y\,(Fy \leftrightarrow [y = x])$].

Denn (36) kann man leicht aus (35) ableiten, wenn man „Gy“ als „$y = x$“ nimmt und (35) kann man umgekehrt leicht aus (36) ableiten, wenn man folgendes evidente Lemma benützt:

[notwendigerweise $\bigwedge y\,(Fy \leftrightarrow [y = x]) \wedge$
notwendigerweise $\bigwedge y\,(Gy \leftrightarrow [y = x])] \rightarrow$
[notwendigerweise $\bigwedge y\,(Fy \leftrightarrow Gy)$].

(36) behauptet, daß eine Bedingung, die x eindeutig festlegt, dies notwendigerweise, nicht kontingent, tut. Aus (36) können wir ein noch einfacheres, noch einprägsameres Gesetz ableiten, das nicht einmal das schematische „F“ mehr enthält. Setzen wir in (36) „$y = z$“ für „Fy“ ein und überlegen, daß „$\bigwedge y\,[(y = z) \leftrightarrow (y = x)]$“ äquivalent ist mit „$z = x$“, dann erhalten wir:

$(z = x) \rightarrow$ [notwendigerweise $(z = x)$]

oder voll quantifiziert:

(37) $\bigwedge z \bigwedge x\,\{(z = x) \rightarrow$ [notwendigerweise $(z = x)]\}$.

D. h. die Welt soll aus Dingen bestehen, die nie kontingent identisch sind, die vielmehr notwendig identisch sind, wenn sie überhaupt identisch sind.

(35) oder (36) mit dem daraus folgenden (37) waren intendiert als notwendige Bedingung für die Verständlichkeit der Quantifizierung in modale Kontexte. Aber (37) und im Prinzip (36) enthalten selbst Quantifikationen in modale Kontexte. Deshalb müssen wir eher zur Formulierung (35) oder der vorhergehenden kursiv gedruckten verbalen Formulierung zurückkehren, wenn wir erste Instruktionen für eine Bereinigung der Welt suchen, die modale Kontexte für Quantifizierung sicher machen soll. Wir können aber erwarten, daß (36) und (37) in einer Modallogik mit Quantoren gelten, für die der Weg auf diese Weise frei gemacht wurde.

Überlegen wir uns aber nun, wie außerordentlich teuer es uns kam, die Welt auf diese Weise zu säubern. Konkrete Gegenstände werden verworfen zugunsten dessen, was Frege (3) Sinn von Namen nannte und was Carnap (3) und Church als Individualbegriffe [individual concepts] bezeichneten. Zahlen werden eliminiert zugunsten einer Art von Begriffen, denen die Zahlen in einer nicht umkehrbar eindeutigen Weise zugeordnet sind. Klassen fallen weg zugunsten von Klassenbegriffen oder Attributen, wobei vorausgesetzt wird, daß zwei Satzfunktionen, welche die gleiche Klasse bestimmen, trotzdem verschiedene Attribute festlegen, sofern sie nicht analytisch äquivalent sind. Uneingeschränkte Quantifizierung von Modalsätzen wurde erreicht für den Preis der Annahme einer Ontologie von rein intensionaler oder idealistischer Art. Es ist durchaus noch nicht der auffälligste Nachteil einer solchen Ontologie, daß das Individuationsprinzip ihrer Entitäten stets einen bloß vermuteten Begriff der Synonymität oder Analytizität voraussetzt.

1941 und 1943 habe ich zuerst auf die Schwierigkeiten bei einer Quantifizierung in modale Kontexte hinein hingewiesen. Ich erwähnte damals nicht, daß man den Schwierigkeiten durch Beschränkung der Welt auf intensionale Gegenstände begegnen könne. Diese Bemerkung geht auf Church (2) zurück. Carnap (2) stellte sich dem Problem und beschränkte den Bereich der zu quantifizierenden Variablen seiner modalen Logik auf Individualbegriffe, Attribute und verwandte intensionale Entitäten. Er beschrieb sein Verfahren nicht ganz in dieser Weise; er komplizierte die Situation, indem er eine seltsame Doppelinterpretation der Variablen vorschlug. Ich habe zu zeigen versucht[8], daß diese der Einfachheit abträgliche Konstruktion keinen wesentlichen Gewinn bringt und besser gar nicht angewendet wird.

Die modale Logik von Fitch ist in ihrer Ontologie nicht ausdrücklich auf intensionale Entitäten beschränkt; man wird aber vielleicht bei sorgfältiger Analyse und der klarsten Interpretation finden, daß sie einer solchen Einschränkung unterliegt. Es wäre sicher natürlich, eine derartige Konstruktion dem System zugrunde zu legen, falls in ihm (37) als Theorem ableitbar wäre. Fitch kommt dem nahe, indem er beweist:

(38) $(a = b) \rightarrow$ [notwendigerweise $(a = b)$]

[das ist sein (23. 6)]; aber ob man das mit (37) gleichsetzen kann, hängt davon ab, ob man „*a*“ und „*b*“ als bindbare Variablen auffaßt oder nur als schematische Buchstaben für vorhandene Namen.

Im letzteren Fall würde (38) bloß eine Einschränkung des Vokabulars der singulären Terme ausdrücken und nicht eine Einschränkung des Wertbereichs der Variablen. Eine derartige Absicht wird tatsächlich in Fitch (1), S. 112 f. angedeutet. Wenn nun das System tatsächlich so aufgefaßt werden muß, daß es nicht im Einklang mit (37) ist, dann übertragen sich unsere früheren Bedenken gegenüber dem Sinn der Quantifizierung in modale Kontexte hinein auch auf dieses System.

Wie schon bemerkt, kann Unsinn stets dadurch behoben werden, daß man einen Sinn zuordnet. Wenn man aber diesen Trick gebraucht, um eine zweifelhafte Verwendung der Quantifizierung zu retten, dann wird es fraglich, ob das Resultat für unsere augenblicklichen Interessen irgendwie von Bedeutung ist, abgesehen von einer zufälligen Ähnlichkeit in der Schreibweise. Jene augenblicklichen Interessen haben einerseits mit ontologischen Voraussetzungen zu tun, den Werten der quantifizierten Variablen und andrerseits mit der Zulässigkeit der normalerweise so genannten Quantifizierung angewendet auf modale Kontexte.

Die Verwendung der etwas teueren Methode der Begrenzung der verwendeten Ontologie auf intensionale Entitäten haben wir schon als hinreichende Bedingung für die Zulässigkeit der Quantifizierung in modale Kontexte hinein festgestellt. Man kann nicht wirklich sagen, daß dies eine notwendige Bedingung ist. Man kann die quantifizierten Modalitäten *und* die nicht intensionalen Gegenstände beibehalten, wenn man sie auseinanderhält, das heißt, Quantifizierung angewendet auf modale Kontexte nur dann zuläßt, wenn die Variable *dort* auf intensionale Gegenstände beschränkt ist. Diese letzte Bedingung ist es, welche die notwendige ontologische Einschränkung für die Quantifizierung, angewendet auf modale Kontexte, ausdrückt: Quantifiziere nur dann von außen in modale Kontexte hinein, wenn die Variable dieser Quantifizierung nur intensionale Werte annimmt. Solange die modale Logik jene einfache grammatische Form besitzt, in der man sie sich bis jetzt vorgestellt hat, nämlich daß man einen Modaloperator sinnvollerweise auf jeden offenen Satz anwenden kann und dann in sinnvoller Weise das Resultat bezüglich jeder freien Variablen quantifizieren kann, muß man die ontologische Beschränkung auf intensionale Objekte in ihrer absoluten Form anwenden. Von jener einfachen grammatischen Form sind insbesondere die modalen Logiken mit Quantoren von Carnap, Fitch und Miss Barcan. Church (3) andererseits hat die andere Alternative gewählt, nämlich den Bereich jener Variablen, die zur Quantifizierung in modale Kontexte hinein verwendet werden, drastisch einzuschränken. In Wirklichkeit ist seine Einschränkung noch strenger: Variable, die andere als intensionale Werte zulassen, dürfen überhaupt nicht (weder frei noch gebunden) in einer Formel auftreten, auf die ein Modaloperator angewendet wird.

Smullyan hat den Weg gewählt, die Argumente in Frage zu stellen, die uns zu unseren augenblicklichen Folgerungen bezüglich der ontologischen Einschränkungen für Modallogiken mit Quantoren geführt haben. Sein Argument beruht darauf, daß er eine grundlegende Unterscheidung der Namen in Eigennamen und (explizite oder implizite) Kennzeichnungen postuliert, derart, daß Eigennamen, welche den gleichen Gegenstand benennen, stets synonym sind (vgl. [38] oben). Von dieser Annahme ausgehend bemerkt er ganz richtig, daß die Beispiele, die, wie (15)—(20) und (24)—(25), die Ungültigkeit der Substituierbarkeit der Identität in modalen Kontexten zeigen, auf jeden Fall auch Kennzeichnungen benützen müssen, und nicht nur Eigennamen. Dann versucht er die Situation dadurch wieder ins Lot zu bringen, daß er in Verbindung mit modalen Kontexten eine veränderte Fassung von Russells bekannter Logik der Kennzeichnungen vorschlägt.[9] Wie schon im letzten Paragraphen betont, muß man aber auch dann mit dem Auftreten von Opakheit rechnen, wenn Kennzeichnungen und andere singuläre Terme gänzlich eliminiert sind.

4

Unser bisheriges Hauptresultat war, daß die Zulassung des uneingeschränkten Gebrauchs von Quantoren für Modalsätze extensionale Gegenstände, zum Beispiel Individuen und Klassen, als Werte der Variablen verbietet. Nun ist zu beachten, daß die gleichen Schwierigkeiten, die durch die logischen Modalitäten heraufbeschworen werden, auch bei Zulassung von Attributen (im Gegensatz zu Klassen) auftreten. Die sprachliche Äußerung „das Attribut so und so zu sein" ist opak, wie man zum Beispiel aus der Tatsache ersehen kann, daß die wahre Aussage:

(39) das Attribut, größer als 9 zu sein = das Attribut, größer als 9 zu sein

in eine falsche Aussage übergeht:

das Attribut, größer zu sein als die Zahl der Planeten = das Attribut, größer zu sein als 9,

wenn man gemäß der wahren Identität (24) substituiert. Überdies würde eine Existenzgeneralisierung von (39) zu:

(40) $\bigvee x$ (das Attribut, größer als x zu sein = das Attribut, größer als 9 zu sein)

führen, was sich genauso einer kohärenten Interpretation widersetzt, wie die Existenzgeneralisierungen (29)—(31) von (9), (15) und (16).

Die Quantifizierung eines Satzes, der die quantifizierte Variable in einem Kontext der Form „das Attribut ..." enthält, entspricht genau der Quantifizierung eines Modalsatzes; und die uneingeschränkte Zulassung von All- oder Existenzquantifizierung bewirkt, daß in der Welt, die den Bereich der Variablen bildet, nichts außer Intensionen existieren kann.

Wie schon vorher bemerkt, werden Attribute durch das folgende Prinzip identifiziert: Zwei offene Sätze, welche die gleiche Klasse festlegen, bestimmen nur dann das gleiche Attribut, wenn sie analytisch äquivalent sind. Eine weitere populäre Art von intensionalen Entitäten sind nun die Propositionen. Man stellt sich vor, daß sich Propositionen so zu Aussagen (d. h. geschlossenen Sätzen) verhalten, wie Attribute zu offenen Sätzen: Zwei Aussagen bestimmen die gleiche Proposition genau dann, wenn sie analytisch äquivalent sind. Die erwähnten Einschränkungen für Attribute gelten offensichtlich auch für Propositionen. Der wahre Satz:

(41) Die Proposition, daß $9 > 7$ = die Proposition, daß $9 > 7$,

geht in einen falschen Satz über:

die Proposition, daß die Zahl der Planeten > 7 = die Proposition, daß $9 > 7$, wenn man gemäß (24) substituiert. Das Ergebnis der Existenzgeneralisierung von (41) ist vergleichbar mit (29)—(31) und (40).

Intensionale und extensionale Ontologien sind wie Öl und Wasser. Die Zulassung von Attributen und Propositionen, zusammen mit dem uneingeschränkten Gebrauch der Quantifizierung und anderer grundlegender Redeweisen, schließt Individuen und Klassen aus. Die beiden Arten von Entitäten können zusammen in einer Logik nur dann untergebracht werden, wenn man Einschränkungen einführt, welche dazu dienen, sie auseinanderzuhalten so wie die von Church. Und das läuft fast auf zwei voneinander getrennte Logiken mit zwei disjunkten Individuenbereichen hinaus.

Die meisten Logiker, Semantiker und analytischen Philosophen, die ohne Hemmungen von Attributen, Propositionen oder logischen Modalitäten sprechen, wissen offensichtlich nicht, daß sie hiermit ihre Ontologien, das heißt die zulässigen Bereiche ihrer quantifizierten Variablen, in einer Weise einschränken, die sie, wäre es ihnen bewußt, kaum billigen würden. Es ist bemerkenswert, daß in den *Principia Mathematica*, in denen nominell Attribute als Entitäten zugelassen werden, alle tatsächlich im Verlauf der formalen Behandlung auftretenden Kontexte so beschaffen sind, daß sie durch Klassen wie durch Attribute erfüllt werden könnten. Alle auftretenden Kontexte sind *extensional* im Sinn von S. 30. Die Autoren der *Principia Mathematica* hielten sich also in der Praxis an ein Prinzip der Extensionalität, das sie theoretisch nicht voraussetzen wollten. Hätten sie eine andere Praxis verfolgt, dann hätte man vielleicht eher erkannt, wie wichtig dieses Prinzip ist.

Wir haben gesehen, wie modale Sätze, Attribut- und Propositions-Ausdrücke mit dem extensionalen Teil der Welt in Konflikt kommen. Man darf nicht vergessen, daß diese Ausdrücke nur dann zu einem solchen Konflikt Anlaß geben, wenn man in sie hineinquantifiziert, das heißt, wenn man sie in den Wirkungsbereich eines Quantors bringt, und sie die quantifizierte Variable enthalten. Keine derartige Schwierigkeit wird sich ergeben, solange Modalsätze, Attribut- und Propositions-Ausdrücke keine freien Vorkommnisse quantifizierbarer Variablen enthalten, welche extensionale Werte annehmen können. Wir kennen die Tatsache (die nach [26] oben illustriert wird), daß eine Anführung keine effektiv freie Variable enthalten kann, welche für einen außerhalb befindlichen Quantor erreichbar wäre. Wenn wir eine ähnliche Haltung gegenüber den Modalitäten, Attribut- und Propositions-Ausdrükken einnehmen, dann können wir sie frei und ohne die erwähnten Bedenken benutzen.

Was auf diesen Seiten über Modalität gesagt wurde, bezieht sich nur auf die strikte Modalität. Für alle anderen Arten, zum Beispiel physikalische Notwendigkeit und Möglichkeit, bestünde das erste Problem darin, diese Begriffe klar und exakt zu formulieren. Erst dann könnten wir untersuchen, ob man in solche Modalitäten, ebenso wie in die strikten, nicht hineinquantifizieren kann, ohne eine ontologische Krise heraufzubeschwören. Die Frage ist eng mit dem praktischen Gebrauch der Sprache verbunden. Sie betrifft zum Beispiel den Gebrauch von irrealen Konditionalsätzen im Bereich eines Quantors; denn es ist vernünftig, anzunehmen, daß der irreale Konditionalsatz für eine geeignete Interpretation von Notwendigkeit auf die Form „notwendigerweise, wenn *p* dann *q*" gebracht werden kann. Vom irrealen Konditionalsatz hängt wiederum zum Beispiel die folgende Definition der Wasserlöslichkeit ab: Zu sagen, daß ein Gegenstand in Wasser löslich ist, heißt, daß er sich auflösen würde, wenn er sich im Wasser befände. In physikalischen Erörterungen brauchen wir natürlich Quantifikationen, die den Ausdruck „*x* ist wasserlöslich" enthalten oder ein wortsprachliches Äquivalent; aber nach der vorgeschlagenen Definition hätte man dann im Bereich von Quantoren auch den folgenden Ausdruck zuzulassen: „Wenn *x* im Wasser wäre, dann würde sich *x* auflösen", das heißt, „notwendigerweise: wenn *x* im Wasser ist, dann löst sich *x* auf". Wir wissen jedoch nicht, ob es einen geeigneten Sinn von „notwendigerweise" gibt, der so beschaffen ist, daß wir in derartige Kontexte hineinquantifizieren können.[10]

Ein ähnliches Problem ergibt sich aus der aristotelischen Unterscheidung zwischen dem, was für ein gegebenes Individuum essentiell und akzidentell ist. Auch hier könnte sich herausstellen, daß eine Modalität, eine logische oder eine andere, im Spiel ist, in die man nicht in bezug auf extensionale Objekte hineinquantifizieren darf. Um dieses Problem und die Konsequenzen einer Lösung zu untersuchen, müßten wir ziemlich genau und explizit die Details der

Theorie angeben und unter dem Gesichtspunkt der Quantifikation all das analysieren, wofür die Theorie eine Grundlage sein soll.

Jede Art, Aussagen in Aussagen einzubetten, sei sie nun auf irgendeinen Begriff der „Notwendigkeit" begründet oder zum Beispiel, wie bei Reichenbach, auf einen Begriff der „Wahrscheinlichkeit", muß sorgfältig auf ihre Quantifizierbarkeit hin untersucht werden. Vielleicht sind die einzigen nützlichen Verbindungsweisen von Aussagen, die für uneingeschränkte Quantifizierung geeignet sind, die aussagenlogischen Verknüpfungen. Glücklicherweise braucht man keine anderen Arten von Aussagenverbindungen — wenigstens nicht in der Mathematik; und die Mathematik, das sei bemerkt, ist jener Zweig der Wissenschaft, dessen Erfordernisse wir am klarsten verstehen.

Um abschließend eine umfassende Feststellung machen zu können, wollen wir zu unserem ersten Kriterium für Opakheit zurückkehren, nämlich dem Versagen der Substituierbarkeit der Identität. Nehmen wir an, daß wir eine Theorie vor uns haben, in der (a) *logisch* äquivalente Formeln in allen Kontexten *salva veritate* vertauschbar sind und (b) die Logik der Klassen zur Verfügung steht.[11] Für eine derartige Theorie kann man zeigen, daß *jede* Art von Aussagenverknüpfung opak ist, falls es sich nicht um eine rein aussagenlogische Verknüpfung (eine Wahrheitswertfunktion) handelt. Nehmen wir an, daß φ und ψ zwei beliebige Aussagen sind, die den gleichen Wahrheitswert haben und daß $\Phi(\varphi)$ irgendeine wahre Aussage ist, die φ als Teil enthält. Nun ist zu zeigen, daß dann $\Phi(\psi)$ auch wahr ist, falls nicht der von „Φ" angedeutete Kontext opak ist. Die durch $\hat{\alpha}\,\varphi$ benannte Klasse ist entweder V oder Λ, je nachdem, ob φ wahr oder falsch ist; φ ist nämlich eine Aussage und enthält daher kein freies α. (Wen die Schreibweise $\hat{\alpha}\,\varphi$ ohne Vorkommen von α in φ verwirrt, der lese es als $\hat{\alpha}\,(\alpha = \alpha \wedge \varphi$.) Überdies ist φ logisch äquivalent mit $\hat{\alpha}\,\varphi = \mathrm{V}$. Daher ist gemäß (a), da $\Phi(\varphi)$ wahr ist, auch $\Phi(\hat{\alpha}\,\varphi = \mathrm{V})$ wahr. Aber $\hat{\alpha}\,\varphi$ und $\hat{\alpha}\,\psi$ jedoch bezeichnen ein und dieselbe Klasse, da φ und ψ den gleichen Wahrheitswert besitzen. Dann muß, da $\Phi(\hat{\alpha}\,\varphi = \mathrm{V})$ wahr ist, auch $\Phi(\hat{\alpha}\,\psi = \mathrm{V})$ wahr sein, falls der durch „Φ" angedeutete Kontext nicht opak ist. Wenn aber $\Phi(\hat{\alpha}\,\psi = \mathrm{V})$ wahr ist, dann auch $\Phi(\psi)$ gemäß (a).

Literaturhinweise

Barcan, R. C., "A functional calculus based on strict implication," *Journal of Symbolic Logic* 11 (1946), 1—16.

—, "The identity of individuals in a strict functional calculus of second order," *ibid* 12 (1947), 12—15.

Carnap, Rudolf [1], *The Logical Syntax of Language* (New York: Harcourt Brace, and London: Kegan Paul, 1937). Übersetzung, mit Erweiterungen, von *Logische Syntax der Sprache*, Wien: Springer, 1934.

— [2], *Meaning and Necessity* (Chicago: University of Chicago Press, 1947).

— [3], "Testability and meaning," *Philosophy of Science* 3 (1936), 419—471; 4 (1937), 1—40 (wiederabgedruckt, New Haven: Graduate Philosophy Club, Yale University, 1950).

Church, Alonzo [1], Review of Quine, *Journal of Symbolic Logic* 7 (1942), 100 f.

— [2], Review of Quine, *ibid.* 8 (1943), 45 ff.

— [3], "A formulation of the logic of sense and denotation," in *Structure, Method, and Meaning: Essays in Honor of Henry M. Sheffer* (Paul Henle, H. M. Kallen, and S. K. Langer, eds.; New York: Liberal Arts Press, 1951), 3—24.

— [4], "On Carnap's analysis of statements of assertion and belief", *Analysis 10* (1950), 97 ff.

Fitch, F. B., *Symbolic Logic* (New York: Ronald Press, 1952).

Frege, Gottlob, "On sense and nominatum," in Feigl and Sellars, Readings in Philosophical Analysis, New York 1949 pp. 85—102. Übersetzung von „Über Sinn und Bedeutung", *Zeitschrift für Philosophie und philosophische Kritik* 100 (1892), 25—50.

Lewis, C. I., *A Survey of Symbolic Logic* (Berkeley, 1918).

Lewis, C. I., und C. H. Langford, *Symbolic Logic* (New York, 1932; 2. Aufl., New York: Dover, 1951).

Smullyan, A. F., "Modality and description," *Journal of Symbolic Logic* 13 (1948), 31—37.

Anmerkungen

[Seitenzahlen ohne weitere Erläuterung beziehen sich auf Quine, *From a Logical Point of View.*]

1 Frege sprach von *geraden* und *ungeraden* Vorkommnissen und benützte wie wir die Substituierbarkeit der Identität als Kriterium.

2 Dieser Ausdruck ist ungefähr das Gegenteil von Russells "transparent", wie er es in Anhang C seiner *Principia,* 2. Aufl. Bd. 1 benützt.

3 Lewis, Kap. 5; Lewis und Langford, S. 78—89, 120—166.

4 Vgl. Carnap [1], S. 245—259.

5 Diese Bemerkung stammt im wesentlichen von Church [1].

6 Vgl. S. 166 u. hier S. 108 f., 115. Man beachte, daß die Existenzgeneralisierung, wie sie hier auf S. 153 vorkommt, eher mit freien Variablen als mit singulären Termen zu tun hat. Das gleiche gilt für einen [korrelativen] Gebrauch der Allspezialisierung, wie er in R2 von Aufsatz V [aus: *From a Logical Point of View*] auftritt.

7 Vgl. S. 32. Synonymität der Namen heißt nicht nur, das gleiche Ding bezeichnen; sie bedeutet, daß die aus den beiden Namen gebildete Identitätsaussage analytisch ist.

8 In einer Kritik, die Carnap großzügigerweise in sein [2] aufnahm, S. 196 f.

9 In ihrer ursprünglichen Formulierung enthielt Russells Theorie der Kennzeichnung Unterscheidungen des sogenannten „Bereichs" ["scope"]. Eine Änderung des Bereichs einer Kennzeichnung beeinflußte jedoch nicht den Wahrheitswert einer Aussage, außer die Kennzeichnung bezeichnete nichts. Diese Unabhängigkeit war dafür wichtig, daß Russells Theorie ihre Aufgabe der Analyse oder des Ersetzens der praktischen Redeweise der singulären Kennzeichnung erfüllen konnte. Smullyan andererseits gestattet, daß Unterschiede des Bereichs den Wahrheitswert auch dann beeinflussen können, wenn die betreffende Kennzeichnung tatsächlich etwas bezeichnet.

10 Für eine Theorie der Dispositionsausdrücke wie „löslich" vgl. Carnap [3].

11 Vgl. S. 27, 87.

Der folgende Beitrag wurde aus dem Englischen übersetzt von Walter Hoering.

PROPOSITIONEN UND SÄTZE

Von Alonzo Church

Die Bedeutung des Wortes *Proposition* hat eine interessante Geschichte. Im Lateinischen war *propositio* ursprünglich eine Übersetzung des griechischen πρότασις und scheint zunächst im Sinne von Prämisse verwendet worden zu sein. Aber schon bei Boethius wird das Wort mit einer Bedeutung verwendet, die noch lange mit ihm verbunden blieb, und die ich in anderen Worten auszudrücken versuche, wenn ich von einem Behauptungssatz zusammengenommen mit seiner Bedeutung spreche. Im Grunde der gleiche Wortsinn wie der des Boethius ist intendiert, wenn Petrus Hispanus definiert „Propositio est oratio verum vel falsum significans indicando", und auch wenn nachscholastische traditionelle Logiker Proposition als in Worten ausgedrücktes Urteil definieren. (Die Erwähnung von Urteil in der Definition von Proposition ist meines Wissens nachscholastisch, aber ich glaube, wir können dies für unseren augenblicklichen Zweck als eine unbedeutende Veränderung der Definition vernachlässigen, die nicht in irgendeiner wesentlichen Weise die Fragen beeinflußt, mit denen wir uns hier befassen wollen.)

Obwohl die Terminologie bei den verschiedenen Autoren durchaus nicht uniform ist, scheint es im großen und ganzen angemessen, des Petrus Hispanus' Definition von *propositio*, die wir gerade zitiert haben, als repräsentativ für den scholastischen Wortgebrauch anzusehen. Einige scholastische Logiker aber benutzen *enuntiatio* entweder als Alternative zu *propositio* oder um das Wort *propositio* für den Gebrauch in einem spezielleren Sinn zu reservieren. Und sogar Petrus Hispanus trifft an anderer Stelle eine gewisse Unterscheidung zwischen *propositio* und *enuntiatio*.

Von diesem scholastischen, traditionellen Gebrauch des Wortes *Proposition* hebt sich ein anderer Wortgebrauch ab, der erst in moderneren Zeiten aufkam und den ich dadurch unterscheiden möchte, daß ich von *Proposition im traditionellen Sinne* und *Proposition im abstrakten Sinne* spreche. Es ist die letztere, abstrakte Bedeutung von *Proposition*, auf die der Titel dieser Vorlesung zielt.

Der Unterschied zwischen den beiden Bedeutungen kann dadurch erklärt werden, daß wir annehmen, wir hätten vor uns einen deutschen Behauptungssatz, seine Übersetzung ins Englische und seine Übersetzung ins Lateinische. Im traditionellen Sinne hätten wir hier drei verschiedene Propositionen. Denn obwohl die drei Sätze (jeder in seiner Sprache) dieselbe Bedeutung haben, sind die verwendeten Wörter in jedem Fall andere und wir müssen deshalb, wenn wir die traditionelle Definition ernst nehmen wollen, nicht von einer, sondern von drei Propositionen sprechen. In der scholastischen Terminologie ist *propositio* eine *oratio* von gewisser Art, und *oratio* wiederum ist *vox* von einer gewissen Art — um noch einmal Petrus Hispanus zu zitieren, *vox significativa ad placitum, cuius partes significant separatae* — und falls daher die *vox*, die Form der Zusammensetzung aus Wörtern, verschieden ist, muß man auch sagen, daß die Propositionen verschieden sind, obwohl sonst alles gleich sein mag.

Im abstrakten Sinne andererseits repräsentieren der deutsche Satz und seine zwei Übersetzungen genau eine Proposition. Von einer Proposition im abstrakten Sinne kann man — im Gegensatz zur traditionellen Proposition — nicht sagen, daß sie in irgendeiner Sprache ist; sie ist keine Form von Wörtern und nicht eine sprachliche Entität irgendeiner Art außer in dem Sinne, daß man sie durch Abstraktion von der Sprache erhalten kann.

Bei manchen Logikern, die über Propositionen im traditionellen Sinne oder über Urteile schreiben, kann man, so glaube ich, mit Recht sagen, daß sie in einem vagen Sinne und trotz ihrer ausdrücklichen Behauptung in Wirklichkeit den abstrakteren Begriff intendieren. Zum Beispiel bei der Formulierung eines bestimmten Syllogismus kann der Unterbegriff, der voll ausgeschrieben in einer der Prämissen erschien, nunmehr in der Conclusio durch ein Pronomen dargestellt werden, wie etwa „es“ oder „er“, oder man wird vielleicht andere nicht-wesentliche Veränderungen in der

Formulierung einer Proposition vornehmen, ohne daß angemerkt wird, daß dadurch eine neue Proposition entstanden ist. Die Tatsache, daß man keine besondere Bemerkung oder Rechtfertigung für notwendig hält, scheint, wenn auch unabsichtlich, zu verraten, daß der Autor nur an die Bedeutung dachte und nicht an Bedeutung plus Worte. Auch in bezug auf Kant, der seine Logik von Urteilen handeln läßt, habe ich Argumente gehört, die dahin zielen, daß Kant mit Urteil keine psychologische Entität meint, keinen „Bewußtseinsakt", sondern einfach eine Proposition im abstrakten Sinne, wohlunterschieden von der traditionellen Proposition, für die er *Satz* verwendet.

Auf jeden Fall glaube ich, daß viele den traditionellen Begriff der Proposition mit seiner Abhängigkeit von der jeweiligen Formulierung umständlich und unbefriedigend gefunden haben; und daß für einige Zwecke zumindest ein klares Bedürfnis nach dem abstrakten Begriff besteht — der nicht der Behauptungssatz ist, sondern der Bedeutungsgehalt, welcher dem Satz und seinen Übersetzungen in andere Sprachen gemeinsam ist —, der nicht ein bestimmtes Urteil oder ein gewisser Gedanke ist, sondern, wie Frege schreibt, wenn er seinen Terminus *Gedanke* erklärt, der objektive Inhalt des Denkens, der fähig ist, gemeinsames Eigentum von vielen zu sein.

Eine explizite Unterscheidung zwischen Proposition im traditionellen Sinne und Proposition im abstrakten Sinn taucht zum ersten Male in Bolzanos *Wissenschaftslehre* von 1837 auf. Bolzanos Wort ist *Satz*, was tatsächlich die normale deutsche Übersetzung des lateinischen *propositio* ist, und die Proposition im abstrakten Sinne wird im Unterschied hierzu *Satz an sich* genannt.

1892 hat Frege, unabhängig von Bolzano, die Propositionen im abstrakten Sinn als *Gedanken* eingeführt. Für Frege ist der *Gedanke* der Sinn, den ein Behauptungssatz ausdrückt, zum Unterschied von der *Bedeutung*[1] des Satzes, die sein Wahrheitswert ist (d. h. entweder das Wahre oder das Falsche).

Der abstrakte Propositionsbegriff erscheint wieder in Russells *The Principles of Mathematics* im Jahre 1903. Russell erwähnt in diesem Zusammenhang Bolzano nicht, aber als er Frege diskutiert, erklärt er, daß Freges *Gedanke* ungefähr das gleiche ist wie seine eigene *unasserted proposition* (nicht behauptete Proposition). Propositionen im abstrakten Sinne spielen eine wesentliche Rolle in der ursprünglichen Fassung der *Principia Mathematica* von Whitehead und Russell. Und obwohl Russell den abstrakten Begriff später nicht mehr akzeptierte — er ersetzte ihn in der *Introduction to Mathematical Philosophy* durch eine Definition von *proposition,* die sich eng an Petrus Hispanus anlehnt, und in noch jüngerer Zeit durch einen psychologischen Begriff von Proposition — sind Autoren wie Eaton, Cohen und Nagel, Lewis und Langford, Carnap und viele andere dem jungen Russell gefolgt, indem sie das Wort Proposition im abstrakten Sinne verwendeten.

Man sollte aber hinzufügen, daß zwar der Gebrauch des Wortes Proposition im abstrakten Sinn jüngeren Datums ist, der Begriff selbst aber schon alt ist. So sind die λεκτά der Stoiker stets, wenn es sich um das λεκτόν eines Behauptungssatzes handelt, Propositionen im abstrakten Sinne.[2] Professor Bocheński bin ich für den Hinweis darauf verpflichtet, daß der abstrakte Begriff in den Schriften der späteren Scholastiker wieder auftaucht, beginnend mit Gregor von Rimini, und zwar unter dem Namen *complexe significabile.* Sogar Johann von St. Thomas weist möglicherweise auf den *complexe significabile* hin, wenn er von den „veritas complexa significata per enuntiationem" spricht (obwohl der Gebrauch des Wortes „veritas" seltsam anmutet, wenn über Propositionen gesprochen wird, die wahr oder falsch sein können). Aber diese Ideen wurden vergessen und mußten in neuerer Zeit durch Bolzano, Frege und Russell wiederentdeckt werden.

Das Wort *sentence* (Satz) ist natürlich ursprünglich ein Terminus der Grammatik und Linguistik. Seine Einführung in die Logik (wo es im Sinne von Behauptungssatz verwendet wird) ist erst jüngeren Ursprungs und es mutet immer noch viele seltsam an, das Wort *sentence* (Satz) dort zu finden, wo man vielleicht *proposition* (Proposition) erwartet hätte. Ich glaube, daß dieser Gebrauch sich zuerst in Verbindung mit Übersetzungen vom Deutschen ins Englische ergab. Denn die Tatsache, daß das Deutsche nur ein Wort *Satz* für beides, *sentence* und *proposition,* besitzt, hatte gewissen Logikern einen Wechsel des Gesichtspunktes erleichtert, der erst klar wurde, als die Übersetzung eine Unterscheidung zwischen den beiden Bedeutungen des deutschen Wortes notwendig machte. Und sicher war der Gebrauch des Wortes *sentence* oft ein Mittel nominalistischer Logiker, Propositionen zu vermeiden. Aber das Wort kann auch den Nominalisten nicht überlassen werden; denn gerade die Entscheidung, *Proposition* im abstrakten Sinne zu gebrauchen, macht es nötig, ein zweites Wort für den Satz als rein syntaktische Entität, in Abstraktion von seinem Sinn, zu besitzen. Gleichgültig, welches philosophische Vorurteil man hegen mag, ein nominalistisches, ein realistisches oder ein anderes, glaube ich, daß diese Terminologie von Satz und Proposition sich als der älteren Terminologie überlegen erweisen wird, welche einer zusammengesetzten Entität einen speziellen Platz gab, nämlich dem Satz plus (abstrakte) Proposition.

Nach Bolzanos Meinung hat Leibniz in seinem *Dialogus de Connexione inter Res et Verba* das Wort *propositio* im abstrakten Sinne gebraucht. Das scheint eine Übertreibung oder ein Mißverständnis zu sein; denn es hat nicht den Anschein, daß Leibniz in diesem Dialog eine Änderung der traditionellen Bedeutung von *propositio* im Sinne hat. Trotzdem ist der Dialog in diesem Zusammenhang von Interesse; denn er bringt die wesentlichen Betrachtungen, die darauf hinführen, daß die Dualität von Satz und Proposition ein einfacheres und befriedigenderes begriffliches Schema darstellt, als auf einer nominalistischen Basis möglich ist.

Der Dialog beginnt damit, daß A und B sich darauf einigen, daß man annehmen muß, daß Wahrheit nicht den Gedanken *(cogitationes)* anhaftet, sondern den Dingen *(res)*. Soll z. B. ein Faden von gegebener Länge so auf eine ebene Oberfläche gelegt werden, daß er eine möglichst große Fläche einschließt, dann muß seine Form ein Kreis sein; und daß dies wahr ist, so kommt man überein, hängt nicht davon ab, daß jemand daran gedacht hat; ganz im Gegenteil: es war schon wahr, bevor die Geometer es bewiesen oder irgend jemand es beobachtete. Aber, fragt A, der für Leibniz zu sprechen scheint, kann ein *Ding* falsch sein? B antwortet, daß nicht das Ding, sondern irgend jemandes Gedanken über das Ding falsch seien. Aber müsse es nicht stets die gleiche Entität sein, die fähig ist, wahr oder falsch zu sein? — wie man auch in dem Fall sehe, in dem man noch im Zweifel ist, ob etwas wahr oder falsch sei. So werden wir doch wieder dazu geführt zu sagen, daß Wahrheit den Gedanken zukommen muß und nicht den Dingen. Wie kann man dies mit dem Glauben vereinbaren, daß etwas wahr sein kann, woran noch nie jemand gedacht hat und vielleicht auch nie jemand denken wird? Leibniz' Antwort ist, daß die Wahrheit weder Gedanken noch Dingen zukommt, sondern möglichen Gedanken oder möglichen Propositionen.

Im Rest des Dialogs wird dann gezeigt, daß Wahrheit nicht willkürlich sein kann, nicht abhängig von menschlichen Konventionen über die Definition und den Gebrauch von Wörtern. Denn es gibt nur eine Geometrie, die gleiche für die Griechen, die Römer und die Deutschen, obwohl in drei verschiedenen Sprachen ausgedrückt; und die Resultate von arithmetischen Berechnungen sind die gleichen, ob man sie nun im Dezimal- oder Duodezimalsystem ausdrückt. Es wird geschlossen, daß die Grundlage der Wahrheit nicht in der Bezeichnungs- oder Schreibweise liegt, nicht in den Symbolen oder Schriftzeichen selbst, sondern in irgend etwas in ihrem Gebrauch und ihrer Verbindung, das nicht willkürlich ist, in einer gewissen Beziehung *(proportio)* der Zeichen untereinander und zwischen den Zeichen und den Dingen, welche beim Übergang zu einer anderen Sprache oder einer anderen Bezeichnungsweise entweder die gleiche bleibt oder in etwas in geeigneter Weise Entsprechendes übergeführt wird.

Leibniz ist hier dem Begriff der Proposition im abstrakten Sinne sehr nahe, so daß Bolzano nur noch den letzten Schritt zu tun brauchte.

Natürlich könnte man die möglichen Gedanken oder möglichen Propositionen von Leibniz, statt sie in abstrakte Propositionen zu verwandeln, auch als mögliche Sätze in irgendeiner Sprache auffassen, im Sinn von allen Sätzen, welche die syntaktischen Regeln der Sprache als wohlgeformt zulassen — gleichgültig ob der Satz tatsächlich von jemandem niedergeschrieben worden ist oder jemals werden wird oder ob der Satz so lang ist, daß er innerhalb der Grenzen unseres (möglicherweise endlichen) Universums gar nicht niedergeschrieben werden kann. Das ist vielleicht nicht ganz im Widerspruch zu Leibnizens eigenen Ideen; denn er behauptet im gleichen Dialog, daß keine klaren Gedanken oder Folgerungen ohne

Wörter, Schriftzeichen oder Zeichen irgendeiner Art möglich sind. Aber sofern dieses Verfahren eine nominalistische Motivierung haben sollte, wird es durch die Tatsache nutzlos gemacht, daß mögliche Sätze in diesem Sinne keine Partikularien, sondern Universalien sind, so daß den Zwecken des Nominalismus nicht gedient ist. Überdies ist es, wenn wir nicht das Subjekt (oder Objekt) der Wahrheit, sondern statt dessen das Objekt eines Glaubens oder einer Behauptung betrachten, meiner Meinung nach unbefriedigend, nicht mit Propositionen im abstrakten Sinne zu arbeiten, sondern unter Bezugnahme auf mögliche Sätze eine rein syntaktische Analyse anzustreben. Ich habe versucht, dies in einer Arbeit in der Zeitschrift *Analysis* zu zeigen ("On Carnap's analysis of statements of assertion and belief", Bd. 10 Nr. 5, 1950), die ich jetzt nicht diskutieren will. Ich möchte nur meine Meinung ausdrücken, daß Versuche, meine Kritik an Carnaps Analyse von Glaubenssätzen zu widerlegen, weit danebengegangen sind; und daß die Kritik so geartet ist, daß sie anderen, ähnlichen Ansätzen zur Analyse von Glaubenssätzen nur äußerst geringe Erfolgsaussichten einräumt.

Um auf das Argument von Leibniz zurückzukommen: Es gibt tatsächlich einige Stellen darin, an denen eine andere Entscheidung möglich oder wenigstens erwägenswert wäre. Die Dialogform verdeckt das manchmal, so z. B. wenn die Einigkeit von A und B darüber, daß das, was von niemandem gedacht wird, trotzdem wahr sein kann, uns davon abhalten will, die Haltbarkeit der gegenteiligen Meinung zu prüfen. Aber wenn wir tatsächlich jene grundlegende Annahme in Zweifel ziehen, dann können wir behaupten, daß nur tatsächliche Gedanken oder vielleicht besser nur wirkliche konkrete Sätze fähig sind, wahr oder falsch zu sein. Das Resultat ist so etwas wie der Quine-Goodmansche finitistische Nominalismus, weil es möglicherweise nur eine endliche Mannigfaltigkeit von konkret existierenden Sätzen gibt — sogar wenn wir die ganze Vergangenheit und Zukunft betrachten und sogar wenn wir auch Sätze einbeziehen, die nicht von irgend jemandem mit Absicht geschrieben wurden, sondern nur zufällig irgendwo irgendwann existieren. Auf dieser Grundlage scheint es unmöglich zu sein, gewisse sonst ganz normale Unterscheidungen zu treffen, so etwa die Unterscheidung zwischen der prinzipiellen Nichtexistenz eines Beweises eines bestimmten mathematischen Theorems (z. B. des unentscheidbaren Satzes von Gödel) und der Nichtexistenz eines tatsächlich niedergeschriebenen Beweises, weil alle Beweise zu lang wären. Aber selbst wenn wir bereit sind, den Verlust derartiger Unterscheidungen in Kauf zu nehmen, dann müssen wir uns, wie auf Grund der Arbeiten von Quine und Goodman klar wurde, auch im besten Fall mit einer sehr schwierigen und komplizierten Theorie, sogar schon bei der Formulierung der logischen Syntax, zufriedengeben; und die Schwierigkeiten werden sicher noch größer bei einer Behandlung einer bloß extensionalen Semantik und *a fortiori* erst recht bei solchen intensionalen Fragen wie der logischen Analyse von Glaubenssätzen. Es ist eine bekannte Erscheinung in der Mathematik im allgemeinen und auch in der theoretischen Physik und anderen Naturwissenschaften, daß eine Theorie stark dadurch vereinfacht werden kann, daß man in sie Entitäten einführt, zusätzlich zu jenen, mit denen man ursprünglich zu tun hatte, und ich glaube, daß es falsche Sparsamkeit wäre, auf die Vereinfachung einer Theorie durch derartige Mittel zu verzichten. Der Begriff des konkreten physikalischen Objektes, ausgedehnt im Raum und beständig in der Zeit, ist ein gutes Beispiel. Denn womit die Theorien, in denen solche Objekte erscheinen, ursprünglich zu tun hatten, das waren nicht diese Objekte selbst, sondern vielmehr gewisse Beobachtungen und physikalische Erfahrungen.[3] Tatsächlich scheint im Grunde die Rechtfertigung für die ausgedehnten physikalischen Objekte in der makrophysikalischen Theorie und für die idealen Sätze der logischen Syntax dieselbe zu sein: Beide sind postulierte Entitäten — mancher mag vorziehen von erschlossenen Entitäten zu sprechen —, ohne die die Theorie unerträglich kompliziert, wenn nicht unmöglich wäre.

Es gibt noch einen Punkt, den ich in Verbindung mit dem Versuch des Nominalisten, aus der Gasse des Leibniz-Argumentes zu entkommen, erwähnen möchte. Das ist die Annahme, daß es *etwas* gebe, was das Subjekt der Wahrheit ist — und ich würde dazu die Annahme hinzufügen, daß es etwas gebe, das Objekt von Behauptung und Glauben ist. Man muß tatsächlich die Möglichkeit in Betracht ziehen, daß eine andere logische Form anzunehmen ist. Aber hier muß ich sagen, daß ich mit einer Ausnahme keinen Vorschlag einer anderen logischen Form für etwa Glaubenssätze kenne als diesen, der sich als wahrscheinlich nützlich und haltbar empfiehlt. Es gibt jedoch die Möglichkeit, daß eine neue Idee oder eine Richtung in der Analyse von Aussagen über Wahrheit, Behauptung und Glauben und ähnlichem die augenblickliche Situation völlig verändern könnte.

Die eine Ausnahme, die ich vorhin erwähnte, ist der Vorschlag von Israel Scheffler (*Analysis*, Bd. 14, Nr. 4, 1954), nach dem Namen von Propositionen eliminiert werden zugunsten gewisser Prädikate von Inschriften, die dazu verwendet werden können, tatsächlich über eine Inschrift zu behaupten, daß sie diese oder jene Proposition ausdrücke. Scheffler, der im Kontext des Quine-Goodman-Nominalismus schreibt, spricht von Prädikaten von Inschriften, d.h. von konkreten einzelnen Vorkommnissen von Sätzen und nicht von den idealen Sätzen der gewöhnlichen logischen Syntax, und es scheint, daß dies für seinen Vorschlag wesentlich ist. Tatsächlich nimmt Scheffler an, daß jede Inschrift eine einzige Bedeutung hat — die durch ihren Kontext bestimmt ist, welcher auch die Sprache einschließt, zu der sie gehört —, so daß seine Propositionsprädikate (wie ich sie nennen werde) als bloße Prädikate von Inschriften aufgefaßt werden können, ohne daß man die Sprache als zweites Argument einführt. Und da dies zur Folge hat, daß zufällig auftretende Inschriften nicht in Betracht gezogen werden können, sondern nur jene, die absichtlich von jemandem in einem geeigneten Kontext geschrieben wurden, wird der Quine-Goodman-Versuch, die logische Syntax auf einer finitistischen Basis zu rekonstruieren (vgl. *The Journal of Symbolic Logic*, Bd. 12, Nr. 4, 1947), sicher schwieriger gemacht.

Die Propositionsprädikate müssen natürlich unteilbar oder zumindest nicht in einer Weise analysierbar sein, die wieder Namen von Propositionen einführen würde (welche durch bindbare Variablen ersetzt werden könnten). Und auch bei den Propositionsprädikaten selbst darf man nicht gestatten, daß sie durch Variablen ersetzt werden oder ersetzbar sind, die gebunden werden können. Auf diese Weise ist Scheffler nach Quines Ansicht imstande zu vermeiden, sich auf die Existenz abstrakter Entitäten festzulegen. Aber als Konsequenz davon steht er sofort vor der

Schwierigkeit, daß wir oft Aussagen machen möchten, die, zumindest *prima facie*, in ihrer Analyse die Verwendung von gebundenen Variablen verlangen, welche über Propositionen laufen. Beispiele sind: „Church und Goodman haben einander widersprochen", „Goodman will über Individuen sprechen", „Einige Behauptungen von Velikovsky sind unwahrscheinlich" und die Ramus zugeschriebene Behauptung, daß alle Aussagen von Aristoteles Unwahrheiten seien. Ich bin auf verschiedene Methoden für den Versuch einer nominalistischen Reproduktion dieser Aussagen gestoßen. Vielleicht ist es am plausibelsten, sie jeweils zu rekonstruieren als: „Es gibt Inschriften i_1 und i_2 derart, daß i_1 von Church geäußert (gesprochen oder geschrieben) wurde, i_2 von Goodman geäußert wurde und i_1 und i_2 *kontradiktorisch* sind"; „Es gibt Inschriften, die *von Individuen handeln* und die Goodman äußern wird"; „Es gibt Inschriften, die von Velikovsky geäußert wurden und *unwahrscheinlich sind*"; „Alle Inschriften, die von Aristoteles geäußert wurden, *sind falsch*" —, wobei in den kursiv gedruckten Inschriften nicht die Sprache als zusätzliches Argument benötigt wird, da angenommen wird, daß die Sprache eindeutig durch den Kontext bestimmt ist. Aber wenn man eine ausführliche Analyse dieser Prädikate versucht oder vieler anderer ähnlicher, die sich sofort anbieten, wird es schwierig, nicht wieder in unbeabsichtigte ontologische Voraussetzungen (ontological commitments) zurückzufallen. Und wenn man statt dessen eine große Zahl dieser Prädikate als unanalysierte Grundprädikate nimmt, dann kann es schwierig oder unmöglich sein, (axiomatisch) die logischen Verbindungen zwischen ihnen festzulegen, ferner die Verbindungen zwischen ihnen und den Propositionsprädikaten und die Verbindungen zwischen ihnen und der syntaktischen Konstruktion der Inschriften, auf die sie sich in einer bestimmten Sprache beziehen.

Ich ziehe den Schluß, daß Scheffler seine Behauptung, einen brauchbaren Ersatz für Propositionen angegeben zu haben, der auf der Grundlage eines finitistischen Nominalismus akzeptierbar wäre, nicht bewiesen hat. Es bleibt die Möglichkeit offen, daß die Behauptung durch eine längere und detailliertere Entwicklung bewiesen werden könnte, welche allerdings Lösungen für die gerade diskutierten Schwierigkeiten wie auch eine Behandlung einer damit verträglichen finitistischen Syntax enthalten müßte. Auf jeden Fall wären aber Einwände gegen den finitistischen Nominalismus, die dahin zielen, daß die Theorie und ihre Anwendung zu kompliziert ist, dadurch noch nicht widerlegt.

Es ist nötig, noch die Frage der Anpassung von Schefflers Verfahren an die gewöhnliche nicht-finitistische Syntax zu betrachten, in der Sätze behandelt werden und keine Inschriften. Wie schon angedeutet, kann es noch andere untersuchenswerte Wahlmöglichkeiten für die logische Form von Glaubenssätzen oder Ähnlichem geben. Abschließend möchte ich vorschlagen, daß man versuchen soll, möglichst viele verschiedene Möglichkeiten für die Analyse solcher Aussagen zu finden, und daß jene, die Erfolg zu versprechen scheinen, detailliert gemäß der logistischen Methode entwickelt werden; denn dies ist die einzige Methode, die gestattet, die Konsequenzen eines Vorschlages in zufriedenstellender Weise zu verfolgen und die Diskussion über das Niveau vager und sinnloser Spekulation zu erheben. Skizzen, informelle Vorschläge und allgemeine informelle Überblicke wie der vorliegende haben ihre Berechtigung, sind aber letzten Endes im Hinblick auf die offensichtliche logische Schwierigkeit des vorliegenden Problem vergebens, wenn sie nicht Grundlage einer ins einzelne gehenden formal-logischen Formulierung und Untersuchung wenigstens einer erfolgreichen Lösung werden.

Anmerkungen

[1] So gebrauchte Frege die Wörter *Gedanke* und *Bedeutung* mit einer ganz speziellen Bedeutung, die von ihrer üblichen Bedeutung im Deutschen (wie auch von ihrer Bedeutung sonst in diesem Aufsatz) verschieden ist. Da Frege als Synonym für seine *Bedeutung das Bezeichnete* zuläßt, nimmt man im Englischen hierfür das Wort *denotation.*

[2] In der Diskussion (diese Arbeit war zunächst ein Vortrag) wurde demgegenüber bemerkt, daß die Stoiker vermutlich nur für tatsächlich geäußerte oder von jemandem in Betracht gezogene Sätze die Existenz eines λεκτόν angenommen hätten.

[3] Man vergleiche die Bemerkung von Gödel in "Russell's mathematical logic", in *The Philosophy of Bertrand Russell,* P. Schilpp (Hrsg.).

Der folgende Beitrag wurde aus dem Englischen übersetzt von Walter Hoering.

ONTOLOGISCHE VORAUSSETZUNGEN*

Von ALONZO CHURCH

Es gibt bekannte philosophische Probleme, die das betreffen, was man *Ontologie* nennt, und die gemeinhin so formuliert werden, daß man fragt, ob etwas oder eine gewisse Kategorie von Dingen „wirklich" ist oder ob sie „existieren", oder ob sie „wirkliche Existenz" besitzen. Ein hervorragendes Beispiel ist das traditionelle Universalienproblem, welches der Kontroverse zwischen Nominalisten und Realisten darüber zugrunde liegt, ob Universalien, abstrakte Entitäten, wie Mengen (im mathematischen Sinn) oder Propositionen wirklich existieren (Propositionen im abstrakten Sinn, d. h. als Inhalt einer Behauptung unter Abstraktion von ihrer Formulierung).

Es ist nicht meine Absicht, in dieser Arbeit eines dieser philosophischen Probleme direkt anzugreifen, sondern eine notwendige Vorfrage zu behandeln, welche die Logik der Angelegenheit betrifft.

W. V. Quine verdankt man den wichtigen Hinweis auf die Notwendigkeit einer Klärung des logischen Problems. Quines Kriterium für ontologische Voraussetzungen ist wirklich der einzige existierende Vorschlag in dieser Richtung. Unsere Arbeit wird zum großen Teil in einer kritischen Betrachtung dieses Vorschlags bestehen.

Man kann der Meinung sein, daß ein Philosoph, der bei einem ontologischen Disput sozusagen auf der negativen Seite steht, sich

* [Der englische Titel "Ontological Commitment" hat keine einfache Entsprechung im Deutschen (vgl. Einleitung). Von den Bedeutungskomponenten 'Überzeugung', 'Verpflichtung', 'Entscheidung', 'Festlegung', 'Voraussetzung', die bei 'commitment' mitschwingen, wurden die letzten drei Wörter — zum Teil in Form des Verbs — für die Übersetzung verwendet. (Anm. d. Übers.).]

selbst die Möglichkeit nimmt, sich in gewisser Weise auf die Entitäten zu beziehen, deren Realität er verneint. Wenn er z. B. behauptet, daß Zahlen nicht existieren, aber trotzdem behauptet oder geneigt ist zuzugeben, daß „1729 auf mehr als eine Weise Summe von zwei Kubikzahlen ist", hat er sich, wenigstens *prima facie*, in einen Widerspruch verwickelt; denn wenn er die Zahl 1729 mit Namen erwähnt und ihr eine Eigenschaft zuschreibt, so scheint er sich zumindest auf die Existenz dieser einen Zahl festgelegt zu haben. Aus diesem Grund mag der Nominalist, der nicht geneigt ist, sofort die ganze Mathematik aufzugeben oder einen extremen formalistischen Standpunkt einzunehmen, welcher mathematischen Formeln jede Bedeutung abspricht, auf den Versuch einer Umformulierung des Satzes kommen, die so beschaffen ist, daß kein Name von 1729 mehr in ihr vorkommt, und, falls die Ziffernfolge „1729" überhaupt noch auftaucht, dann nicht in der Rolle eines Namens.

Quine bemerkt in diesem Zusammenhang, daß eine derartige ontologische Festlegung auf Entitäten, z. B. auf Zahlen, nicht unbedingt daher rühren muß, daß man den Namen einer bestimmten Zahl verwendet, sondern auch eine Konsequenz des Gebrauchs von Variablen sein kann, welche Zahlen als Werte haben. So kann man aus „1729 ist auf mehr als eine Weise Summe von zwei Kubikzahlen" mit Hilfe einfacher logischer Regeln schließen auf „es gibt eine Zahl, welche in mehr als einer Weise Summe von Zwei Kubikzahlen ist" oder in Symbolen

$$\bigvee x \bigvee y \bigvee z \bigvee t \bigvee u \, (Ky \wedge Kz \wedge Kt \wedge Ku \wedge \\ t \neq y \wedge t \neq z \wedge x = y + z \wedge x = t + u)$$

wo '*K*' bedeuten soll „ist Kubikzahl (einer positiven ganzen Zahl)", und '*x*', '*y*', '*z*', '*t*', '*u*' Variablen sind, deren Bereich die positiven ganzen Zahlen sind. Dies bringt natürlich wieder eine ontologische Voraussetzung mit sich, auch wenn nicht der Name irgendeiner bestimmten Zahl auftaucht. Und wenn ein ontologisches Problem die Existenz, nicht einer einzelnen Entität, sondern von Entitäten einer gewissen Kategorie betrifft, dann ist das Kriterium für ontologische Voraussetzungen, das sich auf den Gebrauch von Variablen bezieht, unmittelbarer anwendbar und kann wichtiger werden als das Kriterium, das sich auf den Gebrauch eines Namens bezieht.

Im obigen habe ich dargestellt, was mir der überzeugendste

Aspekt von Quines Vorschlag zu sein scheint, und auch der, den ich am stärksten betonen möchte. In den Standardsystemen der Logik, die hauptsächlich in den neueren Arbeiten aus diesem Gebiet vorkommen, sind die Quantorenregeln so beschaffen, daß die Variablen einen nichtleeren Bereich haben müssen, so daß jede Behauptung, die eine Variable enthält (sei sie nun durch einen Existenz- oder einen Allquantor gebunden), derart aufgefaßt werden muß, daß sie eine ontologische Entscheidung für die Entitäten im Bereich der Variablen enthält. Überdies ist es vernünftig anzunehmen, daß ein Symbol nur dann ein echter Eigenname ist, wenn es den Existenz-Schluß gestattet, der durch den Übergang von „1729 ist auf mehr als eine Weise die Summe von zwei Kubikzahlen" auf „$\bigvee x$ (x ist auf mehr als eine Weise die Summe von zwei Kubikzahlen)" illustriert wird — so daß die ontologische Festlegung durch den Gebrauch eines Eigennamens auf eine solche durch den Gebrauch einer Variablen reduziert ist. Auf diese Weise wurde Quine auf das eine sehr einfache Kriterium geführt, daß ein Satz, der eine Variable enthält, auch eine ontologische Festlegung auf den Bereich der Variablen enthält.

Auch in dieser Form scheint mir Quines Vorschlag natürlich und einigermaßen selbstverständlich. Seine Bedeutung ergibt sich aus der Leichtigkeit und Häufigkeit, mit der die Vertreter der negativen Seite in einer ontologischen Diskussion dieses einfache Kriterium logischer Kohärenz verletzen.

Um dies zu illustrieren, möchte ich aus A. J. Ayers *Thinking and Meaning* (1947) zitieren:

> ... außer vielleicht bei gewissen Gelegenheiten des Träumens heißt an etwas denken stets denken, daß dieses oder jenes der Fall ist. Es bringt nicht notwendigerweise mit sich, daß man *glaubt,* daß irgend etwas der Fall ist. Es kann sein, daß eine Proposition nur „zum Gegenstand einer Betrachtung gemacht" wird, wie manche Philosophen es ausdrücken, und daß der Denker gar kein Urteil darüber fällt, ob sie wahr oder falsch ist. Er kann sich vorstellen, daß etwas so ist, oder sich fragen, ob es so ist. Er kann eine Intention ausdrücken, anstatt eine Tatsache zu beschreiben. Aber wie immer dies sei, das, was er denkt, kann durch einen Satz ausgedrückt werden; und das, was seinen Gedanken zu einem Gedanken über etwas macht, ist einfach die Tatsache, daß der Satz eine Bedeutung hat

... Natürlich ist es sinnvoll, in einem Fall, in dem jemand glaubt oder zweifelt oder dergleichen, zu sagen, daß es etwas gibt, was er bezweifelt, glaubt usw. Aber daraus folgt nicht, daß „Zweifeln“ oder „Glauben“ Namen bestimmter geistiger Akte sind, oder daß irgend etwas existieren muß, derart daß man es bezweifeln oder glauben kann, in der gleichen Weise, in der etwas existieren muß, derart, daß man es essen oder schlagen kann.

Das ist der Abschnitt, der am klarsten zeigt, daß Ayer imstande sein will zu sagen, daß jemand etwas glaubt, und zur gleichen Zeit verneinen will, daß etwas existiert, das geglaubt werden kann. Aber es gibt tatsächlich viele Abschnitte in dem ganzen Buch, die Ayers nominalistische Intentionen zuschanden machen, weil sie nämlich, wenn man sie präzise ausdrücken würde, den Gebrauch von gebundenen Variablen über den Bereich von Propositionen verlangen würden. Noch ein Zitat:

Aber nun kann man fragen, was geschieht, wenn ich tatsächlich an eine Proposition denke, die ich weiß, glaube oder bezweifle? Wenn wir zugeben, daß diese „kognitiven“ Ausdrücke normalerweise in einem dispositionellen Sinn gebraucht werden, wird es wahr sein, daß ich z. B. etwas glauben kann, auch wenn ich nicht gerade daran denke. Aber ich muß sicher mindestens bei einer Gelegenheit daran denken, damit die Disposition überhaupt entstehen kann. Nun mag mein bloßes daran Denken in nichts weiter bestehen, als daß ich gewisse Symbole gebrauche und verstehe; aber mein Glauben ist etwas mehr. Es ist, wenn Sie so wollen, eine Disposition ...

— In einem früheren Buch, *The Foundations of Empirical Knowledge* (1940), weist Ayer selbst darauf hin, daß er das Wort „Proposition“ wiederholt benützt, obwohl er Propositionen ablehnt, und schlägt Verfahren zur Elimination des Wortes durch Umformulierung vor. Aber seine Umformulierungsverfahren erfüllen ihren Zweck nicht, da sie gebundene Variablen über den Bereich der Propositionen voraussetzen.

Es mag sein, daß man Ayer so verstehen muß, daß er stets eine Unterscheidung treffen will zwischen ‘es gibt etwas, das’ (was vermutlich dem Existenzquantor entspricht) und ‘es existiert etwas, derart, daß man es ... kann’, wie sie am Ende des ersten Zitates gemacht wird. Aber wenn das so ist, dann muß gesagt werden, daß weder eine Logik noch eine Semantik jenes letzteren Existenzbegriffes jemals auch nur vage skizziert wurde, von einer präzisen Formulierung ganz zu schweigen. Der Begriff bleibt mysteriös. Und Ayers Gleichnisse: „etwas derart, daß man es essen oder schlagen kann" bringen nicht nur keine Klärung, sondern verwirren momentan, indem sie den — natürlich aus allgemeinen Gründen falschen — Eindruck erwecken, daß bei Ayer 'etwas existiert' heißt, es existiert als physikalisches Objekt.

In *Semantics and Necessary Truth* (1958) erklärt Arthur Pap in einem Abschnitt, der in mancher Hinsicht Ayer zu folgen scheint, „Reifikation" oder „Platonische Mystifikation", indem er sagt, daß man „sich die Proposition als *Ding* vorstellt, das bereit ist, Objekt des Bewußtseins zu werden", oder, daß „Propositionen irgendwie jenen *zeitlichen* Entitäten assimiliert werden, die der gesunde Menschenverstand 'Dinge' nennt". Aber diese Begriffe eines Dinges, das fähig ist, zu werden, oder einer zeitlichen Entität bedürfen genausosehr einer Explikation wie Ayers Unterscheidung zwischen 'etwas existiert' und 'es existiert etwas, derart daß' (die Pap hier vielleicht explizieren will). Z. B. sagt man, daß ein Mann, der zunächst nicht liebt und später doch liebt, sich verändert hat; aber wenn jemand zunächst ihn nicht liebt und später doch, dann hat er sich nicht notwendigerweise verändert. Analog vertritt Pap die Meinung, daß man eine Proposition nicht deshalb als zeitliche Entität betrachten soll, weil jemand sie zu einem Zeitpunkt nicht glaubt und später doch glaubt. Aber im Augenblick gibt es noch keine vernünftige und adäquate Logik, die die angedeutete Unterscheidung der Umgangssprache zwischen dem Subjekt und dem Objekt eines Verbs wiedergibt.

Als weiteres Beispiel von Inkonsistenz in bezug auf ontologische Voraussetzungen zitiere ich einen Abschnitt aus einer Arbeit von Gilbert Ryle, die 1939 zum ersten Mal publiziert und kürzlich wieder abgedruckt wurde in *Logic and Language* (Second Series), S. 65—81:

Nun sind Sätze und Satz-Faktoren englisch oder deutsch, geschrieben oder geflüstert oder geschrien, schlampig oder pedantisch usw. Die Logik befaßt sich mit etwas, das indifferent ist in bezug auf diese Unterschiede — nämlich mit (wie man bequem, wenn auch manchmal irreführend sagt)

Propositionen und den Teilen oder Faktoren von Propositionen. Wenn zwei Sätze verschiedener Sprachen, Dialekte, Autoren oder Zeiten das Gleiche sagen, so kann das, was sie aussagen, in Abstraktion von den verschiedenen „Sagungen" betrachtet werden, weshalb wir noch nicht anzunehmen brauchen, daß es sich zu diesen verhält wie eine Stadt zu verschiedenen Wegweisern, die auf sie hinweisen. Und so, wie wir Propositionen von den Sätzen unterscheiden, die sie ausdrücken, genauso müssen wir Propositions-Faktoren von den Satz-Faktoren unterscheiden, die diese ausdrücken. Aber auch hier dürfen wir nicht glauben, daß dies heißt, daß die Welt Kühe, Erdbeben *und* Propositions-Faktoren enthält, ähnlich wie uns die Tatsache, daß wir an einer Münze zwei Seiten unterscheiden können, nicht berechtigt zu schließen, daß ich drei Dinge in der Hand habe, wenn ich eine Münze in der Hand halte, nämlich die Münze und ihre zwei Seiten.

Über das Hauptthema der Arbeit braucht hier nichts gesagt zu werden, außer daß es Ryle nötigt, von Propositionen zu sprechen, und von dem, was er Propositions-Faktoren nennt (ich nehme an, daß sie fast das gleiche sind wie Propositionsfunktionen im abstrakten Sinne). Es fehlt nicht an Aussagen, in denen der Existenzquantor direkt angewendet wird — z. B. auf Seite 78, „Es gibt Begriffe, die . . .", „von denen einige Propositionen sind . . .", usw. In dem gerade zitierten Abschnitt und in anderen Abschnitten der gleichen Arbeit versucht Ryle, es zu vermeiden, sich auf einen Realismus festzulegen, im ursprünglichen Sinne einer Behauptung der wirklichen Existenz von abstrakten Entitäten. Aber die angebliche philosophische Erkenntnis dieser Abschnitte bleibt unbegründet, es sei denn durch die gerade zitierten, hinkenden und etwas zweifelhaften Analogien. Und, was noch ernster ist, es scheint, daß diese Erkenntnis ganz isoliert gehalten wird und ohne Auswirkungen auf das bleibt, was man mit Propositionen in der Logik machen kann, oder auf die Schlüsse, die man ziehen kann, wenn man mit ihnen argumentiert. Es läßt sich, so glaube ich, die Meinung vertreten, daß Ryle in dieser Arbeit ein Realist ist, und daß seine Ablehnung oder teilweise Ablehnung des Realismus in den fraglichen Abschnitten einfach einen Widerspruch zum restlichen Teil der Arbeit darstellt.

Ich will nicht noch weitere Zitate zur Illustration von Verwirrung und Inkonsistenz in bezug auf ontologische Voraussetzungen anführen, obwohl ich glaube, daß man leicht noch viele weitere finden könnte. Im Verlauf der Diskussion habe ich schon auf die Hauptthese, die ich vertreten möchte, hingewiesen, nämlich daß keine Diskussion einer ontologischen Frage, insbesondere der Entscheidung zwischen Nominalismus und Realismus, als verständlich betrachtet werden kann, wenn sie nicht einem bestimmten Kriterium der Festlegung der ontologischen Voraussetzungen gehorcht. Und wenn es auch einem Autor freisteht, ein anderes Kriterium vorzuschlagen als das von Quine oder auch ein ganz neues Logiksystem zu formulieren, um für seine Ideen den richtigen Rahmen zu schaffen, muß er doch stets sein Kriterium oder sein Logiksystem so exakt darstellen, daß der Leser in die Lage versetzt wird, es nach seinen Leistungen zu beurteilen.

Wenn man ein vorgeschlagenes Kriterium der ontologischen Festlegung beurteilt, ist es wichtig, festzustellen, wie eng sich das Kriterium an den vorsystematisch vorhandenen Begriff der Existenz anschließt. Aber es nützt nicht viel, diesen Vergleichstest weiterzutreiben als bis zu einem gewissen Näherungsgrad. Denn die Umgangssprache selbst ist nur bis zu einem gewissen Grad exakt, und die Dunkelheit und Verwirrung, die sich dann ergeben kann, wenn man in ihr etwas sucht, was nicht da ist, scheint mir durch einige der angegebenen Zitate gut illustriert. Es geht nicht darum, die Umgangssprache zu reproduzieren, sondern sie zu reformieren. Und wenn sich dann konkurrierende Kriterien für ontologische Voraussetzungen ergeben, die beide mit dem vorsystematischen Begriff der Existenz soweit übereinstimmen, wie man Übereinstimmung in klarer und verläßlicher Weise feststellen kann, dann müssen beide Kriterien untersucht und nach ihren internen Vorzügen verglichen werden; den Test der Prüfung der Übereinstimmung mit den vorsystematischen Alltagsbegriffen sollte man nicht über seine Tragfähigkeit hinaus beanspruchen.

Kehren wir aber zu jenem Kriterium zurück, das Quine vorgeschlagen hat. Trotz der großen Bedeutung von Quines Beitrag, die ich deutlich zu machen versucht habe, glaube ich, daß einige Verbesserungen wünschenswert sind.

Insbesondere gibt es zwei Überlegungen, die beide nahelegen, daß ontologische Voraussetzungen nur mit dem Existenz-Qantor und nicht mit gebundenen Variablen überhaupt in Verbindung gebracht werden sollten.

Die eine Überlegung zielt auf jene Eigenschaft der oben so genannten „gewöhnlichen Standardsysteme der Logik", nach der aus den Quantorenregeln folgt, daß die Variablen einen nicht leeren Bereich haben. Gegen diese Eigenschaft sind Einwände erhoben worden, und zumindest für einige Zwecke erscheint ihre Beseitigung wünschenswert.[1] Und wenn wir bereit sind, auf den Gebrauch von Aussagen, die freie Variablen enthalten, zu verzichten, dann ist es nicht schwierig, diese Eigenschaft der Standardlogiksysteme zu eliminieren.[2] Es ist klar, daß in der dadurch entstehenden modifizierten Logik ontologische Voraussetzungen nur mit einer Existenzaussage verbunden sein werden, aber nicht mit der Negation einer Existenzaussage oder einer Allaussage.

Die zweite Überlegung betrifft die Tatsache, daß die gebräuchlichen Logiksysteme — einschließlich der „gewöhnlichen Standardsysteme" und anderer — nur Variablen mit einer begrenzten Mannigfaltigkeit von Bereichen haben. Und wenn es auch möglich sein könnte, Variablen mit einer viel größeren Mannigfaltigkeit von Bereichen zuzulassen, so ist doch nicht unmittelbar klar, ob dies ohne übermäßige Komplikationen möglich wäre. In den gebräuchlichen Systemen muß, im Fall einer ontologischen Festlegung auf einen echten Teil des Bereichs einer Variablen, Quines Kriterium indirekt angewendet werden.[3] Z. B. enthält

$$\bigvee x\,(x > 10^{1000}),$$

wo „x" eine Variable ist, deren Bereich die ganzen Zahlen sind, direkt, gemäß Quines Kriterium, eine ontologische Entscheidung für ganze Zahlen. Aber um zu sehen, daß die Formel die stärkere ontologische Festlegung auf ganze Zahlen größer als 10^{1000} enthält, muß man in einer semantischen Metasprache einen Beweis geben, daß die Wahrheit der angegebenen Formel verlangt, daß der Bereich der Variablen „x" ganze Zahlen größer als 10^{1000} einschließt.

Als Alternative zu Quines Kriterium schlage ich daher das Folgende vor[4]:

> Die Behauptung von $\bigvee \mathsf{x} M$ enthält eine ontologische Festlegung auf Entitäten x, der Art, daß M.

Das ist zu verstehen als ein Schema, in dem 'x' durch eine beliebige Variable ersetzt werden kann, '*x*' kann durch irgendeinen Namen der gleichen Variablen ersetzt werden, 'M' kann durch eine beliebige Aussageform ersetzt werden, die nur diese eine freie Variable hat, und '*M*' kann durch irgendeinen Namen derselben Aussageform ersetzt werden. Überdies müssen in '$\vee$*xM*', damit man Gebrauch und Erwähnung exakt unterscheidet, '$\vee$' und die Klammern autonym verstanden werden und Nebeneinanderschreibung muß als Zeichen für Nebeneinanderschreibung verstanden werden.[5]

Dieses Kriterium stimmt mit Quines im Falle der „gewöhnlichen Standard-Logiksysteme" überein. Es ist jedoch auf eine etwas weitere Klasse von Systemen anwendbar, und, wie ich glaube, in direkterer Weise.

Wenn man das Gleiche etwas weniger präzise ausdrücken will, kann man sagen, daß jene Philosophen, die von „Existenz", „Realität" und dgl. sprechen, so zu verstehen sind, daß sie den Existenzquantor meinen und daß man sie als inkonsistent verurteilen muß, wenn auf dieser Grundlage sich in ihren Schriften Widersprüche ergeben. Die Rechtfertigung hierfür ist, daß keine andere vernünftige Bedeutung von „Existenz" jemals angegeben worden ist (die in Kontexte der zitierten Art passen würde), und daß die Beweislast für die Angabe einer derartigen zweiten Bedeutung „Existenz" bei jenen liegt, deren Schriften oder philosophische Ansichten eine solche erfordern.

Anmerkungen

[1] So könnten wir in einem bestimmten Zusammenhang Variable gebrauchen wollen, die sich auf einen Bereich beziehen, von dem wir nicht wissen, ob er leer ist. Und sogar im Falle von Variablen, die sich auf Bereiche beziehen, wie den der physikalischen Objekte, bei denen wir es als sicher betrachten können, daß ihr Bereich nicht-leer ist, scheint es, daß die Nicht-Leerheit des Bereichs nicht aus logischen Gründen allein beweisbar sein soll.

[2] Die Modifikation besteht, grob gesagt, in der Streichung des Schemas $\wedge x A \rightarrow A$, wo A ein Ausdruck ist, der keine freien Variablen (und insbesondere nicht x frei) enthält. Das wurde zuerst von mir gezeigt, in

Essays in Honor of Henry M. Sheffer, 1951, vgl. S. 18. Später wurde die gleiche Idee unabhängig von Theodore Hailperin gebraucht in *The Journal of Symbolic Logic*, Bd. 18 (1953), S. 197—200.

[3] Ich möchte kurz bemerken, daß die ontologische Festlegung ein intensionaler Begriff ist, in dem Sinn, daß sie auf Klassenbegriffe und nicht auf Klassen angewandt werden muß. Zum Beispiel ist eine ontologische Festlegung auf Einhörner evidentermaßen nicht das gleiche wie eine ontologische Festlegung auf purpurrote Kühe, auch wenn beide Klassen zufällig leer und daher identisch sind.

[4] Ich habe in der ganzen Arbeit vorgezogen, von ontologischer Festlegung in bezug auf bestimmte Sätze zu sprechen, im Gegensatz zu Logik-Systemen oder Sprach-Systemen. Die Verbindung liegt natürlich darin, daß eine Sprache die ontologischen Voraussetzungen jedes Satzes enthält, der in der Sprache analytisch ist, das heißt: jedes Satzes, dessen Wahrheit eine logische Konsequenz der Semantik der Sprache ist. In einigen Fällen kann es hinreichend sein, zu sagen, daß eine Sprache die ontologischen Voraussetzungen aller ihrer Theoreme enthält. Aber die Beantwortung bestimmter Fragen über ontologische Voraussetzungen einer Sprache kann im allgemeinen eine Bezugnahme auf die Analytizität notwendig machen (unabhängig davon, ob man Quines Kriterium für ontologische Voraussetzungen zugrunde legt oder die von mir vorgeschlagene Alternative).

[5] [Es gibt daher eine wichtige Analogie zwischen diesem Schema und dem bekannten Lesniewski-Tarski-Wahrheitskriterium

P ist wahr genau dann, wenn P

(das man nicht mit Tarskis Wahrheitsdefinition verwechseln sollte). Aber es gibt auch einen wesentlichen Unterschied: das Lesniewski-Tarski-Schema ist völlig extensional, während in jeder Anwendung des vorliegenden Schemas der Satzteil, der durch 'Entitäten x derart, daß M' repräsentiert wird, *ungerade* vorkommt — um in Freges Terminologie zu reden. Wie Scheffler und Chomsky in ihrer Arbeit *What is said to be* betonen (vgl. in diesem Sammelband S. 308 ff.), ist es kaum überraschend, daß der Begriff der ontologischen Voraussetzung ebenso wie die Begriffe des Behauptens oder Glaubens entweder ungeraden Gebrauch oder eine noch deutlichere Bezugnahme auf Intensionalitäten beinhalten müssen. Von Scheffler und Chomsky unterscheide ich mich hauptsächlich darin, daß ich glaube, daß es philosophisch nicht unwichtig ist, einen intensional explizierten allgemeinen Begriff von ontologischer Voraussetzung zu haben. (Später hinzugekommene Anm. aus dem Jahre 1969.)]

Der folgende Beitrag wurde aus dem Englischen übersetzt von Walter Hoering.

INTENSIONALE SEMANTIK*

Von Alonzo Church

Wir unterscheiden zwischen einem *logistischen System* und einer *formalisierten Sprache* folgendermaßen: Ersteres ist ein abstrakt formulierter Kalkül, für den keine Interpretation festgelegt ist. Es hat daher eine Syntax, aber keine Semantik. Eine formalisierte Sprache hingegen ist ein logistisches System, das mit einer Zuordnung von Bedeutungen zu seinen Ausdrücken versehen ist.

Als Basis für ein logistisches System genügt es, in bekannter Weise anzugeben: (1) Die Liste von Grundsymbolen oder das *Vokabular* des Systems (normalerweise verbunden mit einer Einteilung der Grundsymbole, die später bei der Formulierung der Formregeln und Schlußregeln verwendet wird). (2) Die *Formregeln*, die zunächst einmal festlegen, welche endlichen Folgen von Grundsymbolen *wohlgeformte* Ausdrücke sein sollen, die ferner gewisse Klassen von wohlgeformten Ausdrücken auszeichnen — unter denen, wie wir annehmen wollen, sich zumindest die Klasse der *Sätze* befindet — und die schließlich (falls sich unter den Grundsymbolen Variablen befinden) bestimmen, welche Vorkommnisse von Variablen in einem wohlgeformten Ausdruck *freie* und welche *gebundene* Vorkommnisse sind.[1] (3) Die Übergangsregeln oder *Schlußregeln*, die gestatten, aus der *Behauptung* gewisser Sätze (endlich vieler Prämissen) auf einen bestimmten Satz (die Konklusion) zu *schließen.* (4) Gewisse behauptete Sätze, die *Axiome.*

Um eine formalisierte Sprache zu erhalten, ist es notwendig, zu diesen *syntaktischen Regeln* eines logistischen Systems *semantische Regeln* hinzuzufügen, welche den wohlgeformten Ausdrücken des Systems Bedeutungen (in irgendeinem Sinn) zuordnen.[2] Wie die

* Ursprünglicher Titel: *Über die Notwendigkeit abstrakter Entitäten bei der semantischen Analyse.*

semantischen Regeln beschaffen sein werden, wird von der Theorie der Bedeutung abhängen, die man zugrunde legt, und diese wiederum muß durch den Zweck gerechtfertigt werden, dem sie dienen soll.

Nehmen wir als unseren Zweck an, daß wir eine abstrakte Theorie des tatsächlichen Gebrauches der Sprache für die menschliche Verständigung liefern wollen — nicht einen historischen Tatsachenbericht über das, was sich ereignet hat, sondern eine Norm, im Verhältnis zu der das alltägliche Sprachverhalten als ungenaue Annäherung betrachtet werden kann, in der gleichen Weise, in der z. B. die elementare (angewandte) Geometrie eine Norm ist, im Verhältnis zu der wir die praktische Tätigkeit des Landvermessers oder des Vorarbeiters am Bau, der dafür sorgt, daß Baupläne eingehalten werden, als Approximationen betrachten können. Wir müssen von so einer Theorie verlangen, daß sie für alle in beobachtbarer Weise informative Arten von Verständigung Platz hat — einschließlich solcher notorisch schwieriger Fälle wie Glaubenssätze, modale Sätze, irreale Konditionalsätze — oder daß sie wenigstens einen (theoretisch) brauchbaren Ersatz für sie liefert. Außerdem müssen Lösungen für möglicherweise sich einstellende Paradoxa der Bedeutung vorhanden sein, wie etwa das sogenannte „Paradox der Analyse“.

Es gibt mehrere Theorien der Bedeutung, die im Hinblick auf die Erfüllung dieser Bedingungen vielversprechend erscheinen, zumindest beim augenblicklichen Entwicklungsstand. Aber gegenüber allen anderen scheint sich vor allem die Theorie von Frege wegen ihrer relativen Einfachheit, Natürlichkeit und Erklärungskraft zu empfehlen — oder, wie ich vorschlagen würde, eine Frege-Theorie, die sich durch Elimination seines etwas problematischen Begriffes einer *ungesättigten* Funktion (und insbesondere des ungesättigten Begriffs) von der ursprünglichen Theorie unterscheidet, sowie durch einige Veränderungen, die sie näher an die gegenwärtige logistische Praxis heranbringen, jedoch ohne Verlust ihres wesentlichen Gehaltes, nämlich der Unterscheidung zwischen Sinn und Bedeutung.

Diese modifizierte Frege-Theorie kann näherungsweise durch die Tendenz gekennzeichnet werden, die Klasse der synkategorematischen Ausdrücke möglichst klein zu halten — das sind Ausdrücke, die für sich allein keine Bedeutung besitzen, die aber mit einem oder mehreren bedeutungsvollen Ausdrücken zusammen einen bedeutungsvollen Ausdruck bilden können [3] — und die Kategorien der bedeutungsvollen Ausdrücke auf zwei zu reduzieren: (Eigen-) *Namen* und *Formen,* wobei für beide zwei Arten von Bedeutung in paralleler Weise unterschieden werden.

Ein Name oder eine *Konstante* (wie wir auch in Anlehnung an die mathematische Terminologie sagen werden) besitzt zunächst ein *Bezeichnetes.* Das ist das, dessen Name er ist [4]. Und jeder Name hat auch einen *Sinn,* den man vielleicht besser seine Bedeutung nennen sollte; denn man nimmt an, daß zum vollständigen Verständnis einer Sprache gehört, imstande zu sein, den Sinn jedes Namens der Sprache zu kennen, nicht jedoch weiteres Wissen über das zu besitzen, was die Namen bezeichnen. (Behauptungs-)*Sätze* insbesondere werden als eine Art von Namen aufgefaßt. Ihr Bezeichnetes ist der *Wahrheitswert* des Satzes, *das Wahre* oder *das Falsche*; der Sinn ist die *Proposition,* die der Satz ausdrückt.

Man sagt, ein Name *bezeichnet* sein Bezeichnetes und *drückt* seinen Sinn *aus.* Man sagt, der Sinn ist ein *Begriff* des Bezeichneten. Die abstrakten Entitäten, welche als Sinne der Namen dienen, wollen wir *Begriffe* nennen, obwohl dieser Gebrauch des Wortes 'Begriff' sich nicht in Freges Schriften findet und sorgfältig von seinem Gebrauch von 'Begriff' unterschieden werden muß. Daher ist alles, was in irgendeiner Sprache (einer wirklichen oder einer möglichen) ein Sinn ist oder geeignet ist, ein Sinn zu sein, ein Begriff.[5] Die Ausdrücke *Individualbegriff, Funktionsbegriff* und ähnliche sollen daher Begriffe bezeichnen, welche Begriffe eines Individuums, einer Funktion etc. sind. Ein *Klassenbegriff* kann mit einer *Eigenschaft* identifiziert werden und ein *Wahrheitswertbegriff* (wie bereits angedeutet) mit einer Proposition.

Namen sollen sinnvolle Ausdrücke ohne freie Variablen sein. Ausdrücke, welche den Namen analog sind, die aber freie Variablen enthalten, nennen wir Formen (eine ziemlich starke Erweiterung des gewöhnlichen mathematischen Wortgebrauches, die wir hier mangels eines besseren Ausdruckes verwenden).[6] Jede Variable hat einen *Bereich,* welcher die Klasse der zulässigen *Werte* der Variablen ist.[7] Und analog zum Bezeichneten eines Namens hat eine Form einen *Wert* für jedes System zulässiger Werte seiner freien Variablen.[8] Die Zuordnung eines Wertes zu einer Variablen ist zwar keine syntaktische Operation; sie entspricht aber in gewisser Weise der syntaktischen Operation der Substitution einer Konstanten für eine Variable. Das Bezeichnete der eingesetzten Konstanten repräsentiert den Wert der Variablen.[9] Und der Sinn der substituierten Konstante kann als Darstellung des Sinn-Wertes der Variablen aufgefaßt werden. Auf diese Weise erhält jede Variable außer ihrem Bereich auch einen *Sinn-Bereich,* der die Klasse der zulässigen Sinn-Werte der Variablen ist. Und analog zu dem Sinn eines Namens hat eine Form einen *Sinn-Wert* für jedes System zulässiger Sinn-Werte seiner freien Variablen.[10]

Man nimmt die folgenden Prinzipien an[11]: (I) Jeder Begriff ist Begriff von höchstens einem Ding. (II) Jede Konstante hat einen einzigen Begriff als ihren Sinn. (III) Jede Variable hat eine nichtleere Klasse von Begriffen als ihren Sinn-Bereich. (IV) Jede Belegung der freien Variablen einer gegebenen Form mit Sinn-Werten (jeder Variablen der Form wird hierbei genau ein Sinn-Wert aus ihrem Sinn-Bereich zugeordnet) liefert genau einen Begriff als deren Sinn-Wert. (V) Eine Konstante bezeichnet das, wovon ihr Sinn ein Begriff ist. (VI) Der Bereich einer Variablen ist die Klasse jener Dinge, zu denen die Elemente des Sinn-Bereiches Begriffe sind. (VII) Wenn S, s_1, s_2, ... s_m jeweils Begriffe von A, a_1, a_2, ... a_m sind und wenn S der Sinn-Wert einer Form F für das System von Sinn-Werten s_1, s_2, ... s_m seiner freien Variablen x_1, x_2, ... x_m ist, dann ist A der Wert von F für das System von Werten a_1, a_2, ..., a_m von x_1, x_2, ..., x_m. (VIII) Wenn C′ aus der Konstante C dadurch erhalten wurde, daß man ein bestimmtes Vorkommnis einer Konstanten c durch eine Konstante c′ ersetzt hat, die denselben Sinn hat wie c, dann ist C′ eine Konstante, die denselben Sinn hat wie C.[12] (IX) Wenn C′ aus einer Konstanten C durch Ersetzung eines bestimmten Vorkommnisses einer Konstante c durch eine Konstante c′, welche dasselbe bezeichnet wie c, entsteht, dann ist C′ eine Konstante, die dasselbe Bezeichnete hat wie C.[13] (X) Wenn C′ aus einer Konstanten C durch Ersetzung eines bestimmten Vorkommnisses einer Form f durch eine Form f′ entsteht, welche dieselben freien Variablen hat wie f; und wenn die Formen f und f′ für jedes zulässige System von Sinn-Werten ihrer freien Variablen den gleichen Sinn-Wert erhalten, dann ist C′ eine Konstante, die denselben Wert hat wie C.[12] (XI) Wenn C′ aus einer Konstanten C durch Ersetzung eines bestimmten Vorkommnisses einer Form f durch eine Form f′ entsteht, welche die gleichen freien Variablen besitzt wie f, und wenn f und f′ denselben Wert haben für jedes System von Werten ihrer freien Variablen, das zulässig ist in dem Sinn, daß jeder Wert zum Bereich der entsprechenden Variablen gehört, dann ist C′ eine Konstante, die dasselbe bezeichnet wie C.[13] (XII) Wenn $x_1, x_2, \ldots, x_m$ verschiedene und alle Variablen sind, die in einem konstanten C (notwendigerweise gebunden) vorkommen, wenn $y_1, y_2, \ldots, y_m$ verschiedene Variablen sind, die jeweils den gleichen Sinn-Bereich wie $x_1, x_2, \ldots, x_m$ haben, und wenn C′ aus C durch Einsetzung von $y_1, y_2, \ldots, y_m$, für $x_1, x_2, \ldots, x_m$, entsteht, dann ist C′ eine Konstante, die den gleichen Sinn hat wie C. (XIII) Wenn $x_1, x_2, \ldots, x_m$ verschiedene Variablen sind, die in der Konstante C vorkommen, wenn ferner $y_1, y_2, \ldots, y_m$ verschiedene Variablen sind, welche jeweils den gleichen Bereich haben wie $x_1, x_2, \ldots, x_m$, und wenn C′ aus C durch Einsetzung von $y_1, y_2, \ldots, y_m$, für $x_1, x_2, \ldots, x_m$, entsteht, dann ist C′ eine Konstante, die das gleiche bezeichnet wie C. (XIV) Das Resultat der Einsetzung von Konstanten für alle freien Variablen einer Form ist eine Konstante, wenn der Sinn jeder eingesetzten Konstante zum Sinn-Bereich der entsprechenden Variablen gehört.[12] (XV) Der Sinn einer Konstanten C, den man auf diese Weise durch Einsetzung der Konstanten $c_1, c_2, \ldots, c_m$ für die freien Variablen $x_1, x_2, \ldots, x_m$ einer Form F erhält, ist der gleiche wie der Sinn-Wert von F, wenn die Sinne von $c_1, c_2, \ldots, c_m$ als Sinn-Werte den $x_1, x_2, \ldots, x_m$ zugeordnet werden.

Zu diesen Prinzipien muß man noch weitere hinzufügen, die ähnlich (VIII)—(XV) sind, mit dem Unterschied, daß man in Formen anstelle von Konstanten substituiert oder daß Formen, Variablen und Konstanten für die freien Variablen einer Form eingesetzt werden. Anstatt diese Prinzipien aufzuführen, soll nur bemerkt werden, daß sie aus den angeführten folgen, wenn beliebige Erweiterungen der Sprache durch Adjunktion von Konstanten (als Grundsymbole) zugelassen werden, die als Sinn Begriffe besitzen, welche zu den Sinn-Bereichen von Variablen in der Sprache gehören, wenn man ferner annimmt, daß die aufgeführten Prinzipien auch für derartige Erweiterungen der Sprache gelten, und wenn man außerdem voraussetzt: (XVI) Wenn ein Ausdruck F, der die Variablen $x_1, x_2, \ldots, x_m$ enthält, in jeder Erweiterung der Sprache der gerade erwähnten Art für jede Einsetzung von Konstanten $c_1, c_2, \ldots, c_m$ (die zu den Sinn-Bereichen der entsprechenden Variablen gehören) für die entsprechenden Variablen eine Konstante wird, dann ist F eine Form, die $x_1, x_2, \ldots, x_m$ als freie Variablen enthält.

Jenen, welche die hier vorgeschlagene Maschinerie von abstrakten Entitäten und zugehörigen Postulaten zu kompliziert erscheint, möchte ich sagen, daß die Probleme, die der Vorschlag lösen soll, schwierig sind und keine einfachere Theorie bekannt ist.[14]

Jenen, die sich überhaupt gegen die Einführung abstrakter Entitäten wenden, möchte ich sagen, daß ich glaube, daß es wichtigere Kriterien gibt, nach denen man eine Theorie beurteilen sollte. Das extreme Verlangen nach einem einfachen Verbot abstrakter Entitäten unter allen Umständen kommt vielleicht von einem Wunsch, eine Verbindung zwischen Theorie und Beobachtung aufrechtzuerhalten. Aber mir erscheint es willkürlich, (etwa) das *Sehen* dem *Verstehen* als Beobachtungsmethode vorzuziehen. Denn so wie ein undurchsichtiger Körper gesehen werden kann, genauso kann ein Begriff verstanden oder begriffen werden. Und es besteht tatsächlich zwischen diesen beiden Fällen eine sehr enge Parallelität. In beiden Fällen nämlich erfolgt die Beobachtung nicht direkt, sondern durch Hilfsmittel; durch das Licht, die Linse des Auges oder eines optischen Instrumentes und die Netzhaut im Falle eines sichtbaren Körpers; durch sprachliche Ausdrücke im Falle des Begriffs. Und in beiden Fällen gibt es oder könnte es Theorien geben, nach denen die fragliche Entität, der undurchsichtige Körper oder der Begriff nicht vorausgesetzt wird, sondern nur jene Dinge, die man sonst seine Auswirkungen nennen würde.

Zu den Kriterien, nach denen man eine Theorie beurteilen kann, gehört wirklich auch die Menge von Entitäten (abstrakte oder konkrete), die sie voraussetzt. Wenn man findet, daß die Entitäten stärker vermehrt wurden, als für Brauchbarkeit, Einfachheit und Allgemeinheit der Theorie notwendig ist, dann soll man tatsächlich das Okhamsche Rasiermesser anwenden.[15] Die hier skizzierte Theorie der Bezeichnung möchte ich von einer solchen Behandlung nicht weniger ausnehmen als irgendeine andere Theorie. Aber ich bin dafür, sie zu studieren.

Kehren wir nun zu unserer anfänglichen Frage zurück, zu der Frage nach der Beschaffenheit der semantischen Regeln, welche man zu den syntaktischen Regeln eines logistischen Systems hinzufügen muß, wenn man eine bestimmte formalisierte Sprache definieren will.

Nach der geschilderten Theorie der Bedeutung müssen die semantischen Regeln zumindest folgendes enthalten: (5) *Sinnregeln,* die einen Sinn für jeden wohlgeformten Ausdruck ohne freie Variablen festlegen (alle solche Ausdrücke werden Namen). (6) *Regeln des Sinn-Bereichs,* die jeder Variable einen Sinn-Bereich zuordnen. (7) *Regeln des Sinn-Wertes,* die für jeden wohlgeformten Ausdruck und jedes zulässige System von Sinn-Werten für seine freien Variablen einen Sinn-Wert bestimmen (so daß alle derartigen Ausdrücke Formen werden).

Für syntaktische wie für semantische Regeln muß man unterscheiden zwischen *Grundregeln* und *abgeleiteten Regeln.* Die Grundregeln sind jene, die man formuliert, wenn man die Basis einer formalisierten Sprache angibt; die abgeleiteten Regeln sind ähnliche Regeln, welche Konsequenzen der Grundregeln sind. So gibt es außer den Grundschlußregeln auch abgeleitete Schlußregeln, außer den Grundregeln für den Sinn auch abgeleitete Sinn-Regeln usw. — (Aber anstelle von „abgeleiteten Axiomen“ sagt man gewöhnlich *Theoreme.*)

Ein Satz über das Bezeichnete eines Namens, den Bereich einer Variablen oder den Wert einer Form gehört nicht notwendigerweise zur Semantik einer Sprache. So gehört z. B. die Tatsache, daß ‘die Zahl der Planeten’ die Zahl 9 bezeichnet, sowohl der Astronomie als auch der Semantik der deutschen Sprache an und kann nur beschrieben werden als einer Disziplin angehörend, die beide enthält: Semantik und Astronomie. Andererseits ist die Behauptung, daß ‘die Zahl der Planeten’ die Zahl der Planeten bezeichnet, eine rein semantische Behauptung über die deutsche Sprache. Und es scheint tatsächlich so zu sein, daß man eine Behauptung dieser Art nur dann als rein semantisch betrachten wird, wenn sie eine Folge der Regeln über Sinn, Sinn-Bereich und Sinn-Wert zusammen mit den syntaktischen Regeln und allgemeinen Sinn-Postulaten (I)—(XVI) ist.

So wird man auch als abgeleitete semantische Regeln (nicht Grundregeln) annehmen: (8) Bezeichnungsregeln, die für jeden Namen eine Bezeichnung festlegen. (9) Bereichs-Regeln, die jeder Variablen einen Bereich zuordnen. (10) Wert-Regeln, die für jede Form und für jedes zulässige System von Werten für ihre freien Variablen einen Wert festlegen.

Wenn man (8), (9) und (10) ohne (5), (6) und (7) als Grundregeln annimmt, dann ergibt sich das, was man den *extensionalen Teil* der Semantik einer Sprache nennen könnte. Der restliche *intensionale Teil* der Semantik folgt nicht aus dem extensionalen Teil. Denn der Sinn eines Namens ist nicht eindeutig durch seine Bezeichnung bestimmt und so hat eine bestimmte Bezeichnungsregel nicht schon allein eine entsprechende Sinn-Regel zur Folge.

Andererseits, weil nämlich der meta-sprachliche Ausdruck, der in der Bezeichnungsregel gebraucht wird, selbst einen Sinn haben muß, gibt es einen gewissen Sinn (wenn auch nicht den der logischen Folge), in welchem die Bezeichnungsregel dadurch, daß sie als Bezeichnungsgrundregel angegeben wird, in eindeutiger Weise die entsprechende Sinn-Regel angibt. Weil das gleiche für die Bereichs- und Wert-Regeln gilt, ist es zulässig zu sagen, daß wir bereits eine *Interpretation* eines gegebenen logistischen Systems und damit eine formalisierte Sprache festgelegt haben, wenn wir nur den extensionalen Teil der Semantik formuliert haben.[16]

Obwohl sich die obigen Ausführungen nur auf den Fall einer formalisierten Sprache bezogen, möchte ich noch weiter gehen und behaupten, daß kein prinzipieller Unterschied zwischen jenem Fall und dem einer natürlichen Sprache besteht. Insbesondere darf man nicht glauben, daß die Rechtfertigung einer formalisierten Sprache oder die Bedeutung in ihr (in irgendeiner anderen Weise als bei natürlichen Sprachen) von irgendeiner früheren natürlichen Sprache, etwa Deutsch, abhänge, etwa vermittels eines Übersetzungsverfahrens ihrer Sätze in das Deutsche — oder, was noch plausibler wäre, durch die Formulierung ihrer syntaktischen und semantischen Regeln in der deutschen Sprache. Denn der Logiker, der sich auf einen prinzipiellen Standpunkt stellt und alle praktischen Fragen beiseite läßt, muß es als einen bloßen historischen Zufall betrachten, daß er und sie von Geburt an Deutsch oder Englisch lernten und nicht eine Sprache mit weniger unregelmäßigen und logisch einfacheren syntaktischen Regeln, ähnlich jenen der bekannten logistischen Systeme, die wir heute besitzen — oder daß wir in der Schule den Inhalt der konventionellen deutschen Grammatik und Wörterbücher lernten und nicht eine präzisere Darstellung eines Systems von syntaktischen und semantischen Regeln von der Art, wie sie in der vorliegenden Skizze beschrieben worden sind. Der Unterschied zwischen einer formalisierten Sprache und einer natürlichen Sprache ist nicht prinzipieller Natur, sondern er liegt in dem Grad an Vollständigkeit, der in der expliziten Formulierung der syntaktischen und semantischen Regeln erreicht wurde; und in dem Ausmaß, in dem in ihnen Vagheiten und Unsicherheiten ausgemerzt wurden.

Aus diesem Grund kann man die deutsche Sprache selbst als ein bequemes, wenn auch provisorisches Beispiel einer Sprache verwenden, für die syntaktische und semantische Regeln gegeben werden sollen. Natürlich können auf begrenztem Raum nur wenige illustrative Beispiele solcher Regeln gegeben werden. Und auch dafür ist es nötig, sorgfältig Beispiele zu vermeiden, in denen deutsche Konstruktionen vorkommen, die zu speziellen Schwierigkeiten führen könnten oder zu große logische Unregelmäßigkeiten zeigen, wie auch die mannigfache Vieldeutigkeit der deutschen Worte dadurch zu vermeiden, daß man für jedes Wort genau eine Bedeutung aussucht und nur diese berücksichtigt. Man darf auch nicht fragen, ob die Regeln, die man als Beispiele angibt, zu den „wahren" Regeln der deutschen Sprache zählen oder „wirklich" zu dem gehören, was man benötigt, um die deutsche Sprache zu verstehen; denn die Formulierung von Regeln für eine natürliche Sprache ist — wegen der Notwendigkeit, Lücken auszufüllen und zweifelhafte Fragen zu entscheiden — gleichermaßen ein Vorgang der Festlegung wie der Beschreibung.

Wenn man all dies einräumt und keinen Versuch macht, zwischen Grund- und abgeleiteten Regeln zu entscheiden, dann hat man in dem folgenden einige Beispiele syntaktischer und semantischer Regeln des Deutschen * gemäß dem eben skizzierten Programm.[17]

(1) Vokabular: 'ist gleich', 'fünf', 'vier' usw., 'wenn, dann', 'ist', 'neun', 'Zahl', 'von', 'Planet', 'Planeten', 'plus', 'rund', 'die', 'dann', 'die Welt' —. Außer der bloßen Liste der Grundsymbole (Wörter) muß es auch Aussagen über ihre Klassifizierung in Kategorien geben und über systematische Beziehungen zwischen ihnen, z. B. daß 'Planet' ein Hauptwort ist,[18] daß 'Planeten' der Plural von 'Planet'[19] ist, daß 'die Welt' ein Hauptwort ist, daß 'rund' ein Adjektiv ist, usw.

(2) Formregeln: Wenn A der Plural eines Hauptwortes ist, dann ist 'die' ⌒ 'Zahl' ⌒ 'von' ⌒ A ein singulärer Term. Ein Hauptwort, das allein steht, ist ein singulärer Term. Wenn A und B singuläre Terme sind, dann ist A ⌒ 'ist gleich' ⌒ B ein Satz. Wenn A ein singulärer Term ist und B ein Adjektiv, dann ist A ⌒ 'ist' ⌒ B ein Satz.[20] Wenn A und B Sätze sind, dann ist 'wenn' ⌒ A ⌒ 'dann' ⌒ B ein Satz. — Hier muß man singuläre Terme und Sätze als Kategorien wohlgeformter Ausdrücke verstehen; eine vollständigere Liste von Formregeln würde zweifellos noch mehr davon enthalten.

(3) Schlußregeln: Wenn A und B Sätze sind, dann kann man aus 'wenn' ⌒ A ⌒ 'dann' ⌒ B und A auf B schließen. Wenn A und B singuläre Terme sind und C ein Adjektiv, dann kann man aus A ⌒ 'ist gleich' ⌒ B und B ⌒ 'ist' ⌒ C schließen A ⌒ 'ist' ⌒ C.

(4) Axiome-Theoreme: 'Wenn die Welt rund ist, dann ist die Welt rund'; 'vier plus fünf ist gleich neun'.

(5) Sinnregeln: 'rund' drückt die Eigenschaft der Rundheit aus. 'die Welt' drückt den (Individual-) Begriff der Welt aus. 'die Welt ist rund' drückt die Proposition aus, daß die Welt rund ist.

* [Die Regeln wurden den Churchschen Regeln für das Englische nachgebildet. Für das Deutsche gilt natürlich noch mehr als für das Englische, daß eine auch nur geringe Erweiterung der Ausdrucksmöglichkeiten bereits starke Modifikationen der Regeln zur Folge haben müßte — z. B. wegen der Komplikationen, die durch grammatisches Geschlecht und Deklination verursacht werden. Anm. d. Übers.]

(6) Bezeichnungsregeln: 'rund' bezeichnet die Klasse der runden Dinge; 'die Welt' bezeichnet die Welt; 'die Welt ist rund' bezeichnet den Wahrheitswert davon, daß die Welt rund ist.[21]

Gemäß der Fregeschen Theorie der Bezeichnung folgen Wahrheitsregeln in Tarskis Form — z. B. „'die Welt ist rund' ist wahr dann und nur dann, wenn die Welt rund ist" — aus den Bezeichnungsregeln für Sätze. Denn, daß ein Satz wahr ist, heißt das gleiche wie, daß er das Wahre bezeichnet.

Anmerkungen

[1] Für die vorliegende kurze Darstellung machen wir die vereinfachende Annahme, daß Sätze keine freien Variablen enthalten und daß nur Sätze behauptet werden.

[2] Die Möglichkeit, daß die sinnvollen Ausdrücke eine echte Teilklasse der wohlgeformten Ausdrücke sind, sollte nicht endgültig ausgeschlossen werden. Aber für die Zwecke der vorliegenden Skizze wird es am bequemsten sein, die beiden Klassen als identisch anzunehmen; das ist der häufigste und einfachste Fall. Vgl. aber Anm. 13.

[3] Derartige Zeichen können auf zwei reduziert werden, nämlich das Zeichen (das etwa aus der Nebeneinanderstellung zwischen Klammern besteht), welches man für die Anwendung einer einstelligen Funktion auf ihr Argument verwendet und den Abstraktionsoperator λ. Mit den Methoden der Schönfinkel-Curryschen kombinatorischen Logik kann es sogar möglich sein, außerdem den Abstraktionsoperator zu eliminieren und damit überhaupt den Gebrauch von Variablen. Aber diese endgültige Reduktion wollen wir hier nicht betrachten — nicht einmal die einfachere Zurückführung auf zwei synkategorematische Zeichen.

[4] Eine die Situation komplizierende Möglichkeit, nämlich die der bezeichnungslosen Namen (Namen, die zwar einen Sinn haben, aber kein Bezeichnetes), wird hier nicht behandelt. Denn wenn man auch der Meinung sein kann, daß diese in natürlichen Sprachen tatsächlich auftreten, so ist es doch, wie Frege gezeigt hat, möglich, formalisierte Sprachen so aufzubauen, daß man sie vermeidet.

[5] Das soll nur eine grobe vorläufige Beschreibung sein. Die logische Ordnung ist die, daß zunächst der Begriff *Begriff* postuliert wird und dann eine mögliche Sprache mit seiner Hilfe definiert wird.

[6] Freges Ausdruck ist *Marke*. Die Form oder Funktions-Marke darf man natürlich nicht mit der dazugehörigen abstrakten Entität verwechseln,

der *Funktion.* Die Funktion unterscheidet sich von der Form darin, daß sie keine sprachliche Entität ist und nicht zu einer bestimmten Sprache gehört. So kann man die gleiche Funktion mit verschiedenen Formen verbinden; und wenn mehr als eine freie Variable vorhanden ist, dann kann die gleiche Form mit mehreren Funktionen verbunden sein. Aber in einigen Sprachen ist es möglich, aus der Form einen (oder mehrere) Namen der dazugehörigen Funktion (bzw. Funktionen) zu konstruieren, und zwar mit Hilfe des Abstraktionsoperators.

[7] Die Idee, verschiedenen Variablen verschiedene Bereiche zuzuordnen, stammt nicht von Frege; außer im Fall der Funktionen in Freges Sinn (durch ihre *Ungesättigtheit* charakterisiert), deren verschiedene Kategorien als Bereiche für verschiedene Variablen auftreten. Die Einführung von *Gegenstandsbuchstaben* mit eingeschränkten Bereichen ist eine der Modifikationen von Freges Theorie, die hier vorgeschlagen werden.

[8] Ausnahmen hierzu sind von der üblichen mathematischen Bezeichnungsweise her bekannt. Z. B. hat die Form x/y keinen Wert für das Wertsystem 0,0 von x,y. Aber die Semantik einer Sprache wird viel einfacher, wenn einer Form für jedes zulässige System von Werten für die freien Variablen ein Wert zugeordnet wird, zulässig in dem Sinn, daß jeder Wert zum Bereich der entsprechenden Variablen gehört. Für die Zwecke der vorliegenden Darstellung nehmen wir an, daß dies der Fall ist (vgl. Anm. 4).

[9] Auch wenn die Sprache keine Konstante enthält, welche den fraglichen Wert bezeichnet, ist es doch möglich, eine Erweiterung der Sprache durch eine solche Konstante zu betrachten.

[10] Der Begriff eines Sinn-Wertes einer Form wird von Frege nicht eingeführt, zumindest nicht explizit, aber man kann zeigen, daß er notwendigerweise implizit in seiner Theorie enthalten ist. Denn Freges Frage „Wie kann a = b von a = a verschieden sein, falls nämlich a = b wahr ist?", kann sowohl für Formen a und b gestellt werden wie auch für Konstanten und führt zur Unterscheidung von Wert und Sinn-Wert einer Form gleichermaßen wie zur Unterscheidung von Bedeutung und Sinn einer Konstanten. Sogar für eine Sprache wie die der *Principia Mathematica,* die keine anderen Formen aufweist als Aussageformen, kann man mit einer parallelen Schlußweise zeigen, daß die Äquivalenz zweier Aussageformen A und B nicht ihre Sinngleichheit in jeder Hinsicht impliziert. Denn wie könnte sonst, wenn A ↔ B wahr ist (das heißt wahr für alle Werte der Variablen), dieser Ausdruck überhaupt einen anderen Sinn haben, als A ↔ A?

[11] Für die Zwecke dieser vorläufigen Skizze wurde die Metasprache unformalisiert gelassen und damit zusammenhängende Fragen vernach-

lässigt, ob die Metasprache der Typentheorie gehorchen soll oder einer transfiniten Typentheorie oder einer axiomatischen Mengenlehre. Wegen der extremen Allgemeinheit, mit der hier versucht wird, diese Prinzipien festzulegen, ist es klar, daß einige Schwierigkeiten auftreten können, wenn man es unternimmt, sie (in ihrer vollen beabsichtigten Allgemeinheit) zu präzisieren, indem man sie in einer formalisierten Metasprache wiedergibt. Aber es sollte möglich sein, die semantischen Regeln einer bestimmten Objektsprache derart zu formulieren, daß sie den Prinzipien gehorchen, so daß diese zumindest insofern an dem Beispiel illustriert und geklärt werden.

Es ist hier nicht beabsichtigt, die Liste der Prinzipien unbedingt vollständig oder in endgültiger Form anzuführen; vielmehr wird versuchsweise eine Liste aufgestellt und als Ausgangspunkt für Untersuchungen und Verbesserungen vorgeschlagen. Es soll auch nicht behauptet werden, daß es nicht möglich sei, eine Sprache so zu formulieren, daß sie nicht im Einklang mit diesen Prinzipien ist, sondern es soll nur behauptet werden, daß eine zufriedenstellende allgemeine Theorie entstehen kann, wenn man eine formalisierte Sprache im Einklang mit diesen Prinzipien definiert (vgl. Anm. 12).

[12] Im Fall einiger logistischer Systeme, die vorgeschlagen wurden (z. B. von Hilbert und Bernays), ist es unmöglich, (VIII), (X) und (XIV) zu erfüllen, wenn man semantische Regeln hinzufügt, die mit der hier beschriebenen Theorie und mit der informell intendierten Interpretation des Systems im Einklang stehen. Das ist eine Folge der Bedingungen für gebundene Variable, die in einer Konstanten oder einer Form in einem bestimmten Kontext vorkommen können. Aber es scheint, daß die zur Aufhebung dieser einschränkenden Bedingungen nötigen Modifikationen am logistischen System als nicht wesentlich betrachtet werden können, so daß man in diesem Sinne doch an (VIII), (X) und (XIV) festhalten kann.

Überhaupt sollen alle Prinzipien so verstanden werden, daß nichtwesentliche Modifikationen an den existierenden logistischen Systemen nötig sein können, um diese an sie anzupassen. Insbesondere vernachlässigt die angegebene Formulierung der Prinzipien die typographische Unterscheidung zwischen freien und gebundenen Variablen, wie sie in den Systemen von Frege und Hilbert-Bernays vorkommt.

In vielen Fällen kann in (X) und (XI) die Bedingung, daß f′ dieselben freien Variablen hat wie f, abgeschwächt werden zur Bedingung, daß jede freie Variable von f′ auch als freie Variable in f vorkommt.

[13] Möglicherweise sollten (IX) und (XI) zur Bedingung abgeschwächt werden, daß, falls C′ wohlgeformt ist, es eine Konstante ist, welche dasselbe Bezeichnete hat wie C. Da es im allgemeinen kein syntaktisches Krite-

rium gibt, das gestatten würde festzustellen, ob zwei Konstante c und c′ dasselbe bezeichnen, oder ob zwei Formen immer die gleichen Werte haben, ist es möglich, daß die stärkeren Formulierungen von (IX) und (XI) in manchen Fällen zu Schwierigkeiten führen könnten, jedoch hat die hier angegebene Formulierung von (IX) die Folge, daß die Regel der Substituierbarkeit der Gleichheit voll erhalten bleibt — wobei das Gleichheitszeichen so interpretiert wird, daß $(c_1 = c_2)$ ein Satz ist, der genau dann die Wahrheit bezeichnet, wenn c_1 und c_2 Konstante sind, welche dasselbe bezeichnen. Und wenn in einigen formalisierten Sprachen (IX) und (XI) sich als nicht verträglich mit der Bedingung erweisen sollten, daß jeder wohlgeformte Ausdruck sinnvoll ist (Anm. 2), dann ist es vielleicht besser, diese Bedingung fallenzulassen. Die Erhaltung der Regel der Substituierbarkeit der Gleichheit kann man nämlich als einen wichtigen Vorteil betrachten, den die Fregesche Theorie gegenüber einigen sich anbietenden anderen Alternativen besitzt.

[14] Beim augenblicklichen Stand der Entwicklung kann man nicht mit Sicherheit sagen, daß eine Variante der Fregeschen Theorie sich schließlich als die beste oder die einfachste erweisen wird. Alternativen, die genauer untersucht werden sollten, sind: die Theorie von Russell, die in so hohem Maße von der Elimination von Namen durch Kontext-Definitionen Gebrauch macht, daß die Unterscheidung zwischen Sinn und Bezeichnetem überflüssig wird; die Modifikation von Russells Theorie, die Smullyan angedeutet hat (*The Journal of Symbolic Logic*, Bd. 13 [1948], S. 31—37), nach der Kennzeichnungsausdrücke als Teil des logistischen Systems betrachtet werden und nicht (wie Whitehead und Russell das ausdrücken) „bloße typographische Hilfsmittel" sind, aber sich von Namen dadurch unterscheiden, daß man für sie Bereichs-Indikatoren benötigt; und schließlich die Theorie von Carnaps *Meaning and Necessity*.

Obwohl Russells Theorie insofern einfach ist, als sie die Unterscheidung zwischen zwei Arten von Bedeutung vermeidet, führt sie zu Komplikationen einer eigenen Art, die mit dem Problem des Bereichs der Kennzeichnungen zusammenhängt. Das gleiche gilt für Smullyans Variante der Theorie. Besonders wichtig werden die Bereichsunterscheidungen in modalen Aussagen, wo sie (wie Smullyan a. a. O. gezeigt hat) nicht dadurch eliminiert werden können, daß man stets den kleinsten Bereich nimmt.

Überdies scheint es, daß die Russell-Theorie in ihrer augenblicklichen Form noch eine gewisse Ergänzung benötigt. Zum Beispiel kann 'ich denke an Pegasus', 'Ponce de Leon suchte nach dem Jungbrunnen', 'Barbara Villiers war weniger keusch als Diana' nicht analysiert werden als '$\bigvee c$ [$\bigwedge x$ (x ist ein Pegasus $\leftrightarrow$ x = c) $\wedge$ (ich denke an c)]', '$\bigvee c$ [$\bigwedge x$ (x ist ein Jungbrunnen $\leftrightarrow$ x = c) $\wedge$ (Ponce de Leon suchte nach c)]',

'$\bigvee c$ [$\bigwedge x$ (x ist eine Diana $\leftrightarrow$ x = c) $\wedge$ (Barbara Villiers war weniger keusch als c)]', und zwar schon wegen des (wahrscheinlich oder möglicherweise) unterschiedlichen Wahrheitswerts von vorgegebener Aussage und jeweils vorgeschlagener Analyse. Nach einer Frege-Theorie der Bezeichnung können die gegebenen Aussagen als Aussagen über die Individualbegriffe von Pegasus, Jungbrunnen und Diana analysiert werden und nicht als Aussagen über ein gewisses geflügeltes Pferd, einen gewissen Brunnen und eine gewisse Göttin. In der Russell-Theorie könnte man sie als Aussagen über die Eigenschaft, Pegasus zu sein, die Eigenschaft, ein Jungbrunnen zu sein, und die Eigenschaft, eine Diana zu sein, analysieren. Diese Analyse mit Hilfe von Eigenschaften wäre auch in einer Frege-Theorie möglich, wenn auch vielleicht etwas weniger natürlich. In einer Theorie der Russellschen Art ergibt sich die Schwierigkeit, daß man Namen von Eigenschaften zu benötigen scheint und daß (damit nicht Freges Schwierigkeit mit der Gleichheit wieder auftritt — die zur Unterscheidung von Sinn und Bezeichnung für Namen beliebiger Art führte) solche Namen von Eigenschaften entweder mit Hilfe von Kontextdefinitionen weganalysiert werden — es ist nicht klar, auf welche Weise — oder so stark eingeschränkt werden müssen, daß zwei Namen für die gleiche Eigenschaft nicht auftreten können, es sei denn, sie sind in trivialer Weise synonym.

[15] An dieser Stelle ist eine Warnung gegen scheinbare Einsparungen am Platze, weil nicht jede Verkleinerung der Menge der Entitäten, die eine Theorie voraussetzt, eine echte Einsparung darstellt.

Zum Beispiel ist es wohlbekannt, daß man in der einfachen Typentheorie die Individuen eliminieren kann, wenn man Klassen und Relationen aller Typen beibehält; man kann aber auch Klassen und Relationen des untersten Typs weglassen und nur die der höheren Typen beibehalten. Man kann sogar auf diese Weise eine beliebige, endliche Anzahl von Stufen am Beginn der Hierarchie wegstreichen. Aber das ist keine echte Verringerung der Arten von Entitäten, denn der Torso der Typenhierarchie kann (durch geeignete Weglassungen von Entitäten bei jedem Typ) der ursprünglichen Theorie isomorph gemacht werden — und die Adäquatheit der Torso-Hierarchie für die ursprünglichen Zwecke hängt tatsächlich von dieser Isomorphie ab.

In analoger Weise könnte man auf die Idee kommen, die Unterscheidung zwischen Sinn und Bezeichnetem auf der *n*-ten Stufe und darüber in der Typenhierarchie zuzulassen, aber für die darunter liegenden Stufen diese Unterscheidung zu vermeiden und statt dessen Russells Mittel der Elimination von Namen durch Kontextdefinitionen zu verwenden. Zu den vorausgesetzten Entitäten würden auf diese Weise unterhalb der *n*-ten

Stufe nur die gewöhnlichen extensionalen Entitäten gehören, aber auf der *n*-ten Stufe und darüber hätte man auch Begriffe, Begriffe von Begriffen usw. Jedoch verglichen mit einer Theorie, die auf allen Stufen in der Typenhierarchie nicht extensionale Entitäten, sondern auch Begriffe von ihnen, Begriffe von Begriffen von ihnen usw. voraussetzt, ist das keine wirkliche Verkleinerung des Bereichs der vorausgesetzten Entitäten. Denn die Entitäten, die in der ersten Theorie angenommen werden, sind wieder isomorph den in der zweiten Theorie vorausgesetzten, wenn alle Entitäten unterhalb der *n*-ten Stufe weggelassen werden und geeignete Weglassungen bei jedem Typ auf der *n*-ten Stufe und darüber gemacht werden. Man könnte einwenden, daß der hier eingeführte Isomorphiebegriff irrelevant ist und darauf bestehen, daß jede Verminderung der angenommenen Entitäten als eine Vereinfachung betrachtet werden müsse. Darauf würde ich aber antworten, daß man dann (in den gerade erwähnten Fällen wie in anderen) zu einer ewigen Oszillation zwischen zwei Theorien T_1 und T_2 gelangt, wo T_1 auf T_2 reduziert ist und T_2 auf T_1 und das durch wiederholte „Vereinfachungen" *ad infinitum*.

[16] Wie dies in der demnächst erscheinenden verbesserten Auflage meiner *Introduction to Mathematical Logic, Part I* [1956] geschieht.

[17] Einfachheitshalber wird Deutsch auch als Meta-Sprache verwendet, obwohl dies einigen semantischen Regeln einen falschen Schein von Trivialität verleiht. Da sie nur zum Zweck der Illustration angegeben werden, wird die Gefahr der semantischen Antinomien nicht beachtet.

[18] Für den augenblicklichen Zweck der Illustration braucht man nicht auf die Frage einzugehen, ob die im Singular stehenden Gattungsnamen im Deutschen als Variable (z. B. 'Planet' als eine Variable, deren Bereich die Planeten sind) oder als Klassennamen (z. B. 'Planet' als Eigenname der Klasse der Planeten) zu betrachten sind, oder ob sie „in einer logischen Grammatik überhaupt keinen Status haben sollen" (vgl. Quines *Methods of Logic*, S. 207), oder ob man zwischen diesen Auffassungen je nach dem Kontext abwechseln sollte.

[19] Man könnte auch 'Planet' und 'en' als zwei Grundsymbole betrachten, wenn man das Deutsche so verändert, daß alle Gattungsnamen den Plural durch Anhängen von 'en' bilden.

[20] Wenn jemand die Folge, daß deshalb 'die Zahl der Planeten ist rund' ein Satz ist, nicht akzeptieren will, kann er ja die Regeln entsprechend ändern, indem er etwa zwei verschiedene Typen von Ausdrücken unterscheidet. Hier haben wir ein Beispiel eines zweifelhaften Punktes, über den man durchaus verschiedener Meinung sein könnte. Der Befürworter einer mengentheoretischen Sprache mag den einen Weg wählen, der Vertreter der Typentheorie den anderen, aber man könnte schwerlich sagen,

daß eine der beiden Entscheidungen die „wahre“ Entscheidung darstellt in bezug auf die deutsche Sprache, wie sie uns vorgegeben ist.

[21] Aber es wäre natürlich falsch, als Bedeutungsregel einzuführen: ‘die Welt ist rund’ bezeichnet das Wahre. Denn dies hängt von einer geographischen Tatsache ab, die außerhalb der Semantik liegt (nämlich, daß die Welt rund ist).

Der folgende Beitrag wurde aus dem Englischen übersetzt von Walter Hoering.

EINE WELT VON INDIVIDUEN

Von Nelson Goodman

1. Individuen und Klassen

Für mich als Nominalisten ist die Welt eine Welt von Individuen. Diese einfache Aussage kann jedoch, wie ich aus bitterer Erfahrung gelernt habe, auf unzählige Weisen mißverstanden werden. Einige Mißverständnisse ergaben sich aus Mängeln meiner eigenen Erklärungen. Andere Mißverständnisse ergaben sich aus ungenügender Beachtung dieser Erklärungen. Einander widersprechende Argumente in erstaunlicher Vielfalt sind vorgetragen worden, um zu zeigen, daß Nominalismus schlecht ist. Diese Arbeit ist ein weiterer Versuch, zu erklären, was ich unter Nominalismus verstehe und warum ich glaube, daß Nominalismus gut ist.

Ein gewisser Teil der Schwierigkeiten kann den Emotionen zur Last gelegt werden, die sich mit dem Wort „Individuum" verbinden. Ein Autor[1] nennt es ein „ehrsames" Wort; und ich werde oft dafür kritisiert, daß ich den Ausdruck „Individuum" auf etwas anwende, das seiner nicht würdig ist. Um solchen Klagen aus dem Weg zu gehen, wäre es vielleicht angebracht gewesen, ein anderes Wort zu gebrauchen, vielleicht sogar einen neu geprägten Ausdruck. Trotzdem bin ich bereit, die Wahl von „Individuum" zu verteidigen als durchaus im Einklang mit der allgemeinen Praxis, die normale Sprache an technische Zwecke anzupassen. In manchen Fällen mögen dem, was ich als Individuum bezeichne, tatsächlich viele Eigenschaften fehlen, die man gemeinhin mit dem Wort „Individuum" assoziiert. Und man mag es nicht als Individuum im normalen Sinn klassifizieren. Aber in bezug auf das Wort „Klasse" besteht eine genau parallele Situation. Nach dem prälogischen Wortgebrauch des Laien bilden die Kinder in einem Schulzimmer eine Klasse, ebenso die Leute eines bestimmten sozialen Niveaus, jedoch Plato und dieses Blatt Papier und das Taj Mahal nicht. Der Ausdruck „Menge" wird im normalen Sprachgebrauch vielleicht noch eingeschränkter verwendet als der Ausdruck „Klasse". Und doch gebraucht der Logiker diese Wörter so, daß man beliebige Dinge zu einer Klasse oder einer Menge zusammenfassen kann. Die Behauptung, daß ein echtes Ganzes oder ein Individuum nicht aus weitverstreuten und sehr verschiedenen Teilen bestehen kann, zielt genauso am Wesentlichen vorbei, wie etwa eine Behauptung, daß eine echte Klasse nicht aus weitverstreuten und sehr verschiedenen Elementen bestehen kann. Im Falle der „Individuen" wird genauso wie im Falle der „Klasse" ein technischer Wortgebrauch mit Hilfe eines Kalküls expliziert und die Abweichung vom normalen Sprachgebrauch ausdrücklich festgestellt. Bei Boole gibt es Klassen ohne sozialen Zusammenhang, bei mir Individuen ohne personale Integration.

Eine Verwirrung anderer Art verursachte der unvorsichtige erste Satz des Artikels[2], den ich zusammen mit Quine schrieb. Obwohl der Satz „wir glauben nicht an abstrakte Entitäten" eher eine Überschrift sein sollte als der Weisheit letzter Schluß und obwohl der Satz gleich wieder eingeschränkt wurde,[3] war er seither für die Kritiker Freiwild. Keiner von uns beiden würde diesen Satz heute noch schreiben, aber keiner von uns würde ihn so stark verändern, daß die Änderung mehr beträfe als den ersten Abschnitt jenes Artikels. Quine schrieb kürzlich, er würde „nun vorziehen, jenen Satz als hypothetische Formulierung von Bedingungen für die behandelte Konstruktion zu betrachten"[4]. Ich würde keine Änderung vom Kategorischen zum Hypothetischen vornehmen, sondern von dem in vager Weise Allgemeinen zum Spezifischeren. Für mich ist Abstraktheit weder eine notwendige noch eine hinreichende Bedingung für Unverständlichkeit. Die Trennungslinie zwischen dem, was man normalerweise „abstrakt" nennt, und dem, was man normalerweise „konkret" nennt, scheint mir vage und willkürlich. Nominalismus besteht für mich spezifisch darin, daß man sich weigert, Klassen anzuerkennen. Es wird nicht immer bemerkt, daß genau dies die Revision ist, die in meinem Buch[5] vorgenommen wird, das vier Jahre nach dem gemeinsamen Artikel veröffentlicht wurde. Der Schlüssel zu dieser späteren Formulierung ist das Prinzip, daß der Nominalist Klassen als unverständlich zurückweist, daß er aber Beliebiges als Individuum nehmen kann. Man hätte sich einiges an fehlgeleiteter Kritik sparen können, hätte man diese Aussage genügend beachtet; aber ich habe den Verdacht, daß einige meiner Kritiker meinen, daß sie mir eine Gunst erweisen, wenn sie den Satz nicht ernst nehmen. Vielleicht hilft eine zusätzliche Erklärung.

Meine Auffassung von Nominalismus (und hier spreche ich nicht für Quine) verbietet nicht abstrakte Entitäten, Geister, Unsterblichkeitsahnungen oder irgend etwas dergleichen, sondern sie verlangt nur, daß man jede Entität, die man zuläßt, als Individuum konstruiert. Ein bestimmter Philosoph, Nominalist oder nicht, mag sehr strenge Bedingungen dafür aufstellen, was er als Entität zulassen will. Aber diese Bedingungen, so vernünftig und so eng mit dem traditionellen Nominalismus verbunden sie auch sein mögen, sind ganz unabhängig vom Nominalismus in meinem Sinne. Der Nominalismus, den ich beschrieben habe, verlangt nur, daß alle Entitäten, die zugelassen werden, gleichgültig, was sie sind, als Individuen behandelt werden. Was das genau bedeutet, werde ich in den folgenden Abschnitten erklären. Für den Augenblick können wir annehmen: Entitäten für ein System als Individuen zu behandeln, heißt, sie als Werte der Variablen des untersten Typs des Systems zu nehmen.

Einige meiner Kritiker haben sich selbst dadurch in Verwirrung gebracht, daß sie, ohne den Kontext genügend zu beachten, Abschnitte aus verschiedenen Teilen meines Buches in einen Topf warfen. In Kap. VI erörtere ich die Wahl von Elementen für ein gewisses Konstruktionssystem. Aber das bezieht sich nicht auf die Frage, ob es richtig ist, gewisse Entitäten als Individuen zu konstruieren. Alles, was wir als Entität anzuerkennen gewillt sind, können wir als Individuum konstruieren. Aber, wenn wir ein System aufbauen, müssen wir genau abwägen, welche Entitäten wir überhaupt akzeptieren wollen — oder besser gesagt, welche Ausdrücke wir als bezeichnend (oder bedeutend) interpretieren wollen, und welche Ausdrücke als synkategorematisch. So wichtig diese Frage ist, der Nominalismus entscheidet sie nicht. Ich habe nie behauptet, daß Nominalismus eine hinreichende Bedingung für die Annehmbarkeit eines Systems ist. Ich habe nur behauptet, daß Platonismus für die Ablehnung eines Systems hinreicht.

Nun kann man fragen: Hat denn der Nominalismus überhaupt Konsequenzen? Wenn der Nominalist alles als Individuum konstruieren kann, was er will, kann er dann nicht sogar Klassen als Individuen konstruieren?

Alles, was man als Klasse konstruieren kann, kann man tatsächlich auch als Individuum konstruieren. Und doch kann eine Klasse nicht als Individuum konstruiert werden. Wenn dies paradox scheint, hilft vielleicht eine Analogie. Nehmen wir an, daß in einem gewissen Kartenspiel ein Spieler damit zu beginnen hat, daß er die Karten seines Blatts links oder rechts vor sich ablegt. Er kann jede Karte auf der einen oder der anderen Seite ablegen. Und er kann auch, wenn er will, eine Karte von der einen auf die andere Seite bringen. Dann kann er zwar jede Karte auf jede der Seiten bringen, aber nie eine linke Karte auf die rechte Seite; denn eine Karte ist eine linke Karte oder eine rechte Karte, je nachdem, ob sie links oder rechts liegt. In ähnlicher Weise ist ein Tisch ein Individuum oder die Klasse seiner Beine und der Platte oder die Klasse seiner Molekül-Klassen von Atomen, je nachdem, wie er im System konstruiert wird. Und ob der Große Wagen ein Individuum oder eine Klasse von Sternen ist, hängt von dem System ab, das wir gebrauchen. Wir können Beliebiges als Individuum konstruieren (und abgesehen von nominalistischen Skrupeln können wir Beliebiges als Klasse aufbauen); aber wir können genausowenig eine Klasse als Individuum konstruieren, wie wir erreichen können, daß eine linke Karte rechts liegt.

2. *Das Prinzip des Nominalismus*

Kurz gesagt, während der Nominalist alles als Individuum konstruieren kann, lehnt er es ab, irgend etwas als Klasse zu konstruieren. Aber was ist das Prinzip hinter dieser Ablehnung? In meinem Buch sagte ich etwa: der Nominalist schreckt vor einer Unterscheidung von Entitäten ohne Unterscheidung von Inhalt zurück; und einige meiner Kritiker haben die explizitere Formulierung übersehen, die kurz darauf folgte. Der Nominalist leugnet, daß zwei verschiedene Entitäten aus den gleichen Entitäten bestehen können. Nehmen wir z. B. an, daß ein Nominalist und ein Platonist mit den gleichen minimalen, atomaren Elementen[6] den Aufbau ihrer Systeme beginnen; zum Zwecke des Vergleichs nehmen wir einmal an, daß die Anzahl dieser Atome 5 sei. Der Nominalist läßt auch alle zusammengesetzten Ganzen oder Summen-Individuen zu, die aus diesen Atomen bestehen, und erhält so eine Welt von 2^5—1, also 31 Entitäten. Mehr kann er sich nicht zusammenbrauen; denn gleichgültig, welche Individuen unter den 31 man zusammenrechnet, das Resultat ist wieder ein Individuum von diesen 31. Unser Platonist läßt, so können wir annehmen, keine Summen von Atomen zu, sondern alle Klassen von solchen. Das liefert ihm, wenn man die Null- und Einerklassen nicht rechnet, auch 31 Entitäten. Aber außerdem läßt er noch alle Klassen von Klassen von Atomen zu; und mit diesem einen Schritt läßt er 2^{31}—1 oder mehr als 2 Milliarden zusätzliche Entitäten in sein Universum ein. Und er denkt nicht daran, hier stehenzubleiben. Er läßt auch alle Klassen von Klassen von Klassen von Atomen zu usw., *ad infinitum,* und klettert auf diese Weise durch ein sich explosionsartig ausdehnendes Universum einem wunderbar fruchtbaren platonischen Himmel entgegen. Er erhält alle diese zusätzlichen Entitäten aus seinen ursprünglichen fünf durch einen magischen Prozeß, der ihm die Macht gibt, zwei oder mehr verschiedene Entitäten aus genau den gleichen Entitäten zu schaffen. Und genau an dieser Stelle zieht der Nominalist die Grenze.

Wenn wir in der Welt des Nominalismus mit zwei verschiedenen Entitäten anfangen und beide soweit zerlegen wie wir wollen (indem wir Teile, Teile von Teilen usw. bilden), werden wir stets zu einer Entität gelangen, die zwar in der einen der beiden ursprünglichen Entitäten enthalten ist, aber nicht in der anderen. In der Welt des Platonisten gibt es im Gegensatz dazu mindestens 2 verschiedene Entitäten, die wir so zerlegen können (indem wir Elemente, Elemente von Elementen usw. nehmen), daß wir zu genau den gleichen Entitäten gelangen. Nehmen wir z. B. an, daß *K* zwei Elemente hat: die Klasse, die aus *a* und *b* besteht, und die Klasse, die aus *c* und *d* besteht. Und nehmen wir weiter an, daß *L* zwei Elemente hat: die Klasse, die aus *a* und *c* besteht, und die Klasse, die aus *b* und *d* besteht. Dann sind zwar *K* und *L* verschiedene Klassen, sie lassen sich aber beide in *a, b, c* und *d* zerlegen. Genauso läßt sich *K* in die gleichen Entitäten zerlegen wie die Klasse, die *K* und *L* als Elemente enthält. Das sind klare Beispiele dafür, was ein Nominalist ablehnt, wenn er gegen eine Unterscheidung von Entitäten ohne Unterscheidung von Inhalt ist.

Dies wirft auch ein Licht auf die Verwandtschaft zwischen Nominalismus und Extensionalismus, denen eine Abneigung gegen unerwünschte Vervielfachung von Entitäten gemeinsam ist. Der Extensionalismus schließt aus, daß durch Klassenbildung mehr als eine Entität aus genau den gleichen Entitäten entsteht; der Nominalismus geht weiter, er schließt aus, daß durch wiederholte Klassenbildung mehr als eine Entität aus genau den gleichen Entitäten hervorgeht. Für den Extensionalisten sind zwei Entitäten identisch, wenn sie die gleichen Elemente besitzen; für den Nominalisten sind zwei Entitäten identisch, wenn sie auf irgendeine Weise in die gleichen Entitäten zerlegbar sind. Die extensionalistische Einschränkung für die Erzeugungsvorschriften von Entitäten ist ein Spezialfall der viel strengeren nominalistischen Einschränkung.

Der Nominalismus beschreibt die Welt als aufgebaut aus Individuen. Um den Nominalismus zu erklären, ist es nicht nötig, zu erklären, was Individuen sind, sondern vielmehr, *was es heißt, die Welt als aus Individuen aufgebaut zu beschreiben.* Die Welt auf diese Weise zu beschreiben, heißt den Aufbau aus Entitäten zu beschreiben, von denen keine zwei in genau die gleichen Entitäten zerlegbar sind. Was das bedeutet, habe ich gerade erklärt, aber vielleicht ist eine etwas technischere Formulierung von Nutzen.

Nehmen wir an, wir hätten zwei Aufbau-Systeme, die ein oder mehrere Atome aufweisen (aber nicht notwendigerweise die gleichen oder die gleiche Anzahl von) Atomen. Nichtatomare Entitäten werden im System I als Klassen und im System II als Summen-Individuen aufgebaut. Beseitigen wir nun die Unterschiede zwischen den beiden Systemen, die nur Unterschiede der Notation sind. Wir können von vornherein annehmen, daß jedes System nur eine Variablenart benützt.[7] Dann wollen wir alle von „ε" verschiedenen Zeichen mit Hilfe von „ε" ausdrücken. In ähnlicher Weise entfernen wir alle von „$\ll$" verschiedenen, dem System **II** eigentümlichen Zeichen, indem wir sie durch „$\ll$" ausdrücken. Schließlich setzen wir „*R*" für jedes Vorkommen von „ε", „ε/ε", „ε/ε/ε" usw. im System **I** und für jedes Vorkommen von „$\ll$" im System **II**. In der Notation sind die beiden Systeme nicht mehr zu unterscheiden; und „*R*" ist in beiden irreflexiv, asymmetrisch und transitiv. Können wir jetzt noch sehen, welches System welches ist?

Für beide Systeme ist *x* ein Atom dann und nur dann, wenn nichts in der Relation *R* zu *x* steht[8]; und *x* ist ein Atom von *y* (formal: „*Axy*") genau dann, wenn *x* ein Atom ist oder identisch ist mit *y* oder zu *y* in der Relation *R* steht. Nun sind in einem nominalistischen, aber nicht in einem platonistischen System, Entitäten gleich, wenn ihre Atome die gleichen sind. Daher werden die getarnten Systeme voneinander durch die Tatsache zu unterscheiden sein, daß das nominalistische System das folgende Prinzip erfüllt, während das platonistische System es verletzt:

$$\wedge x\,(Axy \leftrightarrow Axz) \rightarrow y = z.$$ [9]

Natürlich wird das getarnte **I** dieses Prinzip verletzen, wenn das System mehr als $2n$—1 Entitäten anerkennt, wo *n* die Zahl seiner Atome ist; oder auch, wenn **I** irgendwelche Einer-Klassen enthält, denn eine Einerklasse und ihr Element werden die gleichen Atome besitzen. Aber auch, wenn **I** ein so beschränktes platonistisches System ist, daß es durch diese zwei Kriterien nicht erfaßt wird, wird man es doch noch in seiner getarnten Fassung an einer Verletzung des angeführten Prinzips erkennen. Und wenn **I** keine zwei verschiedenen Klassen dieser Art zuläßt, dann ist es in Wirklichkeit gar nicht platonistisch, gleichgültig, wie man es schreibt.

Das, glaube ich, erledigt den Vorwurf, daß die Unterscheidung zwischen Nominalismus und Platonismus nur eine Sache der Notation sei[10] und klärt auch den Ausspruch des Nominalisten: „Keine Unterscheidung von Entitäten ohne Unterscheidung von Inhalt." In einem nominalistischen System gibt es keine voneinander verschiedenen Dinge, die die gleichen Atome haben; nur aus verschiedenen Atomen können verschiedene Dinge erzeugt werden; alle Nichtidentitäten zwischen Dingen sind reduzierbar auf Nichtidentitäten zwischen ihren Atomen.

Es ist noch die weitere Frage zu stellen, ob die Unterscheidung zwischen Nominalismus und Platonismus *rein* formal gemacht werden kann. In dem gerade betrachteten Fall bestand das Problem darin, zu bestimmen, ob ein gegebenes System nominalistisch oder platonistisch ist, wenn wir von einer ihrer Relationen wissen, daß sie entweder ε^* oder $\ll$ ist. Nehmen wir an, daß wir mit einem System konfrontiert werden, ohne etwas über die Interpretation seiner Prädikate zu wissen; oder noch besser: nehmen wir an, daß uns nur die Pfeil-Diagramme der Relationen des Systems gegeben sind. Können wir bestimmen, ob das System nominalistisch oder platonistisch ist? Die Antwort ist *nein*. Es ist dazu nötig, daß wir entweder wissen, welche Elemente die Atome des Systems sind oder — was auf das gleiche herauskommt — welche Relation die „erzeugende" Relation[11] des Systems ist. Betrachten wir z. B. das folgende Diagramm für ein System mit einer einzigen Relation:

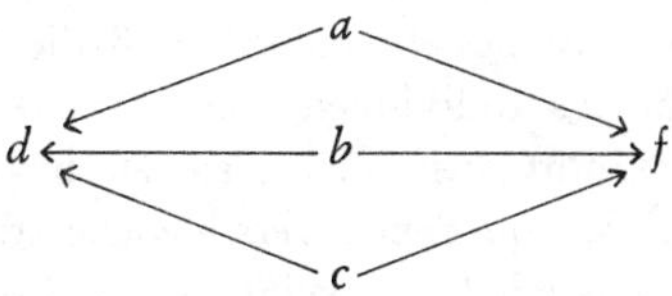

Wenn wir wissen, daß *a*, *b* und *c* Atome des Systems sind, oder daß die gezeichnete Relation eine erzeugende ist, dann wissen wir, daß das System platonistisch ist, weil die voneinander verschiedenen Elemente *d* und *f* genau die gleichen Atome haben. Wenn wir andererseits wissen, daß *a*, *b*, *c*, *d* und *f* die Atome des Systems sind, dann wissen wir, daß das System nominalistisch ist. Aber wenn wir nicht wissen, welches die Atome sind oder ob die Relation eine erzeugende Relation ist, dann können wir nicht feststellen, ob das System platonistisch oder nominalistisch ist. Man beachte, daß man ohne ein derartiges Wissen *auch nicht* sagen kann, ob ein System *extensional* ist oder nicht. Das gezeichnete System ist extensional, wenn die Relation die Kind/Vater-Relation ist, aber sicher nicht extensional, wenn die Relation die Element/Klassen-Relation ist.[12] Damit es nicht jemandem einfällt, dies freudig zum

Anlaß zu nehmen, beides, „nominalistisch" wie „extensional", als nicht rein formale Charakterisierungen von Systemen abzutun, will ich schnell darauf hinweisen, daß keine Charakterisierung von Systemen in jenem angedeuteten Sinne rein formal ist. Denn wenn uns nur das Pfeil-Diagramm ohne jegliche Information über die Deutung gegeben ist, dann wissen wir nicht einmal, daß die Pfeile Beziehungen und die Buchstaben Elemente repräsentieren. Wir können überhaupt nichts über das fragliche System sagen, nicht einmal, daß es ein System *gibt*. Das Diagramm könnte ein Drudenfuß oder ein komplexes Schriftzeichen sein, das als Name eines einzelnen Elementes fungiert. Eine Klassifikation von formellen Systemen wird erst dann sinnvoll, wenn der Deutung der Symbole wenigstens einige Beschränkungen auferlegt sind. Das Kriterium für Nominalismus ist in dem gleichen ziemlich hohen Maße formal wie das übliche Kriterium für Extensionalität.

Bis hierher habe ich versucht, meine Version des Nominalismus darzulegen. Was ich gesagt habe, läßt sich folgendermaßen umreißen: Der Nominalist besteht darauf, daß die Welt beschrieben wird als aufgebaut aus Individuen, daß, die Welt zu beschreiben als aufgebaut aus Individuen heißt, sie zu beschreiben als aufgebaut aus Entitäten, von denen verschiedene stets verschiedenen Inhalt haben, und das wiederum heißt, sie mit Hilfe eines Systems zu beschreiben, bei dem keine zwei verschiedenen Entitäten genau die gleichen Atome haben.

Und nun möchte ich, um den auf diese Weise erklärten Nominalismus zu rechtfertigen und zu verteidigen, eine Anzahl von Einwänden gegen ihn erörtern.

3. *Antworten auf Einwände*

(I) *Einwand:* Der beschriebene Nominalismus ist kein wirklicher Nominalismus im traditionellen Sinne.

Antwort: Zweifellos gibt es eine ganze Menge verschiedener Thesen, die alle gleich legitime Abkommen des früheren Nominalismus sind. Ich nehme nicht mehr in Anspruch, als daß das Prinzip, welches ich vorgeschlagen habe, eine vernünftige Formulierung des traditionellen Gebotes ist, eine unnötige Vermehrung von Entitäten zu vermeiden. Und ich bin gerne bereit, mich mit diesem Anspruch dem Urteil Pater Bochenskis zu unterwerfen. Sollte sein Urteil nicht zu meinen Gunsten ausfallen, dann verliere ich nicht mehr als eine Bezeichnung, die geeignet ist, Widerspruch auszulösen.

(II) *Einwand:* Das vorgeschlagene Prinzip des Nominalismus ist als Festsetzung unbegründet und als Aussage falsch; denn wir wissen aus unserer alltäglichen Erfahrung, daß verschiedene Dinge oft *tatsächlich* aus dem gleichen Material oder aus den gleichen Partikeln zu verschiedenen Zeiten bestehen.

Antwort: Der Haken liegt hier im Ausdruck „zu verschiedenen Zeiten". Natürlich ist es oft der Fall, daß verschiedene Figuren aus dem gleichen Tonklumpen gemacht werden, zu verschiedenen Zeiten nämlich; und natürlich kommt es oft vor, daß die gleichen Atome sich zu verschiedenen Zeiten zu verschiedenen Gegenständen verbinden. In ähnlicher Weise bestehen sozusagen auch verschiedene Räume an verschiedenen Orten aus dem gleichen Gebäude; und die gleichen Straßen bilden an verschiedenen Stellen verschiedene Kreuzungen. Zugegebenermaßen sind es (räumlich) verschiedene Teile des Gebäudes oder der Straßen, welche die zwei verschiedenen Zimmer oder die zwei verschiedenen Kreuzungen ausmachen; aber genauso sind es (zeitlich) verschiedene Teile des Tons oder Atome, aus denen die verschiedenen Figuren oder die verschiedenen Gegenstände bestehen. Wir sind durchaus frei, die zeitliche oder irgendeine andere Dimension nicht zu beachten; wollten wir aber die räumliche Teilbarkeit von Gebäuden oder Straßen aufheben, dann könnten wir nicht in wirklich konsistenter Weise davon sprechen, daß das Gebäude oder die Straße an verschiedenen Orten ist. Ähnlich ist es, wenn wir die zeitliche Teilbarkeit aufheben. Dann können wir nicht mehr in wirklich konsistenter Weise davon sprechen, daß sich der Ton oder die Atome *an verschiedenen Zeitpunkten* befinden. Die alltägliche Erfahrung von (verschiedenen zeitlichen Teilen von) demselben Ton, der verschiedene Figuren bildet, widerlegen genausowenig das Prinzip des Nominalismus wie die alltägliche Erfahrung von (verschiedenen räumlichen

Teilen von) demselben Gebäude, die verschiedene Zimmer ausmachen.

Eine Variante dieses Einwands weist auf geordnete Paare hin, wie *Washington, Lincoln* und *Lincoln, Washington,* die (angeblich) deutlich zeigen, daß verschiedene Entitäten aus den gleichen Individuen aufgebaut sind.[13] Um wirklich zu treffen, darf sich natürlich dieser Einwand nicht auf die bekannte Methode der Logiker stützen, nach der diese geordneten Paare als verschiedene Klassen von Klassen definiert werden. Denn die Legitimität einer derartigen vielfachen Erzeugung von Klassen aus den gleichen Individuen ist genau das, was in Frage gestellt wird. Statt dessen müßte man zeigen, daß — gleichgültig, wie geordnete Paare in einem formalen System definiert werden — hier ein alltägliches Beispiel von verschiedenen Dingen vorliegt, die aus den gleichen Dingen zusammengesetzt sind. Aber diese Behauptung ist sicher nicht wahr. Normalerweise ziehen wir genausowenig den Schluß, daß wir verschiedene zusammengesetzte Entitäten beschreiben, wenn wir die Namen zweier Leute in verschiedener Ordnung nennen, wie den Schluß, daß ein Haus von Dach bis Keller und ein Haus von Keller bis Dach verschiedene Entitäten sind oder daß die Hauptstadt von Massachusetts und die größte Stadt in Neu-England verschiedene Dinge sind. Wir halten nicht die verschiedenen Darstellungen des Verlaufs der Schlacht von Bull Run für Darstellungen verschiedener Ereignisse. Im Alltagsleben ist eine Vielfalt von Beschreibungen kein Beweis für eine entsprechende Vielfalt von beschriebenen Dingen.

Daher finde ich in der Alltagserfahrung nichts, was sich nicht mit dem Prinzip des Nominalismus vereinbaren ließe.

(III) *Einwand:* Beachtung des angeführten Prinzips des Nominalismus garantiert nicht, daß ein philosophisches System vernünftig oder sinnvoll ist; denn in Gestalt der zugelassenen Atome kann immer noch fast beliebiger Mist in das Erdgeschoß des Systems hereingebracht werden.

Antwort: Zugegeben. Der Nominalismus garantiert genausowenig philosophische Vernünftigkeit wie die Abstinenz von Gift körperliches Wohlbefinden garantiert. Viele zusätzliche Regeln muß man beachten, wenn man philosophische oder körperliche Gesundheit erreichen will. In manchen Fällen kann sogar ein mäßig platonistisches System mit einer vernünftigen atomaren Ontologie ein kleineres Übel sein als ein nominalistisches System, das leere Monstrositäten als Atome nimmt — genauso wie eine homöopathische Dosis Gift vielleicht weniger schädlich ist als eine Kugel im Kopf.

Nominalismus ist eine notwendige, aber keine hinreichende Bedingung für die Akzeptierbarkeit eines philosophischen Systems. Um gut zu bauen, müssen wir bei der Wahl der Rohmaterialien die allergrößte Vorsicht walten lassen. Was ein bestimmter Philosoph als Atome wählt, wird sehr wahrscheinlich durch Geisteshaltungen oder Prinzipien bestimmt, die durch Temperament oder Tradition mit dem Nominalismus verbunden sind; aber solche assoziierte Prinzipien sind unabhängig vom Nominalismus, wie ich ihn definiert habe. Der Nominalismus behütet uns nicht davor, daß wir mit lächerlichen Atomen anfangen. Aber er schützt uns davor, unsinniges Zeug aus vernünftigen Atomen zu basteln, indem wir die populären Hilfsmittel des Platonismus benützen. Mit anderen Worten, der Nominalismus ist eine eingeschränkte Herstellungsregel, die nicht unsere Rohmaterialien aussucht und uns auch nicht hilft, gute Dinge aus schlechten Materialien herzustellen, die uns aber daran hindert, schlechte Dinge aus guten Materialien zu machen.

(IV) *Einwand:* Es bringt keinen Vorteil, sich an die Regeln des Nominalismus zu halten und statt Klassen Gesamtheiten zu bilden; denn es heißt, die Vorstellungskraft überfordern, wenn oft weitverstreute oder heterogene Ansammlungen als Individuen anerkannt werden sollen, die man praktisch nie als Einheiten erkennt und die sicher genauso unverständlich sind wie die Klassen.[14]

Antwort: Das ist wohl jener Einwand gegen den Nominalismus, der am häufigsten und am ausdauerndsten vorgebracht wird: daß es sich um eine immer mehr strapazierte und schließlich hoffnungslos überbeanspruchte Analogie handle, wenn man die Anwendung von Ausdrücken wie „Teil“, „Gesamtheit“ und „Individuum“ über den Bereich der wohlbegrenzten raum-zeitlich zusammenhängenden Klumpen hinaus ausdehnt. Aber ich glaube

— das habe ich schon angedeutet —, daß man diesen Einwand entschieden und endgültig widerlegen kann. Nach dem Kriterium, das ich auseinandergesetzt habe, ist die Terminologie eines Systems irrelevant für seine Klassifizierung als nominalistisch oder platonistisch. Solange ein System keine zwei verschiedenen Entitäten zuläßt, welche genau die gleichen Atome haben, ist es nominalistisch, ganz gleichgültig, ob man seine erzeugende Relation „ε" oder „$\ll$" oder nur „R" nennt und ganz gleichgültig, ob man die Werte seiner Variablen „Klassen" oder „Individuen" oder „Entitäten" nennt. Die Wörter und Symbole, die man in einem System verwendet, machen es nicht platonistisch; es wird nur dann platonistisch, wenn es zwei verschiedene Entitäten zuläßt, die genau die gleichen Atome besitzen.

Daher kann gar nicht der Fall eintreten, daß ein nominalistisches System die Vorstellungskraft in irgendeiner Weise stärker beansprucht als ein platonistisches System. Denn die Hilfsmittel des Nominalisten sind einfach ein Teil der Hilfsmittel des Platonisten. Ein nominalistisches System kann in ein platonistisches abgebildet werden. Ein nominalistisches System ist ein platonistisches System, das in ganz bestimmter Weise beschnitten wurde.

Man wird vielleicht noch andere Einwände gegen den Nominalismus vorbringen. Auf jeden Fall aber verdient es dieser beliebteste Einwand, nun zu den Akten gelegt zu werden.

(V) *Einwand:* Der Nominalismus ist für den Finitisten trivial und für einen Nicht-Finitisten unsinnig, denn ein System mit endlicher Ontologie kann leicht nominalistisch gemacht werden, während ein System mit einer unendlichen Ontologie von jedem Nominalisten von vornherein abgelehnt wird.

Antwort: Gehen wir auf den letzten Punkt zuerst ein. Es ist unwahrscheinlich, daß ein Nominalist ein Nicht-Finitist ist, aber nur etwa so, wie es unwahrscheinlich ist, daß ein Maurer ein Ballettänzer ist. Die beiden Dinge passen höchstens schlecht zusammen, sie sind nicht unverträglich. Offensichtlich sind nach dem angegebenen Nominalismus-Kriterium einige Systeme mit unendlichen Ontologien nominalistisch und einige Systeme mit endlichen Ontologien platonistisch.

Aber nun glaubt Hao Wang, zeigen zu können,[15] daß jedes finitistische platonistische System leicht nominalisiert werden kann. Er nimmt nicht an, daß dies mit einer unmittelbar einsichtigen Methode erreicht werden kann, sondern bezieht sich auf einen raffinierten Kunstgriff von Quine[16]. Nehmen wir zunächst einmal an, daß dieser Kunstgriff wirklich Erfolg bringt. Heißt dies, daß das nominalistische Programm dadurch seines Sinnes beraubt und trivialisiert wird? Ganz im Gegenteil, es bedeutet, daß ein wichtiger Teil des nominalistischen Programms durchgeführt wurde. Denn der Nominalist sucht ja nach einer nominalistischen Übersetzung von allem, das ihm wert scheint, übernommen zu werden. Je mehr Erfolg er damit hat, Methoden für die Ersetzung platonistischer Konstruktionen durch nominalistische zu finden, um so geringer wird die Zahl der Fälle, in denen man die platonistische Maschinerie vermeiden muß; denn wir können ohne Gewissensbisse benützen, was wir zu eliminieren wissen. Wenn Wang dem Sinne nach sagte: „Sie sehen also, diese Vorkommnisse von Platonismus sind doch harmlos", vergißt er völlig, daß es erst die Bemühungen des Nominalisten waren, die den Stachel entfernten. Man könnte ebensogut sagen, daß das Programm der Pockenbekämpfung in den USA trivial ist, weil es dort keine Pocken gibt. In gewissem Sinn ist natürlich jedes durchgeführte Programm trivial — genau in dem Sinne, in dem es das Ziel eines jeden Programmes ist, sich selbst zu trivialisieren.

Unglücklicherweise wurde aber das nominalistische Programm nicht so vollständig für alle endlichen Systeme durchgeführt. Quine selbst erwähnt, nachdem er seinen Kunstgriff beschrieben hat, explizit dessen vernichtende Mängel. Der Kunstgriff kann nie in einem System angewendet werden, dessen Ontologie die ganze Welt umfaßt; denn man wird mehr Inschriften brauchen, um auch nur einen einzigen All-quantifizierten Satz auszuschreiben, als es Dinge in der Welt gibt. Quine stellt seine Konstruktion als interessanten, aber erfolglosen Versuch dar und schenkt ihm von da an keine Beachtung mehr.

Also hat Wang nicht recht in seiner Einschätzung der Eigenschaften von Quines Kunstgriff; und selbst wenn er recht hätte, könnte er nicht die Schlüsse ziehen, die er zu ziehen versucht.

(VI) *Einwand:* Nominalismus ist unmöglich.

Antwort: Das ergänzt sehr schön den gerade diskutierten Vorwurf der Trivialität. Man nenne ein Programm unmöglich, solange es noch nicht durchgeführt ist, und trivial danach; damit hat man eine gut abgerundete Abwehrstrategie entwickelt. In den Formal-Wissenschaften haben wir Beweise, daß gewisse Probleme nicht gelöst werden können — z. B. die Dreiteilung eines Winkels mit Zirkel und Lineal. Aber für die Unmöglichkeit des Nominalismus gibt es nichts, was einem Beweis auch nur ähneln würde, und jene Teile des Programms, die einst zuversichtlich als unmöglich angeführt wurden, sind kürzlich vollendet worden; insbesondere die nominalistische und sogar finitistische Behandlung des größten Teils der klassischen Mathematik einschließlich allgemeiner Definitionen für „Beweis" und „Theorem".[17]

Aber auch wenn sich schließlich herausstellen sollte, daß das nominalistische Programm doch nicht vollständig durchführbar ist, werden die Bemühungen um seine Durchführung nicht ganz fruchtlos gewesen sein. Die Unmöglichkeit der Winkel-Dreiteilung mit Zirkel und Lineal wird wohl kaum den Wert der euklidischen Geometrie vermindern oder uns schließen lassen, daß auch Euklid in der Wahl seiner Hilfsmittel zu sparsam war.

Letzten Endes mag es auch dem Nominalisten nicht ganz gelingen, mit seinen Mitteln auszukommen, aber er wird es versuchen, solange er kann. Bevor er aber zu Diebstahl seine Zuflucht nimmt, möchte er ganz sicher wissen, daß und wieviel er stehlen muß.

(VII) *Einwand:* Der Nominalismus würde die Entwicklung der Mathematik und anderer Wissenschaften behindern, weil er ihnen Methoden nähme, mit denen sie einige ihrer wichtigsten Resultate erreicht haben.[18]

Antwort: Ganz und gar nicht. Der Nominalist erdreistet sich nicht, dem Naturwissenschaftler Beschränkungen aufzuerlegen. Der Wissenschaftler kann ruhig platonistische Klassenkonstruktionen, komplexe Zahlen, Wahrsagung durch Betrachtung von Eingeweiden oder irgendeine Maschinerie benützen, von der er glaubt, daß sie ihm die Resultate liefert, die er sucht. Aber das, was er produziert, wird dann zu Rohmaterial für den Philosophen, dessen Aufgabe es ist, das alles vernünftig und verständlich zu machen: zu klären, zu vereinfachen, mit Hilfe verständlicher Ausdrücke zu interpretieren. Der praktische Wissenschaftler führt die Geschäfte, der Philosoph aber die Bücher. Der Nominalismus ist eine Einschränkung, die sich ein Philosoph selbst auferlegt, weil er nämlich der Meinung ist, daß er auf andere Weise nicht wirklich verstehen kann, was ihm vorgelegt wird. Was ihm zugeführt wird, muß er verdauen, bevor er es assimilieren kann; aber er erwartet nicht, daß alles schon vorverdaut ist.

Trotz allem werden die Vorteile, die eine reichlich vorhandene und komplizierte Maschinerie dem Wissenschaftler bringt, leicht überschätzt. Beschränkung der Mittel führt oft zu Klarheit und Fortschritt in der Wissenschaft wie auch in der Philosophie. Tatsächlich haben sich manche Wissenschaftler sogar die volle Beschränkung des Nominalismus auferlegt — z. B. einige strukturelle Linguisten[19] —, um Konfusion und Selbsttäuschung zu vermeiden. Die Strategie des „jeder Griff ist erlaubt" kann erheiternd sein, aber auch manchmal zu einem furchtbaren Durcheinander führen.

(VIII) *Einwand:* Nominalismus ist bigott. Wenn wir den Apparat eines Systems oder eine Systemform akzeptieren oder ablehnen, dann sollten wir uns nicht durch eine angebliche Einsicht in die diesem innewohnenden Vorzüge oder Mängel leiten lassen, sondern nur durch die Resultate, die wir dann erreichen können. Sprachen und System-Formen sind Instrumente, und Instrumente soll man danach beurteilen, wie gut sie funktionieren. Der Philosoph darf sich nicht selbst dadurch in Nachteil setzen, daß er voreingenommen oder dogmatisch etwas zurückweist, das seinen Zwecken dienen könnte.

Antwort: Dieser Punkt wird von Carnap[20] stark betont und scheint auch der Grund für Quines vorsichtigen Versuch einer Abkehr vom Nominalismus zu sein. Aber sicher will der Nominalist nichts ausschließen, was dem Zweck seiner Philosophie dienen kann. Seine Kritiker scheinen diesen Zweck in der korrekten Voraussage und Kontrolle der Naturvorgänge zu sehen. All dies gehört sicher zu den wichtigeren Dingen des täglichen Lebens, der Technologie und der Wissenschaft; aber darin besteht weder das Hauptziel der Philosophie, noch — glaube ich — der Wissenschaft in ihren philosophischeren Aspekten. Natürlich würde ein System, das zukünftige Ereignisse korrekt, vergangene aber falsch wiedergibt, von jedem vernünftigen Theoretiker oder Philosophen sofort fallengelassen. Aber selbst eine wahre und detaillierte Wiedergabe der vergangenen, gegenwärtigen und zukünftigen Tatsachen würde die Arbeit des Philosophen noch nicht überflüssig machen. Wie ich schon andeutete, besteht seine Aufgabe darin, Verbindungen herzustellen, zu systematisieren, zu interpretieren und zu erklären. Er ist nicht durch praktische Bedürfnisse motiviert, sondern durch ein nichtpraktisches Verlangen, zu verstehen. Auch er wird ein System danach beurteilen, wie gut es funktioniert; aber ein System funktioniert für ihn nur in dem Maße, in dem es Klarheit bringt. Der Nominalist vermeidet platonistische Hilfsmittel genau deshalb, weil er der Meinung ist, daß ihre Verwendung dem Zweck der Philosophie zuwiderlaufen und nicht ihm dienen würde. Eine klare Handlung darf nicht in unverständlicher Sprache dargestellt werden.

Der Nominalist kann die Notwendigkeit der Einschränkungen, die er sich selber auferlegt, nicht beweisen. Er nimmt das Prinzip des Nominalismus in etwa der gleichen Gesinnung an, in der er und andere das Extensionalitätsprinzip annehmen oder in der logische Philosophen überhaupt den Satz vom Widerspruch annehmen. Keines von diesen kann bewiesen werden; sie werden alle als notwendige Bedingungen der Vernünftigkeit in einem philosophischen System fest- und vorausgesetzt. Sie werden normalerweise angenommen, weil das Gewissen des Philosophen ihm in dieser Angelegenheit keine Wahl läßt. Das heißt nicht, daß er die Möglichkeit ausschließen muß, daß er eines Tages seine Meinung ändern kann. Wenn der Neopragmatist mich hart genug bedrängt, werde ich sogar zugeben, daß ich eines Tages den Satz vom Widerspruch aufgeben könnte, um bessere Resultate zu erhalten — wenn mir auch für diesen Fall nicht ganz klar ist, worin dann noch der Unterschied zwischen dem Erhalten und Nichterhalten von Resultaten besteht. Aber ich bin nur zu dieser Konzession bereit, wenn der Pragmatist seinerseits konzediert, daß wir eines Tages sogar sein Prinzip des Resultate-Erhaltens aufgeben könnten. Oder möchte er dieses Prinzip verschonen, weil in ihm das Wesen des menschlichen Geistes bestehe?

Carnap protestiert in beredter Weise gegen das, was er als Engherzigkeit in der Philosophie betrachtet und schließt mit der Ermahnung: „Seien wir vorsichtig, wenn wir Behauptungen aufstellen, und kritisch, wenn wir sie untersuchen, aber seien wir tolerant, wenn wir Sprachformen zulassen"; und Quine ist auch der Meinung, daß „der einleuchtende Ratschlag der der Toleranz und der Experimentierfreudigkeit ist" [21]. Wenn es mir auch schwerfällt, einen Schatten auf all diese Sanftmut und Erleuchtung zu werfen: meine Toleranz gegenüber Toleranz hat doch ihre Grenzen. Ich bewundere den Staatsmann, der abweichende politische Meinungen toleriert, und jenen, der in bezug auf Rassen- und Bildungsunterschiede tolerant ist; aber ich bewundere nicht den Buchhalter, der tolerant mit seiner Addition ist, den Logiker, der tolerant gegenüber seinen Beweisen ist, oder den Musiker, der seinen Ton mit Toleranz behandelt. Gleichgültig, welche Tätigkeit man ausübt, einigen Dingen muß man äußerste Sorgfalt und Aufmerksamkeit widmen; und in der Philosophie gehört zu diesen Dingen die Wahl des systematischen Apparats oder der „Sprachform". Anstelle von Carnaps Ermahnung schlage ich daher eine andere vor: *„Laßt uns als Philosophen in der Wahl der Sprachform äußerst wählerisch sein."*

Was für eine Auswahl sich aus einem derartigen wählerischen Verhalten ergibt, wird von dem einzelnen Philosophen abhängen. Aber wenn dies ein guter Grund für Indifferenz wäre, dann wäre auch die Verschiedenheit des Geschmackes und des Glaubens ein guter Grund für Indifferenz in bezug auf die Qualität in der Kunst und in bezug auf die Wahrheit in der Wissenschaft.

4. *Au Revoir*

Ich habe meine Version des Nominalismus erklärt und mich mit Einwendungen befaßt, die dahin gingen, daß er gar kein Nominalismus ist, daß er falsch oder unbegründet ist, daß er zu schwach ist, daß er zu stark ist, daß er trivial, daß er unmöglich ist, daß er die Wissenschaften verstümmelt und daß er bigott ist. Aber ich glaube durchaus nicht, daß ich eine Antwort für alle Kritik gefunden habe, die jemals vorgebracht werden wird, oder auch nur für jene Kritik, die schon vorgebracht wurde. Der Nominalismus schafft wenige Entitäten, aber er erzeugt eine unendliche Folge von Einwänden. Man betrachtet den Nominalisten als einen intellektuellen Vandalen, und all die guten Nachbarn eilen herbei, um ihren ererbten Familienschmuck vor ihm zu schützen. Aber der Nominalist kann seinem Geschäft unbekümmert nachgehen; denn seine Position ist praktisch unangreifbar. Jeder Schritt, den er macht, jeder Kunstgriff, den er gebraucht, ist auch für seine Gegner akzeptabel; er macht keinen Zug, der nicht auch nach platonistischen Maßstäben völlig legitim wäre. Wenn der Nominalist und der Platonist einander *au revoir* sagen, dann kann man nur beim Nominalisten damit rechnen, daß er sich an die bekannte Ermahnung hält, mit der sie sich verabschieden könnten: „Tue nichts, was ich nicht tun würde."

Anhang[22]

Ein System ist nominalistisch in dem präzisen Sinn, den ich kürzlich definiert habe, wenn es in ihm keine zwei verschiedenen Entitäten gibt, die aus genau den gleichen Atomen erzeugt werden. Um diesen Test anzuwenden, müssen wir wissen, welche Relation des Systems seine „erzeugende" Relation ist, oder zumindest, was die Atome des Systems sind; d. h. welche Entitäten des Systems nicht zum Nachbereich der erzeugenden Relation gehören.

Die erzeugende Relation eines Systems ist die Relation „echter Teil von" oder das Ahnenschaftsprädikat [ancestral] der Element-Klassen-Relation oder die logische Summe der beiden, so wie sie im System vorkommen. D. h. die erzeugende Relation eines Systems ist die Relation echter-Teil-von-oder-Ahnenrelation-der-Element-Klassen-Relation, so wie sie im System vorkommt. Es kann angebracht sein, eine Teilrelation der (vollständigen) erzeugenden Relation des Systems als (untergeordnete) erzeugende Relation zu bezeichnen. Da abgesehen von der Notation die echter-Teil-von-Relation selbst als Teilrelation der Ahnenschaftsrelation der Element-Klassen-Relation betrachtet werden kann, gibt es keine erzeugenden Relationen außer den Teilrelationen der letzteren.

Der Witz des vorgeschlagenen Kriteriums liegt in seiner Notationsunabhängigkeit. Es kann sein, daß man das Zeichen „ε" benützt und von Klassen spricht und trotzdem ein nominalistisches System vorliegen hat, falls die zugelassenen Klassen starken Einschränkungen unterworfen werden. Und wenn diese Einschränkungen verletzt werden, dann kann man dem Vorwurf des Platonismus nicht dadurch ausweichen, daß man irgendein anderes Zeichen, etwa „R" statt „ε", verwendet.

Da die Klasse der erzeugenden Relationen durch Bezugnahme auf eine bestimmte Relation definiert ist — die Ahnenschaftsrelation der Element-Klassen-Relation —, ist das Nominalismus-Kriterium noch nicht rein formal. Um es anwenden zu können, müssen wir wissen, welches die Atome des Systems sind, und welche von den Relationen des Systems seine erzeugende Relation ist (wenn es überhaupt eine solche gibt). Aber genau das gleiche müssen wir auch wissen, um feststellen zu können, ob ein System extensional ist oder nicht. Das Kriterium für den Nominalismus ist daher nicht weniger formal als das Kriterium für den Extensionalismus. Und es wäre tatsächlich nicht falsch, den Nominalismus, wie ich ihn definiere, als „Hyper-Extensionalismus" [23] zu bezeichnen.

All das ist eine Neuformulierung dessen, was ich schon in meinem früheren Artikel klargemacht zu haben glaubte. Aber Professor Hempel [24], der annahm, daß ich den Ausdruck „erzeugende Relation" in irgendeinem viel weiteren Sinn verwende, als das tatsächlich der Fall ist, beklagte, daß ich diesen weiteren Sinn nicht klar definiere, und schlug die Eltern-Kind-Relation als eine erzeugende Relation vor. Diese Relation erfüllt genausowenig meine Anforderungen an eine erzeugende Relation wie die Kind-Eltern-Relation, die in meinem früheren Artikel diskutiert wird. Daher hat Hempel nicht recht, wenn er sagt, daß das System, das er beschreibt, in welchem die Eltern-Kind-Relation die einzig vorkommende ist, nach meinem Kriterium platonistisch sei. Solch ein System hat keine erzeugende Relation. Alle seine Entitäten sind Atome. Das System ist daher nominalistisch.

Anmerkungen

[1] Victor Lowe auf S. 125 in "Professor Goodman's Concept of Individuals", in *Philosophical Review*, Bd. 62 (1953), S. 117—126.

[2] "Steps Towards a Constructive Nominalism", *Journal of Symbolic Logic*, Bd. 12 (1947), S. 105—122.

[3] Siehe den dritten Absatz und die zweite Fußnote des gemeinsamen Artikels.

[4] *From a Logical Point of View*, Harvard University Press 1953, S. 173 bis 174.

[5] *The Structure of Appearance*, Harvard University Press 2. Aufl. 1966, siehe vor allem S. 39. Nebenbei bemerkt: Da (wie in dem Buch und im vorliegenden Artikel später erläutert) jedes nominalistische System ohne weiteres in ein platonistisches übersetzbar ist, hängt die Annahme des größten Teils des Buches überhaupt nicht von der Annahme des Nominalismus ab. Dies haben die meisten meiner Kritiker ausdrücklich zugegeben.

[6] Ein Atomelement — oder Atom — eines Systems ist einfach ein Element des Systems, das keine kleineren Elemente des Systems enthält. Je nach dem System mag ein Elektron, ein Molekül oder ein Planet als Atom angegeben werden.

[7] Der Zweck besteht darin, Systeme zu wählen, die einander so ähnlich wie möglich sind, um das kritische Unterscheidungsmerkmal zu isolieren. Im folgenden ist „ε" als „ist Element von", „ε/ε" als „ist Element von Element von usw." zu lesen" „$\ll$" ist zu lesen als „ist echter Teil von".

[8] Jede Nullklasse des Systems I erscheint somit einfach als ein Atom der getarnten Version von I und hinterläßt somit keine aufschlußreichen Spuren.

[9] In beiden Systemen gilt die umgekehrte Implikation. Im Nominalismus gilt, wenn x und y identisch sind, haben sie dieselben Atome.

[10] Z.B. von Wang auf S. 416 in "What is an Individual?", in *Philosophical Review*, Bd. 62 (1953), S. 413—420. [Deutsche Übers.: Was ist ein Individuum?, in diesem Sammelband S. 280 ff.]

[11] Gegeben seien die Atome des Systems; dann sprechen wir genau dann davon, daß eine *erzeugende Relation* besteht, wenn x ein Nicht-Atomelement des Systems ist, und es ein Element y gibt, das in jener Relation zu x steht. Die *erzeugte Relation G* eines Systems ist die Relation, die zwischen zwei Elementen x und y des Systems genau dann besteht, wenn x und y durch eine Kette verbunden sind, in der jedes verbundene Paar zu einer erzeugenden Relation des Systems gehört. (Beachte, daß uns dies nicht zu bestimmen erlaubt, ob eine gegebene Relation „eine" oder „die"

erzeugende Relation eines Systems ist, ohne daß wir wissen, was die Atome sind. Siehe weiter unten den Anhang dieses Artikels.)

[12] Das veranschaulichte System ist in der Tat nur dann extensional, wenn es nominalistisch ist, obwohl dies offensichtlich nicht für alle Systeme gilt. Natürlich ist jedes System nur dann nominalistisch, wenn es extensional ist.

[13] Vgl. S. 110 in C. G. Hempels Artikel "Reflections on Nelson Goodman's *The Structure of Appearance*", in *Philosophical Review*, Bd. 62 (1953), S. 108—116.

[14] Dieser Einwand wird nachdrücklich betont z. B. in dem Artikel von Lowe, zitiert in Anm. 1; die Behauptung wird auch von Quine vertreten auf S. 559 seiner Rezension von *The Structure of Appearance*, in dem *Journal of Philosophy*, Bd. 48 (1951), S. 556—563.

[15] S. seinen oben in Anm. 10 zitierten Artikel.

[16] Zu dem Artikel von Quine "On Universals", in dem *Journal of Symbolic Logic*, Bd. 12 (1947), S. 78—84. [Deutsche Übers.: Über Universalien, in diesem Sammelband S. 84 ff.]

[17] In dem gemeinsamen Artikel "Steps Towards a Constructive Nominalism", zitiert oben in Anm. 2.

[18] Z. B. s. S. 40 in Carnaps "Empiricism, Semantics and Ontology", in *Revue internationale de Philosophie*, Bd. 4 (1950), S. 20—40. (Abgedruckt in Linsky [Hrsg.]): *Semantics and the Philosophy of Language*, University of Illinois Press 1952, S. 208—228. [Deutsche Übers.: Empirismus, Semantik und Ontologie, in diesem Sammelband S. 338 ff.]

[19] Insbesondere Zellig Harris und Noam Chomsky. Siehe z. B. der letzteren "Systems of Syntactic Analysis", in *Journal of Symbolic Logic*, Bd. 18 (1953), S. 242—256.

[20] In dem Artikel, zitiert in Anm. 18.

[21] *From a Logical Point of View* (siehe Anm. 4), S. 19.

[22] Dieser Anhang wurde zuerst als eine Notiz mit folgendem Titel veröffentlicht: "On Relations that Generate", *Philosophical Studies*, IX (1958), 65—66.

[23] Diesen sehr passenden Ausdruck verdanke ich Professor Quine.

[24] *Journal of Symbolic Logic*, Bd. 22 (1957), S. 206—207.

Der folgende Beitrag wurde aus dem Englischen übersetzt von Walter Hoering.

EINIGE BEMERKUNGEN ZUM NOMINALISMUS

Von LEON HENKIN

In zwei Arbeiten[1], die in aufeinanderfolgenden Heften dieses Journals [J. S. L.] erschienen, haben Quine und Goodman auf Grund eines philosophischen Standpunktes, der völlige Enthaltsamkeit in bezug auf den Gebrauch abstrakter Entitäten gebietet, die Möglichkeit erkundet, die Sprache der klassischen Mathematik so zu reinterpretieren, daß ihr ein (mit den beobachteten Verhaltensmustern des normalen Gebrauchs verträglicher) Sinn gegeben wird, unter ausschließlicher Verwendung des engen Bereiches der Entitäten, die sie anerkennen. In der vorliegenden Arbeit werden verschiedene Bemerkungen zu diesem Programm gemacht.

1. In der ersten von den beiden Arbeiten, die wir hier betrachten, Q, wird darauf hingewiesen, daß eine gewisse Art von Abstraktion, die Identifizierung des Ununterscheidbaren, mit der nominalistischen These durchaus verträglich ist und überdies eine Ausdrucksmöglichkeit liefert, die oft sehr nützlich ist. Eines der zwei Beispiele, die Q für dieses Prinzip der „harmlosen Abstraktion" angibt, ist das Zusammenfassen von Inschriften der gleichen Form, derart, daß man von einer Theorie der Inschriften zu einer Theorie der Ausdrücke übergeht. So kann die Sprache der Theorie der Zeichengestalten beibehalten werden, aber die Symbole der Sprache werden in einem neuen Sinn verstanden: Die Variablen laufen über Inschriften anstatt über Gestalten, das Gleichheitssymbol wird so aufgefaßt, daß es Gestaltgleichheit anstelle von Identität ausdrückt, und eine Konstante bezeichnet nicht eine bestimmte Gestalt, sondern wird ein schematischer Buchstabe, für den man den Namen einer beliebigen Inschrift einsetzen kann, die diese Gestalt besitzt.

Wenn auch die Sprache der Gestalten in Q als legitim erklärt wurde, werden in der zweiten Arbeit, GQ, einige Anstrengungen unternommen, eine Sprache für die Diskussion der Syntax zu entwickeln, die ganz genau ausdrückt, daß Inschriften und nicht Gestalten diskutiert werden. In der vorliegenden Arbeit aber werden wir von der in Q gewährten Erlaubnis Gebrauch machen, (scheinbar) von Zeichengestalten zu sprechen, weil wir nie daran interessiert sein werden, zwischen zwei Inschriften gleicher Gestalt zu unterscheiden.

2. Beginnen wir damit, zu untersuchen, wie der Begriff einer willkürlichen Klasse (etwa von „Individuen") abstrahiert wird. Betrachten wir ein formales System *L*, das zum Beispiel der Prädikatenkalkül erster Stufe sein kann. Wenn wir dieses interpretieren, dann stellen wir uns vor, daß die Individuenvariablen über einen gewissen Bereich von (konkreten) Objekten laufen und daß den Quantoren und aussagenlogischen Junktoren ihre normale Bedeutung gegeben wird. Bei den Prädikatenvariablen jedoch stellen wir uns nicht vor, daß sie über Klassen und Relationen laufen, sondern wir betrachten sie einfach als „Platzhalter", die durch beliebige Prädikate von Individuen ersetzt werden können.

Wenn wir nun zum reinen Prädikatenkalkül zweiter Stufe übergehen, *M*, indem wir Quantifizierung über Prädikatenvariablen zulassen, dann erscheint es natürlich, daß wir diese Interpretation übertragen, indem wir festlegen, daß eine Formel der Form $\bigwedge F\varphi$ so aufgefaßt wird, daß sie behauptet, daß jeder Satz φ' wahr sein wird, der aus φ entsteht, wenn man *F* durch irgendein bestimmtes Prädikat ersetzt. Bei dieser Auffassung ergeben sich aber sofort einige Probleme.

Zunächst wird es wichtig, genau festzulegen, welche Prädikate auf diese Weise für Prädikatvariablen eingesetzt werden dürfen. Von „allen möglichen Prädikaten" zu sprechen, hieße, das ist klar, den Prädikaten noch vor einem tatsächlichen sprachlichen Gebrauch einen Status geben, der kaum in den nominalistischen Ideenrahmen paßte. Anderseits wäre es nicht sinnvoll, sich auf die tatsächlich in *L* vorhandenen Prädikate zu beschränken, schon aus dem einfachen Grunde, daß es im reinen Prädikatenkalkül *keine* bestimmten Prädikate *gibt*, wie es auch keine Namen bestimmter Individuen gibt. Das führt uns zu der Frage, ob es eine bestimmte Sprache *N* gibt, eine Erweiterung von *L* durch bestimmte Prädikate, die als zulässige Einsetzungen für Prädikatenvariablen bei der Interpretation von *N* verwendet werden können.

In Q wird das Problem der Interpretation gebundener Klassenvariablen nicht für den Kalkül zweiter Stufe *M* untersucht, sondern für eine „Erweiterung der Quantorenlogik dadurch, daß man den Prädikatenvariablen alle Rechte von [Individuenvariablen] einräumt". Das heißt, Prädikatenvariablen können nicht nur in Quantoren auftreten, sondern auch als Argumente von Prädikaten. Eine Schwierigkeit, auf die Quine hinweist, ergibt sich aus der Tatsache, daß das System widerspruchsvoll ist. Das ist eine formale Schwierigkeit. Eine weitere Schwierigkeit jedoch tritt auf, wenn man versucht, auch nur den Grundformeln des Systems eine nominalistische Interpretation zu geben. Denn die Individuenvariablen sind durch die Namen bestimmter konkreter Objekte zu ersetzen, während Prädikate nach unserer nominalistischen Interpretation überhaupt keine Namen sind. Das Nebeneinanderschreiben in der Formel „Fx" wird dadurch interpretiert, daß man die Formel folgendermaßen liest: „das durch 'x' bezeichnete Objekt ist F." Wenn auch ein Prädikat ein Objekt ist, so bezeichnet es doch keines; und daher ist eine Formel wie „FF" ganz klar ungrammatisch und sinnlos.

Aber abgesehen von diesen Schwierigkeiten gibt Quine noch ein Argument an, um zu zeigen, daß die Regeln seiner Erweiterung der Prädikatenlogik mit der betrachteten Art von nominalistischer Interpretation unvereinbar ist; und weil sich dieses Argument in gleicher Weise auf den Kalkül *N* anwenden läßt, müssen wir es im Detail untersuchen. Die Beweisführung beruht auf Cantors Beweis (im Rahmen der klassischen Mathematik), daß es keine eineindeutige Zuordnung zwischen der Gesamtheit der Individuen eines Bereichs und der Klasse aller Mengen dieser Individuen gibt. Den wesentlichen Teil dieser Aussage kann man in *N* durch folgende Formel ausdrücken

(1) $\neg \bigvee F \bigwedge G \bigvee x \bigwedge y\ [F(x, y) \leftrightarrow G(y)]$.

Hier können wir F als Zuordnung beliebiger Individuen x zur Menge F_x auffassen, die sich aus allen Individuen y zusammensetzt, für die $F(x, y)$ gilt. Die Formel $\bigwedge y\ [F(x, y) = G(y)]$ besagt daher dasselbe wie die Gleichung $F_x = G$. Daher besagt (1), daß es keine

Zuordnung F derart gibt, daß jede Menge G zu einem Wert F_x gehört: mit anderen Worten, der Bereich der Individuen kann nicht auf den Bereich der Mengen von Individuen abgebildet werden.

Nun kann (1) in *N* formal bewiesen werden. Da nämlich

$$\bigwedge y\ [F(x, y) \leftrightarrow \neg F(y, y)] \rightarrow [F(x, x) \leftrightarrow \neg F(x, x)]$$

sehen wir, daß

$$\neg \bigwedge y\ [F(x, y) \leftrightarrow \neg F(y, y)]$$

und daher

$$\bigvee G \bigwedge x \neg \bigwedge y\ [F(x, y) \leftrightarrow G\ (y)],$$

woraus (1) gleich zu folgern ist.

Wenn wir nun versuchen, *M* einen nominalistischen Sinn zu geben, dann scheint das Argument zu behaupten, daß, weil unsere Interpretation (1) wahr machen muß (da es ja beweisbar ist), die Welt der Klassen, d. h. der Wertbereich der Prädikatvariablen, „viel größer" sein muß als der Bereich der Bedingungen, die in unserer Sprache *N* ausgedrückt werden können — so daß es Klassen geben muß, denen keine sprachlichen Ausdrücke entsprechen.

Aber ist es wirklich so? Eine genaue Untersuchung der Beweisführung zeigt den Irrtum. Die Formel (1) nämlich drückt die Tatsache, daß der Bereich der Klassen nicht die gleiche Kardinalzahl besitzt wie der Bereich der Individuen, nur unter der *klassischen* Interpretation aus, nach der Gleichzahligkeit mit der Existenz einer geeigneten eineindeutigen Beziehung identifiziert wird. Aber es kann durchaus der Fall sein, daß es uns gelingt, eine *nominalistische* Interpretation zu finden, die (1) wahr macht, auch wenn wir nur die Existenz von Klassen voraussetzen, die sich in irgendeinem Prozeß der Identifizierung von Prädikaten in einer bestimmten Sprache *N* ergeben. (Tatsächlich wurde bereits durch das Skolem-Löwenheim-„Paradox" gezeigt, daß gewisse formale Systeme, in denen Cantors Theorem beweisbar ist, abzählbare Modelle besitzen. In seiner ursprünglichen Form jedoch bezog sich das „Paradox" nicht auf den Kalkül zweiter Stufe *M*; es lieferte auch nicht die Art von Modell, an dem wir hier interessiert sind.) Daher finden wir eine grundsätzliche Lücke in der Beweisführung dafür, daß eine nominalistische Interpretation von *M* durch die Ableitbarkeit einer Formel verhindert wird, die unter der *klassischen* Interpretation einen mit dem Nominalismus unverträglichen Satz ausdrückt.

Wenn eine Beweisführung nicht korrekt ist, dann folgt noch nicht, daß man das Ergebnis aufgeben muß. Daher nehmen wir von neuem die Frage auf, ob der reine Prädikatenkalkül erster Stufe L durch die Einführung bestimmter Prädikate in solcher Weise zu einem System N erweitert werden kann, daß man für den reinen Prädikatenkalkül zweiter Stufe M eine Interpretation angeben kann, bei der dessen „Klassen"-Variablen nur durch Prädikate von N ersetzt werden. Im nächsten Abschnitt werden wir zeigen, daß dies wirklich möglich ist.

3. Tatsächlich ist eine derartige Interpretation in einer kürzlich erschienenen Arbeit[2] implizit enthalten, in der das Problem der Vollständigkeit der Prädikatenkalküle höherer Stufe diskutiert wird. Wir werden hier nur einen Beweis skizzieren, gewisse Einzelheiten zur Vereinfachung der Konstruktion angeben und auf jene Modifikationen der Sprache hinweisen, die vom nominalistischen Standpunkt aus erforderlich sind, ohne jedoch jene Details zu erwähnen, die unverändert aus der früheren Arbeit H_2 übertragen werden können.

Wir beginnen also mit dem Prädikatenkalkül zweiter Ordnung M, der nun als ein *formaler Kalkül* aufgefaßt wird und nicht als interpretierte Sprache; wir erweitern ihn zu einem System M' durch Einführung weiterer Grundsymbole: U_1, U_2, U_3, ..., die Individuenkonstanten genannt werden, und J_1^n, J_2^n, J_3^n, ..., die Prädikatkonstante des Grades n ($n = 1, 2, 3, \ldots$) genannt werden. Diese Symbole kommen in Formeln in der gleichen Weise vor wie Variablen des entsprechenden Typs, mit der Einschränkung, daß sie nicht in Quantoren auftreten dürfen. Das System der Axiome und Schlußregeln bleibt erhalten, für Konstante darf jedoch nicht substituiert werden.

Als nächstes fassen wir irgendeine Regel ins Auge, die uns eine Ordnung der gwff (geschlossene wohlgeformte Formeln, oder solche ohne freies Vorkommen einer Variable) festlegt, mit deren Hilfe wir zum Aufbau weiterer formaler Systeme übergehen, die man aus M' durch die Hinzufügung neuer Axiome erhält. Wir wählen die erste gwff (in der oben erwähnten Ordnung), die die Form $\vee\alpha\, A$ hat, und fügen zu M' das Axiom $\vee\alpha\, A \rightarrow A'$, wo A' aus A dadurch entsteht, daß man für jedes freie Vorkommnis der Variable α wie folgt substituiert. Wenn α eine Individuenvariable ist, ersetze man sie durch U_{i_1}, die erste der Konstanten U_1, U_2, ..., die nicht in A vorkommt. Wenn α eine Prädikatenvariable mit n Argumenten ist, ersetze sie durch $J^n_{i_1}$, die erste von den Konstanten J^n_1, J^n_2, ..., die nicht in A auftritt. Das System, das aus M' durch diese Hinzufügung entsteht, nennen wir M'_1. Seine Konsistenz kann mit einem in H_1 angegebenen Beweisverfahren aus der bekannten Konsistenz von M bewiesen werden. Man kann auch den normalen Widerspruchsfreiheitsbeweis für M (bei dem jeder wff von M eine Formel des Aussagenkalküls zugeordnet wird, indem man einfach alle Quantoren und Variablen ausstreicht und Funktionsvariablen durch Aussagenvariablen ersetzt) direkt auf das System M'_1 anwenden.

Dann setzen wir das Verfahren fort und bilden die formalen Systeme M'_2, M'_3, usw. Allgemein ausgedrückt: nachdem M_r gebildet wurde, finden wir die $(r + 1)$ste wohlgeformte Formel der Form $\vee\alpha\, A$ und addieren zu M'_r das weitere Axiom $\vee\alpha\, A \rightarrow A'$, wo A' aus A entsteht, indem man jedes freie Vorkommnis der Individuenvariablen (Prädikatenvariablen) α durch $U'_{i_{r+1}}$ $(J^n_{i_{r+1}})$ ersetzt, nämlich die erste der Konstanten U_1, U_2, ... $(J^n_1, J^n_2, \ldots)$, die weder in A noch in einem der Axiome von M'_r vorkommt. Dieses neue System werde M'_{r+1} genannt. All die so konstruierten Systeme sind konsistent.

Nachdem das Prädikat „ist ein Axiom eines der Systeme M'_r" definiert worden ist, verwenden wir es, um das neue formale System M'_ω zu erzeugen, das all die Axiome der verschiedenen Systeme M'_r enthält und zusätzlich die Eigenschaft der maximalen Konsistenz besitzt. D. h. für jede wohlgeformte Formel A gilt das Prädikat „ist ein Axiom von M'_ω" für genau eine Formel des Paars A, $\neg A$. Die Konstruktionsmethode für M'_ω wird in H_1 beschrieben.

Kehren wir nun zum reinen Prädikatenkalkül erster Stufe L zurück, für den wir eine klare nominalistische Interpretation besitzen. Wir möchten einzelne bestimmte Prädikate hinzufügen, um ein System N zu erhalten, dessen Prädikate wir als den Bereich der Prädikatenvariablen für unsere nominalistische Interpretation des reinen Prädikatenkalküls zweiter Stufe M verwenden können. Zu diesem Zweck wollen wir zu L die Individuenkonstanten V_1, V_2, ... hinzufügen und sie dadurch interpretieren, daß wir den U_i die

V_i ($i = 1, 2, \ldots$) als Namen zuordnen. Als nächstes fügen wir für jede wohlgeformte Formel B von M', die freie Vorkommnisse der Individuenvariablen $x_1, \ldots, x_n$ enthält, zu L ein Prädikatensymbol F_B hinzu, das wir dadurch interpretieren, daß wir festlegen, daß der Satz F_B ($V_{i_1}, V_{i_2}, \ldots, V_{i_n}$) genau dann gelten soll, wenn die Formel B' ein Axiom von M' ist, wobei B' dadurch aus B entsteht, daß man die Variable x_j durch die Konstante U_{i_j} ($j = 1, 2, \ldots, n$) ersetzt. Die Sprache, die man aus L durch diese Erweiterungen erhält, nennen wir N. Unter der gegebenen Interpretation beziehen sich die Formeln von N auf den Status der Symbole im uninterpretierten formalen System M'_ω.

Schließlich kehren wir zum reinen Prädikatenkalkül zweiter Stufe M zurück. Wir sind nun in der Lage, für seine Formeln eine nominalistische Interpretation zu geben. Wir nehmen als Bereich seiner Individuenvariablen die Symbole $U_1, U_2, \ldots$ an (die hier als Individuen auftreten) und betrachten seine freien Prädikatenvariablen als durch Prädikate der Sprache N ersetzbar. Formeln der Form $\wedge G\ A$, in denen Prädikatenvariablen gebunden werden, sind so zu interpretieren, daß A für jede Einsetzung von Prädikaten von N (geeigneten Typs) in G wahr wird.

Diese Interpretation von M läßt sich leicht auf M' ausdehnen und nach einem einfachen, in H_2 angegebenen Induktionsschluß kann man dann beweisen, daß jede gwff von M' bei dieser Interpretation genau dann eine wahre Aussage ausdrückt, wenn die Formel selbst das Prädikat „ist ein Axiom von M'_ω" erfüllt. Insbesondere erhält man alle beweisbaren Formeln von M als wahre Aussagen.

Man kann sogar zeigen, daß bei geeigneter Ordnung der gwff von M' (von dem die Konstruktion von M'_ω ausgeht) die wahren Formeln von M' unter der vorgeschlagenen nominalistischen Interpretation genau jene Formeln sind, die klassisch wahr sind. Natürlich versteht der Nominalist nicht, für welche Formeln das Prädikat „ist klassisch wahr" gilt, weil der klassische Mathematiker die Angelegenheit (anscheinend) nur durch Bezugnahme auf Entitäten erklären kann, gegenüber deren Existenz der Nominalist einen unversöhnlichen Zweifel hegt. Sobald aber der Anhänger der klassischen Mathematik erklärt, daß die Formeln, die er betrachtet, in dem Sinn eine widerspruchsfreie Klasse bilden, daß sie zu den

Axiomen von M' hinzugefügt werden können, ohne die formale Widerspruchsfreiheit des Systems anzutasten, kann der Nominalist versichern, daß eine seiner Interpretationen genau die Sätze wahr machen wird, an die der Klassizist denkt. Jedoch, während er dies versichert, wird der Nominalist höchstwahrscheinlich zu sich selbst sagen, daß er bezweifelt, daß der Klassizist wirklich an ein wohlbestimmtes Prädikat denkt, wenn er den Ausdruck gebraucht „ist eine klassisch wahre Formel von M'“.

4. Wenden wir uns als nächstes den Kalkülen höherer Stufen zu, die nach der klassischen Interpretation zur Diskussion von Funktionen und Mengen eingeführt wurden, deren Bereiche nicht nur Individuen enthalten, sondern auch andere Entitäten.

Als elementares Beispiel für die Art von Situationen, auf die wir treffen können, wollen wir den Fall einer Variablen betrachten, die nach der klassischen Auffassung über Klassen von Klassen laufen soll, deren Elemente Individuen sind. Formal wird das dadurch ausgedrückt, daß man festlegt, daß φ in wohlgeformten Formeln der Form $\varphi(G)$ auftreten darf, wo G eine normale Prädikatvariable ist. Wenn wir nun solche Formeln von unserem nominalistischen Standpunkt rekonstruieren, können wir die Variable φ als Platzhalter für ein Prädikat betrachten, das sinnvollerweise nur auf gewisse, spezielle Individuen angewendet werden kann, nämlich jene Prädikate von Individuen, die für Variablen wie G substituiert werden können.

Man beachte aber, daß stets, wenn ein derartiges spezielles Prädikat φ_1 für φ substituiert wird und wenn ein normales Prädikat G_1 für G substituiert wird, wir die Formel $\varphi_1(G_1)$ nicht so auffassen können, daß sie besagt, daß dem durch G_1 bezeichneten Gegenstand die Eigenschaft φ_1 zukommt, weil G_1 kein Objekt bezeichnet. Statt dessen führen wir die Konvention ein, daß die Formel $\varphi_1(G_1)$ so zu lesen ist: Das Prädikat G_1 selbst hat die Eigenschaft φ_1. So ist der Gebrauch von Klammern im Kontext $\varphi(G)$ ganz verschieden von dem Gebrauch in der Formel $G(x)$.

Natürlich ist es, damit diese Art der Interpretation mit den formalen Regeln des Kalküls konsistent ist, wichtig, daß nur eine gewisse Art von Prädikaten φ_1 als Einsetzungsinstanz für die Variable φ zugelassen wird; nämlich, wenn G_1 und G_2 zwei Prädikate sind, die extensional gleich sind, dann muß φ_1 entweder für beide oder für keines von beiden gelten. Solange man aber diese Vorsichtsmaßnahmen beachtet und solange man im Auge behält, daß die Prädikatenvariablen (die in Formeln wie $\varphi(G)$ als Argumente auftreten) keinen wirklichen Bereich besitzen, sondern nur Platzhalter für bestimmte Prädikate sind, wird man finden, daß sich kein grundsätzlicher Einwand gegen diese etwas unorthodoxe Interpretationsweise ergibt.

Schließlich ist zu überlegen, wie Formeln interpretiert werden sollen, in denen diese Variablen höherer Stufe quantifiziert werden. Wir werden wieder eine Formel $\bigwedge\varphi A$ genau dann für wahr erklären, wenn jede Formel A' wahr ist, die aus A durch Substitution eines zulässigen Prädikats für die Variable φ entsteht. Die zulässigen Prädikate müssen die oben beschriebenen Kriterien erfüllen, aber es ist nicht nötig, daß sie „alle" derartigen Prädikate umfassen, wenn man Prädikat in irgendeinem *a priori* Sinn nimmt. Ganz im Gegenteil, man muß die Prädikate aus irgendeiner bestimmten Sprache auswählen. Verschiedene Wahlen führen dann zu verschiedenen nominalistischen Interpretationen des Kalküls höherer Stufe. Ähnlich soll $\bigvee\varphi A$ heißen, daß die Substitution mindestens eines zulässigen Prädikates für φ in A einen wahren Satz ergibt.

Unsere Behauptung ist, daß es möglich ist, Sprachen zu finden, deren Prädikate für die Verwendung als zulässige Prädikate in einer solchen nominalistischen Interpretation geeignet sind und daß man tatsächlich derartige Sprachen finden kann, die nicht nur die beweisbaren Formeln des Kalküls höherer Stufe wahr machen, sondern auch beliebige weitere vorgegebene Formeln, die man gleichzeitig und widerspruchsfrei zu den Axiomen des reinen Prädikatenkalküls hinzufügen kann. Die Methode zur Gewinnung dieser Sprache ist völlig analog der für den Kalkül zweiter Stufe benützten Methode und findet sich im wesentlichen in H_2 ausgearbeitet. Tatsächlich wird in H_2 gezeigt, daß gewisse Vereinfachungen im Fall der Kalküle höherer Ordnung dadurch erreicht werden können, daß man Symbole gebraucht, die (klassisch) Auswahlfunktionen bezeichnen. Mit diesem Punkt brauchen wir uns jedoch hier nicht zu beschäftigen.

Nun ist bekannt,[3] daß unter der klassischen Interpretation eines geeigneten Prädikatenkalküls höherer Stufe die natürlichen Zahlen definiert werden können, und auch ein Prädikat, das genau für jene Zahlen gilt, die Gödelzahlen (klassisch) wahrer Formeln des reinen Kalküls zweiter Stufe M sind. Da wir oben angedeutet haben, daß allen Formeln von Kalkülen höherer Stufe eine nominalistische Bedeutung gegeben werden kann, folgt, daß insbesondere das Prädikat „ist Gödelzahl einer (klassisch) wahren Formel des Kalküls zweiter Ordnung" nominalistisch verstanden werden kann. Das scheint unserer Behauptung gegen Ende des Abschnitts 2 zu widersprechen, die dahin ging, daß der Nominalist bezweifelt, daß der Klassizist tatsächlich ein bestimmtes Prädikat im Sinn hat, wenn er die Wörter benutzt „ist eine klassisch wahre Formel von M'".

Die Erklärung hierfür ist, daß wir den Formeln der Prädikatenkalküle nicht genau *eine* nominalistische Bedeutung gegeben haben, sondern gezeigt haben, wie eine solche Interpretation für jede totale Ordnung der Formeln M' gegeben werden kann. Für den Nominalisten gibt es keinen a priori Grund dafür, eine dieser Interpretationsweisen anderen vorzuziehen. Und da ihm die Auswahlmethode des Klassizisten illusorisch und in einer Sprache vorgebracht erscheint, die selbst viele Deutungsmöglichkeiten offenläßt, glaubt der Nominalist, daß der Klassizist sich selbst täuscht, wenn er von *der* Klasse der wahren Aussagen spricht. In der Praxis sind alle Beispiele von wahren Sätzen, die der Klassizist aufstellt, jene, die bei *jeder* nominalistischen Interpretation wahr werden. Das sind genau die Formeln, die formal beweisbar sind.

5. Unsere Modelle für die Interpretation der verschiedenen Prädikatenkalküle bestanden aus konkreten Objekten, nämlich den in gewissen Systemen verwendeten Inschriften. Eine stillschweigende Voraussetzung bei unserer Verwendung dieser Objekte ist, daß sie in unbegrenzter Zahl zur Verfügung stehen; und wir müssen nun die in GQ vertretene Position untersuchen, welche jede Interpretation zurückweist, die auf der Annahme der Existenz unendlich vieler Gegenstände beruht.

Nun ist das Prädikat „ist endlich" für den Nominalisten schwierig zu behandeln.[4] Nehmen wir an, wir betrachten eine der klassischen Definitionen und untersuchen dann, wie man das Definiens gemäß dem oben beschriebenen nominalistischen Schema interpretieren kann. Betrachten wir die Definition von Dedekind: Eine Klasse C ist genau dann endlich, wenn es keine ein-eindeutige Abbildung von C auf eine echte Teilmenge von C gibt.

In dem Schema, das wir für die Reinterpretation der Sprache der klassischen Mathematik vorgeschlagen haben, wäre das Prädikat „ist endlich" nicht auf Klassen, sondern auf Prädikate anzuwenden. Genauer gesagt würde ein Prädikat G unendlich genannt, wenn es einen Funktor F gibt, der auf den Namen jedes Objektes, für das G gilt, angewendet werden kann und dann den Namen eines weiteren solchen Objektes liefert, vorausgesetzt, daß FU_i und FU_j stets Namen verschiedener Objekte sind, wenn U_i und U_j Namen verschiedener Objekte sind; und außerdem vorausgesetzt, daß es ein Objekt gibt, das keinen Namen der Form FU_k besitzt. Es ist wichtig, sich daran zu erinnern, daß wir, wenn wir von der Existenz eines solchen Funktors sprechen, seine Existenz in einer bestimmten Bezugssprache meinen, die als Grundlage für die Interpretation unserer primären Sprache verwendet wird. So kann es durchaus der Fall sein,[5] daß wir für ein bestimmtes festes Prädikat G einen solchen Funktor F in einer Bezugssprache finden können, in einer anderen aber nicht — obwohl die Objekte, für die G gilt, in beiden Fällen die gleichen sind. D. h. die Endlichkeit eines Prädikats wird nicht durch ihre Extension bestimmt, sondern ist relativ zur Bezugssprache, die für die Interpretation der ganzen, das fragliche Prädikat enthaltenden Sprache verwendet wird.

Aber trotz alledem es ist doch wahr, daß unser Prädikat „ist ein Symbol im Kalkül M'", das bei unseren nominalistischen Reinterpretionen der Prädikatenkalküle höherer Ordnung eine zentrale Rolle spielt, unendlich ist — zumindest in bezug auf Funktoren *wenigstens einer* Bezugssprache. Wie können wir nun dies damit in Einklang bringen, daß es in unserer Welt möglicherweise nur endlich viele Gegenstände gibt?

Zuerst müssen wir klar erkennen, daß der Versuch, einem Kalkül, der ein klassisches „Unendlichkeitsaxiom" enthält, eine nominalistische Interpretation im Rahmen einer Sprache zu geben, die nur die Existenz einer endlichen Zahl von Objekten anerkennt, zum Scheitern verurteilt ist. Falls eine solche Interpretation vorhanden wäre, könnte sie innerhalb der klassischen Mathematik in einen Beweis der Widerspruchsfreiheit eines Systems mit einem Unendlichkeitsaxiom relativ zur Widerspruchsfreiheit eines Systems mit einem endlichen Modell verwandelt werden; und man weiß nach Gödels Ergebnissen, daß dies unmöglich ist, wenn man die Widerspruchsfreiheit der klassischen Zahlentheorie voraussetzt. Daher erscheint das Programm, das sich Quine und Goodman ursprünglich gesetzt haben, zu ehrgeizig, und es ist zu erwarten, daß sie (wie in GQ, Abschnitt 5 angedeutet) auf das sekundäre Ziel zurückgehen müssen, die klassische Mathematik einfach nur mit Hilfe der syntaktischen Manipulation von Symbolen zu verstehen. Aber selbst wenn man dieses Ziel erreichte, könnte man noch nicht erklären, wie der Symbolismus der Mathematik als Sprache funktioniert, die für die Wechselwirkung zwischen den Benutzern des Symbolismus und ihrer physikalischen Umgebung nützlich ist.

Das ist tatsächlich die entscheidende Frage. Worin besteht eigentlich die Beziehung zwischen einer Sprache und den Gegenständen der Welt? Insbesondere: Wie bringt es ein Wissenschaftler fertig, mathematische Begriffe, die auf unendlichen Mengen beruhen, auf Bereiche der physikalischen Welt anzuwenden, die ganz klar endlich sind (und warum tut er es)? — Betrachten wir ein einfaches Beispiel.

Nehmen wir an, daß jemand ein kreisrundes Zimmer mit dem Durchmesser zehn Fuß mit quadratischen Fliesen (Kantenlänge 1 Zoll) auslegen soll. Er möchte die Zahl der benötigten Fliesen abschätzen. Zweifellos wird seine Methode darin bestehen, $3{,}14 \cdot (60)^2$ auszurechnen, als „Anwendung" der Formel πr^2 für die euklidische Fläche eines Kreises. Der Mann, der diese Anwendung macht, braucht sich nicht vorzustellen, daß der Grundriß des Raumes in irgendeinem Sinne ein „wahrer Kreis" ist, er braucht auch nicht seine Augen vor der Tatsache zu verschließen, daß für ganzzahliges r die Größe πr^2 keinen ganzzahligen Wert haben kann, während die Anzahl der zu bestellenden Fliesen sicher eine ganze Zahl ist. Im Gegenteil, seine Auffassung wird die sein, daß die Sprache der reinen Geometrie keine *Beschreibung* der Gegenstände ist, die ihn beschäftigen, sondern daß die geometrischen Figuren und ihre Beziehungen untereinander ihm als ein grobes *Modell* für die Komponenten seines Problems dienen. Sie sind den physikalischen Realitäten genügend ähnlich, um eine nützliche (ungefähre) Information zu liefern, aber auch hinreichend verschieden, um ein einfaches Berechnungsverfahren zuzulassen.

Als zweites Beispiel, nehmen wir an, wir sollen die Zahlen n^5 aufaddieren, $n = 1, 2, \ldots, 40$. Die Verwendung der Formel $\int_1^{40} x^5 \, dx = \frac{(40)^6 - 1}{6}$ liefert einen leicht zu berechnenden Näherungswert. Wieder vermindern wir die Rechenarbeit beträchtlich dadurch, daß wir das tatsächliche endliche Problem durch ein *ähnliches* Problem ersetzen, das von gewissen unendlichen Kollektionen handelt.

Kurz gesagt, unendliche Kollektionen sind nützlich, da sie als Modell für die Annäherung endlicher Kollektionen dienen können. Im gewissen Sinne „tun wir, als ob" eine endliche Menge unendlich ist, um eine damit verbundene Berechnung zu vereinfachen. Daher werden wir, auch wenn es tatsächlich nur eine endliche Anzahl von Dingen in unserer Welt geben sollte, es nützlich finden, so zu tun, als wäre das nicht der Fall.

Eine Verwendung, die wir von dieser Art von „tun als ob" gemacht haben, war bei der Angabe einer nominalistischen Interpretation für die Sprache der klassischen Mathematik. Natürlich kann man einwenden, daß wir, wenn wir schon anfangen, so zu tun als ob, auch so tun könnten, als gäbe es abstrakte Gegenstände und uns gar nicht mit unserer nominalistischen Reinterpretation abzumühen brauchen. Aber es erscheint uns möglich, zu behaupten, daß es einen Unterschied gibt zwischen so tun, als ob es eine neue Kategorie der Existenz gäbe, und so tun, als ob es mehr Dinge gäbe, als es wirklich gibt — wobei alle von der gleichen Art sind. Zugegebenermaßen kennen wir kein objektives Kriterium, an dem wir die Relevanz dieser Unterscheidung für das nominalistische Programm messen könnten; vielleicht ist das eine Angelegenheit, die jeder Nominalist für sich selbst entscheiden muß.

Es sollte betont werden, daß dieses So-tun-als-ob es eine unendliche Menge von physikalischen Gegenständen gäbe, nicht eine

Annahme ist, von der man feststellen kann, daß sie anderen Annahmen oder Beobachtungen widerspricht. Das wird klar, wenn wir uns überlegen, daß unser Mann (wir tun so, als ob es ihn gäbe!), der versucht, sein „kreisförmiges“ Zimmer zu fliesen, sich durchaus nicht selten davon abhalten ließe, die Formel πr^2 zu verwenden, wenn er entdeckte, daß zwei Durchmesser des Zimmers um einige Zoll voneinander abweichen.

Das Problem der Erkenntnis des So-tun-als-ob als systematische Komponente von sprachlichen Äußerungen scheint bisher kaum beachtet worden zu sein. Das Ausmaß und die Arten des So-tun-als-ob zu bestimmen, wie auch die Grenzen seines Gebrauchs, muß als eine der Hauptaufgaben des Studiums der Sprache beachtet werden.

6. Fassen wir nun kurz unsere Schlußfolgerungen zusammen. Wir haben eine *systematische* Methode der Interpretation von Formeln der höheren Prädikatenkalküle aufgezeigt, die so beschaffen ist, daß die Wahrheitsbedingungen für die Formeln dieser Systeme ohne Bezugnahme auf nichtsphysikalische Objekte gegeben werden kann. Wenn M der Kalkül ist, den wir interpretieren, benützen wir als *Basis* der Interpretation eine Sprache N, die aus einem Prädikatenkalkül erster Stufe besteht, zu dem gewisse bestimmte Prädikate hinzugefügt worden sind. Diese Prädikate beziehen sich auf die Inschriften des Formalismus M', der zu M in enger Beziehung steht. Den Formeln von N, die aus diesen Prädikaten aufgebaut sind, wird die von Quine beschriebene nominalistische Standard-Interpretation gegeben.

Die Sprache N wird in folgender Weise für eine Interpretation von M verwendet. Die Individuenvariablen von M haben den gleichen Bereich wie die von N. Prädikatenvariable der untersten Stufe sind in M durch gewisse festgelegte Prädikate von N ersetzbar; und eine Formel, in der so eine Variable durch einen Allquantor gebunden ist, wird folgendermaßen interpretiert: sie gilt genau dann, wenn *jede* derartige Ersetzung zu einer wahren Aussage führt. Die Prädikatenvariablen höherer Stufe in M haben eine ähnliche Funktion; jeder Stufe entspricht ein bestimmter Bereich von Prädikaten von N. Der einzige Unterschied ist folgender: Wenn eines dieser Prädikate „höherer Stufe“ neben eines „niedrigerer

Stufe" geschrieben wird, wird der entstehende elementare Satz genau dann als wahr betrachtet, wenn letzteres Prädikat selbst (und nicht etwas von ihm Bezeichnetes) das erstere erfüllt.

Die Existenz von geeigneten Sprachen *N* zeigt man mit der in der Arbeit H_2 angegebenen Konstruktion. Für ein gegebenes *M* gibt es viele verschiedene *N*, die so benützt werden können, daß der Begriff der nominalistischen Wahrheit auf die Wahl der Basis *N* relativiert wird. Jene Formeln, die in *N* formal beweisbar sind, sind nominalistisch wahr für jede der durch unsere Konstruktion angegebenen Basen *N*.

Wenn wir die Prädikate von *N* erklären, müssen wir so tun, als ob wir unendlich viele physikalische Gegenstände (insbesondere Inschriften) zur Verfügung hätten. Diese Vorspiegelung hat nicht den Status einer Annahme, die durch Beobachtung oder Hypothesen ungültig gemacht werden könnte. Sie ist vielmehr eine Form des „So-tun-als-ob", das aus Gründen der Zweckdienlichkeit angewandt wird — ein charakteristischer sprachlicher Kunstgriff, der auch in sehr rudimentären Sprachen angewendet wird sowie in Situationen, in denen der erhobene Anspruch offensichtlich falsch ist. Uns scheint, daß es auch dem Nominalisten möglich sein könnte, sich an einem derartigen Spiel zu beteiligen, bei dem man sich vorstellt, man hätte unbegrenzten Reichtum zur Verfügung, auch wenn sich der Nominalist die Möglichkeit der Existenz nichtmaterieller Dinge nicht vorstellen kann.

Anmerkungen

[1] W. V. Quine, "On Universals," *J.S.L.*, Bd. 12 (1947), S. 74—84; in diesem Sammelband S. 84 ff. Im Text werden wir diese Arbeit Q nennen. Nelson Goodman und W. V. Quine, "Steps Toward a Constructive Nominalism," *J.S.L.*, Bd. 12 (1947), S. 105—122. Diese Arbeit werden wir im Text als GQ bezeichnen.

[2] Leon Henkin, "Completeness in the Theory of Types." *J.S.L.*, Bd. 15 (1950), S. 81—91, diese Arbeit werden wir im Text als H_1 bezeichnen. H_2 werden wir als Bezeichnung für "The Completeness of the First-Order Functional Calculus," *J.S.L.*, Bd. 14 (1949), S. 159—166 verwenden.

[3] Vgl. Kurt Gödel, „Über formal unentscheidbare Sätze der Principia

Mathematica und verwandter Systeme I", *Monatshefte für Mathematik und Physik*, Bd. 38 (1931), S. 173—198, und Alfred Tarski, „Der Wahrheitsbegriff in den Formalisierten Sprachen", *Studia Philosophica*, Bd. I (1936), S. 261—405.

[4] Gewisse Rezensenten und Kritiker der Arbeit von Quine und Goodman haben darauf hingewiesen, daß der Gebrauch des Ausdruckes „abstrakte Entitäten" durch Autoren, die nicht an abstrakte Entitäten glauben, einen immanenten Widerspruch der nominalistischen Position darstellt. (Aber der Gebrauch des Wortes „Einhorn" wird durchaus als verträglich mit dem Nicht-Glauben an der Existenz von Einhörnern angesehen!) Tatsache ist, daß es nicht sehr schwierig ist, dem Prädikat „wird als Namen einer abstrakten Entität gebraucht" einen nominalistischen Sinn zu geben. Das Prädikat „ist endlich" bereitet jedoch größere Schwierigkeiten.

[5] Daß die hier erwähnte a priori Möglichkeit tatsächlich auftreten kann, läßt sich durch Konstruktion bestimmter Beispiele zeigen.

Der folgende Beitrag wurde aus dem Englischen übersetzt von Eike von Savigny.

NOMINALISMUS

Von Michael Dummett

In meiner Rezension über Nelson Goodmans *Structure of Appearance* [1] habe ich kurz bemerkt, daß Goodman deshalb Nominalist sei, weil er Freges Theorie nicht verstanden habe, daß Namen nur im Zusammenhang eines Satzes für etwas stehen. Diese Fregesche Bemerkung, von Wittgenstein sowohl im *Tractatus* (3.3) als auch in den *Untersuchungen* (§ 49) zitiert, ist vermutlich die wichtigste philosophische Aussage, die Frege je gemacht hat; aber sie wird weithin mißverstanden und macht einige Schwierigkeiten beim Verständnis; zu Beginn werde ich deshalb sie erörtern.

Die Feststellung „Nur im Zusammenhange eines Satzes bedeutet ein Wort etwas", die ich „A" nennen will, kommt in Freges „Grundlagen der Arithmetik" (Abschn. 60, 62; vgl. Einführung S. X) vor und sonst nirgendwo in seinen Schriften. Man muß daher zugeben, daß es etwas voreingenommen ist, „bedeuten" in A als „stehen für" zu verstehen; denn Frege entwickelte die Unterscheidung zwischen *Sinn* und *Bedeutung* erst nach der Veröffentlichung der „Grundlagen". Jedenfalls sieht es auf den ersten Blick sehr schwer aus, A verstehen zu wollen. Frege leitet aus A ab, daß man nie nach der Bedeutung eines isolierten Wortes fragen darf. Das sieht zunächst nach einem glatten Widerspruch dazu aus, daß er später in den *Grundgesetzen der Arithmetik* Kontextdefinitionen ablehnte. Man könnte also ganz einfach der Ansicht sein, daß Frege seine Haltung gegenüber den Kontextdefinitionen eben revidiert hat; und ich kann nicht behaupten, irgend jemanden widerlegen zu können, der dieser Ansicht ist. Aber obgleich Frege in den *Grundlagen* die Kontextdefinitionen nicht ausdrücklich kritisiert, scheint mir der Gedankengang dieses Buches doch seiner ganzen Struktur nach auf der Voraussetzung aufzubauen, daß nur explizite Definitionen legitim seien: wenn er zum Bespiel betont, daß Zahlen *selbständige Gegenstände* seien, so bedeutet das für ihn in der Praxis, daß wir explizite Definitionen für ihre „Eigennamen" „die Zahl 0", „die Zahl 1", „die Zahl 2" und so weiter finden müssen.

Wenn die Aussage A nicht als Verteidigung der Kontextdefinitionen gemeint ist, was bedeutet sie dann? W. v. Quine sagt,[2] Frege habe entdeckt, daß die Einheit der Bedeutung nicht das Wort, sondern der Satz sei. Ähnlich diskutieren Grammatiker darüber, ob Wort oder Satz das primäre Element der Bedeutung seien. Diese Debatte scheint mir leer und Freges angebliche Entdeckung absurd zu sein. Wie Wittgenstein im *Tractatus* sagt (4.032; vgl. 4.026, 4.027, 4.03), ist der Satz notwendig komplex. P. F. Strawsons Fantasie von einer Sprache, deren Sätze nicht in Wörter aufzusplittern wären — er bringt sie in seiner Rezension von Wittgensteins *Untersuchungen*, Mind 1954 —, ist bestenfalls äußerst irreführend. Man versuche sich vorzustellen, wie jemand in dieser Sprache den Gedanken ausdrückt, daß niemand weiß, ob es eine ungerade vollkommene Zahl gibt, oder wie jemand einem Kind erklärt, daß die Welt rund ist. Auf den ersten Blick plausibel sieht die Vorstellung nur deshalb aus, weil wir an extreme Beispiele der von Frege so genannten „unvollständigen Sätze" denken (das sind Sätze, deren Wahrheit oder Falschheit von der Gelegenheit abhängt, bei der sie geäußert werden): Sätze wie „Regen" oder „Verzeihung", die sich, um ihren Sinn auszudrücken, stark auf den Zusammenhang stützen. Manchmal wird die Behauptung, der Satz sei primär, auch damit verteidigt, daß wir die Bedeutung von Wörtern nur dadurch lernen können, daß wir die Bedeutung von Sätzen lernen, in denen sie vorkommen. Aber wenn es auch sicherlich für *einige* Wörter zutrifft, daß wir ihren Sinn nur dadurch lernen können, daß wir lernen, wie gewisse repräsentierende Sätze gebraucht werden, in denen sie enthalten sind, gibt es umgekehrt einige Sätze, wie etwa „Ich nehme an, Johnes wird im nächsten Monat zurücktreten", deren Sinn man uns nicht direkt lehren könnte, die wir vielmehr nur verstehen, weil wir die Bedeutungen der Wörter, aus denen sie aufgebaut sind, schon kennen. Jeder Versuch einer klaren Formulierung des Gedankens, daß der Satz *die* Einheit der Bedeutung ist, oder auch nur des Gedankens, daß die Bedeutung von Sätzen primär und die von Wörtern abgeleitet ist, endet damit, daß man implizit die klare Tatsache — die zum Wesen der Sprache gehört — abstreiten muß, daß wir neue Sätze verstehen können, die wir nie vorher gehört haben.

Freges Aussage A, wie ich sie verstehe, kann folgendermaßen ausgedrückt werden: Wenn ich den Sinn aller Sätze kenne, in denen ein Wort gebraucht wird, dann kenne ich den Sinn des Wortes; was mir dann noch fehlt, um festzustellen, worauf es zutrifft, ist kein sprachliches Wissen. An diesem Punkt gibt es eine Reihe von schwierigen Problemen, die aber für die Beurteilung der Feststellung, die Frege trifft, unwesentlich sind. Offensichtlich ist es eine zu starke Forderung, daß jemand den Sinn *aller* Sätze, in denen das Wort vorkommt, kennen muß; denn möglicherweise versteht er den einen oder anderen von ihnen deshalb nicht, weil er einige der anderen Wörter darin nicht kennt. Wir könnten das so ausdrücken: Um jeden Satz, in dem das Wort vorkommt, zu verstehen, braucht ihm nur erklärt zu werden, wie verschiedene andere Sätze, in denen das Wort nicht vorkommt, gebraucht werden. Zweitens können wir die Frage stellen, wie wir feststellen, daß jemand das Wissen hat, da wir sein Verständnis nur an endlich vielen Sätzen überprüfen können. (Hier fühlen wir uns vielleicht geneigt, auf den Begriff des Kontext*typs* zurückzugreifen, der notorisch schwer zu erklären ist. — Dieser Begriff scheint mir eine wichtige, aber fast ganz übersehene Rolle in Wittgensteins „Untersuchungen“ zu spielen.)

Wenn wir aber für den Augenblick diese Fragen einfach ohne Antwort stehenlassen, dann wird Freges Prinzip A, wenn meine Interpretation richtig ist, anscheinend zu etwas äußerst Banalem. Dieser Angriff besteht zu Recht, wenn man unter einer banalen Feststellung eine versteht, die man, ist sie einmal formuliert, als unbestreitbar anerkennt. Dennoch stimme ich Frege in der Meinung zu, daß eine große Zahl philosophischer Fehler, die wir sehr leicht machen, daher kommen, daß wir die Folgerungen aus dieser evidenten Wahrheit nicht überdenken.

Man könnte gegen die Feststellung A einwenden, daß sich nach Freges eigener Darstellung nur dadurch, daß wir zunächst feststellen, daß „Odysseus“ keine Bezeichnung von etwas ist, erkennen, daß „Odysseus ist in Ithaka an Land gesetzt worden“ keinen

Wahrheitswert hat; ob ein Wort *Bedeutung* (einen Namensträger) hat, müsse man also ganz unabhängig von Kontexten, in denen es vorkomme, erkennen können. Aber das Prinzip A soll für *philosophische*, nicht für alltägliche Debatten darüber, ob ein Wort auf etwas zutrifft, wesentlich sein. In alltäglichen Debatten haben wir es mit einem ganz speziellen Wort um seiner selbst willen zu tun: wenn wir fragen, ob „Odysseus" auf etwas zutreffe, dann fragen wir, ob eine Person Odysseus existiert hat. In den Debatten, für die das Prinzip A wesentlich ist, sind wir an dem Einzelfall nur als Beispiel interessiert. Wir fragen, ob „die Zahl 28" für einen Gegenstand steht, ohne daß es uns eher um „28" als um „29" ginge. Wir fragen nicht, ob es die Zahl 28 gibt.

Was fragen wir denn dann? Wir sind nahe daran, eine philosophische Bedeutung von „existieren" einzuführen, die sich von der üblichen Anwendung von „es gibt" unterscheidet. Zugegebenermaßen sagen wir gewöhnlich nicht, daß es so eine Zahl wie 28 gebe; sondern wir sagen, daß es zwischen 10 und 30 eine vollkommene Zahl gebe und daß das die Zahl 28 sei. Aber trotzdem, möchten wir sagen, *existiert* (im philosophischen Sinne) die Zahl 28 nicht. Eine der Folgerungen von A ist, diese philosophische Art von Existenz zurückzuweisen. Wenn ein Wort als Eigenname arbeitet, dann *ist* es ein Eigenname. Wenn wir den Sinn der Sätze, in denen es vorkommt, festgelegt haben, dann haben wir getan, was möglich ist, um den Sinn des Wortes festzulegen. Wenn seine syntaktische Funktion die eines Eigennamens ist[3], dann haben wir damit den Sinn und gleichzeitig den Träger eines Eigennamens festgelegt. Wenn wir eine wahre Identitätsfeststellung finden können, in der das Identitätszeichen zwischen dem Namen und einem Ausdruck der Gestalt „dasjenige x, für welches Fx gilt" steht, dann können wir feststellen, ob es zu dem Namen einen Träger gibt, indem wir auf die übliche Weise den Wahrheitswert des entsprechenden Satzes der Gestalt „es gibt ein und nur ein x, für das gilt Fx" herausfinden. Es bleibt keine weitere philosophische Frage, ob der Name — d. h. jeder Name dieser Art — *wirklich* für etwas steht oder nicht.

Der Fehler, der einen Freges Ansicht nur schwer akzeptieren läßt, der einem das Gefühl gibt, „28" stehe nicht wirklich, so wie

„Eisenhower", für etwas, ist die Vorstellung, daß Eigennamen der einfachste Bestandteil der Sprache seien, kaum ein Bestandteil der Sprache. Sie beruht darauf, daß man sich vorstellt, den Sinn eines Eigennamens lernen heiße, ein Täfelchen an einen Gegenstand heften, den man *als solchen schon herausgegriffen* habe; während das natürlich nur zutrifft, wenn wir schon andere Namen derselben Sorte zu gebrauchen wissen, wenn wir sozusagen alles über den Namen wissen, außer seinem Sinn.[4]

Wenn wir nach der *Bedeutung* eines isolierten Namens fragen, dann wollen wir den Gegenstand gezeigt bekommen, für den der Name steht. Nun sind wir in philosophischen Zusammenhängen nicht an dem besonderen Namen interessiert, sondern an allen Namen dieser Art. Es ist also nutzlos, den Gegenstand zwischen anderen derselben Art wiederzuerkennen. Wenn wir fragen: „Was *ist* die Zahl 1?", dann hat es keinen Sinn, zu antworten: „Die Zahl, deren Produkt mit einer anderen Zahl dieser anderen Zahl gleich ist." Wenn wir fragen: „Was *ist* Furcht?", dann wollen wir nicht erfahren, daß sie das Gefühl ist, welches wir fühlen, wenn wir glauben, aber nicht wissen, daß uns irgend etwas sehr Unangenehmes zustoßen wird. Da wir aber ausgeschlossen haben, daß wir mit irgendeiner Antwort, wie sie auf Fragen dieser Art gegeben wird, zufrieden sein könnten, bleiben uns zwei Auswege: entweder ziehen wir, wie Frege sagt, den Schluß, der Name, nach dessen Träger wir forschen, stehe für eine Vorstellung oder Wahrnehmung; oder wir ziehen wie Goodman den Schluß, daß er einfach unverständlich sei. Frege vertritt dagegen die Ansicht, die einzige Antwort auf die allgemeine Frage, wofür Namen einer bestimmten Art stünden, sei die Erklärung des Sinnes der Sätze, in denen sie gebraucht würden.

Ich muß hier klarstellen, daß es mir nur um Fragen geht, die damit zu tun haben, ob das, was Frege „Eigennamen" nennt, also singuläre Ausdrücke, Träger haben. Bekanntlich vertrat Frege darüber hinaus die Ansicht, daß man auch sagen könne, andere Ausdrücke, die er „unvollständige Ausdrücke" nannte, hätten Extensionen. Außer der Anmerkung, daß ich es für unnütz halte, den allgemeinen Streit zwischen Realismus und Nominalismus zu erörtern, ohne Freges Unterscheidung zwischen vollständigen und unvollständigen Ausdrücken zu machen, werde ich es mit diesem

Teil von Freges Theorie überhaupt nicht zu tun haben: es geht mir hier darum, ob wir sagen müssen, „die Farbe Rot“ habe einen Namensträger, nicht um die andere Frage, ob wir sagen sollen, das Prädikat „. . . ist rot“ habe eine Extension.

So wie Goodman in SA erklärt, was es heißt, ein Nominalist seiner Sorte zu sein, hat es zuerst den Anschein, daß der Streit zwischen Nominalismus und Platonismus für ihn nur im Zusammenhang eines formalen Systems entsteht: der Platonist ist derjenige, der das Werkzeug der Mengenlehre oder der Quantorenlogik höherer Ordnung anwendet; der Nominalist ist derjenige, der darauf verzichtet und höchstens den Individuenkalkül anwendet. Der Nominalist verhält sich so, weil er Klassen (und auch Eigenschaften, Funktionen und so weiter) unverständlich findet. Ein Leser, der Goodmans Nominalismus so verstünde, würde zu seiner Überraschung später entdecken, daß Goodman (durchaus außerhalb eines formalen Systems) fordert, daß wir für eine Aussage wie „das Wort ‘Paris’ besteht aus fünf Buchstaben“ Ausdrücke setzen wie „Jede ‘Paris’-Inschrift besteht aus fünf Buchstaben-Inschriften“. (Diese Empfehlung unterscheidet sich gründlich von den oft gemachten Empfehlungen, Aussagen über die Weisheit in Aussagen über weise Leute zu übersetzen und Aussagen über die Spezies Tiger in Aussagen über einzelne Tiger. Philosophen, die diese Empfehlungen machten, konnten auf eine gewisse Redundanz in der Sprache hinweisen, die sie mit der Feststellung ausdrückten: „Es gibt nicht weise Leute und außerdem Weisheit; es gibt nicht einzelne Tiger und außerdem die Spezies Tiger.“ Im Fall der Wörter und Buchstaben gibt es dagegen keine solche Redundanz: Goodman, der Aussagen über Buchstaben und Wörter auf Aussagen über gewisse Dinge reduzieren will, muß Wörter für diese Dinge erfinden.)

Zwischen Goodmans Haltung gegenüber Wörtern und Buchstaben und Freges Prinzip A besteht ein glatter Widerspruch. Der Ausdruck „das Wort ‘Paris’“ arbeitet als Eigenname: nach Freges Ansicht kann man also gar nicht darüber streiten, daß es ein Eigenname *ist*. Wir wissen, wie wir ihm bestimmte Prädikate zuzusprechen haben, und sagen zum Beispiel: „Das Wort ‘Paris’ hat zwei Silben,“ oder: „Das Wort ‘Paris’ ist ein Eigenname.“ Wir können über die Wahrheit von Identitätsfeststellungen befinden, etwa über:

„Das Wort 'Paris' ist das dritte Wort in der zehnten Zeile auf der Seite 252 meines Exemplars von *Oliver Twist*." Wir können sogar darauf zeigen und sagen: „Das ist das Wort 'Paris'." Da wir das Wort auf diese Weise in Sätzen gebrauchen können, ist alles mit ihm logisch in Ordnung: es hat keinen Sinn, weiterzufragen: „Aber was *ist* das Wort 'Paris'?" und, wenn man keine Antwort findet, „das Wort 'Paris'" für unverständlich zu erklären. Goodman findet den Ausdruck nur deshalb unverständlich, weil er den Fehler begangen hat, nach der Bedeutung eines isolierten Wortes zu fragen.

Aber was für Namen sind es, die Goodman unverständlich findet? Wenn wir seine Haltung gegenüber „das Wort 'Paris'" betrachten, dann könnten wir annehmen, daß sein Nominalismus nichts weiter als Materialismus gröbster Sorte ist: den Begriff der „Inschrift" (in seinem Sinne) findet er verständlich, weil man ihn so auffassen kann, daß er auf konkrete Materiehaufen zutrifft, den Begriff des Wortes unverständlich, weil es damit nicht so ist. Ich werde behaupten, daß diese Diagnose im Kern zutrifft; aber zunächst scheint sie auf einen entscheidenden Einwand zu stoßen, wenn wir das in SA vorgestellte formale System untersuchen.

In Goodmans Ausdrucksweise ist dieses System phänomenalistisch und realistisch. Phänomenalismus dürfte sicherlich nicht zu Materialismus passen; Realismus vielleicht noch weniger. Wenn er sagt, daß sein System realistisch sei, dann meint Goodman, daß seine Grundindividuen „Qualia" sind — Farben, Zeiten, Gesichtsfeldstellen und dergleichen, und vermutlich auch Arten von Gerüchen, Geräuschen und so weiter. „Konkrete" Empfindungen (d. h. Empfindungen, die zu einer bestimmten Zeit vorkommen) werden dann aus den Qualia mit Hilfe des Individuenkalküls definiert. Da Goodman meint, daß wir die Wahl haben, ob wir uns konkrete Dinge so aus abstrakten aufgebaut denken wollen oder umgekehrt Qualitäten als Summen konkreter Entitäten auffassen wollen, scheint sein Einwand gegen Wörter und Buchstaben des Alphabets nicht auf einer direkten Verwerfung abstrakter Entitäten zu beruhen. Anscheinend muß sein Nominalismus subtiler als Materialismus sein.

Wo Goodman in SA die Begriffe Gestalt und Größe zu behandeln beginnt, weist er auf gewisse Eigenarten hin, durch die sie sich von solchen Begriffen wie Farbe, Ort und Zeit unterscheiden. (1) Die Teile eines roten Individuums sind rot, die Teile eines Individuums, das zu einem bestimmten Zeitpunkt vorkommt, kommen zu diesem Zeitpunkt vor und so weiter, aber die Teile eines quadratischen Gegenstandes sind nicht alle quadratisch, und die Teile eines großen Gegenstandes nicht alle groß. (2) Größe und Gestalt sind abgeleitete Qualitäten insofern, als man mit der Kenntnis der Orte und Zeiten, die ein Individuum besetzt, auch seine Gestalt und Größe kennt, aber nicht umgekehrt. Aus diesen Gründen läßt Goodman in seinem System Größen- und Gestalt-*Prädikate,* aber keine Größen- oder Gestalt-*Namen* zu.

Wenn wir fragen, warum Goodman in sein System keine Größen- oder Gestaltnamen einführt, dann ist die Antwort einfach: Er kann solche Namen in seinem System nicht definieren. Statt dessen sollte man die Frage stellen: Warum entscheidet sich Goodman für ein System, in welchem Farb- und Zeitnamen, nicht aber Gestalt- oder Größennamen, ausgedrückt werden können? Wenn wir die Antwort darauf kennen, dann werden wir auch verstehen, warum Goodman sein Mißtrauen gegen Gestalten über das spezielle System, das er zufällig konstruiert hat, *hinausträgt* (denn natürlich sind Buchstabennamen Gestaltnamen und Wortnamen Namen von Lautgestalten). Wer versucht, das von dem realistischen Standpunkt von SA aus zu verstehen, wird meiner Meinung nach keinen Erfolg haben; deshalb werde ich mich an Quines bekannten Artikel "Identity, Ostension and Hypostasis"[5] halten, um Licht in Goodmans Motive zu bringen.

Die Farbe Rot, sagt Quine, kann als etwas „Konkretes" betrachtet werden: die gesamte Summe der roten Dinge, „ein räumlich ausgedehntes Einzelding" wie die Themse. Das heißt, wir können die Aussage „das ist rot" auffassen wie „dies ist Sokrates" oder „dies ist die Themse"; und der einzige Unterschied besteht darin, daß das Identitätskriterium für Farben sich von dem für Menschen oder für Flüsse unterscheidet. Mit „das ist quadratisch" verhält es sich anders: denn man könnte alle Quadrate in Dreiecke teilen, und alle Dreiecke könnten Teile von Qadraten sein, und wenn wir dann „das ist quadratisch" und „das ist dreieckig" so wie eben auffaßten, hätten die beiden Aussagen dieselbe Bedeutung. (Zwar könnte die Themse als einziges Ding rot sein; aber darauf wäre zu antworten, daß wir dann nicht in der Lage wären, eine begriffliche Unterscheidung zwischen roten Dingen und der Themse zu machen; fiele dagegen die Gesamtsumme der Quadrate mit der Gesamtsumme der Dreiecke zusammen, könnten wir immer noch Quadrate von Dreiecken unterscheiden.) Wir können also einige Universalien loswerden, indem wir sie als raumzeitlich verstreute, materielle Gegenstände auffassen; aber wir können sie nicht allesamt auf diese Weise loswerden: nur Farbadjektive, nicht Gestaltadjektive können als Eigennamen aufgefaßt werden.

Wenn wir diesen Verdacht gegenüber „Universalien" nicht teilen, dann kann uns Quines Vorliebe für Ausdrücke, die man als Bezeichnungen für bestimmte Materiehaufen auffassen kann, wohl ein Rätsel aufgeben. Wenn einer sagt: „Das ist rot" *, aber seine Sprache so arm ist, daß er die Frage „was denn?" nicht verstehen kann, dann ist die Frage, ob „rot" * Name oder Prädikat sei, sinnlos. Wenn er die Frage beantworten kann, zum Beispiel mit „diese Blume", dann war „rot" ein Prädikat; gibt er dagegen zur Antwort „diese Farbe", dann war „Rot" ein Name. Zum Gebrauch von Substantiven wie „Blume" und „Farbe" (im Unterschied zu Adjektiven) gehört der Gebrauch von „derselbe" im Kontext „dieselbe Blume" oder „dieselbe Farbe". Der Gebrauch von Eigennamen wie „Rot" (als Name einer Farbe) setzt das Verständnis eines allgemeinen Substantivs wie „Farbe" voraus. Der Gebrauch von „rot" als Prädikat setzt den Gebrauch eines Substantivs wie „Blume" voraus. Was als Kriterium für Farb*identität* benutzt wird, wird als Kriterium der Gleichfarbigkeit zum Beispiel von Blumen benutzt. Der Gebrauch von „Rot" als Name setzt auch den Gebrauch solcher Prädikate wie „ist eine Grundfarbe" voraus, die ihm zugesprochen werden können; andernfalls wäre es witzlos, diesen *Namen* überhaupt in der Sprache zu haben.

Nehmen wir an, wir benutzten „quadratisch" sowohl als Name wie auch als Prädikat — wir sprächen von der Gestalt Quadratisch

* [Damit man die Mehrdeutigkeit sieht, muß man hier von der Schreibweise absehen, die „das ist rot" und „das ist Rot" unterscheidet. Anm. d. Übers.]

wie von der Farbe Rot. Dazu brauchten wir ein Kriterium für Gestaltidentität; das haben wir in dem Kriterium zur Verfügung, welches wir für die Feststellung benutzen, daß zwei Gegenstände einander geometrisch ähnlich sind. Damit hinter dem Gebrauch von „Quadratisch" irgend etwas steckte, müßten wir auch wissen, welche Prädikate man darauf anwenden darf. Der Gebrauch von „Quadratisch" als Name statt als Prädikat entspräche dann offenbar genau dem Gebrauch von „Rot" als Name statt als Prädikat. Wofür der Name steht, lernen wir in beiden Fällen sowohl durch Hinweis als auch dadurch, daß man uns ein Kriterium für die Identität zur Verfügung stellt. Warum sollen wir im einen Fall damit „abstrakte Entitäten dulden", im anderen nicht?

Ich kann bei verschiedenen Gelegenheiten auf denselben Gegenstand zeigen (Mensch, Fluß, Buchstabe des Alphabets, Gestalt). Wo er kann, faßt Quine dies Zeigen als ein Zeigen auf einen *Teil* eines raumzeitlichen Gegenstandes auf. Ich könnte den konkreten Materiehaufen, auf den ich zeige, umfahren, und das wäre für Quine ein Teil des Gegenstandes, auf den ich zeige. So wird gesagt, daß ein Mensch A aus den verschiedenen Molekül-Augenblicken x—t bestehe, für die gilt, daß das Molekül x zum Zeitpunkt t Teil von A's Körper ist; und genauso mit der Themse und der Farbe Rot. (Das sind keine Materiehaufen im üblichen Sinn, sondern sozusagen Haufen von Materie-Zeit.) Gestalten und Buchstaben des Alphabets kann man aber nicht auf diese Weise behandeln; deshalb sind sie „abstrakte Entitäten" und dem Nominalisten auf eine Weise verdächtig, wie Farben und Menschen es nicht sind. Wenn ein Ausdruck von der Form „das ist F" nicht in die Form übersetzt werden kann: „Dieser umschreibbare zeitliche materielle Querschnitt ist Teil von (oder das ganze) Z", dann, sagt Quine, ist „F" entweder unwiderruflich ein Prädikat oder erhebt den Anspruch, der Name einer „abstrakten Entität", eines „Universale" zu sein.

Ich glaube, daß Quine zu dieser Vorstellung über die folgenden Schritte gelangt: Wenn ich jemandem beibringe, über welchen Gegenstand ich als über „die Farbe Rot" spreche, dann zeige ich auf einen Gegenstand, etwa eine Blume, auf die das Prädikat „rot" zutrifft, und sage: „Das ist die Farbe Rot." Dann bringe ich ihm das Kriterium für die Aussage „dies ist dieselbe Farbe wie jene" bei; das Kriterium fällt mit dem zusammen, das ich für die Aussage „diese Blume gleicht jener" benutzen könnte, wobei „gleicht" die Bedeutung von „gleicht in bezug auf die Farbe" hat; aber natürlich hätte man das letztere Kriterium erlernen können, ohne vorher das Wort „Farbe" zu haben. Wenn wir also eine Äquivalenzrelation zwischen Gegenständen einer bestimmten Art haben, können wir Namen für neuartige Gegenstände einführen, deren Identitätskriterium mit dem Kriterium für das Bestehen der Äquivalenzrelation zusammenfallen wird. Nun haben wir auch Identitätskriterien für Menschen; das heißt, was wir mit „Dr. Goodman" meinen, erklären wir, indem wir sowohl hinzeigen und sagen: „Das ist Dr. Goodman", als auch ein Kriterium dafür angeben, wann man sagen kann: „Das ist derselbe Mann, den du gestern gesehen hast." Man kann nun fragen: „Worauf wird das Kriterium der Identität von Menschen angewandt?", und zwar in dem Sinne, in dem das Kriterium für Farbidentität auf Blumen und dergleichen angewandt wurde; d. h. zwischen was für Dingen besteht die Äquivalenzrelation, für deren Bestehen wir ein Kriterium haben, welches mit dem Identitätskriterium für Menschen zusammenfällt?

Quines Antwort lautet: „Zeitliche Querschnitte der Materie." Hier scheinen wir an den Grund der Dinge zu kommen: obwohl wir sagen können müssen, wann zwei Kennzeichnungen auf denselben zeitlichen Querschnitt der Materie zutreffen, braucht so ein zeitlicher Querschnitt nicht *ein zweites Mal* als derselbe wiedererkannt zu werden. Zeitliche Querschnitte der Materie können also als *letzte* Bestandteile angesehen werden; aus ihnen können wir Menschen und Blumen aufbauen und daraus wiederum Geschlechter und Farben. Die übliche Methode besteht darin, Menschen und Moleküle als Klassen von Molekül-Augenblicken aufzufassen und dann Geschlechter als Klassen von Menschen und Farben als Klassen von Blumen oder anderen materiellen Gegenständen. Da aber der Nominalist Klassen zugunsten der Summen ablehnt und da die Beziehung Teil — Ganzes transitiv ist, bedeutet das, daß man Geschlechter und Farben *direkt* aus Molekül-Augenblicken konstruieren kann. Gestalten dagegen können nicht als Klassen von Molekül-Augenblicken aufgefaßt werden; von Gestalten (oder Buchstaben des Alphabets) sprechen, heißt also, abstrakte Entitäten anerkennen; wer sagt, daß etwas eine bestimmte Gestalt hat, sagt nicht, daß es ein raumzeitlicher Teil von etwas anderem ist. Deshalb kann der Nominalist Gestaltwörter nur als Prädikate zulassen. Auf dieser Basis wäre der Begriff, ein Mensch zu sein, genauso abstrakt wie der Begriff, quadratisch zu sein, während der Begriff, Dr. Goodman zu sein, es nicht wäre; denn die Gesamtsumme der Molekülaugenblicke, die Teile von Menschen sind, fällt mit der Gesamtsumme derer zusammen, die Teile von lebenden menschlichen Zellen sind. Der Begriff, eine Farbe zu sein, wäre abstrakt, da die Gesamtsumme der Farben mit der Gesamtsumme der Orte zusammenfällt; der Begriff, rot zu sein, wäre es nicht. Im Gegensatz dazu würden wir gewöhnlich sagen, daß der Gebrauch des Namens „Dr. Goodman" den Gebrauch von „Mensch" als allgemeines Substantiv voraussetze; der Gebrauch des Namens „Rot" den Gebrauch von „Farbe"; der Gebrauch von „Times Square" den von „Platz".

Diese Darstellung packt die Sache aber immer noch von der falschen Seite an. Nicht weil sie Klassen ablehnen und Summen akzeptieren, „dulden" Goodman und der frühe Quine Farben und weigern sie sich, Gestalten zu dulden; es ist umgekehrt. Das Verwerfen von Klassen ist der allgemeinere Fall zum Verwerfen von Gestalten. Ich habe oben gesagt, daß Frege angesichts der Frage „wofür steht 'die Farbe Rot'?" der Meinung war, den Sinn der Sätze (eingeschlossen die Identitätsfeststellungen) zu erklären, in denen „die Farbe Rot" vorkomme, genüge als Antwort. Man könnte einwenden, daß das als Darstellung von Freges Vorgehen falsch sei: in den „Grundlagen" erklärt er *zuerst* den Sinn gewisser Sätze, in denen „die Zahl 1" vorkommt, und *verwendet* dann seine Erklärung, um eine explizite Definition zu bilden. Genauso wird in Freges eigenem Beispiel eine allgemeine Erklärung des Sinnes einiger Sätze, in denen „die Richtung von" vorkommt, später für den Aufbau der expliziten Definition dieses Ausdrucks benutzt. Aber diese expliziten Definitionen schreibt Frege mit Hilfe von Klassen hin („Umfängen von Begriffen"), über die Frege nur bemerkt, daß er annehme, jedermann wisse, was das sei. Wenn jemand nicht weiß, was eine Klasse ist, dann ist Freges explizite Definition von „die Zahl 1" allem Anschein nach für ihn nutzlos. An anderer Stelle erläutert Frege, daß man den Begriff der Klasse nicht gleichsetzen dürfe mit dem eines aus Teilen aufgebauten Ganzen, einer Organisation, einem System, einer Ansammlung oder irgendeinem ähnlichen Begriff: der Begriff ist der Logik eigentümlich, sagt er. Aber das darf man nicht zugeben. Nichts kann der Logik eigentümlich sein: was Teil der Logik ist, ist Teil von allem anderen. Wer nicht schon weiß, was eine Klasse ist, kann also nur so verstehen, was Frege meint, indem er Freges Beispiel so auffaßt, daß darin nicht etwa „Richtung" mit Hilfe der als bekannt vorausgesetzten Begriffe „Klasse" und „parallel sein" erklärt wird, sondern in dem unter der Voraussetzung, daß wir „Richtung" verstehen, die Rolle illustriert wird, die der Begriff der Klasse spielen soll. Das heißt, wir sind schon damit vertraut, vom Sprechen über Gegenstände der einen Art — Gerade — zum Sprechen über Gegenstände der anderen Art — Richtungen — überzugehen, indem wir das Kriterium für das Bestehen einer Äquivalenzrelation zwischen Gegenständen der ersten Art als Identitätskriterium für Gegenstände der neuen Art benutzen. Und so soll der Begriff der Klasse die allgemeine Form dieses vertrauten Überganges repräsentieren. (Wenn wir von der Klasse aller x, für die Fx gilt, sprechen, dann besteht die betroffene Äquivalenzrelation zwischen x und y, wenn Fx dann und nur dann gilt, wenn Fy gilt.) Wir brauchen darüber hinaus nach dem Wesen der Klasse nicht weiter zu fragen; was wir aus den Paradoxien gelernt haben, ist dies: Während wir solche Übergänge einen nach dem anderen machen können, kann man nicht widerspruchsfrei alle derartigen Übergänge auf einmal machen. Nur formal gesehen gibt Frege also eine Definition von „die Zahl 1" oder von „Zahl". Die Definition der Zahlen mit Hilfe von Klassen fügt der Kennzeichnung des Sinnes der Sätze, welche Zahlwörter enthalten, nichts hinzu. Wer darauf besteht, nach der Bedeutung dieser isolierten Wörter zu fragen, nach mehr zu fragen als einer Kennzeichnung des Gebrauchs in Sätzen, müßte mit der Definition mit Hilfe von Klassen genauso unzufrieden sein. Alles, was er erreicht, ist die Konzentration all seiner Fragen auf eine große Frage: „Was *ist* eine Klasse denn?"

Und so trifft es nicht zu, daß Quine Gestalten ablehnt, weil er Klassen ablehnt und Klassen für die Definition von Gestalten aus materiellen Gegenständen unersetzlich sind; vielmehr ist seine Ablehnung der Klassen nur der allgemeine Sachverhalt, für den das Ablehnen von Gestalten ein Einzelfall ist. Und der Grund dafür, daß er Namen von Gestalten nicht anerkennen will, liegt darin, daß er nach dem Träger isolierter Namen fragt. Auf die philosophische Frage: „Was *ist* die Farbe Rot?" hat Quine eine Antwort: die Gesamtsumme der Molekülaugenblicke, auf welche wir „rot" anwenden. Aber auf die entsprechende Frage: „Was *ist* die Gestalt Quadratisch?" („Was *ist* der Buchstabe 'A'?") kann man keine solche Antwort geben. Am besten tun wir in systematischerer Weise das, was wir tun würden, wenn wir jemanden träfen, der den Gebrauch des Ausdrucks „die Gestalt von ..." (oder „Buchstabe des Alphabets") *wirklich* nicht versteht: wir können den Sinn der Sätze, in denen die Ausdrücke vorkommen, kennzeichnen; und das genügt Quine und Goodman nicht.

Ich habe die Erörterung im Anschluß an Quines Artikel und nicht im Anschluß an Goodmans Buch geführt, weil Quine in seinem Artikel ausdrücklich einen materialistischen Standpunkt einnimmt; die grundlegenden Entitäten sind für ihn Molekül-Augenblicke. Obwohl Goodmans System realistisch ist, ist meiner Meinung nach in seinen Augen ein realistisches System einfach deshalb keinen Einwänden ausgesetzt, weil man in einem partikularistischen System Farben als Entitäten zulassen kann, und das System von SA baut er so auf, wie er es tut, weil man ohne Klassen keine Gestalten in ein partikularistisches System einführen kann. Goodman fängt damit an, daß er nichts „in seiner Ontologie zuläßt", als was als Summe von Molekül-Augenblicken aufgefaßt werden kann, wie Farben, Orte und Zeiten, und daß er Gestalten und Buchstaben aus dem Alphabet, bei denen das nicht geht, nicht zuläßt. Da Farben und so weiter so aufgefaßt werden *können,* macht es Goodman nichts aus, ein System zu konstruieren, in dem diese Dinge die grundlegenden Individuen sind, obgleich ihre Respektabilität in *diesem* System nicht durch ihren Aufbau aus untadelig konkreten Entitäten garantiert wird. Aber ein System, in welchem man Namen von Gestalten, Richtungen oder Größen ausdrücken könnte, wäre für Goodman vermutlich untragbar. Wenn Goodman für sich in Anspruch nimmt, er habe keine Vorliebe für Entitäten einer bestimmten Art als Kandidaten für die Grundindividuen eines Systems, dann sollte man das meiner Meinung nach nicht für bare Münze nehmen. Partikularistische Systeme sind für ihn nicht die einzig möglichen; aber sie stellen die Rechtfertigung für alle andersartigen Systeme dar.

Meine Behauptung, daß Goodmans Nominalismus auf nicht mehr hinauslaufe als simplen Materialismus, ist also im Kern korrekt, wenn wir statt „Materialismus" „Partikularismus" lesen. Im phänomenalen Bereich würden den Molekül-Augenblicken konkrete, unwiederholbare Sinnesgegebenheiten entsprechen. Daß meine Behauptung stimmt, sieht man in SA sehr schwer, besonders wenn man Goodmans Abwehr, er habe keinerlei philosophische Vorliebe für Grundindividuen bestimmter Art, ernst nimmt. Aber ohne zu sehen, daß die Behauptung zutrifft, wird man nicht verstehen, wieso Goodman Klassen und Buchstaben aus dem Alphabet „unverständlich" finden kann — es sei denn, es handele sich um einen ihm eigenen psychischen Tick. Sobald wir sehen, wie berechtigt die Behauptung ist, sehen wir auch, daß Goodman seine Verständlichkeits-Noten nach einem sehr groben Prinzip verteilt, welches dem Leser hinter der Subtilität der Manöver, die es auslöst, wohl verborgen bleibt. Materielle Gegenstände, also Summen von Molekül-Augenblicken, ob sie zusammenhängen oder verstreut sind, werden vermutlich deshalb als verständlich betrachtet, weil sie par excellence als Dinge gelten, auf die man zeigen kann; wir können sie oder Stücke von ihnen in Händen halten. Ich nehme an, daß die phänomenalen Entsprechungen, Summen von Sinnesgegebenheiten, ganz entsprechend als Endpunkte von einer Art geistigen Zeigens gelten. Daß er dasjenige nicht versteht, was auch nach Namen aussieht, aber nicht als Namen von Entitäten der genannten Arten aufgefaßt werden kann, liegt andererseits daran, daß ein unmöglich hoher Maßstab für Erklärungen aufgestellt wird: Man stellt die Frage: „Was *sind* diese Entitäten?" und weist jede Antwort zurück, die nicht den Träger des isolierten Namens angibt. Diese Neigungen sind nur zwei Seiten der Vorstellung, die Wittgenstein durch die ganzen „Untersuchungen" hindurch angreift, daß Hinweisdefinitionen die *ganze* Erklärung dafür enthalten könnten, wie ein Name gebraucht wird.

Wenn ich von „konkreten Einzeldingen“ spreche, dann will ich damit nicht andeuten, daß ich diesem Ausdruck so wie Goodman einen absoluten Sinn gäbe. (Goodman erklärt seine Anwendung von „konkret“ und „Einzelding“ *außerhalb* vorgelegter Systeme nie.) Unter einem Einzelding verstehe ich folgendes: Angenommen, es gibt in unserer Sprache keine Äquivalenzrelation zwischen Gegenständen irgendwelcher Art, deren Kriterium mit dem Identitätskriterium für eine bestimmte Sorte von Dingen zusammenfällt; diese letzteren Dinge sind dann Einzeldinge. Ob Gegenstände einer bestimmten Art Einzeldinge sind oder nicht, ist auf die betreffende Sprache relativ: Ich behaupte, daß es keine Gegenstände irgendwelcher Art gibt, die relativ zu jeder möglichen Sprache Einzeldinge wären. Wie Goodman „Einzelding“ erklären würde, weiß ich nicht; aber hoffentlich ist intuitiv klar, was für Dinge er als Einzeldinge ansehen würde; und hoffentlich habe ich gezeigt, daß seine philosophische Haltung und überhaupt die Haltung eines Nominalisten seiner Prägung nur unter der Voraussetzung verstanden werden kann, daß diese Einzeldinge für sie in gewissem Sinne „erkenntnistheoretisch“ (oder metaphysisch) „früher“ sind.

Anmerkungen

[1] Cambridge, Mass., 1951; im folgenden abgekürzt durch „SA“.

[2] “Two dogmas of empiricism,” *Philosophical Review* 1951; abgedruckt in *From a logical point of view,* Cambridge, Mass., 1953, S. 39.

[3] Es ist wichtig, daß es für Frege eine syntaktische Frage ist, ob ein Wort ein Eigenname ist: die einzige semantische Frage ist, ob es *Bedeutung* hat. (Die Terminologie ist natürlich nicht die Fregesche.)

[4] Freges berühmte Begründung dafür, daß Eigennamen nicht nur einen Träger, sondern auch Sinn haben, die von dem allgemeinen Informationsunterschied zwischen „a = a“ und „a = b“ ausgeht, betrifft die Sinnverschiedenheit zweier Namen derselben Sorte, die sozusagen weithin im Sinn übereinstimmen. Ich möchte sagen, daß das Prinzip A, wenn man es im Licht von Freges übrigen Theorien versteht, auf den Fall von zwei Namen zutrifft, deren Sinn total verschieden ist: es soll uns davon abhalten, angesichts eines solchen Falles fruchtlose philosophische Fragen zu stellen.

[5] *Journal of Philosophy* 1950; abgedruckt in *From a Logical Point of View.*

Der folgende Beitrag wurde aus dem Englischen übersetzt von Walter Hoering.

WAS IST EIN INDIVIDUUM?

Von Hao Wang

Ich finde Quines und Goodmans nominalistische Position unklar; und zwar deshalb, weil sie nicht zu einer Weise, die mich befriedigen würde, erklärt haben, was ihrer Meinung nach die Individuen oder Nicht-Klassen sind. Ich möchte die Gründe für meine Unbefriedigung erklären und behaupten, daß, solange keine bessere Erklärung des Begriffs des Individuum-Seins zur Verfügung steht, ihre Unterscheidung zwischen Nominalisten und Nicht-Nominalisten nicht als sehr nützliche Klassifizierung von Philosophien oder Philosophen akzeptiert werden kann. Wenn die (noch zu diskutierenden) Schwierigkeiten bei der Festlegung des Begriffs des Individuum-Seins real sind, dann gibt es, so scheint mir, auch Grund für die Annahme, daß Quines allgemeines Kriterium, das mit Hilfe der Werte der Variablen entscheidet, welche „ontologischen Voraussetzungen" eine Theorie macht, nicht so fruchtbar ist, wie zum Beispiel traditionellere Arten der Unterscheidung von Systemen danach, ob sie unendlich viele Dinge zulassen oder ob imprädikative Definitionen zugelassen sind und so weiter. Insbesondere werde ich zu zeigen versuchen, daß zum Beispiel Finitismus oder Nicht-Unendlichkeits-Theorie eine erhellendere Bezeichnung für den Standpunkt wären, den Quine und Goodman Nominalismus nennen.

Quine und Goodman sprechen von Universalien, abstrakten Entitäten, Klassen, konkreten Gegenständen, konkreten Individuen, Individuen und dergleichen. Ich werde nur von Individuen und Klassen (Nicht-Individuen) sprechen und die relevanten Abschnitte in den Schriften von Quine und Goodman diskutieren — unter besonderer Berücksichtigung von Goodmans jüngst erschienenem Buch.[1] Da in diesem Buch viele Dinge mit großer Gründlichkeit und Präzision behandelt werden, glaube ich, daß in den Punkten, in denen ich anderer Meinung bin als Goodman, sich aus der Diskussion so oder so klare Antworten ergeben werden.

Ich glaube, ich kann in Goodmans Buch drei verwandte aber verschiedene Erklärungen des Begriffs des Individuums unterscheiden. Ich werde sie der Reihe nach behandeln.

Die am meisten erhellende vorsystematische (d. h. in normaler Sprache gegebene) Antwort scheint mir seine Behauptung zu sein, daß der Nominalist keine Unterscheidung von Entitäten ohne Unterscheidung von Inhalt anerkennt, vermehrt um die Illustration, daß die Klasse der Bezirke von Utah als einzelnes Individuum nicht von dem ganzen Staat Utah verschieden ist (S. 33). Aber das kann man bestenfalls nur als ungefähre Schilderung auffassen. Zum Beispiel wird nicht ganz explizit gemacht, was mit *Inhalt* gemeint ist. Wenn eine aus zwei Schichten bestehende Schachtel mit Schießpulver gefüllt ist, dann würde man normalerweise sagen, daß diese ganze Schachtel als Individuum und die ganze um die äußere Schicht verminderte Schachtel als Individuum den gleichen Inhalt haben. Trotzdem würde vermutlich Goodman sagen wollen, daß sie verschiedene Individuen sind. Oder wenn wir reelle Zahlen als gewisse Klassen rationaler Zahlen definieren, dann betrachten wir normalerweise nicht den Inhalt der Klasse aller reeller Zahlen als identisch mit dem der Klasse aller rationaler Zahlen. Daher können wir nur schließen, daß Goodman das Wort „Inhalt“ in einer besonderen Weise benützen will, die durch seine Erklärung und sein Beispiel illustriert, aber nicht exakt charakterisiert wird.

Tatsächlich betont Goodman die Unterscheidung zwischen dem normalen und dem technischen Gebrauch des Ausdrucks. So betont er, daß der technische Gebrauch des Ausdrucks „Individuum“ nicht ganz mit dem üblichen Gebrauch zusammenfallen muß (S. 42) und schlägt dann vor, Individuen als genau jene Dinge zu definieren, die mit etwas *überlappen* (S. 43). Ich nehme dies als seine zweite Erklärung des Individuen-Begriffs. Bei dieser Definition kann er nicht gemeint haben, daß sie befriedigender ist, weil die Verwendungsweise des Ausdrucks „überlappt“ intuitiv vollständig bekannt ist. Vielmehr ist, so scheint es, eine solche Definition für ihn nützlich, weil sein Individuen-Kalkül das Prädikat „überlappt“ durch

Postulate charakterisiert. Und das bringt mich zu dem, was ich für seine dritte Antwort halte.

In anderen Worten, Individuen sind genau jene Dinge, für die es eine bestimmte Relation R gibt, derart, daß alle Theoreme (einschließlich der Postulate) seines Kalküls bei der normalen Interpretation der Konstanten der Quantorenlogik wahr werden, wenn man R als Interpretation des einzigen Grundprädikats „o" ("overlaps") von Goodmans Individuen-Kalkül nimmt und annimmt, daß jene Dinge den Gegenstandsbereich (universe of discourse) ausmachen. Oder kürzer, Individuen sind die Dinge, die Goodmans Individuen-Kalkül erfüllen.

Angesichts einer solchen Art von Erklärung könnte man fragen: wenn der technische Gebrauch durch den Kalkül bestimmt werden soll, was führt uns beim Aufbau des Kalküls? Brauchen wir nicht zuerst einen intuitiven Begriff von Individuum (oder überlappen)? Aber solche Fragen könnten sich nur für jemanden ergeben, der bereits Goodmans Begriff verstanden hätte und seine Korrektheit diskutieren wollte. Da ich nur seinen Begriff verstehen möchte, brauche ich derartige Fragen nicht zu stellen, die mehr oder weniger damit zu tun haben, seinen Begriff als richtig zu rechtfertigen. Das erste Problem ist für mich vielmehr, ob ich die Verwendung von Axiomen-Systemen als befriedigende Weise der Mitteilung von Begriffen betrachte. Nun glaube ich, daß im allgemeinen in vielen Fällen und insbesondere im Falle des Begriffs der Individuen die Antwort Ja ist, vorausgesetzt, der Kalkül ist einigermaßen vollständig in dem Sinne, daß er in einem vernünftigen Maße dem Bereich der zulässigen Interpretationen bestimmt. Ich halte zum Beispiel die klassischen Mengenlehren (wie etwa jene von Russell und Zermelo) in vieler Hinsicht für die klarsten und genauesten augenblicklich verfügbaren Antworten auf die Frage: Was ist eine Menge? Daher besteht für mich die nächste Aufgabe darin, Goodmans Kalkül zu studieren und zu versuchen, herauszufinden, ob man ihn als einigermaßen vollständig ansehen kann.

Unglücklicherweise ist das nicht leicht, weil Goodman sich nicht dazu entscheidet, eine vollständige Darstellung seines Kalküls zu geben (S. 43). Er weist aber auf veröffentlichte Versionen seines Individuen-Kalküls hin (S. 42, Fußnote). Übersetzen wir also die

Postulate jener früheren Kalküle in seine Sprache und nehmen wir an, daß das Ergebnis die Axiome seines Kalküls sind. Dann enthält sein Kalkül nur ein Axiomen-Schema und eine spezifisches Postulat[2]:

(1) Wenn $\bigvee w \ldots w$, dann $\bigvee x \bigwedge y\, [yox \leftrightarrow \bigvee z\, (\ldots z \wedge yoz)]$.

(2) xoy genau dann wenn $\bigvee z\, [\bigwedge w\, (woz \rightarrow wox) \wedge$
$\wedge \bigwedge w\, (woz \rightarrow woy)]$.

Ein weiteres Axiom der älteren Systeme wird durch eine Definition der Identität ersetzt (S. 45):

(3) $x = y$ genau dann wenn $\bigwedge z\, (zox \leftrightarrow zoy)$.

Aus (2) können wir zeigen, daß die Relation des Überlappens reflexiv und symmetrisch ist. Wir können auch die übliche Theorie der Identität in gewohnter Weise ableiten.

In bezug auf diesen Kalkül G sind einige Bemerkungen zu machen. Er läßt viele verschiedene Interpretationen zu. Zum Beispiel können wir annehmen, daß das Universum aus einem einzigen Ding ζ besteht, derart, daß „$\zeta o \zeta$" wahr ist. Oder wir können ein Modell verwenden, dessen Bereich aus einer beliebigen endlichen oder unendlichen Zahl von Dingen besteht. In anderen Worten, G ist in jedem nicht leeren Bereich erfüllbar. Wenn wir irgendwie die Menge der zulässigen Interpretationen einschränken wollen, müssen wir Axiome einführen, die eine obere oder untere Schranke für die Zahl der Dinge im Universum (Bereich) festlegen. Das scheint darauf hinzuweisen, daß der Kalkül G für sich keine adäquate Explikation des Individuenbegriffs darstellt. G unterscheidet sich von den älteren Kalkülen dadurch, daß er von den Mengenlehren isoliert ist. Diese älteren Kalküle enthalten also anstelle von (1) ein Axiom das hinausläuft auf:

(4) Wenn die Menge aller z derart, daß . . . z nicht leer ist, dann gilt $\bigvee x \bigwedge y\, [yox \leftrightarrow \bigvee z\, (\ldots z \wedge yoz)]$.

Wenn die Mengenlehre zufällig Axiome wie das Unendlichkeitsaxiom der Typen-Theorie enthält, dann ist (4) viel stärker als (1) und kann wegen der dazugehörigen Mengenlehre viele neue Dinge erzeugen.

Da der Kalkül G den Bereich der zulässigen Interpretationen nicht einmal in grober Weise einschränkt, bestimmt er nur teilweise, was Individuen sind, so daß dies noch durch ergänzende Festlegungen entschieden werden muß. Goodman versichert (S. 35), daß für verschiedene tatsächliche Systeme ganz verschiedene Elemente als Individuen gewählt werden können. Im allgemeinen möchte er alle Interpretationen zulassen, welche die Axiome von G erfüllen. Genauer gesagt, er möchte alle Systeme zulassen, welche G enthalten *und* gewisse zusätzliche Axiome oder auch zusätzliche Grundprädikate. Aber das genügt offensichtlich nicht. Zum Beispiel könnten wir zu G starke Unendlichkeits-Axiome hinzufügen oder wir könnten sogar (etwa) die ganze Zermelo-Mengenlehre zu G hinzufügen. Das System, das sich aus der Hinzufügung der Zermelo-Mengenlehre zu G ergäbe, enthielte genau wie sein realistisches System (S. 147, S. 173) nur eine Art von Variable, ein zusätzliches Prädikat („ε" in diesem Falle, anstelle seines „W") und eine Anzahl zusätzlicher Axiome. Es ist klar, daß er ein solches System nicht als nominalistisch betrachten will. Also müssen wir unser Urteilsvermögen benützen, wenn wir Systeme und Interpretationen auswählen. Aber dann, scheint es, müssen wir, um unser Urteilsvermögen zu leiten, irgendeinen intuitiven Individuenbegriff voraussetzen. Zweifellos unterscheiden sich solche intuitive Begriffe oft, und es gibt wahrscheinlich keine allgemeine akzeptierbare Methode zur Auflösung solcher Unterschiede. Ich zum Beispiel bekenne, daß ich keine Intuition darüber habe, ob es unendlich viele Individuen gibt oder nicht, aber gerade das ist, wie wir sehen werden, die entscheidende Frage für das Verständnis des nominalistischen Standpunktes.

An einigen Stellen scheint Goodman in übermäßiger Weise die theoretischen Folgen der Schreibweise eines Systems zu betonen (S. 35). Er scheint zu behaupten, daß wir in unserer Wahl der zuzulassenden Individuen vollkommen frei sind, solange wir nicht außerdem eine zweite Art von Variable benützen, die Klassen als Werte annimmt. Da wir aber Mengenlehren besitzen (zum Beispiel Zermelos), die alle nur eine Art von Variable enthalten, und da wir, wenn wir es wollen, offensichtlich irgendein anderes Symbol anstelle des anstößigen „ε" benützen können, ist es klar, daß wir nur durch Untersuchung seiner Postulate und nicht durch Untersuchung seiner Schreibweise feststellen können, ob ein System Variablen enthält, die Klassen oder Mengen als Werte annehmen.[3]

Wenn es aber darum geht, zu entscheiden, ob wir bestimmte Axiome akzeptieren sollen, dann, glaube ich, besitzen wir meist nützlichere Kriterien als zu fragen, ob wir damit auch Mengen voraussetzen. Jedenfalls wäre es sicher äußerst schwierig, eine allgemeine Theorie zu konstruieren, die uns gestatten würde, zu entscheiden, welche Arten von Axiomen uns darauf festlegen, daß wir die Variablen so interpretieren, daß sie Mengen als Werte annehmen. Ich glaube zum Beispiel, daß eine viel nützlichere Methode zur Entscheidung der Voraussetzungen von Axiomen darin besteht, zu fragen, ob ein Axiom oder ein Axiomensystem einen Bereich von unendlich vielen Dingen für seine Interpretation voraussetzt.

Goodman bemerkt insbesondere, daß sein Kalkül kein Axiom enthalten soll, welches zur Folge hat, daß die Zahl der Individuen endlich oder unendlich ist (S. 48). Daher ist es nicht zulässig, als Axiom seines Kalküls eines der üblichen Unendlichkeits-Axiome zu nehmen, zum Beispiel:

(5) $$\wedge x \vee y\, (x \ll y).$$

(6) $$\wedge x \vee y\, (y \ll x).$$

Überdies schließt dies auch die Möglichkeit aus, in den Kalkül ein Axiom aufzunehmen, das besagt, daß die Anzahl der Individuen nicht größer als eine bestimmte ganze Zahl ist (zum Beispiel 100 oder 10^{37}):

(7) $$\vee x_1 \ldots \vee x_{100} \wedge y\, (y = x_1 \text{ v} \ldots \text{v} = x_{160}).$$

(8) $$\vee x_1 \ldots \vee x_{10^{37}} \wedge y\, (y = x_1 \text{ v} \ldots \text{v } y = x_{10^{37}}).$$

Andere auf diese Weise ausgeschlossene Axiome sind jene (wenn es solche gibt), welche die Unendlichkeit ausschließen, aber keine zahlenmäßige Begrenzung angeben. Solche Axiome würden etwa auf folgendes hinauslaufen:

(9) Es gibt eine unbestimmte ganze Zahl *n*, derart, daß es nicht mehr als *n* Individuen gibt.

Der dieser Haltung zugrundeliegende Standpunkt scheint der zu sein, daß es für Lehre und Sprache des Nominalismus gleichgültig ist, ob die Zahl der Individuen als endlich oder als unendlich angenommen wird. Das ist der Punkt, den ich in Frage stellen will. Ich möchte die Meinung vertreten, daß in bezug auf unsere Fähigkeit, zu verstehen, die Einführung der Unendlichkeit entscheidendere und genauer bestimmte Schwierigkeiten hervorruft als das Sprechen über Klassen. Wenn wir nur endlich viele Individuen voraussetzen, sollten sowohl der Individuen-Kalkül als auch der Klassen-Kalkül nach jedem vernünftigen Maßstab als verständlich angesehen werden. Andererseits, wenn wir irgendein natürliches Unendlichkeits-Axiom in bezug auf die Individuen annehmen, dann könnte auch der Individuen-Kalkül einem radikalen Nominalisten nicht völlig akzeptierbar erscheinen. Betrachten wir die erste Alternative, daß es nicht mehr als eine bestimmte endliche Anzahl von Individuen gibt — zum Beispiel, daß die Behauptung (8) wahr ist. Dann ist, wie Quine sehr detailliert gezeigt hat,[4] die ganze nicht nominalistische Mengenlehre (in der Form der einfachen Typentheorie, wo (8) das Unendlichkeitsaxiom ersetzt) trivialisiert und kann als bloße Redeweise hinwegerklärt werden. Als Resultat können wir sagen, daß es unter der Annahme einer bestimmten endlichen Grenze für die Zahl der Individuen keine Notwendigkeit dafür gibt, zwischen der Theorie der Individuen und der Klassen zu unterscheiden: zwischen nominalistischen und nichtnominalistischen Sprachen. Es ist wahr, daß ein pedantischer Nominalist gegen den Gebrauch von „...“ in der Formulierung von (8) Einwendungen erheben könnte, weil es nicht genügend Materie gäbe, um die Formel auszuschreiben.[5] Aber es ist äußerst unglaubhaft, daß jemand fähig sein sollte, irgendeinen schwierigen Individuen-Kalkül zu verstehen, aber nicht (8). Der finitistische Nominalist, wenn es so etwas gibt, lehnt nur die Unendlichkeit ab und daher zufällig auch gewisse Dinge, die in der Mengenlehre behauptet werden. Der Unterschied zwischen ihm und uns gewöhnlichen Leuten beruht darauf, ob Unendlichkeit anerkannt wird, und nicht darauf, ob es Klassen gibt.

Wenden wir uns nun der ernsteren Alternative, der Annahme irgendeines Unendlichkeitsaxioms für Individuen, zu. Obwohl Goodman es ausdrücklich ablehnt, ein Unendlichkeitsaxiom in seinen Kalkül aufzunehmen, betrachtet er anscheinend nicht alle derartigen Postulate als absurd oder offensichtlich falsch. Zum Beispiel erwähnt er in recht freundlicher Weise die Aussage (unser [6]), daß jedes Individuum einen echten Teil besitzt (S. 48) und behauptet, daß ein Individuum in eine beliebige Anzahl von Teilen teilbar sein kann (S. 42). Angenommen, wir fügen (6) zu dem

Individuen-Kalkül als ein neues Postulat hinzu. Dann können wir sehen, daß der sich ergebende Individuen-Kalkül viel komplexer und ätherischer ist als die auf endlich viele Individuen gegründete Mengenlehre.

Ein Individuum *a* hat dann nämlich einen echten Teil *b*, der einen echten Teil von *c* besitzt usw. Also können wir zu jedem Individuum *a* ein *b*, *c*, *d* usw. finden, derart, daß $a \gg b \gg c \gg d \gg \ldots$ Betrachten wir nun die Individuen *a*—*b*, *b*—*c*, *c*—*d* usw., die voneinander verschieden und echte Teile von *a* sind. So enthält jedes Individuum eine unendliche Zahl diskreter echter Teile. Soweit wir also das einfache Postulat (6) zulassen, öffnet der Gebrauch des Individuen-Kalküls die Türe für unendlich viele echte Teile, unendlich viele echte Teile von jedem echten Teil usw. für jedes der gegebenen Individuen.

Trotz all dieser Betrachtungen bin ich geneigt, die Alternative der Zulassung der Unendlichkeit als die interessantere zu betrachten. Meiner Meinung nach könnte eine vergleichende Untersuchung des Individuen-Kalküls (mit vorausgesetzter Unendlichkeit) und den gewöhnlichen Mengenlehren zu interessanten Unterscheidungen führen. Eine derartige Untersuchung wäre, glaube ich, eine Richtung, in der man vielleicht den Standpunkt der Ablehnung aller Entitäten außer Individuen in signifikanter Weise fruchtbar machen könnte.

Goodman stimmt nicht mit dieser Ansicht überein, aber er glaubt,[6] daß jede Unendlichkeitsannahme in hohem Maße fragwürdig ist. Er will nicht Axiome wie (5)—(8) benützen, sondern ist mehr an Axiomen interessiert, die eine mit (9) vergleichbare Wirkung haben. Tatsächlich hat Goodman selbst als erster das Problem aufgeworfen und in seinen Vorlesungen diskutiert, wie solch ein Axiom in seinem Kalkül ausgedrückt werden kann. William Craig hat vermutet, daß sich beweisen läßt, daß es unmöglich ist, irgendein derartiges Postulat im Rahmen von Goodmans Individuen-Kalkül zu formulieren. Die Schwierigkeit scheint darin zu liegen, daß man ohne die Voraussetzung eines Unendlichkeitsaxioms nicht imstande ist, Variablen einzuführen, die über alle positiven ganzen Zahlen laufen; und wir brauchen anscheinend solche Variablen, um (9) auszudrücken. Zum Beispiel ist es, wie

Goodman festgestellt hat, sowohl möglich, auszudrücken, daß es ein universelles Individuum gibt, welches alle Individuen enthält, als auch, daß es Atome gibt, welche keine Individuen als echte Teile enthalten. Aber, um die Unendlichkeit auszuschließen, brauchen wir anscheinend zusätzlich noch so etwas wie ein Archimedisches Axiom, welches sichert, daß es eine positive ganze Zahl n gibt, derart, daß das universelle Individuum n-mal (sagen wir) so groß ist wie irgendein gegebenes Atom. Goodman scheint (9) für wahr zu halten, obwohl er auch sagen möchte, daß er die Sprache, in der (9) ausgedrückt ist, nicht versteht.

Wenn wir (9) anstelle von Postulaten wie (8) benützen, dann steht die oben erwähnte einfache Methode, Klassen hinwegzuerklären, nicht mehr direkt zur Verfügung. Ich glaube aber, daß es trotzdem möglich sein sollte, (9) in jedem einzelnen Fall loszuwerden. Erstens hält man (9) für nützlich, wenn das betrachtete Universum endlich ist, aber die Zahl der Individuen völlig unbekannt. In den meisten gewöhnlichen Fällen, wenn wir zwar wissen, daß die Zahl endlich ist, aber nicht wie groß, können wir eine grobe, aber sichere obere Grenze festlegen (manchmal mit beträchtlichem Denkaufwand); so etwa im Fall der Zahl der Katzen in der Welt oder der Gesamtzahl der Haare auf den Köpfen von Menschen auf der Erde. Und doch ist sogar die Endlichkeit oder Unendlichkeit der Zahl der Individuen für jedes von Goodmans Systemen anscheinend eine nicht einfach entscheidbare Frage. Jedenfalls können wir, wenn wir wissen, daß die Welt endlich ist, sozusagen schematisch argumentieren und die Elimination der Klassen wie früher durchführen. So muß, wenn (9) wahr ist, für die Zahl der Individuen eine obere Grenze existieren. Angenommen, diese Zahl ist t (eine positive ganze Zahl, von der wir nicht genau wissen, wie groß sie ist). Dann muß

(10) $\bigvee x_1 \ldots \bigvee x_t \bigwedge y\, (y = x_1 \vee \ldots \vee y = x_t)$

wahr sein und als Axiom angenommen werden. Daher können wir wieder Quines Verfahren durchführen[7] und die Klassen hinwegerklären.

Fassen wir zusammen. Wenn wir annehmen, daß es überhaupt nur endlich viele Dinge gibt und uns an eine Sprache halten, die die Unendlichkeit ausschließt, dann ist das Sprechen über Klassen jedenfalls klar und harmlos. Wenn wir andererseits Unendlichkeit voraussetzen, dann findet Goodman, daß der Individuen-Kalkül auch seinen philosophischen und intuitiven Vorteil verlieren würde. Daher ist die Anziehungskraft, die der Nominalismus für ihn besitzt, zum großen Teil dadurch verursacht, daß er den Nominalismus mit einer Verwerfung der Unendlichkeit assoziiert. Es herrscht aber sicher nicht Übereinstimmung darüber, daß die Zahl der Individuen endlich ist. Wäre es nicht in Anbetracht all dieser Überlegungen eher angebracht, seinen Standpunkt Finitismus (oder Nicht-Unendlichkeits-Theorie) anstatt Nominalismus zu nennen?

Ich persönlich bin geneigt, zu glauben, daß es schwer ist, solch einen Finitismus zu vertreten. Zum Beispiel scheinen der Gebrauch des Schemas (I) in G, das auf eine Unendlichkeit von Axiomen hinausläuft, und die Fähigkeit, (9) zu verstehen (wenn auch nicht auszudrücken), darauf hinzuweisen, daß es gewisse, sehr gut bestimmte Fälle gibt, in denen der „Nominalist" die Unendlichkeit versteht und benützt. Oder andererseits: wie sollen wir die Naturwissenschaften und die Mathematik entwickeln, wenn sogar der Gebrauch von Variablen, welche alle positiven ganzen Zahlen als Werte annehmen, nicht gestattet wird? Es kann sein, daß eine sorgfältige und gründliche Analyse der Grundlagen der Wissenschaft irgendwann eine befriedigende Theorie liefern könnte, die bewiese, daß alles Sprechen über Unendlichkeit nicht mehr ist als eine Art Abkürzung für das Sprechen über endliche und diskrete Entitäten. Das wäre tatsächlich eine große Leistung. Inzwischen ist es, glaube ich, angesichts des tatsächlichen Wissens, das wir zur Zeit besitzen, gerechtfertigt, wenn wir im gegenwärtigen Stadium die Nicht-Unendlichkeits-Theorie entweder als von Grund auf unhaltbar betrachten oder wenigstens als zu utopisch, als daß sie interessant und signifikant wäre.[8]

Anmerkungen

[1] Nelson Goodman, *The Structure of Appearance* (Cambridge, Mass. 1951). Alle nicht anders gekennzeichneten Seitenverweise in dieser Arbeit beziehen sich auf jenes Buch. Um Mißverständnisse zu vermeiden, möchte ich betonen, daß die meisten in Goodmans Buch behandelten Fragen ganz unabhängig von der nominalistischen Position seines Autors, die ich unklar finde, von Bedeutung und Interesse sind.

[2] Vgl. *J.S.L.*, 5, S. 108 und S. 48—49.

[3] In anderen Worten, meiner Meinung nach genügt es nicht, die Wörter „Individuum", „überlappt" usw. zu unterstreichen, sondern es ist notwendig, einen adäquaten Individuen-Kalkül zu entwickeln. Wenn die Bedeutung eines Wortes sein Gebrauch ist, dann ist es wichtig zu wissen, welche Aussagen, die das Wort enthalten, wahr sein sollen.

[4] W. V. Quine, "On Universals", *J.S.L.*, 12, 1947, S. 74—84 [hier S. 84 ff.]. Vgl. auch Kurt Gödel, "Russels's Mathematical Logic", in *The Philosophy of Bertrand Russell*, 1944, P. A. Schilpp (Hrsg.), insbesondere S. 144.

[5] Quine, *op. cit.*, S. 84 [hier S. 100].

[6] Ich habe Professor Goodman gebeten, eine frühere Fassung dieser Arbeit zu lesen und erhielt von ihm nützliche Erklärungen und kritische Bemerkungen. In dieser überarbeiteten Fassung mache ich freien Gebrauch von seinen Bemerkungen, wohl wissend, daß diese nicht notwendigerweise seine endgültige Position repräsentieren.

[7] Vgl. Quine, *op. cit.*

[8] Diese Arbeit wurde im März 1952 fertiggestellt. Damals hatte ich noch keine Gelegenheit gehabt, die interessanten Erörterungen der Prof. Hempel und Lowe kennenzulernen (*Phil. Review*, Jan. 1953). Da diese Autoren aber anscheinend an etwas anderen Problemen interessiert sind, habe ich mich entschlossen, den ursprünglichen Text unverändert zu lassen.

Der folgende Beitrag wurde aus dem Englischen übersetzt von Walter Hoering.

ONTOLOGIE UND DIE THEORIE DER BEDEUTUNG

Von RICHARD L. CARTWRIGHT

In einer Anzahl von Aufsätzen, die etwa im Laufe des letzten Jahrzehnts erschienen, hat W. V. Quine einige interessante Vorschläge gemacht, welche die Ontologie von Theorien betreffen (3; 4; 5; 6; 7; 9; 10)[1]. Wenn ich ihn richtig verstehe, war eins seiner Hauptziele, ein Kriterium zu formulieren, mit dessen Hilfe man korrekt entscheiden kann, welches die ontologischen Voraussetzungen irgendeiner gegebenen Theorie sind. Mein Ziel in dieser Arbeit ist, aufzuzeigen, was ich für Inadäquatheiten des Quineschen Kriteriums halte, und die Richtung anzugeben, in der eine adäquate Formulierung zu finden ist.

1

Da sich diese Arbeit mit einer Erörterung ontologischer Theorien beschäftigen soll, wird es ratsam sein, mit einem Hinweis darauf zu beginnen, was die Worte „Theorie" und „Ontologie" bedeuten sollen.

Das Wort „Theorie" wird durchwegs in einer überlegt ungewöhnlichen Weise gebraucht. Eine Theorie, so wie das Wort hier gebraucht wird, ist eine *formalisierte Sprache* in Churchs Sinn, vgl. (1). Eine Theorie ist also ein formallogisches System, dessen Symbole mit einer festen Interpretation versehen sind. Um eine Theorie festzulegen, ist es daher nötig, die sie beherrschenden syntaktischen und semantischen Regeln anzugeben. Die syntaktischen Regeln müssen eine effektive Charakterisierung der Klasse der Symbole der Theorie liefern, ferner jener Folgen von Symbolen, die wohlgeformt sind, ebenso jener Folgen wohlgeformter Formeln, die Beweise sind, und jener wohlgeformten Formeln, die Axiome sind. Die semantischen Regeln müssen (in irgendeinem Sinn) eine Interpretation für jede wohlgeformte Formel der Theorie liefern.

Unter den Theorien werden einige als *elementar* herausgehoben. Da ein großer Teil dieser Arbeit von elementaren Theorien handeln wird, sollen ihre speziellen Eigenschaften detailliert aufgeführt werden. (1) Das Vokabular einer elementaren Theorie besteht aus Symbolen, die in fünf Kategorien aufzuteilen sind: eine unendliche Liste von Variablen, zwischen denen es keinen Typenunterschied gibt; eine endliche Liste von Prädikatenkonstanten, die alle einen Grad größer als 0 besitzen; die Existenz- und vielleicht auch Allquantoren; eine Auswahl von aussagenlogischen Junktoren; Interpunktions- oder Gruppierungshilfsmittel, wie Klammern oder Punkte. (2) Die Sätze einer elementaren Theorie bestehen aus Atomsätzen, d. h. Folgen von Symbolen, die aus Prädikaten vom Grad *n* bestehen, hinter denen *n* Variablen stehen, zusammen mit Symbolfolgen, die aus Atomsätzen in der üblichen Weise durch aussagenlogische Verknüpfung und Quantifikation erhalten werden können. (3) Zu jeder elementaren Theorie gehört eine effektive Regel für die übliche Unterscheidung zwischen freien und gebundenen Vorkommnissen von Variablen. (4) Die Axiome und Schlußregeln einer elementaren Theorie sollen so beschaffen sein, daß man alle logischen Techniken des Prädikaten-Kalküls erster Stufe in der Theorie anwenden kann. Zugleich sollen die Theoreme einer elementaren Theorie nicht auf solche Symbolfolgen beschränkt sein, die Einsetzungen in Theoreme des Prädikaten-Kalküls erster Stufe darstellen. (5) In jeder elementaren Theorie wird den Quantoren und aussagenlogischen Junktoren die übliche Interpretation gegeben.

Diese Bemerkungen sollten ausreichen, um klarzumachen, wie die Worte „Theorie" und „elementare Theorie" benutzt werden sollen. Ich brauche mich — zumindest an dieser Stelle — nicht ganz so präzis zu dem Wort „Ontologie" zu äußern. Manche Theorien, vielleicht sogar alle, machen gewisse Behauptungen über das, was existiert und was nicht existiert. Solche Theorien nehmen an, daß es gewisse Entitäten *gibt* und daß es andere *nicht gibt*. Diese Existenzbehauptungen können erfüllt sein oder nicht: es kann Entitäten der von der Theorie behaupteten Art *geben* oder nicht. Wenn nun eine Theorie behauptet, daß es Entitäten einer gewissen Art gibt, dann wird gesagt, daß die Theorie solche Entitäten *voraussetzt*, ob nun die Existenzbehauptung erfüllt ist oder nicht. So wie die Worte hier gebraucht werden, folgt aber nicht aus der Tatsache, daß eine Theorie gewisse Entitäten voraussetzt oder daß solche Entitäten in der Ontologie der Theorie enthalten sind, daß es tatsächlich solche Entitäten *gibt*. Nach den ontologischen Voraussetzungen einer Theorie zu fragen, heißt nicht zu fragen, *was es gibt*, sondern nur, was die Theorie *sagt*, daß es gebe.[2]

2

In den oben erwähnten Aufsätzen hat sich Quine das Ziel gesetzt, ein Kriterium zu formulieren, mit dessen Hilfe die ontologischen Voraussetzungen einer beliebigen Theorie korrekt abgeschätzt werden können. Seine Antwort auf das Problem ist so gut bekannt, daß man sich hier darüber kurz fassen kann. Nach Quines Ansicht besteht die Ontologie einer Theorie aus allen jenen Entitäten, die man zum Bereich der Werte der gebundenen Variablen der Theorie rechnen muß, wenn die von der Theorie behaupteten Aussagen wahr werden sollen. „Von einer Theorie vorausgesetzt zu werden“, sagt Quine, heißt „zu den Werten einer Variablen gerechnet zu werden“ (11; S. 13).

Nun sind die Maßstäbe der Klarheit von Philosoph zu Philosoph verschieden. Was einem vollkommen klar ist, mag einem anderen verschwommen oder sogar unverständlich erscheinen. Quines eigene Maßstäbe in dieser Hinsicht waren vielleicht anspruchsvoller als die der meisten Philosophen. Ein gutes Beispiel hierfür liefern seine Bemerkungen über Semantik. Innerhalb dessen, was man normalerweise als Semantik bezeichnet, unterscheidet Quine zwei verschiedene Disziplinen, die *Theorie des Sinns* und die *Theorie der Bezeichnung*.[3] Die erstere befaßt sich mit Begriffen wie Synonymität, Signifikanz, Analytizität, analytische Implikation; die letztere mit solchen Begriffen wie Wahrheit, Bezeichnung, Extension. Quine ist anscheinend mit der Klarheit der Begriffe der Theorie der Bezeichnung zufrieden. In bezug auf die Begriffe der

Theorie des Sinns ist die Situation ganz anders. Darüber schreibt er: „Die Begriffe der Synonymität, des Sinnvoll-Seins, der Analytizität und der analytischen Implikation sind in enger Weise verbunden ... Aber es ist sehr schwierig, diese eng verbundene Gruppe von Begriffen mit Ausdrücken in Verbindung zu bringen, die wir wirklich verstehen. Die Theorie des Sinns ... scheint mir in einem Zustand zu sein, der dem der Theologie vergleichbar ist ... Nur daß ihre Begriffe munter in den angeblich wissenschaftlichsten und am ernstesten zu nehmenden Arten der Philosophie gebraucht werden" (7, S. 92 [hier S. 126 f.]).

Es gibt also kaum Zweifel darüber, daß Quine die Theorie des Sinns als nicht genügend klar empfindet.

Wenn man Quines Maßstab der Klarheit voraussetzt, dann wird ein Kriterium für ontologische Voraussetzungen nur dann klar sein, wenn alle semantischen Ausdrücke, die in seiner Formulierung vorkommen, nur aus der Theorie der Bezeichnung entnommen sind. In dem Maße, in dem die Ausdrücke der Theorie des Sinns entnommen sind, wird man das Kriterium von Quines Standpunkt aus als dunkel bezeichnen müssen. Wir werden daher auf die Frage geführt, ob es im allgemeinen möglich ist, ein adäquates ontologisches Kriterium aufzustellen, das diesem Maßstab der Klarheit gerecht wird und ob insbesondere Quine selbst das erreicht hat.

Nun ist es ziemlich klar, daß Quines Kriterium direkt nur auf solche Theorien anwendbar ist, in denen die Hilfsmittel der Prädikatenlogik die Grundlage bilden.[4] Das Kriterium läßt sich auf andere Theorien nur insofern übertragen, als man sie in die quantorenlogische Sprache übersetzen kann. Wenn man das Kriterium aber so formulieren will, daß es auf beliebige Theorien anwendbar wird, dann kommt man etwa auf das folgende: Die Ontologie einer Theorie enthält alle und nur die Entitäten, die zu den Werten von Variablen einer *quantifizierten Übersetzung der Theorie* gerechnet werden müssen, wenn die behaupteten Aussagen der Theorie wahr werden sollen. So formuliert enthält das Kriterium einen Ausdruck aus der Theorie des Sinns, nämlich „Übersetzung", und wird daher durch eine etwaige Unklarheit dieses Ausdrucks in Mitleidenschaft gezogen. Quine hat das zugegeben. „Insofern wir es unternehmen, von den ontologischen Voraussetzungen jenes Teils unserer sprachlichen Äußerungen zu sprechen, die nicht eine explizit quantorenlogische Form aufweisen ... und auf eine angenommene Synonymität zwischen den gegebenen Aussagen und ihren Übersetzungen in eine quantorenlogische Sprache Bezug nehmen, gebrauchen wir natürlich die Theorie des Sinns" (11, S. 131). Nichtsdestoweniger glaubt Quine, daß für Theorien, in denen die Hilfsmittel der Quantifikation tatsächlich als Grundbestandteile vorkommen, ein Kriterium für ontologische Voraussetzungen formuliert werden kann, das sowohl adäquat ist als auch frei von Begriffen aus der Theorie des Sinns. „Angewendet auf sprachliche Äußerungen in einer explizit quantorenlogischen Form der Sprache, gehört der Begriff der ontologischen Voraussetzungen zu der Theorie der Bezeichnung" (11, S. 130). Nun sind elementare Theorien im oben erklärten Sinne gute Beispiele von „sprachlichen Äußerungen in einer explizit quantorenlogischen Form der Sprache". Deshalb will ich die Frage aufwerfen, ob es Quine gelungen ist, ein befriedigendes Kriterium für die ontologischen Voraussetzungen von elementaren Theorien aufzustellen, ohne Ausdrücke aus der Theorie des Sinns zu verwenden.

3

Ich möchte zunächst damit beginnen, daß ich vier Abschnitte zitiere, in denen Quine explizite Formulierungen seines ontologischen Kriteriums gegeben hat.

„... Wir sind dann und nur dann einer bestimmten ontologischen Voraussetzung überführt, wenn das vorgeblich Vorausgesetzte zu den Entitäten gerechnet werden muß, die zum Bereich unserer Variablen gehören, damit eine unserer Behauptungen wahr wird" (6, S. 32 [hier S. 115]).

„... Eine Entität wird genau dann von einer Theorie vorausgesetzt, wenn sie zum Wertbereich der Variablen gerechnet werden muß, damit die von der Theorie behaupteten Aussagen wahr werden" (11, S. 103 [hier S. 134]).

„Die Ontologie, welche eine (interpretierte) Theorie voraussetzt, umfaßt alle und nur die Gegenstände, über die man die gebundenen Variablen der Theorie laufen lassen muß, damit die von der Theorie behaupteten Aussagen wahr werden" (9, S. 11).

„Die Entitäten, auf die uns eine sprachliche Äußerung festlegt, sind jene Entitäten, über die unsere Quantifikationsvariablen laufen müssen, damit die von der Theorie behaupteten Aussagen wahr werden" (10, S. 67).

Die Unterschiede zwischen diesen Formulierungen sind unbedeutend. Sie stimmen insbesondere in einer wichtigen Hinsicht überein: In jeder kommt das Wort „müssen" vor. Jede der Formulierungen legt die Ontologie als genau aus jenen Gegenständen bestehend fest, über welche die gebundenen Variablen laufen *müssen,* wenn die behaupteten Aussagen der Theorie wahr werden sollen. Nun legt die Verwendung von Wörtern wie „müssen" sehr nahe, daß von Begriffen Gebrauch gemacht wird, die zur Theorie des Sinns gehören. Zu sagen, daß diese oder jene Gegenstände Werte von Variablen sein *müssen,* kommt fast darauf hinaus, daß man sagt, es sei *notwendig,* daß sie Werte der Variablen sind. Und der Ausdruck „notwendig" gehört vermutlich mit dem gleichen Recht in die Theorie des Sinns, wie die Ausdrücke „analytisch" und „impliziert analytisch". Quines Formulierung verwendet also *prima facie* Ausdrücke aus der Theorie des Sinns. Falls der Gebrauch solcher Ausdrücke nicht auf irgendeine Weise vermieden werden kann, werden wir also, wenn wir von Quines eigenem Maßstab für Klarheit ausgehen, schließen müssen, daß der Begriff der ontologischen Voraussetzungen ganz genauso dunkel ist wie die Ausdrücke „analytisch" und „notwendig" und ähnliche.

Es wird sich als nützlich erweisen, um weiteren Einblick in diese Angelegenheit zu gewinnen, den Begriff der *Werte einer Variablen* etwas genauer zu betrachten. Wenn wir die semantischen Regeln einer elementaren Theorie aufstellen, ist es üblich, eine *Festlegung des Bereichs* für die Variablen vorzunehmen. Solche Festlegungen des Bereichs haben etwa die folgende Form: „Die Variablen „*x*", „*y*", „*z*" ... sollen über die Elemente dieser oder jener Klasse von Objekten laufen." Oder „die Variablen „*x*", „*y*", „*z*" ... sollen diese oder jene Gegenstände als Werte haben". Der Sinn der Formulierung einer solchen Bereichsfestlegung für eine elementare Theorie ist, eine Interpretation für die Quantoren zu geben. Sobald man den Variablen einen Bereich zugeordnet hat, etwa die Klasse R, können wir Allquantifikationen als Behauptungen interpretieren, daß *alles in R* den offenen Satz erfüllt, der auf den Quantor folgt, und Existenzquantifikationen als Behauptungen, daß *etwas* in R den offenen Satz erfüllt, der auf den Quantor folgt. Der Bereich der Werte der Variablen einer elementaren Theorie stellt also das dar, was man manchmal den Anwendungsbereich (universe of discourse) der Theorie nennt: den Bereich der Gegenstände, über den die Theorie Behauptungen macht.

In manchen Elementartheorien besitzen die Variablen einen *unbeschränkten* Bereich; man sagt, sie laufen über alle Objekte. Das gilt z. B. für die Mengenlehre von Quines "New Foundations", wo uns gesagt wird, daß „die Variablen so aufzufassen sind, daß sie beliebige Gegenstände als Werte annehmen" (2, S. 71). In anderen elementaren Theorien werden die Variablen auf irgendeinen begrenzten Bereich — die natürlichen Zahlen oder physikalischen Gegenstände oder dergleichen — *eingeschränkt.*

Es ist leicht einzusehen, daß wir nicht einfach die Bereichsfestlegungen für die Variablen als Festlegung der Ontologie einer elementaren Theorie nehmen können. Denn das würde verlangen, daß wir allen elementaren Theorien, in welchen die Variablen über einen uneingeschränkten Bereich laufen, die gleiche Ontologie zuschreiben. Tatsächlich kann jede elementare Theorie, deren Variablen über einen beschränkten Bereich laufen, leicht durch geeignete Hinzufügung von Grundprädikaten so umformuliert werden, daß nur unbeschränkte Variablen gebraucht werden. Wenn man annähme, daß alle elementaren Theorien so umformuliert wären, gäbe es unter ihnen keine zwei ontologisch zu unterscheidende Theorien. Wir können also den Bereichsfestlegungsregeln von elementaren Theorien nicht entnehmen, welche Ontologie diese voraussetzen.

Nehmen wir aber einmal genauer jene elementaren Theorien unter die Lupe, deren Variablen einen uneingeschränkten Bereich besitzen. Bei vielen solchen Theorien scheint es jedenfalls wahr zu sein, daß es nicht *nötig* gewesen wäre, ihren Variablen einen so weiten Bereich zuzuordnen. Obwohl angeblich die Variablen der "New Foundations" zum Beispiel über alles laufen, scheint es einen Sinn zu geben, in dem viele der Entitäten, die dadurch in den Bereich der Variablen einbezogen worden sind, nicht hätten einbezogen werden müssen. Die Wahrheit der Theoreme der "New Foundations" scheint unabhängig von der Existenz solcher Dinge wie Hunde, Zigaretten, Elektronen — ja unabhängig von Nicht-Klassen überhaupt. In anderen Worten, die Wahrheit der Theoreme der "New Foundations" wäre nicht gefährdet, wenn man nur Klassen als Werte ihrer Variablen anerkennen würde; und daher *brauchen* nur Klassen zu den Werten ihrer Variablen gerechnet zu werden. Anscheinend sind es Betrachtungen dieser Art, die Quine berücksichtigen will, wenn er die ontologischen Voraussetzungen einer elementaren Theorie abschätzt. Versuchen wir mehr Klarheit über sie und über die Gründe zu gewinnen, die Quine zu ihnen führten.

Nehmen wir an, wir haben eine elementare Theorie T, deren einzige Prädikate $P_1, \ldots, P_n$ sind. Von einer Menge von Gegenständen U wird man sagen, daß sie die Axiome von T genau dann *erfüllen*, wenn sich diese Axiome als wahr herausstellen, falls man $P_1, \ldots, P_n$ ihre intendierten Interpretationen gibt, den Variablen den Bereich U zuordnet und die Quantoren und Junktoren wie üblich interpretiert. In vielen Fällen erfüllt mehr als eine Menge von Gegenständen die Axiome einer gegebenen elementaren Theorie. Das ist zum Beispiel der Fall für die elementare Theorie — welche wir „E" nennen wollen —, deren einziges Prädikat „L" ist, das gemäß seiner Interpretation die Relation *besitzt ein größeres Volumen als* bezeichnen soll, und dessen einzige nichtlogischen Axiome die Transitivität, Asymmetrie und Irreflexivität dieser Relation ausdrücken. Die Axiome von E werden tatsächlich von jeder nichtleeren Menge physikalischer Gegenstände erfüllt. In entarteten Fällen, zum Beispiel wenn das einzige Prädikat „=" ist, werden die Axiome einer elementaren Theorie durch jede beliebige nichtleere Menge erfüllt. Aber in den typischeren Fällen wird die für die Prädikate angegebene Interpretation und der Charakter der Axiome den Bereich der Mengen, welche die Axiome erfüllen, einschränken. Das ist etwa der Fall, wenn die elementare Theorie inkonsistent ist oder wenn ihre Axiome eine nicht erfüllte Existenzbehauptung enthalten. In wieder anderen Fällen ist nicht bekannt, ob überhaupt irgendeine Menge von Entitäten diese Axiome erfüllt. Das ist der Fall bei elementaren Theorien, wie etwa Quines" New Foundations".

Es ist nun offensichtlich, daß man die Ontologie einer elementaren Theorie nicht gleichsetzen kann mit *der* Menge von Gegenständen, welche die Axiome erfüllen; denn im allgemeinen Fall werden viele Mengen die Axiome erfüllen. Wir können auch nicht sagen, daß die Ontologie einer elementaren Theorie der Durchschnitt oder die Vereinigung aller solcher Mengen ist. Oft wird der Durchschnitt Null sein, wie bei der Theorie *E*. Und normalerweise wird die Vereinigung Elemente enthalten, bei denen wir aus intuitiven Gründen zögern würden zu sagen, daß die Theorie sie voraussetze. Die Theorie *E* zum Beispiel setzt sicher nicht die Existenz dieses Papiers, dieses Schreibtisches usw. voraus. Sie setzt voraus, daß irgendwelche physikalische Gegenstände existieren; aber weiter ist ihr ontologischer Anspruch nicht bestimmt. Jede Menge, welche die Axiome erfüllt, ist eine Menge von physikalischen Gegenständen; weitere Einschränkungen werden jedoch nicht gemacht.

Nun legen diese letzten Bemerkungen das folgende Kriterium für ontologische Voraussetzungen von elementaren Theorien nahe:

(I) Eine elementare Theorie *T* setzt Gegenstände der Art *K* genau dann voraus, wenn für jede Menge von Entitäten *U* gilt: Wenn *U* die Axiome von *T* erfüllt, dann sind Gegenstände der Art *K* Elemente von *U*.

In bezug auf viele elementare Theorien liefert (I) intuitiv befriedigende Ergebnisse. Angewendet auf *E* zum Beispiel liefert (I) das Resultat, daß die Theorie physikalische Gegenstände voraussetzt; denn jede Menge von Gegenständen, welche die Axiome erfüllt, hat physikalische Gegenstände unter ihren Elementen. Trotzdem ist (I) weit davon entfernt, sich als allgemein adäquates Kriterium ontologischer Voraussetzungen elementarer Theorien zu qualifizieren. Man beachte, daß einige Einsetzungsinstanzen von „für jede Menge von Gegenständen *U* gilt, wenn *U* die Axiome von *T* erfüllt, dann sind die Gegenstände der Art *K* Elemente von *U*" trivial wahr sind, d. h. wahr einfach deshalb, weil *keine* Menge von Gegenständen die Axiome erfüllt. In solchen Fällen ist es gleichgültig, welche besonderen Klassennamen anstelle von „*K*" gesetzt werden. (I) hat daher zur Folge, daß jene elementaren Theorien und Axiomensysteme, die nicht erfüllt sind, Gegenstände jeder Art voraussetzen und daß die ontologischen Voraussetzungen aller solcher Theorien identisch sind. In bezug auf jene elementaren Theorien, deren Axiome wegen Inkonsistenz nicht erfüllt sind, ist dies vielleicht genau das, was man erwarten sollte. Aber auch die Axiome widerspruchsfreier elementarer Theorien sind manchmal nicht erfüllt; und in solchen Fällen ist das Resultat intuitiv unbefriedigend.

Es ist natürlich leicht, (I) so zu modifizieren, daß solche Resultate vermieden werden. Eine derartige Modifikation ist die folgende:

(II) Eine elementare Theorie *T* setzt Gegenstände der Art *K* genau dann voraus, wenn es eine Menge von Gegenständen gibt, welche die Axiome von *T* erfüllt; und für jede Menge *U* gilt: wenn *U* die Axiome von *T* erfüllt, dann sind die Gegenstände der Art *K* Elemente von *U*.

Obwohl (II) nicht die gleichen unerwünschten Ergebnisse liefert wie (I), gibt es hier wiederum andere seltsame Resultate. Während (I) die ontologischen Voraussetzungen von Theorien, deren Axiome nicht erfüllt sind, unverhältnismäßig übertrieben darstellt, vermindert (II) die Voraussetzungen solcher Theorien auf Null. Denn nach (II) kann eine elementare Theorie nur dann eine ontologische Voraussetzung machen, wenn ihre Axiome tatsächlich durch irgendeine Menge erfüllt sind. (II) wirkt sich also so aus, daß alle falschen Theorien von ontologischen Voraussetzungen befreit werden. Wenn man außerdem (II) als Explikation dessen auffaßt, was gemeint ist, wenn man sagt, daß eine gegebene Theorie Gegenstände einer gewissen Art voraussetzt, dann ergäbe sich die Kuriosität, daß wir nicht sagen könnten, daß eine gegebene Theorie Gegenstände einer gewissen Art voraussetzt, ohne daß wir selbst voraussetzen, daß es derartige Gegenstände gibt. Zum Beispiel könnte der Nominalist nur dann eine Theorie der Voraussetzung abstrakter Gegenstände anklagen, wenn er sie selbst voraussetzt.

Obwohl (I) und (II) beide als Kriterien ontologischer Voraussetzungen inadäquat sind, haben sie doch (von Quines Standpunkt) den Vorteil, daß in ihnen keine Ausdrücke aus der Theorie des Sinns verwendet werden. Der einzige jeweils für die Kriterien benutzte semantische Begriff ist der Begriff der *Erfüllung*, welcher in der Theorie der Bezeichnung expliziert werden kann. Zu sagen, daß eine Menge von Gegenständen eine Gruppe von (interpretierten) Axiomen erfüllt, heißt einfach, daß die Axiome *für* diese Gegenstände *wahr* sind.

Aber dieser bezeichnungstheoretische oder extensionale Charakter von (I) und (II) ist vielleicht genau das, was ihre Inadäquatheit verursacht. Das wird stark durch die Tatsache nahegelegt, daß man, wenn man Ausdrücke aus der Theorie des Sinns verwendet, ontologische Kriterien konstruieren kann, die, einmal ganz abgesehen von ihren etwaigen allgemeinen Vorzügen, zumindest die offensichtlichen Mängel von (I) und (II) vermeiden. Man betrachte zum Beispiel die folgende Modifikation von (I):

(III) Eine elementare Theorie *T* setzt Gegenstände der Art *K* genau dann voraus, wenn keine Menge von Gegenständen *U* die Axiome von *T* erfüllen *könnte,* falls nicht einige Elemente von *U* Elemente von *K* wären.

Dieses Kriterium stellt ganz offensichtlich den Begriff der ontologischen Voraussetzung in die Theorie des Sinns. Denn es läuft darauf hinaus, daß man sagt, daß eine elementare Theorie Gegenstände der Art *K* genau dann voraussetzt, wenn die gegebene Interpretation der Prädikate der Theorie und der Charakter der Axiome zusammen es notwendig machen, daß Elemente von *K* in jeder Menge enthalten sind, welche die Axiome erfüllt. (III) ist sicher von den Mängeln (I) und (II) frei. Auch wenn die Axiome einer elementaren Theorie nicht erfüllt sein sollten, könnten wir doch in der Lage sein zu sagen: falls eine Menge von Gegenständen die Axiome erfüllte, dann müßte sie diese oder jene Bedingungen erfüllen. (III) würde uns also gestatten, unerfüllten Theorien ontologische Voraussetzungen zuzuschreiben und zu gleicher Zeit solche Zuordnungen in intuitiv vernünftigen Grenzen zu halten.

Nun ist (III) vermutlich den früher zitierten Quineschen Formulierungen eines ontologischen Kriteriums äquivalent. Zu sagen, daß Gegenstände einer gewissen Art zum Wertbereich der Variablen einer Theorie „gehören müssen“, wenn die behaupteten Aussagen der Theorie wahr werden sollen, scheint darauf hinauszulaufen, daß man sagt, daß Gegenstände jener Art Elemente jeder Menge von Gegenständen sind, welche die Axiome der Theorie erfüllt. Und vielleicht sind es Überlegungen wie die in Verbindung mit (I) und (II) erwähnten, welche Quine dazu geführt haben, sein Kriterium mit Hilfe von Ausdrücken wie „sein müssen", „gehören müssen" usw. zu formulieren. Aber wir sollten nicht zulassen, daß uns die Ähnlichkeit zwischen (I) und (III) über die Tatsache hinwegtäuscht, daß (III) in Gegensatz zu (I) intensional ist. Während (I) dem Quineschen Maßstab der Klarheit genügt, gilt dies nicht für (III). Um, ausgehend von (III), zu entdecken, worin die ontologischen Voraussetzungen einer elementaren Theorie bestehen, haben wir nicht zu untersuchen, welche Mengen von Gegenständen die Axiome erfüllen, sondern welche sie erfüllen *könnten.* In anderen Worten, wir benötigen Information über die Beschaffenheit jener vorstellbaren oder möglichen Welten, in denen die Axiome der Theorie erfüllt wären. Aber derartige Erwägungen der Vorstellbarkeit und Möglichkeit sind genau das, was Quine unverständlich findet.

4

Bis jetzt habe ich zu zeigen versucht, daß Quines herkömmliche Formulierungen seines ontologischen Kriteriums, wenn sie adäquat sind, in wesentlicher Weise Ausdrücke aus der Theorie des Sinns gebrauchen. Obwohl das nicht streng bewiesen wurde, so sind doch, glaube ich, gute Gründe hierfür angegeben worden. Zusätzliche Bestätigung liefert die Untersuchung einer weiteren Formulierung, die Quine angegeben hat — einer Formulierung, die nicht von Ausdrücken aus der Theorie des Sinns Gebrauch macht.

Diese Formulierung lautet folgendermaßen: „... zu sagen, daß eine Existenzquantifizierung Gegenstände einer gegebenen Art voraussetzt, heißt einfach, daß man sagt, daß der offene Satz, der auf den Quantor folgt, für einige Gegenstände jener Art wahr ist und nicht wahr für Gegenstände, die nicht zu jener Art gehören" (11, S. 131). Diese Fassung ist eher auf Aussagen als auf Theorien anwendbar; insbesondere nur auf Aussagen, welche Existenzquantifizierungen sind. Aber man kann sie leicht so modifizieren, daß sie auf elementare Theorien anwendbar wird. Die folgende Formulierung dürfte Quines Intentionen angemessen ausdrücken:

(IV) Eine elementare Theorie *T* setzt Gegenstände einer Art *K* genau dann voraus, wenn es in *T* einen offenen Satz φ mit der einzigen freien Variablen α gibt, derart, daß (i) $\ulcorner \bigvee \alpha\ \varphi \urcorner$ ein Theorem von *T* ist, (ii) φ für einige Gegenstände der Art *K* wahr ist und nicht wahr ist für Gegenstände, die nicht zu der Art *K* gehören.[5]

Offensichtlich gebraucht (IV) keine Ausdrücke aus der Theorie des Sinns. Der einzige vorkommende semantische Ausdruck ist „ist wahr für", angewendet auf offene Sätze, und das kann in der Theorie der Bezeichnung erklärt werden. Also genügt (IV) Quines Klarheitsforderungen. Aber es bleibt zu fragen, ob es adäquat ist.

Es ist nicht schwierig, zu sehen, daß (IV) ähnliche Mängel hat wie (II). Ein solcher Mangel ist, daß wir nach (IV) sagen müßten, daß eine elementare Theorie nur solche Gegenstände voraussetzen kann, die existieren. Denn nach dem Kriterium setzt eine Theorie Gegenstände einer gewissen Art nur dann voraus, wenn einige ihrer offenen Sätze tatsächlich für Gegenstände jener Art wahr sind; und wenn es keine Gegenstände jener Art gibt, dann kann natürlich kein offener Satz irgendeiner Theorie für sie wahr werden. Auf der Grundlage von (IV) müßten wir also schließen, daß keine Theorie Nixen, Einhörner, Phlogiston, den Äther oder sonst irgend etwas voraussetzt, was eben nicht existiert.

Diese Folge genügt, um die Inadäquatheit des Kriteriums zu zeigen. Aber es führt noch zu weiteren Seltsamkeiten. Gemäß (IV) müßten wir, genauso wie gemäß (II), die Existenz aller Gegenstände behaupten, von denen wir sagen wollten, daß eine andere Theorie sie voraussetzt. Außerdem hat (IV) wie (II) zur Folge, daß eine Theorie in dem Maße von ontologischen Voraussetzungen befreit wird, in dem ihre Theoreme als falsch festgestellt werden.

Man kann (IV) unschwer von diesen Mängeln befreien, etwa durch folgende Änderung:

(V) Eine elementare Theorie *T* setzt Gegenstände einer Art *K* genau dann voraus, wenn es in *T* einen offenen Satz φ mit α als einziger Variablen gibt, derart, daß (i) $\ulcorner \bigvee \alpha\ \varphi \urcorner$ ein

Theorem von *T* ist, (ii) für jedes *x* gilt, daß φ für *x* nur dann wahr ist, wenn *x* Element von *K* ist.

(V) unterscheidet sich von (IV) nur durch Weglassung des existenziellen Konjunktionsgliedes in (ii). Und diese Weglassung befreit es von den an (IV) festgestellten Fehlern. (V) ist jedoch analog (I) und weist ähnliche Mängel auf. Nehmen wir nämlich einmal an, daß der offene Satz φ tatsächlich für nichts wahr wird. Dann wird die Bedingung (ii) von (V) wahr, gleichgültig, was die Klasse *K* ist. Anders ausgedrückt: wenn *T* einen offenen Satz φ enthält, dessen Existenzquantifizierung ein Theorem ist und wenn dieses Theorem falsch ist, dann setzt *T* gemäß (V) Gegenstände beliebiger Art voraus.

5

Nach alledem scheint es äußerst unwahrscheinlich, daß man ein adäquates Kriterium ontologischer Voraussetzungen angeben kann, das in der Theorie der Bezeichnung formuliert ist. Angesichts dieser Situation haben wir zwei Möglichkeiten. Wir können uns entweder an Quines anspruchsvollen Klarheitsmaßstab halten und den Begriff der ontologischen Voraussetzung als zu dunkel abschreiben. Oder wir können unsere Klarheitsforderungen zurückschrauben und versuchen, ein ontologisches Kriterium zu formulieren, in dem nur die Ausdrücke aus der Theorie des Sinns gebraucht werden, die unseren neuen Klarheitsforderungen genügen. Ich will kurz die zweite Möglichkeit verfolgen.

Die seltsamen Eigenschaften von (V) ergaben sich folgendermaßen. Einige elementare Theorien enthalten Theoreme, die Existenzquantifizierungen sind, deren zugehörige offene Sätze für nichts wahr werden. In jedem solchen Fall gilt: wenn man in (ii) von (V) „φ“ durch den betreffenden offenen Satz ersetzt und „*K*“ durch einen beliebigen Klassen-Namen ersetzt, dann ergibt sich ein wahrer Satz. Nach (V) setzen daher alle derartigen Theorien Gegenstände beliebiger Art voraus. Die vielleicht leichteste Modifizierung von (V), die dieses Resultat verhindert, ist folgende:

(VI) Eine elementare Theorie *T* setzt Gegenstände der Art *K* genau dann voraus, wenn es in *T* einen offenen Satz φ mit α als einziger freien Variablen gibt, so daß (i) $\ulcorner \bigvee \alpha\ \varphi \urcorner$ ein Theorem von *T* ist, (ii) aus den semantischen Regeln von *T* folgt, daß für jedes *x* gilt, daß φ nur dann für *x* wahr ist, wenn *x* ein Element von *K* ist.

Hier kommt die Bedingung (ii) von (V) so vor, daß sie abhängt von „es folgt aus den semantischen Regeln von *T*, daß". Und das genügt, um Schwierigkeiten auszuschalten, die sich in Verbindung mit (V) ergaben. Denn, wenn man (VI) verwendet, kann man nicht eine Theorie allein deshalb der Voraussetzung von Gegenständen der Art *K* überführen, weil der offene Satz einer ihrer behaupteten Existenzquantifikationen für nichts wahr wird. Wir müßten vielmehr aus den semantischen Regeln der Theorie ableiten können, daß der offene Satz nur für Elemente von *K* wahr wird.

Man muß aber noch den Begriff des *Folgens aus den semantischen Regeln* etwas klären. Insbesondere braucht man Information über die Natur der in (VI) erwähnten semantischen Regeln. Ich möchte vorschlagen, daß man sich diese Regeln einfach als das vorstellen soll, was Church den *extensionalen Teil* (1, S. 105—106) der Semantik einer elementaren Theorie nennt. Eine Möglichkeit, den extensionalen Teil der Semantik einer elementaren Theorie anzugeben, besteht darin, Regeln der folgenden Art festzulegen: (i) für jeden Atomsatz eine Regel, die angibt, unter welchen Bedingungen eine Folge von Gegenständen den Atomsatz erfüllt; (ii) eine Regel, die den Variablen einen Wertbereich zuordnet; (iii) Wahrheitsregeln für Sätze mit Junktoren und Quantoren. Wenn dieser Vorschlag korrekt ist, dann hat man folgende Situation im Hinblick auf ein Kriterium ontologischer Voraussetzungen für elementare Theorien. Jede adäquate Formulierung eines solchen Kriteriums wird intensional in dem Sinne sein, daß sie einen Ausdruck aus der Theorie des Sinns in wesentlicher Weise gebraucht. Trotzdem setzt die Anwendung des Kriteriums auf eine gegebene elementare Theorie nur eine extensionale Interpretation für die Theorie selbst voraus. Sobald wir nur soviel Information über die Semantik einer elementaren Theorie besitzen, können wir an eine Untersuchung ihrer ontologischen Voraussetzungen gehen. Wir benötigen keine weitere Information über den Sinn der Symbole.

Es können sich Fälle ergeben, in denen wir, obwohl wir die

Syntax und den extensionalen Teil der Semantik einer elementaren Theorie kennen, trotzdem auf Grund von (VI) nicht entscheiden können, ob die Theorie Entitäten einer gewissen Art voraussetzt. Nehmen wir zum Beispiel an, man fragt sich, ob eine bestimmte elementare Mengenlehre abstrakte Entitäten voraussetzt. Es wäre zweifellos leicht, in der Theorie eine Existenzquantifizierung zu finden, deren offener Satz gemäß den extensionalen Regeln der Theorie nur für Entitäten wahr wird, die Mengen sind. Aber die semantischen Regeln geben uns keine Information darüber, ob aus der Tatsache, daß eine Entität eine Menge ist, folgt, daß sie eine abstrakte Entität ist. Sollen wir daraus schließen, daß (VI) als ontologisches Kriterium inadäquat ist? Ich glaube nicht. Denn die beschriebene Situation weist nicht auf einen Mangel an Klarheit in (VI) selbst hin; die Dunkelheit liegt vielmehr in den Ausdrücken „Menge" und „abstrakte Entität". Sobald man diese geklärt hat, sollte es nicht schwierig sein, zu entscheiden, ob Mengen notwendigerweise abstrakte Entitäten sind.

Im allgemeinen wird die erfolgreiche Verwendung von (VI) von der Klarheit der Ausdrücke abhängen, die man bei der Festlegung des extensionalen Teils der Semantik einer elementaren Theorie verwendet. Aber das ist nicht mehr, als wir erwarten sollten. Zuschreibungen ontologischer Voraussetzungen sind metasprachlich. Ihre Klarheit hängt daher nicht nur von der Beschaffenheit unseres ontologischen Kriteriums ab, sondern in gleicher Weise auch von dem Maße, in dem die Metasprache, die man gebraucht, präzisiert wurde.

Literatur

1. Church, A., "The Need for Abstract Entities in Semantic Analysis", *Proc. of American Academy of Arts and Sciences*, Bd. 80 (1951), S. 100—108. [In diesem Sammelband S. 209.]
2. Quine, W. V., "New Foundations for Mathematical Logic", *American Mathematical Monthly*, Bd. 44 (1937), S. 70—80.
3. —, "Designation and Existence", *Journal of Philosophy*, Bd. 36 (1939), S. 701—709.
4. —, "Notes on Existence and Necessity", *ibid.*, Bd. 40 (1943), S. 113 bis 127.
5. —, "On Universals", *Journal of Symbolic Logic*, Bd. 12 (1947), S. 74—84 [hier S. 84].
6. —, "On What There Is", *Review of Metaphysics*, Bd. 2 (1948), S. 21—38 [hier S. 102].
7. —, "Semantics and Abstract Objects", *Proc. of American Academy of Arts and Sciences*, Bd. 80 (1951), S. 90—96 [hier S. 124].
8. —, *Mathematical Logic*, Revised Edition. Cambridge: Harvard University Press, 1951.
9. —, "Ontology and Ideology", *Philosophical Studies*, Bd. 2 (1951), S. 11—15.
10. —, "On Carnaps Views on Ontology", *ibid.*, S. 65—72.
11. —, *From a Logical Point of View*. Cambridge: Harvard University Press, 1953.

Anmerkungen

[1] Viel vom Material dieser Essays ist in (11) enthalten.

[2] Mein Gebrauch von „Ontologie" soll, das ist die Intention, mit dem von Quine übereinstimmen. Aber ich möchte weder behaupten noch leugnen, daß es gute historische Gründe für diesen Wortgebrauch gebe.

[3] Für Quines Erklärung dieser Unterscheidung vergleiche (7, S. 91 [hier S. 125]) und (11, S. 130).

[4] Quine gibt das zu; siehe z. B. (11, S. 105 [hier S. 136]).

[5] Hier werden „φ" und „α" als metasprachliche Variablen verwendet, die jeweils über Sätze und Variable elementarer Theorien laufen. Hochgestellte Winkel werden als Quasianführungszeichen in der Art von Quine verwendet. Vgl. (8, S. 33—37).

Der folgende Beitrag wurde aus dem Englischen übersetzt von Eike von Savigny.

WAS SEIN SOLL

Von Israel Scheffler und Noam Chomsky

I. Problem

A

Quine[1] hat vor kurzem sein ontologisches Kriterium[2] folgendermaßen formuliert:

(1) Die Existenz einer Entität wird von einer Theorie genau angenommen, wenn sie zu den Werten der Variablen gehören muß, wenn die Aussagen, welche die Theorie macht, wahr sein sollen.[3]

Der Witz dieses Kriteriums liegt darin, daß es nicht sagt, was existiert, sondern sagt, was nach einer beliebigen Theorie[4] existieren soll, unabhängig davon, ob wir ihre ontologischen Annahmen teilen oder nicht. Vermutlich ist der Anwendungsbereich des Kriteriums also ganz allgemein, da es für jede Theorie *T* und für jede Entität *x*, deren Existenz *T* annimmt, gilt.

Wir wollen jetzt die ontologischen Annahmen von (1) untersuchen. Indem wir das Kriterium auf es selbst anwenden, stellen wir die Frage, was für Entitäten wir zu den Werten der Variablen '*T*' und '*x*' zählen müssen, damit (1), in bezug auf beide Variablen allquantifiziert, wahr ist.

Wenn man es genau nimmt, wäre (1), isoliert betrachtet, wahr, wenn das Universum leer wäre oder auch einfach keine Theorien enthielte. In beiden Fällen wäre es aber albern, nach einem Kriterium für die ontologischen Annahmen von Theorien zu fragen, und witzlos, ein Kriterium anzugeben. Ganz entsprechend muß eine Theorie irgendeine Entität annehmen, damit das Kriterium für sie von Bedeutung ist. Wenn (1) also von allein auch die Existenz von Theorien und von Entitäten, deren Existenz diese Theorien annehmen, nicht voraussetzt, sind seine Absichten nur dann sinnvoll, wenn man diese Voraussetzungen von vornherein annimmt.

Wenn nun (1) tatsächlich allgemein für alle Theorien, die konkret vorhanden sind, und für die von ihnen angenommen Entitäten zutreffen soll, dann insbesondere für die Theorie:

(2) $\bigvee x$ (x ist Phlogiston).

Das heißt, wir sollten doch wohl in der Lage sein, mit Hilfe von (1) festzustellen, daß (2) die Existenz von etwas annimmt, das Phlogiston ist, da irgendeine solche Entität unter den Werten der Variablen von (2) vorkommen muß, damit (2) wahr ist. Nun leiten wir bei dieser Interpretation von (1) ab:

(3) $\bigvee x$ (x wird von (2) angenommen $\wedge x$ ist Phlogiston),

eine Behauptung, die natürlich die Existenz von Phlogiston genausogut annimmt wie (2) selbst. Wir sind anscheinend in der mißlichen Lage, die ontologischen Annahmen jeder Theorie, gleich wie lächerlich sie sein mögen, machen zu müssen, einfach deshalb, weil wir (1) als allgemeines Kriterium akzeptieren. Quine hat sich gegen die Vorstellung gewandt, daß man „von Pegasus nicht sagen könne, er existiere nicht, ohne vorauszusetzen, daß Pegasus in gewisser Weise existiert“ [5]. Statt dessen haben wir jetzt das Problem, daß man von Pegasus nicht sagen kann, irgendeine Theorie nehme seine Existenz an, ohne vorauszusetzen, daß Pegasus existiert.

Quine hat auch gesagt[6] (im Zusammenhang mit Debatten darüber, *was tatsächlich existiere*), daß der Rückzug auf die semantische Ebene es erlaube, solche Meinungsverschiedenheiten widerspruchsfrei zu formulieren, in denen es um mehr als um Worte gehe. Ich kann nicht sehr gut sagen: „Etwas ist Pegasus und wird von dir, aber nicht von mir angenommen“, während ich zu der Aussage

(4) $\neg\bigvee x$ (x ist Pegasus)

sagen kann, daß du sie bestreitest, ihre Negation also behauptest, wogegen ich die letztere bestreite und (4) selbst behaupte. Wenn dieses Vorgehen aber einen Vorteil darstellen soll, dann muß man unabhängig feststellen, daß (4) die Existenz von Pegasus nicht annimmt, die Negation von (4) aber wohl. Solch eine unabhängige Feststellung machen heißt weder (4) noch die Negation von (4) behaupten oder bestreiten; es heißt, sich aus dem ontologischen Hader heraushalten. Das ist die Aufgabe von Quines Kriterium.

„Auf gebundene Variable achten wir im Zusammenhang mit der Ontologie nicht, um zu sehen, was existiert, sondern um zu erfahren, was auf Grund einer vorgegebenen Bemerkung oder Theorie, sie stamme von uns oder von jemand anderem, existieren *soll*; und soweit haben wir es ganz klar mit einem sprachlichen Problem zu tun. Was existiert, ist demgegenüber eine zweite Frage." [7] Aber die Anwendung des Kriteriums scheint so neutral nicht zu sein, da sie zu der Behauptung führt, daß (4) zwar die Existenz von gar nichts voraussetzt, daß es aber eine Entität gibt, die erstens Pegasus ist und deren Existenz zweitens von der Negation von (4) angenommen wird. Wenn semantische Umformulierung für Debatten darüber, was existiert, nötig ist, dann braucht man auch neue semantische (oder andere) Formulierungen für das Kriterium selbst, wenigstens in der Form, in der es in (1) vorliegt.

B

Es gibt andere Gründe, warum man (1) nicht als Kriterium für den Relationsausdruck „wird angenommen von" akzeptieren kann, wenn die Relation zwischen Entitäten und den Theorien, die die Existenz der Entitäten annehmen, bestehen soll. Das bisher Gesagte deutet vielmehr darauf hin, daß man „wird angenommen von" gar nicht als solchen Relationsausdruck auffassen sollte, da jeder solche Ausdruck, wenn er in geeigneten Aussagen vorkommt, die Ableitung bestimmter Existenzbehauptungen rechtfertigt, die uns im Fall von „wird angenommen von" nicht recht sind. Wenn London westlich von Paris liegt, dann existiert etwas, was westlich von Paris liegt; wenn dagegen Phlogiston von irgendeiner Theorie angenommen wird, dann soll daraus nicht folgen, daß etwas existiert, was von der Theorie angenommen wird.

Die Phlogiston-Theorie akzeptieren wir natürlich nicht. Betrachten wir aber die ganz vernünftige Theorie:

(5) $\bigvee x$ (x ist ein Tisch)

(5) besagt, daß es einen Tisch gibt, und anders als bei der Phlogiston-Theorie steht die Wahrheit dieser Theorie nicht ernsthaft in Frage. Nichtsdestoweniger gibt es keinen bestimmten Tisch, des-

sen Existenz sie behauptet. Die Existenz was für einer Entität nimmt (5) dann an? Die Behauptung, daß es eine Entität gebe, die erstens ein Tisch sei und deren Existenz zweitens von (5) angenommen werde, ginge entschieden zu weit. Genausowenig korrekt wäre die Behauptung, (5) nehme die Existenz der Klasse der Tische oder des Attributs der Tischheit an. Obgleich wir durchaus bereit sind zuzugeben, daß es Tische gibt, können wir die ontologische Annahme von (5) nicht so ohne weiteres als Relation zwischen (5) und einer von (5) angenommenen Entität interpretieren.

Quines Kriterium muß vielmehr so aufgefaßt werden, daß es eine bestimmte Beziehung zwischen Theorien und Klassen von Entitäten kennzeichnet. Eine Theorie behauptet genau dann, daß eine Klasse *K* nicht leer ist, wenn unter den Werten ihrer Variablen ein Element von *K* sein muß, damit sie wahr ist. Unter diesen Umständen kann man sagen, daß die Theorie (die Klasse der) *K*'s annimmt. In dieser Weise nimmt (5) (die Klasse der) Tische an, da zum Wertbereich ihrer einzigen Variablen mindestens ein Tisch gehören muß, wenn sie wahr ist. Man muß allerdings eigens anmerken, daß (5) damit nicht behauptet, daß die Klasse der Tische existiere. Es ist unsere Sache, ihre Ontologie unter Bezugnahme auf diese Klasse zu beschreiben. Eine Klasse annehmen heißt also nicht annehmen, daß sie existiert, sondern annehmen, daß sie nicht leer ist.

Eine solche Interpretation erarbeitet Quine in der folgenden Formulierung seines Kriteriums:

(6) Die Behauptung, daß eine vorgegebene Existenzquantifikation Gegenstände einer bestimmten Art voraussetze, besagt einfach, daß der offene Satz, der dem Quantor folgt, für einige Gegenstände dieser Art, aber für keinen, der nicht von dieser Art ist, zutrifft.[8]

(5) setzt zum Beispiel Tische voraus, da der offene Satz „*x* ist ein Tisch" für einige Elemente der Klasse der Tische, aber für nichts, was kein Element dieser Klasse ist, zutrifft. In diesem Sinne kann man sagen, daß zum Wertbereich der Variablen in (5) ein Tisch gehören muß, wenn (5) wahr sein soll.

Man beachte aber, wie unsere frühere Schwierigkeit uns zur Qual wieder entsteht. Um festzustellen, daß (5) behauptet, die Klasse der

Tische sei nicht leer, haben wir feststellen müssen, daß es ein Element dieser Klasse gibt, auf welches der offene Satz zutrifft. Wir haben, kurz gesagt, (5) darin zustimmen müssen, daß die Klasse der Tische tatsächlich nicht leer sei.

Im Falle von (5) können wir diese Folgerung natürlich ruhig hinnehmen. Aber kehren wir zu (2) zurück! Wenn wir sagen wollen, (2) setze voraus, daß die Klasse der Dinge, die Phlogiston sind, nicht leer sei, dann müssen wir doch wohl sagen, daß es ein Element dieser Klasse gibt, auf welches der offene Satz zutrifft; wir müßten wirklich behaupten, daß die Klasse nicht leer ist.

Schrecken wir dagegen vor dieser Behauptung zurück, dann haben wir der Tatsache ins Auge zu sehen, daß die Kriteriumsbedingung von (6) versagt; wir können dann nicht mehr sagen, daß (2) die Existenz von Phlogiston annimmt. Nun gibt es keine Klasse, die so beschaffen wäre, daß der offene Satz von (2) auf eines ihrer Elemente zuträfe. Also müssen wir den Schluß ziehen, daß (2) keine Klasse voraussetzt, keine Gegenstände irgendeiner Art annimmt. Vergleichen wir (2) mit

(7) $\vee x$ (x ist ein Kentaur),

dann müssen wir auf Grund einer parallelen Argumentation schließen, daß auch (7) keine Gegenstände irgendeiner Art annimmt. Die Theorien (2) und (7), stellt sich heraus, machen ein und dieselbe, nämlich keine, ontologische Annahme. Im Ergebnis stehen wir also vor der Wahl, entweder den Versuch einer Unterscheidung zwischen (2) und (7) aufzugeben oder zwischen beiden zu unterscheiden und dafür unsere Zustimmung dazu in Kauf zu nehmen, daß es Phlogiston oder Kentauren gibt.

Die gerade erörterten Schwierigkeiten kommen daher, daß wir (6) wörtlich interpretiert haben, daß (6) nämlich fordere, daß die Art oder Klasse, deren Existenz die Theorie voraussetzen soll, nicht leer sei. Was passiert, wenn wir diese Forderung fallenlassen und nur diejenige aufrechterhalten, die besagt, daß der offene Satz für nichts zutreffen darf, was nicht von dieser Art ist? Diese Interpretation kann sich in gewisser Weise darauf stützen, wie Quine sein Kriterium benutzt. Er sagt zum Beispiel:

(8) Daß die klassische Mathematik von Universalien handelt, daß sie behauptet, es gebe Universalien, heißt einfach, daß

die klassische Mathematik Universalien als Werte ihrer gebundenen Variablen braucht. Wenn wir zum Beispiel sagen:

$\bigvee x$ (x ist eine Primzahl $\wedge x$ ist größer als 1 000 000), dann sagen wir, daß etwas *existiert*, das eine Primzahl und größer als eine Million ist; und so eine Entität ist eine Zahl, also ein Universale.[9]

Diese Stelle scheint nicht zu fordern, daß es wirklich ein Universale geben müsse, welches eine Primzahl und größer als eine Million ist. Sie fordert nur, daß, wenn etwas eine Primzahl und größer als eine Million ist, es eine Primzahl sein muß. Wenn wir in unserer Behandlung dieser Stelle folgen, dann können wir jetzt sagen, daß die fragliche Theorie die Klasse der Universalien voraussetzt oder annimmt, daß die Klasse nicht leer sei, ohne selbst sagen zu müssen, sie sei nicht leer. Wir müssen zwar über die Klasse sprechen; aber wir können sie für leer halten. (Nominalisten werden das Kriterium natürlich nicht anwenden können, da sie bestreiten, daß es Klassen gibt; aber im Vergleich mit den übrigen Einschränkungen, die sie wegen dieser Haltung auf sich nehmen, ist das weniger wichtig.)

Wir haben oben das Problem gestellt, daß man nicht sagen könne, (2) nehme die Existenz von Phlogiston an, ohne selbst zuzugeben, daß etwas Phlogiston ist. Jetzt *können* wir ohne solche Verlegenheit sagen, daß (2) die Existenz von Phlogiston annimmt. Wir sagen nur, daß, *wenn* der offene Satz von (2) auf irgend etwas zutreffe, *dann* alles Phlogiston sei, worauf er zutreffe. Es zeigt sich aber, daß wir für unseren Vorteil große Nachteile einhandeln. Denn da der offene Satz von (2) auf nichts zutrifft, ist alles, worauf er zutrifft, auch ein Pferd. Also setzt (2) die Existenz von Pferden voraus, und andere Klassen genauso. Ganz entsprechend setzt (7) nicht bloß die Existenz von Kentauren voraus, sondern auch von Einhörnern, da (7) sagt, daß es Kentauren gibt, und da jede derartige Entität ein Einhorn ist. (7) Kurzum, auch (7) setzt alle Klassen voraus, und seine ontologischen Annahmen sind daher von denen von (2) nicht zu unterscheiden. Wollten wir also die Existenz von Zahlen abstreiten, während wir Klassen gleichzeitig noch zuließen, könnten wir sagen, daß die klassische Mathematik von

Kaninchen handelt, da sie ja sagt, daß es Zahlen gibt und jede Zahl — es gibt ja keine — ein Kaninchen ist.

In Fällen, wo der jeweilige offene Satz tatsächlich auf etwas zutrifft, entspricht dieser Schwierigkeit ganz genau eine zweite. Angenommen, unsere Theorie sagt:

(9) $\bigvee x$ (x ist Cicero)

und außerdem:

(10) $\neg \bigvee x$ (x ist Tullius).

Alles, worauf der offene Satz von (9) zutrifft, ist in Wirklichkeit genausogut Cicero wie Tullius. Aber angesichts von (10) können wir nicht sagen, daß die Theorie insgesamt voraussetzt, daß die Einerklasse von Tullius nicht leer sei. Wir können nicht gut sagen, die Theorie mache widersprüchliche ontologische Annahmen, wenn sie auch tatsächlich falsch sein mögen. Da nun die Einerklasse von Tullius mit der Einerklasse von Cicero identisch ist, können wir auch nicht sagen, daß die Theorie die letztere voraussetze. Nehmen wir sogar an, daß zwei Prädikate von uns für synonym gehalten werden, etwa „Bruder" und „männliches Geschwister". Wenn die Theorie sowohl

(11) $\bigvee x$ (x ist ein Bruder)

als auch

(12) $\neg \bigvee x$ (x ist ein männliches Geschwister)

behauptet, dann können wir nicht sagen, daß die Theorie die Klasse der männlichen Geschwister voraussetze, obgleich tatsächlich alle Brüder männliche Geschwister sind. Da die Klassen aber identisch sind, können wir auch nicht sagen, daß die Theorie die Klasse der Brüder voraussetzt. Oder, um es auf die frühere Weise auszudrücken, welche Klasse darf tatsächlich nicht leer sein, wenn die Theorie (9)—(10) wahr sein soll? Die Einerklasse von Cicero? Aber dann wäre (10) falsch. Welche Klasse darf tatsächlich nicht leer sein, wenn die Theorie (11)—(12) wahr sein soll? Die Klasse der Brüder? Aber dann wäre (12) falsch. Da es für die Wahrheit der Theorien sicher nicht darauf ankommt, ob irgendeine andere Klasse leer ist oder nicht, können wir nicht gut sagen, daß (9)—(10) oder (11)—(12) eine Klasse von Gegenständen voraussetzen, wenn wir nicht sagen wollen, daß sie widersprüchliche ontologische Voraussetzungen machen, da sie für ein und dieselbe Klasse voraussetzen, daß sie leer, wie auch, daß sie nicht leer sei. Wenn wir von letzterer Interpretation absehen (da sie gezwungen oder unfair ist), müßten wir also sagen, daß beide Theorien die gleichen ontologischen Annahmen machen.

II. Diagnose

Die Schwierigkeiten scheinen ihre Quelle darin zu haben, daß der relationale Ausdruck „*x* wird von *T* angenommen" in bezug auf „*x*" nicht extensional, also referentiell undurchsichtig[10] ist, und zwar gleichgültig, ob man „*x*" als Individuenvariable oder als Klassenvariable auffaßt. Referentielle Undurchsichtigkeit wirkt sich, wie Quine gezeigt hat, einschränkend auf die Austauschbarkeit von Bestandteilen und auch auf die erlaubten Quantifikationen aus. Wenn wir in unserem Fall von Individuenvariablen zu Klassenvariablen übergehen, dann können wir einige von den Einschränkungen, die die Undurchsichtigkeit mit sich bringt, vermeiden; wir können nämlich auf die Existenz der von der Theorie angenommenen Klasse auch dann schließen, wenn wir glauben, daß sie keine Elemente hat oder daß die Theorie über kein bestimmtes Element spricht. Darüber hinaus können wir es vermeiden, sagen zu müssen, daß jede derartige Klasse Elemente hat, indem wir unser Kriterium sorgfältig formulieren. Aber die grundlegende Schwierigkeit bleibt: Wir können die Unterscheidungen nicht treffen, die zwischen den ontologischen Annahmen der Theorien — wie das gewöhnlich verstanden wird — getroffen werden müssen. Wir können zum Beispiel eine Theorie, die behauptet, Kentauren existierten, nicht von einer unterscheiden, die behauptet, Einhörner existierten; nicht eine Theorie, die behauptet, es gebe Brüder, von einer, die behauptet, es gebe männliche Geschwister. Wir können des weiteren nicht zwischen einer Theorie, die sagt, es gebe Cicero, aber Tullius nicht, und einer, die sagt, es gebe Brüder, aber männliche Geschwister nicht, unterscheiden, und beide können wir nicht von einer Theorie unterscheiden, die bloß sagt, es gebe keine Greifen. Unser Problem entspricht dem Problem der Interpretation von Glaubensaussagen und generell von Aussagen, die indirekte Rede enthalten, darin, daß die nötigen Unterscheidungen feiner sind als jene, die man mit einer extensionalen Logik in Verbindung mit einer extensionalen, nichtsemantischen Ontologie machen kann. Wenn man nachdenkt, ist die Entsprechung auch nicht überraschend. Denn ist die Kennzeichnung dessen, was eine *Theorie* sagt, so weit entfernt von einer Kennzeichnung dessen, was ein *Mensch* sagt?

III. Ausblick

A

Wenn unsere vorstehenden Überlegungen korrekt sind, dann kann man gegenüber dem Problem eines Kriteriums für ontologische Annahmen drei vernünftige Haltungen einnehmen. Die Haltungen sind nicht unverträglich, allerdings für verschiedene Leute in verschiedenem Maße anziehend. Die erste besteht darin, daß man sich an Quines Kriterium hält und seinen Gebrauch auf Fälle einschränkt, in denen es nicht um die widerborstigen Unterscheidungen geht. Darüber braucht hier weiter nichts gesagt zu werden.

B

Die zweite besteht in dem Versuch, ein Ersatzkriterium zu formulieren, das alle Unterscheidungen treffen kann, die gebraucht werden. Ein Versuch könnte so aussehen: Man ersetzt das bisher betrachtete Kriterium durch ein Skelett oder Schema, nach dem sich eine unbestimmte Anzahl spezieller ontologischer Kriterien konstruieren läßt. So ein Skelett könnte ungefähr so aussehen:

(13) *T* macht eine ______-Annahme genau dann, wenn aus *T* eine Aussage von der Form „$\vee x$ [*x* ist (ein) ______]“ ableitbar ist.

Mit Hilfe dieses Skeletts könnten wir spezifische Kriterien von unbestimmter Vielfalt gewinnen, etwa:

(14) *T* macht eine Phlogiston-Annahme genau dann, wenn aus *T* eine Aussage von der Form „$\vee x$ (*x* ist Phlogiston)“ ableitbar ist;

(15) T macht eine Tisch-Annahme genau dann, wenn aus T eine Aussage von der Form „$\bigvee x$ (x ist ein Tisch)“ ableitbar ist;

und so weiter.

Der Ausdruck, in dem der Strich vorkommt, hat den Vorteil, daß man über seine Bestandteile nicht quantifizieren darf und daher sowohl gegen unwillkommene Ableitungen von Existenzbehauptungen als auch gegen unwillkommene Ersetzungen von Bestandteilen durch koextensionale gesichert ist. Eine Einhorn-Annahme ist keine Kentauren-Annahme und deshalb von ihr unterscheidbar, obgleich die Klassen der Kentauren und der Einhörner identisch sind. Offensichtlich sind auch die Aussagen „etwas ist ein Kentaur“ und „etwas ist ein Einhorn“ trotz dieser Klassenidentität verschieden. Natürlich kann man weiter über „T“ quantifizieren; aber für die Schwierigkeiten, welche wir erörtert haben, ist das harmlos.

Ein solcher Versuch ist allerdings gewissen Einschränkungen unterworfen. Man könnte zum Beispiel durchaus fordern, daß die Sprache L, in der (15) formuliert ist, das Prädikat „ist ein Tisch“ mit der Sprache, in der T formuliert ist, gemeinsam haben soll, jedenfalls für alle T's, auf die (15) angewandt wird. Denn um für den Augenblick bei (15) zu bleiben: nehmen wir an, daß L den Prädikatausdruck „ist ein Tisch“ gar nicht enthält. Ein Sprecher von L, der nicht auch ein Sprecher von T ist, hätte in einem solchen Fall nichts davon, wenn er erführe, daß T eine Tischannahme macht. Insbesondere würde ihm das nichts dabei helfen, T auf Grund der Entscheidung, ob die Annahme vernünftig sei, zu beurteilen. Nehmen wir zweitens an, daß L wie auch T den Prädikat-Ausdruck „ist ein Tisch“ enthalten, daß die beiden Ausdrücke aber verschiedene Extensionen haben: in T trifft das Prädikat nur auf Einhörner, also auf gar nichts zu. In diesem Fall würde die Information, daß T eine Tisch-Annahme mache, den Sprecher von L bei seiner Beurteilung der Haltbarkeit von T irreführen; er würde annehmen, daß es sich um eine wohlbegründete Annahme handele, was sie doch nicht ist.

Man könnte meinen, daß diese Einschränkung auf gemeinsame Prädikate zu streng sei und daß es vielleicht genügen würde, zu fordern, daß die Sätze aus T und L ineinander übersetzbar seien. Im Einklang mit diesem Gedanken würden wir (13) mildern und nur noch fordern, daß aus *T* ein Satz ableitbar sein müsse, der in den Satz „$\bigvee x$ [*x* ist (ein)________]" übersetzbar ist, wobei dieser letztere Satz zu *L* gehört. Im vorigen Beispiel käme dann heraus, daß wir nicht mehr zu sagen brauchten, *T* mache eine Tisch-Annahme, bzw. *T* nicht aus dem Anwendungsbereich des Kriteriums (15) überhaupt auszuschließen brauchten, sondern in der Lage wären zu sagen, *T* mache eine Einhorn-Annahme. Das wäre durch das neue, gemilderte Kriterium gerechtfertigt, weil aus *T* die zu *T* gehörende Aussage „$\bigvee x$ (*x* ist ein Tisch)" ableitbar ist, die in den zu *L* gehörenden Satz „$\bigvee x$ (*x* ist ein Einhorn)" übersetzbar ist.

Mit einer solchen Milderung des Kriteriums entstünden aber vertraute Schwierigkeiten. Nehmen wir an, daß *T* auch ein mit dem in *L* enthaltenen Prädikat „ist ein Einhorn" identisches Prädikat „ist ein Einhorn" enthielte. Nehmen wir an, daß in *T* neben der ursprünglichen Aussage auch die Aussage „$\neg \bigvee x$ (*x* ist ein Einhorn)" ableitbar ist, eine Aussage, die genauso auch zu *L* gehört. Wenn wir angesichts des ausdrücklich behaupteten Gegenteils sagen, daß *T* eine Einhorn-Annahme mache, dann würden wir *T* wiederum widersprüchliche ontologische Annahmen vorwerfen, deren Widersprüchlichkeit von *T*'s Standpunkt aus eingebildet ist. Die beiden Aussagen sind in *T* formal verträglich: die extensionale Gleichwertigkeit beider Prädikate, auf die wir uns beim Übersetzen berufen, nehmen *wir* an, nicht *T*; *T* bestreitet sie. *T* unterscheidet sich gründlich von einer Theorie, die ausdrücklich sowohl „$\bigvee x$ (*x* ist ein Einhorn)" als auch „$\neg \bigvee x$ (*x* ist ein Einhorn)" sagt. Diesen Unterschied spürt das gemilderte Kriterium nicht. Ein engerer Begriff der Übersetzbarkeit würde auch nicht alles Übergehen solcher Unterschiede vermeiden können.

Die strengere Form des Kriteriums vermeidet im allgemeinen entsprechende Blindheiten; sie fordert tatsächlich, daß *L* die Sprachen aller *T*'s enthält, auf die das Kriterium angewandt wird. Das bedeutet nicht bloß gleiches Vokabular, sondern auch Gleichheit von Logik und Syntax. Aber nehmen wir an, wir haben alle diese und die weiteren nötigen Bestimmungen getroffen: wo stehen wir? Das Ergebnis ist nicht sehr aufregend: Die ontologischen Annahmen einer Theorie liegen in ihren Existenzaussagen vor, ganz ursprünglich und unübersetzt — vorausgesetzt, die Theorie hat unsere Logik und unsere Syntax. Wenn man diese Annahmen haben möchte, ist ihre Aufzählung nur dann erhellend, wenn man das Vokabular der ursprünglichen Existenzaussagen versteht. Das läuft darauf hinaus, eine Liste von gemeinsamen Prädikaten zusammenzuschreiben und an Hand der Existenzaussagen jeder Theorie die Prädikate anzukreuzen, die sie für nicht-leer erklärt.

C

Angesichts eines solchen Ergebnisses erhebt sich die Frage, ob ein angemessenes ontologisches Kriterium überhaupt irgendeinem philosophischen Zweck dienen kann, den man nicht genauso rentabel durch Hinweis auf die Theorien selbst erreicht. Die dritte Haltung neigt dazu, diese Frage mit Nein zu beantworten und in all den Zusammenhängen, in denen man bisher mit so einem Kriterium gearbeitet hat, auf seine Verwendung zu verzichten. Zwei Beispiele müssen genügen.

Eine Situation, in der es von Bedeutung ist, Quines Kriterium zu gebrauchen, ist die philosophische Debatte. *A* sagt: „Es gibt einen blauen Himmel.“ *B* sagt: „Aha, also mußt du jetzt zugeben, daß es sowohl die Bläue wie die Himmelheit gibt.“ *A* sagt: „Ontologische Annahmen ergeben sich allein unter Berücksichtigung des Wertbereichs der Variablen, nicht durch einen Blick auf die Prädikate. Zum Wertbereich gehört für mich der Himmel, aber weder Bläue noch Himmelheit.“ Statt dessen könnte *A* mit demselben Erfolg auch antworten: „Die Ableitung, die ich deiner Ansicht nach machen muß, gilt nach meinen Regeln einfach nicht. Mir steht kein Übergang von '$\vee x$ (Px)' zu '$\vee y$ (y = P)' offen.[11] Dir sind vielleicht Regeln, die solch einen Schritt rechtfertigen, lieber; aber ich begehe keinen Irrtum, wenn ich sie ablehne.“

Eine andere Situation, in der man Quines Kriterium benutzt hat, ist die vergleichende Beurteilung von konkurrierenden Theorien. *A* sagt: „T_1 nimmt Universalien an, T_2 nicht. Ich möchte mich auf die Annahme von Universalien lieber nicht einlassen; deshalb lehne ich T_1 ab und nehme T_2 an.“ Worauf es *A* ankommt, kann man aber auch direkt unter Bezugnahme auf die Aussagen in T_1

und T_2 sagen. Irgendeine Aussage S aus T_1 behauptet entweder explizit die Existenz von Universalien oder die Existenz von etwas anderem, das A nicht zugeben kann, ohne dadurch im System seiner eigenen Meinungen zur Annahme von Universalien gezwungen zu werden. Diese *Aussage S* kann er nicht akzeptieren. Er kann bei der vergleichenden Beurteilung von T_1 und T_2 durchaus jede ihrer Aussagen heranziehen und versuchen, in jedem Einzelfall abzuschätzen, mit welcher Wahrscheinlichkeit die Aussage wahr sein dürfte. Der Begriff der ontologischen Annahme geht im Begriff der Wahrscheinlichkeit von Existenzbehauptungen auf und dieser Begriff wiederum in dem der Wahrscheinlichkeit aller Aussagen der Theorie.

Anmerkungen

[1] Wir danken Prof. Quine für eine nützliche Diskussion einer früheren Fassung der Arbeit.

[2] Nachdem wir diese Arbeit eingereicht hatten, wurden wir auf Richard L. Cartwrights Artikel "Ontology and the theory of meaning" aufmerksam (*Philosophy of Science* 21, 1954, 316—325 [vgl. in diesem Sammelband S. 291]), und zwar durch Alan Ross Andersons Rezension in *The Journal of Symbolic Logic* 22, 1957, 393—394. Cartwrights Artikel untersucht Quines Kriterium und nimmt diejenigen Argumente unserer Sektion I voraus, die sich mit den universellen und leeren Annahmen beschäftigen, welche verschiedene Fassungen des Kriteriums falschen Existenzaussagen beilegen, sowie mit den unwillkommenen Festlegungen, in die man bei gewissen Anwendungen gerät. Cartwrights Ergebnis ist, daß jede angemessene Formulierung eines Kriteriums intensional sein muß, und er schlägt eine solche Formulierung vor. Uns kommt es hingegen darauf an zu zeigen, daß angemessene extensionale Alternativen trivial sind und daß den philosophischen Zwecken, die das ursprüngliche ontologische Kriterium motiviert haben, auch mit Überlegungen gedient ist, die gar nicht über ontologische Annahmen sprechen. Obwohl wir also nichts gegen Cartwrights Meinung haben, daß jedes angemessene, nichttriviale Kriterium intensional sein muß, sehen wir keinen philosophischen Sinn darin, ein solches Kriterium zu entwickeln, und wir haben darüber hinaus das Gefühl, daß jedes solche Kriterium aus ähnlichen Gründen wie den von Quine genannten unklar bleiben wird.

[3] *From a Logical Point of View*, Cambridge, Mass., 1953, S. 103. Alle

Verweise auf Quine betreffen dieses Buch; der Titel wird daher in späteren Verweisen nicht mehr genannt.

[4] Strenggenommen bezieht sich das auf Theorien, die in der Quantorenlogik formuliert sind oder in sie übersetzt werden können; vgl. S. 104 bis 105.

[5] S. 8.

[6] S. 16.

[7] S. 15—16 (Hervorh. im Text).

[8] S. 131.

[9] S. 103 (Hervorh. im Text).

[10] Wir gebrauchen den Ausdruck, verglichen mit Quine, in einem etwas weiteren Sinne; vgl. S. 142.

[11] Wenn „P“ und „a“ Konstante sind, erlauben unsere Regeln den Schluß auf „$\bigvee x\ (x = a \wedge Px)$“, aber nicht auf „$\bigvee F\ (F = P \wedge Fa)$“.

Der folgende Beitrag wurde aus dem Englischen übersetzt von Eike von Savigny.

WAS SYMBOLISIEREN SYMBOLE?: PLATONISMUS

Von ALAN ROSS ANDERSON

Die Debatte zwischen Nominalisten und platonistischen Realisten leistet uns seit langer Zeit Gesellschaft — lange genug, um viele verschiedene Formen angenommen zu haben. Ich will die Geschichte dieser verschiedenartigen Debatten nicht wiederholen, will die Angelegenheit auch gar nicht historisch betrachten. Statt dessen möchte ich zu Beginn zwei ganz unterschiedliche Scharmützel in der allgemeinen Schlacht unterscheiden, von denen eines neu und das andere sehr alt ist. Wir fangen mit dem ersten an; es ist am verständlichsten.

I

Die jüngste Form der ganzen Aufregung verdanken wir Goodman und Quine (9), aber um ein Motiv für die Erörterung der Frage zu finden, müssen wir zu Georg Cantor zurückgehen, der 1883 die „Grundlagen der Mathematik", wie man diesen Ausdruck heute allgemein versteht, zu legen begann. Cantors Beitrag bestand darin, daß er zeigte, wie wichtig in der Mathematik Mengen (Klassen, Bündel, Ansammlungen, Ensembles) sind, und daß er sah, daß für unseren Begriff der *Zahl* der Begriff der Menge, der Zusammenfassung von (willkürlich gewählten) Entitäten grundlegend ist. Wir wollen nicht irgendwie tiefer in die Mengenlehre einsteigen; aber es wird von Nutzen sein, wenigstens einige von den zugehörigen Begriffen zu nennen.

Als logischen Apparat haben wir die üblichen aussagenlogischen Verknüpfungen „und", „oder" und „nicht", dazu die Quantoren „für alle x" und „für einige x". Für unsere Zwecke brauchen wir nur die klassische mathematische Logik: die Prädikatenlogik der ersten Stufe, wie sie (zum Beispiel) in den *Principia Mathematica* vorliegt. Aber zusätzlich zum logischen Werkzeug haben wir eine zweistellige Relation, die durch ε symbolisiert wird: die Beziehung zwischen den Elementen einer Klasse und den Klassen, deren Elemente diese Elemente *sind.*

$$x \, \varepsilon \, y$$

bedeutet also: „Die Entität x (die, soweit wir wissen, selbst eine Menge sein kann) *ist Element* der Menge y." Und obgleich ich nicht vorhabe, Mengenlehre länger zu erörtern (das habe ich ja schon gesagt), dürfte es sich lohnen, als Beispiel ein Axiom der Mengenlehre anzugeben, damit man sieht, worum es geht:

$$\bigwedge x \bigwedge y \bigvee z \bigwedge w \, [w \, \varepsilon \, z \, . \equiv . \, w = x \vee w = y].$$

Im wesentlichen behauptet das Axiom folgendes: Zu zwei beliebig vorgegebenen Mengen x und y gibt es eine Menge z mit der folgenden Eigenschaft: Jedes w in z (d. h. jedes w, das Element von z ist) ist entweder mit x oder mit y identisch. Zu zwei Mengen x und y gibt es also eine Menge z, die als Elemente gerade x und y hat und nichts weiter.

Für die Theorie der Epsilon-Relation gibt es weitere Axiome; im allgemeinen genügen neun oder zehn für die meisten formalen Systeme der Mengenlehre. Nun gibt es in all diesen Systemen Variable, etwa x, y und z, die über *Mengen,* also über beliebige Ansammlungen von Entitäten, laufen. Und im besonderen behauptet unser Beispielsaxiom, daß zu vorgegebenen x und y eine Menge z *existiert* (und die ausgedrückte Bedingung erfüllt).

Was sollen wir denn nun mit „Menge" oder „Klasse" meinen und damit, daß eine Klasse *existiert*? Wie können wir außerhalb der axiomatischen Methode sagen, was wir unter einer „beliebigen Ansammlung" verstehen? Es ist natürlich unmittelbar einleuchtend, daß Klassen „abstrakte Entitäten" sind. Man kann an Klassen nicht stoßen oder dergleichen (obgleich manche Klassen die Eigenart haben, daß man an ihre Elemente stoßen kann — zum Beispiel die *Klasse* oder *Ansammlung* der Leute in diesem Zimmer). Aber abgesehen von der Tatsache, daß Mengen offensichtlich keine physischen oder materiellen Einzeldinge sind: können wir sonst noch irgend etwas über den Begriff der Menge sagen?

Den ersten Versuch einer außersystematischen Definition des Ausdrucks hat Cantor selbst gemacht. Sein Artikel (5) beginnt mit den Worten:

> Unter einer „Menge" verstehen wir jede Zusammenfassung *M* von bestimmten wohlunterschiedenen Objekten *m* unsrer Anschauung oder unseres Denkens (welche die „Elemente" von *M* genannt werden) zu einem Ganzen.

Betrachtet man die Definition als Philosoph, dann fällt eines sofort an ihr auf: Sie ist mit Metaphysik vollgepfropft. Man findet „Denken", „Ganzes", „wohlunterschieden", „bestimmt", „Anschauung" — praktisch den ganzen Zoo. Diese Tatsache allein sollte uns sagen, daß Schwierigkeiten in Sicht sind — aber Cantor hat die Warnung nicht vernommen, und zur Strafe endete das ganze Unternehmen in einem Reinfall, der Entdeckung von Cantors (und später Russells) Paradoxie. Russells Problem ist leichter zu verstehen und hängt nicht davon ab, daß man eine Theorie ausgearbeitet hat. Wir formulieren also Russells Schwierigkeit als ein typisches Beispiel für die Probleme, die drohen, wenn man Klassen betrachtet.

Gewöhnlich stellen wir uns eine Klasse so vor, daß sie durch eine *Bedingung* definiert ist. Die Klasse (Ansammlung) der Präsidenten der Vereinigten Staaten wird durch die folgende Bedingung für x festgelegt: x ist Präsident der Vereinigten Staaten. In üblichen formalen Sprachen wird die Menge der Präsidenten so hingeschrieben:

$$\{x\colon x \text{ ist Präsident der Vereinigten Staaten}\}.$$

Nun scheint klar zu sein, daß diese Ansammlung, diese Klasse, nicht selbst ein Präsident der Vereinigten Staaten ist — es handelt sich vielmehr um eine abstrakte Entität, an die man nicht stoßen kann: so sind Klassen eben. Die Klasse ist also *keines* ihrer eigenen Elemente; d. h. sie ist kein Präsident. Und so scheint es den meisten Klassen zu gehen. Die *Klasse* aller Klaviere ist sicherlich kein Klavier; die *Klasse* aller Fische ist nicht selbst ein Fisch; die *Klasse* aller Exemplare von *David Copperfield* (7) ist nicht selbst ein Exemplar von *David Copperfield*; und so weiter. Wir könnten mit Russell Mengen *normal* nennen, wenn sie keine Elemente von sich selbst sind.

Nehmen wir nun an, daß wir eine Klasse unter diesen Bedingungen als normal ansehen; eine Klasse soll also normal sein, d. h. ein Element der Klasse N der normalen Klassen sein, genau dann, wenn sie nicht Element von sich selber ist. Für beliebiges x also:

$$x \varepsilon N \quad \text{genau dann, wenn} \quad \sim (x \varepsilon x).$$

Russells Problem entsteht dann, wenn wir fragen, ob die Menge N aller normalen Mengen ein Element ihrer selbst ist. Nehmen wir an, sie sei es. Dann ist sie eine jener Klassen, die keine Elemente ihrer selbst sind — also ist sie doch kein Element ihrer selbst. Daraus folgt nun, daß sie eine Menge darstellt, die kein Element ihrer selbst ist; also gehört sie zu den Mengen, die die definierende Bedingung für Normalität erfüllen. Also *ist* sie eine normale Menge und mithin ein Element ihrer selbst. Also haben wir einen Widerspruch: N ist genau in dem Fall ein Element von N, wo N kein Element von N ist. Wir haben also eine Proposition (N ε N), die genau dann wahr ist, wenn sie falsch ist.

Ohne behaupten zu wollen, daß das historisch genau sei, meine ich, daß man die verschiedenen Versuche, aus dieser mißlichen Situation herauszukommen, einer der beiden folgenden Strategien zurechnen kann.

(1) [Hilbert, Russell, Zermelo, von Neumann, Gödel, Fraenkel und so weiter.] Man muß den Schaden reparieren. Offensichtlich *gibt es* Klassen; und offensichtlich hat unsere Theorie einen interessanten und wichtigen intuitiven Inhalt. Aber in irgendeiner Weise sind die Intuitionen, die uns in diese unangenehme Lage gebracht haben, irrig. Es ist klar, daß wir einige mathematische Intuitionen retten müssen; wir müssen versuchen, sie herauszubringen und irgendeine Theorie aufzustellen, die uns ermöglicht, die *Wahrheiten*, um die es geht, auszusprechen und zu beweisen. Diese Reaktion hat zur Mengenlehre geführt, wie wir sie jetzt kennen.

(2) [Quine, Goodman, vielleicht White und Martin.] Die Lage ist *aussichtslos*. Es gibt absolut keine Hoffnung auf Reparatur des Schadens; und es ist ja klar, was uns vor allem in die Schwierigkeiten hineingeritten hat: Bei klarem Kopf könnte jeder sofort sehen, daß es solche Dinge wie „Klassen" nicht gibt, also auch keine solchen Dinge wie abstrakte Entitäten. Unsere Annahme, wir dürften die Variablen, über die wir quantifizieren, über die angeblich existierenden „Klassen" laufen lassen, bildet die Wurzel des

Problems. „In Wirklichkeit existieren" nur konkrete Einzeldinge, und haben wir das einmal erkannt, dann sehen wir, daß das platonische Märchen von den abstrakten Entitäten genau das ist, als was wir es bezeichnet haben: ein Märchen.

Das also ist eine Form der Kontroverse zwischen Nominalisten und Realisten; in dieser Form hat der Streit besonders unsere Generation geplagt. Natürlich kann man irgendeine Form von kantischem Konzeptualismus darüber hinaus zur Auswahl stellen; und wenn ich auch nicht vorhabe, den Konzeptualismus zu untersuchen, kann ich es mir doch nicht verkneifen, die folgende köstliche Bemerkung von Quine (11) zu zitieren:

> Taktisch gesehen ist der Konzeptualismus ohne Zweifel die stärkste von den drei Positionen; denn wenn der Nominalist müde ist, kann er sich auf den Konzeptualismus zurückziehen und sein puritanisches Gewissen doch mit der Überlegung beruhigen, daß er es nicht so weit hat kommen lassen, mit den Platonisten Haschisch zu rauchen (S. 129, hier S. 163).

In dieser ersten Form der Debatte geht es um *Existenz* im „kühlen" und „beiläufigen" Sinn, wie ich ihn nenne. Wir fragen in nettem und gewissermaßen alltäglichem Ton, ob es abstrakte Entitäten gibt. Platonisten sagen ja, Nominalisten sagen nein.

II

Um zu der zweiten Form des Streites, die ich untersuchen möchte, zu kommen, muß ich Ihre Geduld auf die Probe stellen und zwei Gedanken nachgehen, die vielleicht als abwegig erscheinen: sie haben es mit der anthropologischen Kategorie „Kultur" und mit Bedeutungen von „existieren" zu tun. Die Verbindung zum Platonismus werde ich später herzustellen versuchen.

Die erste Abschweifung besteht in der Zusammenfassung einer demnächst erscheinenden Arbeit, die Omar Moore und ich geschrieben haben (4). Sie hat zwei Hauptthesen.

Als erstes: Seit Tylor (12) den Begriff der Kultur [culture] 1871 eingeführt hat, hat die Kategorie zwei Aufgaben dienen sollen. Wir machen keinen Versuch einer umfassenden Darstellung, sondern bringen als Beispiel einfach Redewendungen, in denen der Ausdruck vorkommt: (1) Kultur *breitet sich aus*; (2) Kultur *hat* in der Gesellschaft *Dauer*; (3) Gegenstände der Kultur können verlorengehen und dann wiederentdeckt werden. Als Beispiel für Verbreitung bringen wir das östliche Go-Spiel, das jetzt in einigen Teilen unseres Landes gespielt wird. Eine Entität, die in einer Gesellschaft *überdauert,* ist zum Beispiel die Sprache, die zwar einige Veränderungen durchmachen kann, aber über eine beträchtliche Zeit hinweg immer noch als „dieselbe Sprache" erkennbar ist. Und der Stein von Rosetta ist ein Beispiel dafür, daß der Welt eine Technik (nämlich die Technik, den Stein zu lesen) verlorengegangen ist und dann wiederentdeckt wird. Die meisten Definitionen allerdings, die die meisten Ethnologen für „Kultur" ["culture"] geben, würden ihnen verbieten, die Sachen über Gegenstände der Kultur zu sagen, die sie darüber sagen *wollen.* (Sie sagen, daß Kultur aus „Stücken von Verhalten" bestehe. Aber so etwas kann man offensichtlich *nicht* „von Generation zu Generation weitergeben". Oder sie sagen, Kultur bestehe aus „alldem, was eine Gruppe von Menschen, die dasselbe geografische Gebiet bewohnen, tun", was bedeuten würde, daß nicht Formen des Essens oder des Nahrungserwerbs, sondern Essen selber eine kulturelle Erscheinung wäre — in ausdrücklichem Widerspruch zu der Vorstellung, daß Menschen *Kulturen* haben, Tiere dagegen nicht. Für eine weitere Diskussion der Angelegenheit vergleiche der Leser Anderson und Moore [4].)

Jedenfalls scheint man die folgenden Dinge als Beispiele von Dingen ansehen zu müssen, die als „kulturell" ["cultural"] zu gelten haben, nämlich in dem Sinne, daß sie sich verbreiten, daß sie überdauern und so weiter: Sprachen, Spiele, Methoden zum Bau von Kanus (oder Methoden zum Bau von Computern: Moore und ich haben an anderer Stelle mit Verwunderung feststellen müssen, welch kurzen Prozeß Leute, die Kulturen erforschen, mit den wirklich eleganten und wirkungsmächtigen Kulturgegenständen machen, die unser *eigenes* Leben so sehr beeinflussen), Tänze und dergleichen. Das ist die erste Feststellung, die wir treffen möchten.

Die zweite ist: *Alle* diese Gegenstände sind im platonistischen Sinne abstrakte Entitäten. Niemand kann eine Gigue anstoßen (während man einen bestimmten Gigue-Tänzer anstoßen könnte); niemand kann eine Methode, Kanus zu machen, anstoßen (obgleich man einen bestimmten Kanu-Bauer anstoßen könnte); niemand kann Schach anstoßen (während man einen Schachspieler anstoßen könnte); und niemand kann die englische Sprache anstoßen (obgleich man einen Sprecher anstoßen könnte). Die kulturellen Entitäten, die wir hier vor uns haben, sind allesamt abstrakt. Und es ist nicht schwer zu sehen, daß sie auf unser Leben enorm viel Einfluß haben.

Damit sind wir am Ende der ersten Abschweifung. Ihr Ergebnis ist: Bestandteile der Kultur, die uns in gewissem Sinne zu dem macht, was wir sind, sind abstrakte Entitäten.

Die zweite Abschweifung hat mit einer gewissen Mehrdeutigkeit im Wort „existieren" zu tun, über die ich schon an anderer Stelle Ausführungen gemacht habe (2). Wenn wir sagen: „Das ist ein *wirklicher* Collie" oder „das ist *mal ein* Collie", dann wollen wir gewöhnlich nicht einfach zugeben, daß der fragliche Hund ein Collie ist. Sondern wir wollen sagen, daß das bestimmte Tier hier den Standard für Collies bedeutend besser erreicht als die meisten anderen Collies. Das heißt: Wenn wir sagen, daß ein Ding *wirklich* ist oder daß es *wirklich* existiert, dann wollen wir es dafür loben, daß es besser oder wichtiger als die meisten anderen Elemente der Klasse sei. Senator Kennedy, *das war mal ein Senator,* in einer Weise, in der einige andere es nicht waren. (Ich will die Frage nicht durch politischen Streit vernebeln.) (Vgl. Fitch [8]; das ist kein Artikel über Senatoren; sondern darin wird die Tatsache erwähnt, daß „existieren" manchmal ein Wertausdruck ist.)

Nun möchte ich behaupten, daß es in einer zweiten Form der Debatte zwischen Nominalisten und Realisten um Existenz in diesem „ehrenvollen" Sinne geht. Damit etwas in diesem zweiten Sinne „existiert", genügt es nicht, daß es im ersten, dem „kühlen", „beiläufigen" Sinne existiert. Zusätzlich wird gefordert, daß die kühle Existenz auf besonders gute oder lobenswerte Weise durchgeführt werde. Existenz in diesem zweiten Sinn spricht man nur jenen Dingen zu, die *wichtig* sind, die *wirklich zählen,* auf die es *wirklich ankommt.*

Ohne auf die Frage einzugehen, was beide Seiten für sich in

Anspruch nehmen können, glaube ich jetzt zwei Formen der Kontroverse zwischen Platonisten und Nominalisten hinreichend unterschieden zu haben: (1) Was existiert? (in dem trivialen Sinn, in dem eine Tafel in diesem Zimmer ist, wie jedermann vollkommen klar ist.) (2) Was EXISTIERT? (Die Frage mit tiefer Stimme gestellt; sie zeigt Unruhe darüber an, was das Wichtige sei, auf welches man zu achten habe.) Und während ich bis jetzt versucht habe, die Fragen unparteiisch zu behandeln, möchte ich mich jetzt in beiden Fällen für eine Seite entscheiden; nämlich für diejenige, welche ich als die platonistische ansehe. Wir gehen zunächst die zweite Frage an.

III

Es scheint eine kulturelle, eine soziologische, eine psychologische *Tatsache* zu sein, daß die Menschen überall der *Dauer* einen gewissen, besonderen Wert beimessen. Ich glaube, das Gefühl, daß dauernde Dinge irgendwie besser als sich ändernde seien, hat mindestens zwei Quellen. Erstens sind Dinge, bei denen man damit rechnen kann, daß sie da sind, wenn man sie braucht (Eltern, Freunde und so weiter), ja auch Dinge, bei denen wir damit rechnen können, daß sie feindselig sind, solange ihr Verhalten nur voraussehbar ist (so daß sie in diesem Sinne einige dauernde Züge haben) irgendwie „freundlicher" als Dinge, die sich chaotisch ändern, deren Verhalten nicht vorhersehbar ist, die unbeständig sind. Wann fällt einem das Herz in die Hosen? Zum Beispiel dann, wenn man jemanden trifft, der eine undurchsichtige dunkle Brille trägt, direkt vor einem steht und kein Wort sagt. Dieser Fremde sieht deshalb drohend aus, nehme ich an, weil wir nicht an seinen Augen oder seinen Worten ablesen können, was für Absichten er hat. Vielleicht ist er ein Ganove; vielleicht ist er so gütig wie nur einer. Der Mangel an Vorhersagbarkeit ist es, der uns beunruhigt. Wir wollen wissen, nach welchen Regeln er sich verhält; halten wir inne, um die Bemerkung zu machen: *Regeln* sind abstrakte platonische Entitäten, die sich gewaschen haben. Selbst wenn wir wüßten, daß er feindselig ist, wären wir wesentlich besser daran, denn wir wüßten, wie *wir* handeln sollen. Regelmäßigkeit, Beständigkeit, Dauer,

Ordnung — das sind die Dinge, die uns sehen lassen, was uns bevorsteht, und uns (gewöhnlich, wenn es möglich ist) erlauben, Gegenmaßnahmen zu ergreifen.

Ein zweiter Grund für das Gefühl, daß Dauer wünschenswert sei, liegt auch in einem notorischen Angsterreger, nämlich dem Nachdenken über unsere eigene Sterblichkeit. Wenn man einige existenzialistische Philosophen liest, dann möchte man fast meinen, daß sie in diesem Kummer richtig schwelgen. (Das erinnert mich daran, daß R. N. Smart einmal in meiner Gesellschaft einen existenzialistischen Kollegen nach seiner Meinung über einen Vortrag fragte, den er vor kurzem gehört hatte; und unser Kollege sagte: „Es war *furchtbar.*“ Nachdem er gegangen war, schaute Smart voll Spott zu mir herüber und fragte: „Ob das wohl bedeuten sollte, daß er den Vortrag gemocht hat? Sie verstehen — Wogen von Angst und Beklemmung, die über einen hinwegspülen . . .?“)

Jedenfalls glauben einige von uns (Platonisten) ganz gern, daß man über andere Dinge besser nachdenkt, Dinge, die in zweierlei Hinsicht besser sind: (1) Dinge, über die man deshalb besser nachdenkt, weil wir im Zusammenhang mit ihnen etwas *tun* können. (Was unsere Sterblichkeit angeht, scheinen wir reichlich wenig tun zu können.) (2) Dinge, über die man deshalb besser nachdenkt, weil sie diese wichtige Eigenschaft der Dauer haben (d. h. ihnen steht die Möglichkeit offen, eine viel längere Zeit hindurch zu bestehen, als einer von *uns* bestehenbleiben wird).

Mir scheint nun, daß Plato, als er — im tiefen, im ehrenden Sinne von „existieren“ — fragte: „Was EXISTIERT?“ vollkommen damit recht hatte, als er darauf bestand, daß kulturelle Gegenstände für die Menschen am wichtigsten seien. Sprachen, Regelsysteme (von Spielen, für die Etikette, fürs Parken, für das No-Theater, fürs Kanubauen und dergleichen), Theorien (von Gruppen, von strategischen Spielen, von Banachräumen, von Geflechten und dergleichen) — diese kulturellen Dinge sind es, die uns zu Menschen machen. Die Dauer, welche wir fordern, haben sie: Gegenstände der Kultur verbreiten sich, gehen verloren und werden wiederentdeckt und so weiter. Und die Probleme sind so geartet, daß wir etwas mit ihnen *tun* können: Hilberts zehntes Problem (10) hat eine Geschichte, die so berühmt ist wie Fermats letzte Vermutung oder Goldbachs Vermutung — und gelegentlich finden Probleme dieser Art ihre Lösung.

Probleme, Fragen und Lösungen sind *Dinge,* die wir unseren Nachkommen vererben können. Wir können ihnen auch Geld vererben, und in unserer Liebe zu unseren Nachkommen sind wir alle bereit und glücklich, das zu tun. Aber anders als Geld haben unsere geistigen oder kulturellen Gegenstände eine Schönheit, die die Zeit nicht trübt, die wir nicht durch schlecht beratene Anlagen verlieren können und die Nominalisten nicht zermalmen können; unsere kulturellen Gegenstände sind *Dinge* im besten Sinne des Wortes.

Als Plato über seine eigene Sterblichkeit nachdachte, da hatte er, meine ich, nur zu recht mit seiner Annahme, von den Dingen, die an ihm waren, seien die wichtigsten jene, die wir heute noch haben: seine Worte. Und wenn „existieren" heißt „wichtig sein", dann hat er diese Schlacht gewonnen. Die wichtigen Dinge sind die Kulturdinge.

IV

Was nun den kühlen, den beiläufigen Sinn von „existieren" angeht, scheint mir die Angelegenheit keinen Streit wert. *Selbstverständlich* haben die Platonisten recht. Stellen Sie sich einen Menschen vor (Quine oder Goodman, im Jahre 1947), der auf die Frage, ob er gestern abend Schach gespielt habe, antwortet: „Ja, und es war eine interessante Variante von Aljechins Verteidigung. Schach ist eines der Spiele, an denen ich den meisten Spaß habe." Und dann hustet er plötzlich, wird bleich und sagt mit einem ganz deprimierenden Tonfall: „Aber natürlich habe ich in *Wirklichkeit* nicht Schach gespielt ... *in Wirklichkeit* gibt es keine abstrakten Entitäten ... ein solches Ding wie Schach, das gibt es nicht ... ich kann also auch nicht gespielt haben."

Die Behauptung, es gebe keine Sprachen, keine Spiele, keine Parkvorschriften, ist einfach nicht ernst zu nehmen. Die Behauptung, solche *Dinge* seien uninteressant oder unwichtig, kann man natürlich ernsthaft untersuchen; und mir scheint, soweit nominalistische Thesen eine gewisse Plausibilität haben, rührt sie zum Teil daher, daß man die beiden Fragen verwechselt. Aber nichtsdestoweniger gibt es (im kühlen Sinn von „es gibt") solche *Dinge* wie Parkvorschriften (wie viele von uns nur zu gut wissen). Ich will nicht etwa Platos unglückselige Ansicht empfehlen, daß Ideen oder Begriffe Wertmaßstäbe hergeben. („Das ist ein guter Stiefelschaft." — „Wie entscheidet man, ob es ein guter Schaft ist?" — „Nun, einer [mit der nötigen Kennerschaft] mißt den Schaft an der Schaftschaft." — „Meine Untersuchungshaft war gut." — „Wie entscheidet man, ob eine Haft gut ist?" — „Man mißt sie an der Hafthaftigkeit.")* Aber es ist offenbar und vollkommen klar, daß unsere Sprache und unsere Kultur (deren Teil die Sprache ist) von uns fordern, die Existenz abstrakter Entitäten anzuerkennen.

Natürlich hört man oft, daß wir Platonisten „das Universum vollstopfen" mit dem Gerümpel unserer abstrakten Entitäten (die im kühlen Sinne existieren sollen). Nun haßt niemand solches Gerümpel mehr als ich; aber was philosophisches Gerümpel angeht, scheinen mir die Platonisten auch in diesem Punkte zu gewinnen. Um eine Feststellung von meinem Kollegen Omar Moore zu übernehmen: das Universum des Nominalisten ist mit Gerümpel vollgestopft wie nur eines. Man stelle sich vor, etwa alle einzelnen Schachspiele berücksichtigen zu müssen. Sicherlich wird niemand, der bei Sinnen ist, Schach als die Ansammlung aller einzelnen Schachpartien kennzeichnen wollen, besonders wo wir von Neumanns elegante Theorie der Angelegenheit haben, nach der Schach die Menge der Schachregeln ist.

Was also den kühlen Sinn von „existieren" angeht, scheint der Platonist mir mit dem kleinen Finger zu gewinnen. Die Frage ist sogar eine der wenigen, die ich kenne, bei denen die aristotelische Syllogistik *beinahe* ausreicht, eine interessante Feststellung zu begründen. Das geht so:

(1) Schach ist ein Spiel.
(2) Alle Spiele sind abstrakte Entitäten.
∴ (3) Schach ist eine abstrakte Entität.

* [(Das ist der magere Versuch einer Übersetzung für die folgenden Zeilen:) "How do you decide whether it is a good ship?" "Well, you measure it against shipship." "How do you decide whether he is a good hood?" "Well, you measure him against hoodhood (or perhaps goodhoodhood)." Anm. d. Übers.]

Der einzig nichtaristotelische Schritt, den man braucht, um die Begründung nahtlos zu machen, geht von (3) zu

(4) Es gibt abstrakte Entitäten.

V

Wenn nun meine Behauptung zutrifft, daß die Platonisten auf beiden Flügeln Sieger bleiben, sowohl was den harmlosen als auch was den geladenen Sinn von „existieren“ betrifft, stehen wir immer noch geradezu vor einem Geheimnis. Warum in aller Welt hat jemand jemals angesichts meiner so überzeugenden Argumente eine nominalistische Auffassung von Symbolen vertreten? Eine Erklärung für diesen seltsamen Sachverhalt habe ich schon angeboten (nämlich, daß man die beiden betroffenen Bedeutungen von „existieren“ verwechselt hat); ich schlage jetzt noch zwei weitere vor.

Meine zweite Vermutung über die Gründe, aus denen man den Nominalismus mögen könnte, hat mit dem Begriff der *Identitätskriterien* zu tun. Gelegentlich erzählt man uns, die Hauptschwierigkeit mit möglichen dicken Männern im Flur liege darin, daß wir keine befriedigenden Identitätskriterien für sie besäßen. Wie viele von ihnen, und welche, sind kahlköpfig (11)? In diesem speziellen Fall stimme ich mit dem Einwand zu; aber die nominalistische Moral daraus scheint mir irrig. Und zwar aus zwei Gründen:

1. Einige scheinen zu sagen, daß wir für abstrakte Entitäten keine Identitätskriterien *haben*. Nun kann das für mögliche dicke Männer im Flur wohl stimmen (obgleich ich die Frage für ein Scheinproblem halte: „Im Flur ist ein möglicher dicker Mann“ bedeutet sicherlich dasselbe wie: „Es ist möglich, daß im Flur ein dicker Mann ist“, sagt also dasselbe wie eine Aussage von der Form: „Es ist möglich, daß p“ oder „◊ p“). Es stimmt auch, daß es mit den Identitätskriterien für Propositionen Schwierigkeiten gegeben hat, aber ich möchte behaupten, daß Belnap und ich diese Probleme vor kurzem kleingekriegt haben (vgl. Anderson und Belnap [3]), mit einer Riesenhilfe von Ackermann (1). Aber selbst wenn wir Probleme mit den Identitätskriterien für mögliche dicke Männer hätten, stimmte doch immer noch, daß wir Identitätskriterien für

extensionale *Klassen* hätten. Wenn es überhaupt einen Fall gibt, in dem wir *genau* wissen, was wir mit der Behauptung, A sei mit B identisch, meinen, dann ist das der Fall, wo A und B (abstrakte!) Klassen sind und dieselben Elemente haben. Für diese abstrakten Entitäten haben wir Identitätskriterien par excellence.

2. Des weiteren scheinen einige Leute zu sagen, daß wir Identitätskriterien für konkrete Entitäten haben, während wir für abstrakte keine hätten. Stimmt das? Wie entscheiden wir für konkrete Dinge A und B, ob sie identisch sind? Durch Zeigen? Offenbar nicht. Nehmen wir an, ich weise mit meinem Finger ungefähr in die Richtung des Präsidenten dieser Sitzung. Worauf zeige ich dann? Auf ihn? Auf die Schnalle seines Gürtels? Auf die Farbe seines Anzugs? Auf etwas hinter ihm? (Er steht gerade im Wege.) Zeige ich auf einen Fleck, der gerade drei Fuß vor ihm ist? Natürlich gibt es soziokulturelle Konventionen darüber, wie man auf Dinge zeigt, und wenn ein großer Kran vorbeifährt und ich auf ihn zeige und rufe: „Schau!", dann werden Sie kaum Zweifel darüber haben, worauf ich zeige. Wenn Sie aber sagten: „Meinen Sie den Kran?", dann könnte ich „Ja" antworten oder auch: „Nein, nein, ich meine die Ramme hinten an ihm dran", oder: „Nein, nein, ich meine die Möwe hoch oben über ihm", oder ... und so weiter. Und ich weiß nicht, wann das zu einem Ende käme. Ich möchte damit folgendes sagen: Auf einen körperlichen Gegenstand kann ich nur dann sinnvoll zeigen, wenn der Zuschauer erraten kann oder von mir (mit Hilfe *abstrakter* Wörter) erfahren kann, *worauf* ich zeige.

Was für andere Kriterien für die Identität konkreter Individuen könnten wir haben? Identität der raumzeitlichen Lage? Also von *Klassen* von Raumzeitpunkten? Für den Nominalisten geht das natürlich nicht, da es für den Nominalisten keine Klassen gibt.

Im Ergebnis scheinen wir also in bezug auf Identitätskriterien für körperliche Gegenstände in erbärmlicher Verfassung zu sein, und in bezug auf gewisse abstrakte Entitäten, nämlich Klassen, in glänzender Form. Also kann man aus diesem zweiten Fall keine überzeugende nominalistische Moral ziehen.

Die dritte und letzte Motivation für den Nominalismus scheint mir als einzige in irgendeiner Weise plausibel zu sein; dafür, daß ich auf diesen Gesichtspunkt aufmerksam geworden bin, habe ich wiederum R. N. Smart zu danken. Plato fragt: „Sind diese zwei Dinge nicht beide rot?“ Und wir sagen: „Ja.“ Plato fragt: „Und bedeutet das nicht, daß sie eine gemeinsame Eigenschaft haben?“ Und wir sagen: „Ja.“ Und er fragt: „Und ist nicht die Röte diese gemeinsame Eigenschaft?“ Und wir sagen: „Ja.“ „Gibt es nicht also abstrakte Entitäten, das heißt Begriffe, wie *Röte*?“ Und wieder sagen wir: „Ja.“ Und bisher sieht das Ganze ganz unschuldig aus. Aber im Fortgang des Dialogs beginnt der alte Dialektiker uns hereinzulegen. Es stellt sich heraus, daß diese Begriffe, die wir ursprünglich als erkenntnistheoretische Einheiten anerkannt hatten, eine normative Kraft zu entfalten beginnen und uns Wertmaßstäbe zur Verfügung stellen. Und wir fangen an, von schlechten Gedichten zu sagen, sie seien überhaupt keine Gedichte, oder von kranken Menschen, daß sie nicht *wirklich* Menschen seien. Oder *soweit er krank ist,* ist er kein Mensch (MENSCH). Nicht nur das; es stellt sich heraus, daß einige von diesen Begriffen, etwa der des Guten, irgendwie mystisch-religiöser Natur sind. Die Gutheit scheint auf unser Verhalten wie die Sonne auf unsere Körper.

Nun, man kann sich leicht vorstellen, wie ein hartnäckiger Philosoph nach so einer Übung nach Hause geht und in seinen Bart murmelt: „Das *kann* nicht stimmen. *Nichts* kann soviel hergeben — nicht einmal platonische Begriffe. Irgend etwas ist *ganz* falsch gelaufen.“

Also trifft er am nächsten Tag Plato wieder, und Plato sagt: „Diese Dinge sind beide rot, nicht?“ Und Testadura * sagt, diesmal ziemlich widerwillig: „Ja.“ Plato sagt: „Bedeutet das nicht, daß sie eine gemeinsame Eigenschaft haben?“ Und Testadura sagt: „Halt!“ Und so wird ein Nominalist geboren.

VI

Die Schwierigkeiten mit dem Platonismus kommen nicht von der Frage, ob abstrakte Entitäten existieren (*natürlich* existieren sie),

* Testadura ist eine meiner liebsten fiktiven Personen; man findet ihn bei Danto (6).

und auch nicht von der Frage, ob sie wichtig sind (*natürlich* sind sie wichtig); die Schwierigkeit entsteht nur dann, wenn man untersucht, *was für eine* Bedeutung abstrakte Entitäten haben. Testadura hat ganz recht damit, daß er dem Begriff des Guten magische Eigenschaften abstreiten will, aber er ist Plato zu früh in die Parade gefahren. Wir können mit Plato zugeben, daß abstrakte Entitäten existieren und daß sie zum Wichtigsten in unserem Leben gehören, ohne ihnen einen magischen Charakter zu verleihen.

Und das, scheint mir, ist der springende Punkt. Wir *müssen* (platonistisch) sagen können, daß es gute und schlechte Vorstellungen von *La Gioconda* gibt. Die Nominalisten wollen uns nicht einmal die Oper lassen. Vom nominalistischen Standpunkt betrachtet, gibt es *Vorstellungen* der Oper. (Allerdings kann der Nominalist uns nicht sagen, Vorstellungen *wovon* sie sind, da es keine abstrakten Entitäten, Opern zum Beispiel, gibt.) Aber die Oper gibt es nicht. Platonistisch gesehen, gibt es ein paar Spiele, die wir spielen können; nominalistisch gesehen, können wir das nicht, da Spiele Klassen von Regeln und damit abstrakte Entitäten sind. Der Nominalist erlaubt mir, Klavier zu spielen, aber er erlaubt mir nicht, eine von Bachs Partiten zu spielen. Bevor ich mich durch diese nominalistischen Einschränkungen zur Raserei treiben lasse, will ich zum Schluß also einfach sagen, daß ich Opern, Spiele und Bachs Musik *liebe*; und die Nominalisten, die sie mir wegnehmen wollen, sind ganz einfach schäbig.

Literaturhinweise

(1) Wilhelm Ackermann, „Begründung einer strengen Implikation", *Journal of Symbolic Logic* 21, 1956, 113—128.
(2) Alan Ross Anderson, "Church on ontological commitment," *Journal of Philosophy* 56, 1959, 448—452.
(3) Alan Ross Anderson und Nuel D. Belnap jr., "First degree entailments," *Technical Report* No. 10, Office of Naval Research Contract SAR/Nonr-609(16), New Haven, Conn., 1961.
(4) Alan Ross Anderson und Omar K. Moore, "Toward a formal analysis of cultural objects," *Synthese* 14, 1962, 144—170.
(5) Georg Cantor, „Beiträge zur Begründung der transfiniten Mengenlehre", *Mathematische Annalen* 46, 1895, 481—512. Auch in (und zitiert nach): *Gesammelte Abhandlungen,* Hildesheim 1962, 282 bis 351 (282).
(6) Arthur Danto, "A note on expressions of the referring sort," *Mind* 67, 1958, 404—408.
(7) Charles Dickens, *David Copperfield,* London 1850.
(8) F. B. Fitch, "Actuality, possibility, and being," *Review of Metaphysics* 3, 1950, 367—384.
(9) Nelson Goodman und Willard v. Orman Quine, "Steps toward a constructive nominalism," *Journal of Symbolic Logic* 12, 1947, 105—122.
(10) David Hilbert, "Mathematical problems," *Bulletin of the American Mathematical Society* 8, 1901/02, 437—479.
(11) Willard v. Orman Quine, *From a logical point of view,* Cambridge, Mass., 1953.
(12) Edward B. Tylor, *Primitive culture,* London 1871.

Der folgende Beitrag wurde aus dem Englischen übersetzt von Walter Hoering.

EMPIRISMUS, SEMANTIK UND ONTOLOGIE[1]

Von RUDOLF CARNAP

1. *Das Problem der abstrakten Entitäten*

Die Empiristen sind im allgemeinen ziemlich mißtrauisch gegenüber jeder Art von abstrakten Entitäten, wie Eigenschaften, Klassen, Relationen, Zahlen, Propositionen usw. Sie bringen den Nominalisten meist viel mehr Sympathie entgegen als den Realisten (im mittelalterlichen Sinne). Sie versuchen, soweit wie möglich eine Bezugnahme auf abstrakte Entitäten zu vermeiden und sich auf das zu beschränken, was man manchmal eine nominalistische Sprache nennt, d. h. eine Sprache, die frei ist von solcher Bezugnahme. In bestimmten wissenschaftlichen Zusammenhängen jedoch scheint es kaum möglich zu sein, diese zu vermeiden. Im Falle der Mathematik suchen manche Empiristen den Ausweg, die ganze Mathematik als bloßen Kalkül zu behandeln, als ein formales System, für das keine Interpretation gegeben wird oder gegeben werden kann. Demgemäß sagt man, daß der Mathematiker nicht über Zahlen, Funktionen und unendliche Klassen spricht, sondern nur über bedeutungslose Symbole und Formeln, die gemäß gegebenen formalen Regeln manipuliert werden. In der Physik ist es schwieriger, die verdächtigen Entitäten zu vermeiden, weil die Sprache der Physik für die Mitteilung von Ergebnissen und Vorhersagen verwendet wird und daher nicht als bloßer Kalkül aufgefaßt werden kann. Ein Physiker, der abstrakten Entitäten gegenüber mißtrauisch ist, wird vielleicht versuchen, einen gewissen Teil der Sprache der Physik als uninterpretiert oder uninterpretierbar zu erklären, den Teil nämlich, der sich auf die reellen Zahlen als Raum-Zeit-Koordinaten oder als Werte von physikalischen Größen auf Funktionen, Grenzwerte usw. bezieht. Wahrscheinlicher ist es, daß er über all diese Dinge genauso sprechen wird wie alle anderen, aber mit einem schlechten Gewissen, wie ein Mensch, der in seinem Alltagsleben unter Gewissensbissen vieles tut, was nicht mit den hohen Moralprinzipien im Einklang ist, zu denen er sich an Sonntagen bekennt. Vor kürzerer Zeit ist das Problem der abstrakten Entitäten wieder in Verbindung mit der Semantik, der Theorie des Sinnes und der Wahrheit aufgetreten. Einige Semantiker sagen, daß gewisse Ausdrücke gewisse Entitäten bezeichnen, und zu diesen bezeichneten Entitäten zählen sie nicht nur materielle Dinge, sondern auch abstrakte Entitäten. z. B. Eigenschaften, die durch Prädikate bezeichnet werden und Propositionen, die durch Sätze bezeichnet werden.[2] Andere erheben starke Einwendungen gegen dieses Vorgehen, da es die Grundprinzipien des Empirismus verletze und zu einer metaphysischen Ontologie platonischer Art zurückführe.

Der Zweck des vorliegenden Artikels ist, dieses umstrittene Problem zu klären. Zuerst wird in allgemeiner Weise die Natur und die Folgen der Annahme einer Sprache diskutiert, die sich auf abstrakte Entitäten bezieht; es wird gezeigt werden, daß der Gebrauch einer solchen Sprache nicht die Anerkennung einer platonischen Ontologie impliziert, sondern durchaus mit Empirismus und streng wissenschaftlichem Denken verträglich ist. Dann wird die Spezialfrage nach der Rolle der abstrakten Entitäten in der Semantik diskutiert. Es besteht die Hoffnung, daß die Klärung des Problems für die nützlich sein wird, die gerne abstrakte Entitäten in ihrer Arbeit in der Mathematik, Physik oder irgendeinem anderen Gebiet akzeptieren würden; es mag ihnen helfen, ihre nominalistischen Skrupel zu überwinden.

2. Der sprachliche Rahmen

Gibt es Eigenschaften, Klassen, Zahlen, Propositionen? Um dieses und verwandte Probleme klarer zu verstehen, wird es vor allem notwendig, sich über eine grundsätzliche Unterscheidung zwischen zwei Arten von Fragen über die Existenz oder Realität von Entitäten klarzuwerden. Wenn jemand in seiner Sprache über eine neue Art von Entitäten sprechen will, dann muß er ein System von neuen Sprechweisen einführen, die neuen Regeln gehorchen. Wir werden dieses Vorgehen die Konstruktion eines sprachlichen *Rahmens* für die betreffenden neuen Entitäten nennen. Und nun müssen wir zwei Arten von Existenzfragen unterscheiden: Zunächst Fragen der Existenz gewisser Entitäten der neuen Art *innerhalb des Rahmens*; wir nennen sie *interne Fragen*; und zweitens Fragen, welche die Existenz der Realität, *des Systems der Entitäten als Ganzes* betreffen; sie werden *externe Fragen* genannt. Interne Fragen und mögliche Antworten auf sie werden mit Hilfe der neuen Ausdrucksformen formuliert. Die Antworten können entweder mit rein logischen Methoden oder mit empirischen Methoden gefunden werden, je nachdem, ob der Rahmen ein logischer oder empirischer ist. Externe Fragen haben einen problematischen Charakter, der einer näheren Untersuchung bedarf.

Die Welt der Dinge. Betrachten wir als Beispiel die einfachste Art von Entitäten, nämlich jene, mit denen die Alltagssprache zu tun hat: das raum-zeitlich geordnete System der beobachtbaren Dinge und Ereignisse. Sobald wir die Dingsprache mit ihrem Rahmen für Dinge akzeptiert haben, können wir interne Fragen stellen und beantworten; z. B. „gibt es ein weißes Stück Papier auf meinem Schreibtisch?", „hat König Arthur wirklich gelebt?", „sind Einhörner und Zentauren wirklich oder bloß vorgestellt?", und ähnliche. Diese Fragen sind durch empirische Untersuchungen zu beantworten. Die Ergebnisse der Beobachtungen werden im Einklang mit gewissen Regeln als bestätigendes oder erschütterndes Beweismaterial für mögliche Antworten ausgewertet. (Diese Auswertung geschieht natürlich meist gewohnheitsgemäß und nicht in einem überlegten, rationalen Verfahren. Aber es ist möglich, in einer rationalen Rekonstruktion explizite Regeln für die Auswertung festzulegen. Das ist eine der Hauptaufgaben der reinen Erkenntnistheorie, die zu unterscheiden ist von der psychologischen.) Der Begriff der Wirklichkeit, der in diesen internen Fragen vorkommt, ist ein empirischer, wissenschaftlicher, nichtmetaphysischer Begriff. Etwas als ein wirkliches Ding oder ein wirkliches Ereignis zu erkennen heißt, in der Lage sein, es in das System der Dinge an einer bestimmten Raum-Zeit-Position einzuordnen, so daß es gemäß den Regeln des Rahmens mit den anderen als wirklich erkannten Dingen zusammenpaßt.

Von diesen Fragen müssen wir die externe Frage der Realität der Dingwelt selbst unterscheiden. Im Gegensatz zu den erstgenannten Fragen wird diese weder vom Mann auf der Straße noch von den Wissenschaftlern gestellt, sondern nur von den Philosophen. Die Realisten geben eine bejahende Antwort, die subjektiven Idealisten eine negative und die Kontroverse zieht sich über die Jahrhunderte hin, ohne jemals entschieden zu werden. Und sie kann nicht entschieden werden, weil sie in falscher Weise formuliert ist. Real im wissenschaftlichen Sinn zu sein, heißt ein Element des Systems sein. Daher kann dieser Begriff nicht in sinnvoller Weise auch auf das System selbst angewendet werden. Diejenigen, die die Frage nach der Realität der Dingwelt selbst stellen, denken vielleicht nicht an eine theoretische Frage, wie ihre Formulierung nahezulegen scheint, sondern eher an eine praktische Frage, an eine praktische Entscheidung über die Struktur unserer Sprache. Wir müssen wählen, ob wir die Ausdrucksformen des betreffenden Rahmens akzeptieren wollen oder nicht.

Im Falle dieses besonderen Beispiels gibt es normalerweise keine überlegte Wahl, weil wir alle die Dingsprache früh in unserem Leben als ganz natürlich akzeptiert haben. Trotzdem können wir die Möglichkeit einer Entscheidung in folgendem Sinn sehen: Wir haben die Freiheit zu wählen, ob wir weiterfahren sollen, die Dingsprache zu benützen oder nicht, im letzteren Fall können wir uns auf eine Sprache der Sinnesdaten oder anderer „phänomenaler“ Entitäten beschränken oder eine anders strukturierte Alternative zur herkömmlichen Dingsprache konstruieren oder schließlich könnten wir uns des Sprechens enthalten. Wenn jemand sich entscheidet, die Dingsprache anzunehmen, dann kann man nichts dagegen einwenden, daß gesagt wird, er habe die Welt der Dinge akzeptiert. Aber das darf nicht so interpretiert werden, als bedeute es, daß er einen *Glauben* an die Realität der Dingwelt akzeptiere. So einen Glauben, so eine Behauptung, so eine Annahme gibt es nicht, weil es sich nicht um eine theoretische Frage handelt. Die Dingwelt zu akzeptieren heißt nicht mehr als eine gewisse Sprachform anzunehmen, mit anderen Worten, Regeln für die Bildung und Prüfung von Aussagen anzunehmen, für ihre Annahme oder Verwerfung. Die Annahme der Dingsprache führt auf Grund der gemachten Beobachtungen auch zur Annahme, zum Glauben und zur Behauptung von bestimmten Aussagen. Aber die These der Realität der Dingwelt kann nicht zu diesen Aussagen gehören, weil sie nicht in der Dingsprache formuliert werden kann und auch nicht, so scheint es wenigstens, in irgendeiner anderen theoretischen Sprache.

Die Entscheidung über die Annahme der Dingsprache wird, obwohl sie selbst nicht kognitiver Natur ist, trotzdem gewöhnlich durch das theoretische Wissen beeinflußt — genau wie jede andere überlegte Entscheidung über die Annahme von sprachlichen oder anderen Regeln. Der intendierte Verwendungszweck einer Sprache, z. B. der Zweck der Mitteilung von Tatsachenwissen, wird bestimmen, welche Faktoren für die Entscheidung relevant sind. Die Wirksamkeit, Fruchtbarkeit und Einfachheit des Gebrauchs der Dingsprache werden zu den entscheidenden Faktoren zählen. Und Fragen, welche diese Qualitäten betreffen, sind tatsächlich theoretischer Natur. Aber diese Fragen können nicht mit der Frage des Realismus identifiziert werden. Sie sind nicht ja/nein-Fragen, sondern Fragen des Grades. Die Dingsprache in der herkömmlichen Form funktioniert tatsächlich für die meisten Zwecke des Alltagslebens mit einem hohen Wirkungsgrad. Aber es wäre falsch, die Situation dadurch zu beschreiben, daß man sagt: „Die Tatsache der Leistungsfähigkeit der Dingsprache ist ein bestätigendes Datum für die Realität der Dingwelt"; wir sollten vielmehr statt dessen sagen: „Diese Tatsache läßt es ratsam erscheinen, die Dingsprache zu akzeptieren!"

Das System der Zahlen. Als Beispiel eines Systems, das logischer und nicht faktischer Natur ist, können wir das System der natürlichen Zahlen nehmen. Den sprachlichen Rahmen für dieses System konstruieren wir, indem wir in die Sprache neue Ausdrücke mit geeigneten Regeln einführen: (1) Ziffern wie „fünf" und Satzformen wie „es gibt fünf Bücher auf dem Tisch"; (2) der Allgemeinausdruck „Zahl" für die neuen Entitäten und Satzformen wie „fünf ist eine Zahl"; (3) Ausdrücke für die Eigenschaften von Zahlen (z. B. „ungerade", „prim"), Relationen (z. B. „größer als") und Funktionen (z. B. „plus") und Satzformen wie „zwei plus drei ist fünf"; (4) Zahlenvariablen („*m*", „*n*" usw.) und Quantoren für Allsätze („für jedes *n* gilt ...") und Existenzsätze („es gibt ein *n*, der Art daß ...") mit den üblichen Ableitungsregeln. Auch hier gibt es interne Fragen, z. B. „gibt es eine Primzahl, größer als 100?". Man findet hier die Antworten jedoch nicht durch empirische, auf Beobachtungen gegründete Untersuchungen, sondern durch logische Analyse, die auf den Regeln für die neuen Ausdrücke basiert. Deshalb sind die Antworten hier analytisch, d. h. logisch wahr.

Was ist nun die Natur der philosophischen Frage nach der Existenz oder Realität der Zahlen? Zunächst einmal gibt es die interne Frage, die zusammen mit der bejahenden Antwort mit Hilfe der neuen Ausdrücke formuliert werden kann, z. B. durch „es gibt Zahlen", oder in expliziterer Weise „es gibt ein *n*, derart, daß *n* eine Zahl ist". Diese Aussage folgt aus der analytischen Aussage „5 ist eine Zahl" und ist daher selbst analytisch. Überdies ist sie ziemlich trivial (im Gegensatz zu Aussagen wie „es gibt eine Primzahl größer als 1 000 000", die ebenfalls analytisch, aber durchaus nicht trivial ist), weil sie nicht mehr aussagt, als daß das neue System nicht leer ist. Aber das ersieht man unmittelbar aus der Regel, welche aussagt, daß Wörter wie „fünf" für die neuen Variablen substituierbar sind. Daher würde niemand, der die Frage „gibt es Zahlen?" im internen Sinne meinte, eine negative Antwort behaupten oder auch nur ernsthaft in Erwägung ziehen. Das macht die Annahme plausibel, daß jene Philosophen, welche die Frage nach der Existenz von Zahlen als ein ernsthaftes philosophisches Problem behandeln und langwierige Argumente für die eine oder andere Seite bringen, nicht die interne Frage im Sinn haben. Und tatsächlich, wenn wir fragen würden: „Meinen Sie die Frage, ob der Rahmen der Zahlen, *falls* man ihn annähme, als leer befunden würde oder nicht?", würden Sie wahrscheinlich antworten: „ganz und gar nicht; wir meinen eine Frage, die der Annahme des neuen Sprachrahmens *vorangeht.*" Sie könnten zu erklären versuchen, was Sie meinen, wenn Sie sagen, daß es sich um eine Frage des ontologischen Status von Zahlen handelt; die Frage, ob die Zahlen eine gewisse metaphysische charakteristische Eigenschaft, genannt Realität, besitzen (oder eine Art von idealer

Realität, die verschieden von der materiellen Realität der Dingwelt ist) oder Subsistenz oder den Status von „unabhängigen Entitäten". Unglücklicherweise haben diese Philosophen bis jetzt keine Formulierung ihrer Frage in der gebräuchlichen Sprache der Wissenschaft angegeben. Daher müssen wir das Urteil fällen, daß es ihnen nicht geglückt ist, der externen Frage und den möglichen Antworten einen kognitiven Gehalt zu geben. Solange sie nicht eine klare kognitive Interpretation liefern, erscheint unser Verdacht gerechtfertigt, daß ihre Frage eine Pseudo-Frage ist, d. h. eine Frage, die in die Form einer theoretischen Frage verkleidet ist, während sie in Wirklichkeit nicht theoretisch ist. Im hier vorliegenden Fall besteht das praktische Problem darin, ob man in die Sprache die neuen Sprachformen aufnehmen soll, welche den Sprachrahmen der Zahlen konstituieren.

Das System der Propositionen. Neue Variablen „*p*", „*q*" usw. werden mit einer Regel eingeführt, die besagt, daß jeder (Behauptungs-)Satz für eine Variable dieser Art eingesetzt werden kann; das gilt außerdem für die Sätze der ursprünglichen Dingsprache, ebenso für alle allgemeinen Sätze mit Variablen beliebiger Art, welche man in die Sprache eingeführt haben mag. Außerdem wird der Allgemeinausdruck „Proposition" eingeführt. „*p* ist eine Proposition" kann definiert werden durch „*p* oder nicht *p*" (oder durch jede andere Satzform, die nur analytische Sätze liefert). Deshalb ist jeder Satz der Form „... ist eine Proposition" (wo jeder beliebige Satz an Stelle der Punkte stehen darf) analytisch. Das gilt z. B. von dem Satz:

(*a*) „Chicago ist groß ist eine Proposition."

(Wir vernachlässigen hier die Tatsache, daß die Regeln der deutschen Grammatik verlangen, daß nicht ein Satz, sondern ein daß-Nebensatz Subjekt eines anderen Satzes ist. Demgemäß hätten wir statt (*a*) sagen sollen, „daß Chicago groß ist, ist eine Proposition".) Man kann Prädikate zulassen, deren Argumentausdrücke Sätze sind; diese Prädikate können entweder extensional sein (z. B. die herkömmlichen Wahrheitswertfunktionen) oder nicht (z. B. modale Prädikate wie „möglich", „notwendig" usw.). Mit Hilfe dieser neuen Variablen kann man quantifizierte Sätze bilden, z. B.

(*b*) „Für jedes *p* gilt entweder *p* oder nicht-*p*."

(*c*) „Es gibt ein *p*, derart, daß *p* nicht notwendig ist und nicht-*p* nicht notwendig ist."

(*d*) „Es gibt ein *p*, derart, daß *p* eine Proposition ist."

(*c*) und (*d*) sind interne Existenzbehauptungen. Die Aussage „es gibt Propositionen" kann im Sinne von (*d*) gemeint sein; in diesem Falle ist sie analytisch [weil sie aus (*a*) folgt] und sogar trivial. Wenn jedoch die Aussage in einem externen Sinn gemeint ist, dann ist sie nicht-kognitiv.

Es ist wichtig zu bemerken, daß das Regelsystem für sprachliche Ausdrücke des propositionalen Sprachrahmens (von dem hier nur einige wenige Regeln kurz angedeutet wurden) hinreichend ist für die Einführung des Rahmens. Alle weiteren Erklärungen über die Natur der Propositionen (d. h. die Elemente des angedeuteten Systems, die Werte der Variablen „*p*", „*q*" usw.) sind theoretisch unnötig, denn falls sie korrekt sind, folgen sie aus den Regeln. Sind z. B. Propositionen geistige Ereignisse (wie in Russells Theorie)? Ein Blick auf die Regeln zeigt uns, daß sie das nicht sind, denn sonst hätten Existenzaussagen die Form: „Wenn der geistige Zustand der betreffenden Person diese und jene Bedingungen erfüllt, dann gibt es ein *p* derart, daß . . .". Die Tatsache, daß keine Hinweise auf geistige Zustände in unseren Existenzaussagen [wie (*c*), (*d*) usw.] vorkommt, zeigt, daß Propositionen keine geistigen Entitäten sind. Außerdem muß eine Aussage über die Existenz sprachlicher Entitäten (z. B. Ausdrücke, Klassen von Ausdrücken usw.) einen Hinweis auf eine Sprache enthalten. Die Tatsache, daß kein derartiger Hinweis in den Existenzaussagen hier vorkommt, zeigt, daß Propositionen keine sprachlichen Entitäten sind. Die Tatsache, daß in diesen Aussagen kein Hinweis auf ein Subjekt (einen Beobachter oder Wissenden) vorkommt (nicht wie: „es gibt ein *p*, das für Herrn *X* notwendig ist"), zeigt, daß die Propositionen und ihre Eigenschaften, wie Notwendigkeit usw.) nicht subjektiv sind. Wenn auch Charakterisierungen dieser oder ähnlicher Art strenggenommen nicht notwendig sind, können sie nichtsdestoweniger praktisch nützlich sein. Wenn sie gegeben werden, sollten sie nicht als Bestandteile des Systems verstanden werden, sondern nur als Randbemerkungen, mit dem Zweck, dem Leser nützliche Hinweise zu geben oder passende bildliche Assoziationen, welche es für ihn leichter machen, als es das reine System der Regeln könnte, den Gebrauch der Ausdrücke zu erlernen. Eine derartige Charakterisierung ist einer außersystematischen Erklärung analog, die ein Physiker manchmal einem Anfänger gibt. Er könnte ihn z. B. auffordern, sich die Atome eines Gases als kleine Kugeln vorzustellen, die sich mit großer Geschwindigkeit bewegen, oder sich das elektromagnetische Feld und seine Schwingungen als quasielastische Spannungen und Schwingungen im Äther vorzustellen. Tatsächlich aber ist alles, was genau über Atome oder das Feld gesagt werden kann, implizit in den physikalischen Gesetzen der betreffenden Theorien enthalten.[3]

Das System der Dingeigenschaften. Die Dingsprache enthält Wörter wie „rot", „hart", „Stein", „Haus" usw., die für die Beschreibung der Beschaffenheit von Dingen gebraucht werden. Wir können nun neue Variablen einführen, etwa „*f*", „*g*" usw., für welche man jene Wörter einsetzen kann und überdies den Prädikatausdruck „Eigenschaft". Neue Regeln werden aufgestellt, durch welche Sätze wie die folgenden zugelassen werden: „rot ist eine Eigenschaft", „rot ist eine Farbe", „diese zwei Stückchen Papier haben zumindest eine Farbe gemeinsam" (d. h. „es gibt ein *f*, derart, daß *f* eine Farbe ist und ..."). Dieser letzte Satz ist eine interne Behauptung. Er besitzt den Charakter einer empirischen Tatsachenbehauptung. Die externe Aussage jedoch, die philosophische Aussage der Realität von Eigenschaften — ein spezieller Fall der These der Realität von Universalien — besitzt keinen kognitiven Gehalt.

Die Systeme der Zahlen und der rationalen Zahlen. In eine Sprache, die den Rahmen der natürlichen Zahlen enthält, können wir erst die (positiven und negativen) ganzen Zahlen als Relationen zwischen den natürlichen Zahlen einführen und dann die rationalen Zahlen als Relationen zwischen den ganzen Zahlen. Das bringt die Einführung von neuen Typen von Variablen mit sich und die Einführung von Ausdrücken, die man für sie einsetzen kann und die Einführung der Prädikatausdrücke „ganze Zahlen" und „rationale Zahlen".

Das System der reellen Zahlen. Auf der Grundlage der rationalen Zahlen können die reellen Zahlen als Klassen bestimmter

Art (Abschnitte) von rationalen Zahlen eingeführt werden (nach der von Dedekind und Frege entwickelten Methode). Hier wird wieder ein neuer Typ von Variablen eingeführt und Ausdrücke, die für sie substituierbar sind (z. B. „$\sqrt{2}$“) und der Prädikat-Ausdruck „reelle Zahl“.

Das raum-zeitliche Koordinatensystem für die Physik. Die neuen Entitäten sind die Raum-Zeit-Punkte. Jeder ist ein geordnetes Quadrupel von vier reellen Zahlen, die seine Koordination genannt werden und aus drei räumlichen und einer zeitlichen Koordinate bestehen. Der physikalische Zustand eines raum-zeitlichen Punktes oder eines Gebietes wird entweder mit Hilfe von qualitativen Prädikaten (z. B. „heiß“) beschrieben oder dadurch, daß man Zahlen einer physikalischen Größe als Werte zuordnet (z. B. Masse, Temperatur u. dgl.). Der Schritt vom System der Dinge (das nicht Raum-Zeit-Punkte enthält, sondern nur ausgedehnte Gegenstände, zwischen denen räumliche und zeitliche Relationen gelten) zu dem physikalischen Koordinatensystem ist wieder eine Frage der Entscheidung. Unsere Wahl gewisser Eigenschaften ist, wenn sie auch selbst nicht theoretischer Natur ist, so doch durch theoretisches Wissen nahegelegt, sei die nun logisch oder faktisch. Z. B. ist die Wahl von reellen Zahlen, im Gegensatz zu rationalen Zahlen oder ganzen Zahlen als Koordination, nicht so sehr durch die Tatsachen der Erfahrung beeinflußt, sondern hauptsächlich auf mathematische Einfachheitsüberlegungen zurückzuführen. Eine Beschränkung auf rationale Koordinaten würde nicht im Konflikt mit irgendwelchen Experimenten stehen, denn das Resultat jeder Messung ist eine rationale Zahl. Aber es würde uns daran hindern, die gewöhnliche Geometrie anzuwenden (die z. B. besagt, daß die Diagonale des Quadrates mit der Seitenlänge 1, die irrationale Länge $\sqrt{2}$ besitzt) und so zu großen Komplikationen führen. Andererseits wird uns die Entscheidung, drei und nicht zwei oder vier Raum-Koordinaten zu benützen, durch die Ergebnisse einfacher Beobachtungen stark nahegelegt, wenn auch durchaus nicht aufgezwungen. Wenn gewisse angeblich in spiritistischen Séancen beobachtete Ereignisse, z. B. die Bewegung einer Kugel aus einem verschlossenen Kasten, so bestätigt würden, daß man vernünftigerweise nicht mehr daran zweifeln könnte, dann könnte es ratsam erscheinen, vier Koordinaten zu benützen. Interne Fragen sind hier im allgemeinen empirische Fragen, die durch empirische Untersuchungen zu beantworten sind. Die externen Fragen andererseits nach der Realität des physikalischen Raumes und der physikalischen Zeit sind Pseudo-Fragen. Eine Frage wie „gibt es (wirklich) Raum-Zeit-Punkte?" ist zweideutig. Sie kann als interne Frage gemeint sein; dann ist die bejahende Antwort natürlich analytisch und trivial. Oder sie kann im externen Sinn gemeint sein; „Sollen wir diese oder jene Ausdrucksform in unsere Sprache einführen?"; in diesem Fall handelt es sich nicht um eine theoretische, sondern um eine praktische Frage, eine Frage der Entscheidung und nicht um eine Behauptung. Daher wäre die vorgebrachte Formulierung irreführend. Oder sie könnte schließlich auch in dem folgenden Sinne gemeint sein: „Sind unsere Erfahrungen so beschaffen, daß der Gebrauch der betreffenden Sprachformen nützlich und fruchtbar sein wird?" Das ist eine theoretische Frage, faktischer, empirischer Natur. Aber sie betrifft ein graduelles Problem; deshalb wäre die Formulierung der Form „real oder nicht?" inadäquat.

3. Was bedeutet die Annahme einer Art von Entitäten?

Fassen wir nun die wesentlichen Eigenschaften von Situationen zusammen, in denen neue Arten von Entitäten eingeführt werden, Eigenschaften, die den verschiedenen oben skizzierten Beispielen gemeinsam sind.

Die Annahme einer neuen Art von Entitäten wird in der Sprache durch die Einführung eines Rahmens von neuen Formen von Ausdrücken dargestellt, die gemäß einem neuen Satz von Regeln zu verwenden sind. Es mag neue Namen für bestimmte Entitäten der betreffenden Art geben; aber einige solcher Namen können auch schon in der Sprache bestehen, bevor man diese neuen Namen in diesen Rahmen einführt. (So enthält z. B. die Dingsprache sicher Worte von der Art „blau" und „Haus", bevor der Sprachrahmen der Eigenschaften eingeführt wird; und sie wird Wörter wie „zehn" in Sätzen der Form „ich habe zehn Finger" enthalten, bevor der Sprachrahmen der Zahlen eingeführt ist.) Die letztere Tatsache zeigt, daß das Vorkommen von Konstanten der betreffenden Art — wenn man sie als Namen von Entitäten der neuen Art betrachtet, nachdem der neue Rahmen eingeführt ist — nicht ein sicheres Zeichen des Akzeptierens der neuen Art von Entitäten ist, Deshalb ist die Einführung solcher Konstanten nicht als wesentlicher Schritt bei der Einführung des Rahmens zu betrachten. Die zwei wesentlichen Schritte sind vielmehr die folgenden: erstens die Einführung eines Prädikatausdruckes, eines Prädikats höherer Stufe für die neue Art von Entitäten, die uns für jede einzelne Entität zu sagen gestattet, daß sie zu dieser Art gehöre (z. B. „rot ist eine *Eigenschaft*", „fünf ist eine *Zahl*"), und zweitens die Einführung von Variablen der neuen Art.[4] Mit Hilfe der Variablen können allgemeine Sätze über die neuen Entitäten formuliert werden.

Nachdem die neuen Formen in die Sprache eingeführt sind, ist es möglich, mit ihrer Hilfe interne Fragen und mögliche Antworten auf sie zu formulieren. Eine Frage dieser Art kann entweder empirisch oder logisch sein; demgemäß ist eine wahre Antwort entweder faktisch wahr oder analytisch.

Von den internen Fragen muß man klar die externen Fragen unterscheiden, d. h. die philosophischen Fragen nach der Existenz oder Realität des ganzen Systems der neuen Entitäten. Viele Philosophen betrachten eine Frage dieser Art als eine ontologische Frage, die gestellt und beantwortet werden muß, *bevor* die neuen Sprachformen eingeführt werden. Diese Einführung ist, so glauben sie, nur dann legitim, wenn sie durch eine ontologische Einsicht gerechtfertigt werden kann, die eine bejahende Antwort auf die Frage der Realität liefert. Im Gegensatz zu dieser Ansicht vertreten wir die Position, daß die Einführung von neuen Redeweisen keiner theoretischen Rechtfertigung bedarf, weil sie keine Realitätsbehauptung impliziert. Wir können weiterhin von „der Annahme der neuen Entitäten" sprechen (und haben das auch getan) da diese Redeweise üblich ist; aber man darf nicht vergessen, daß dieser Ausdruck für uns nicht mehr bedeutet als die Annahme des neuen Sprachrahmens, d. h. der neuen linguistischen Formen. Vor allem darf der Ausdruck nicht derart aufgefaßt werden, daß er eine Annahme, einen Glauben oder eine Behauptung der „Realität der Entitäten" enthalte.

Es gibt keine solchen Behauptungen. Eine angebliche Behauptung der Realität des Systems von Entitäten ist eine Pseudo-Aussage ohne kognitiven Gehalt. Natürlich stehen wir an diesem Punkt einer wichtigen Frage gegenüber; das ist die Frage, ob wir die neuen Sprachformen annehmen sollen oder nicht. Die Annahme kann nicht als wahr oder falsch angesprochen werden, weil sie keine Behauptung ist. Sie kann nur als mehr oder weniger nützlich, fruchtbar oder geeignet für den Zweck aufgefaßt werden, für den die Sprache intendiert ist. Urteile dieser Art liefern die Motivierung für die Entscheidung über die Annahme oder Verwerfung der betreffenden Art von Entitäten.[5]

Daher ist klar, daß man nicht glauben darf, daß die Annahme eines sprachlichen Rahmens eine metaphysische Doktrin über die Realität der fraglichen Entitäten impliziere. Es scheint mir eine Folge der Vernachlässigung dieser Unterscheidung zu sein, daß einige zeitgenössische Nominalisten die Zulassung von Variablen abstrakter Typen als „Platonismus" ansprechen.[6] Das ist, gelinde ausgedrückt, eine äußerst irreführende Terminologie. Sie führt zu der absurden Konsequenz, daß jeder, der die Sprache der Physik akzeptiert, mit ihren Variablen für reelle Zahlen (als Sprache der Verständigung, nicht als bloßen Kalkül) Platonist genannt würde, auch wenn er ein strenger Empirist wäre, der die platonische Metaphysik ablehnt.

Hier sei eine kurze historische Bemerkung eingefügt. Der nichtkognitive Charakter der Fragen, die wir hier externe Fragen genannt haben, wurde schon durch den Wiener Kreis unter der Führung von Moritz Schlick betont, das war jene Gruppe, von der die Bewegung des logischen Empirismus ausging. Durch die Ideen von Ludwig Wittgenstein beeinflußt, lehnte der Kreis sowohl die These der Realität der Außenwelt wie auch die These ihrer Irrealität als Pseudo-Aussagen ab;[7] das gleiche galt für die These der Realität der Universalien (der abstrakten Entitäten in unserer hier verwendeten Terminologie) und auch die nominalistische These, daß sie nicht real sind und daß ihre vorgeblichen Namen nicht Namen von etwas seien, sondern nur flatus vocis. (Es ist klar, daß die scheinbare Negation einer Pseudo-Aussage auch eine Pseudo-Aussage sein muß.) Es ist daher nicht korrekt, die Mitglieder des Wiener Kreises als Nominalisten zu klassifizieren, wie dies manchmal gemacht wird. Wenn wir aber unser Augenmerk auf die zugrundeliegende anti-metaphysische und pro-wissenschaftliche Haltung der meisten Nominalisten richten (und das gleiche gilt für viele Materialisten und Realisten im modernen Sinne) und über ihre gelegentlichen pseudo-theoretischen Formulierungen hinwegsehen, dann ist es natürlich wahr, wenn man sagt, daß der Wiener Kreis diesen Philosophen viel näherstand als ihren Gegenspielern.

4. Abstrakte Entitäten in der Semantik

Das Problem der Legitimität und des Status der abstrakten Entitäten hat in jüngster Zeit im Zusammenhang mit der Semantik wieder zu Kontroversen geführt. Bei einer semantischen Bedeutungsanalyse sagt man oft, daß gewisse Ausdrücke einer Sprache gewisse außerlogische Entitäten bezeichnen (oder benennen oder bedeuten oder sich auf sie beziehen).[8] Solange physikalische Dinge oder Ereignisse (z. B. Chicago oder Cäsars Tod) als Designata (bezeichnete Entitäten) genommen werden, können sich keine ernsthaften Zweifel ergeben. Jedoch gegen abstrakte Entitäten als Designata sind, besonders von einigen Empiristen, starke Einwendungen gemacht worden; d. h. gegen semantische Aussagen der folgenden Art:

(1) „Das Wort 'rot' bezeichnet eine Eigenschaft von Dingen";
(2) „Das Wort 'Farbe' bezeichnet eine Eigenschaft von Eigenschaften von Dingen";
(3) „Das Wort 'fünf' bezeichnet eine Zahl";
(4) „Das Wort 'ungerade' bezeichnet eine Eigenschaft von Zahlen";
(5) „Der Satz 'Chicago ist groß' bezeichnet eine Proposition".

Diejenigen, die diese Aussagen kritisieren, sind natürlich nicht gegen den Gebrauch der betreffenden Ausdrücke, wie „rot" oder „fünf"; sie würden auch nicht abstreiten, daß diese Ausdrücke sinnvoll sind, aber sinnvoll sein, würden sie sagen, ist nicht das gleiche wie einen Sinn besitzen im Sinne einer bezeichneten Entität. Sie stellen sich gegen die Ansicht, die, wie sie glauben, in jenen semantischen Aussagen implizit vorausgesetzt wird, daß jedem Ausdruck der betreffenden Typen (Adjektiven wie „rot", Zahlen wie „fünf" usw.) eine bestimmte reale Entität entspricht, zu welchem der Ausdruck in der Bezeichnungsrelation steht. Diese Ansicht wird als unvereinbar mit den Grundprinzipien des Empirismus und des wissenschaftlichen Denkens abgelehnt. Man versieht sie mit abwertenden Bezeichnungen, wie „platonischer Realismus", „Hypostatisierung" oder „'Fido'-Fido-Prinzip". Das letztere ist der Name, den Gilbert Ryle [Meaning] der kritisierten Ansicht gibt, die seiner Meinung nach sich durch einen naiven Analogieschluß ergibt: Genauso wie es eine mir gut bekannte Entität gibt, nämlich meinen Hund Fido, der durch den Namen „Fido" bezeichnet wird, ebenso muß es für jeden sinnvollen Ausdruck eine bestimmte Entität geben, die zu ihr in der Bezeichnung — oder Namensrelation steht, d. h. der durch 'Fido'-Fido exemplifizierten Relation. Die kritisierte Ansicht ist also ein Fall der Hypostatisierung: d. h. Ausdrücke werden als Namen behandelt, die gar keine Namen sind. Während „Fido" ein Name ist, kann man dies von Ausdrücken wie „rot", „fünf" usw. nicht sagen, sie bezeichnen nichts.

Unsere obige Diskussion über die Annahme von Sprachrahmen versetzt uns nun in die Lage, die Situation in bezug auf abstrakte Entitäten als Designata zu klären. Nehmen wir als Beispiel die Aussage:

(*a*) „'fünf' bezeichnet eine Zahl."

Die Formulierung dieser Aussage setzt voraus, daß unsere Sprache L jene Ausdrucksformen enthält, die wir den Rahmen der Zahlen genannt haben, insbesondere Zahlenvariablen und den Prädikatausdruck „Zahl". Wenn L diese Formen enthält, dann ist die folgende Aussage analytisch in L:

(*b*) „fünf ist eine Zahl."

Weiterhin muß L, um die Aussage (*a*) möglich zu machen, einen Ausdruck wie „bezeichnet" oder „ist ein Name von" für die semantische Relation der Bezeichnung enthalten. Wenn man geeignete Regeln für diesen Ausdruck festlegt, ist das folgende auch analytisch:

(*c*) „'fünf' bezeichnet fünf."

(Allgemein gesprochen ist jeder Ausdruck der Form „'...' bezeichnet . . ." eine analytische Aussage, vorausgesetzt, der Ausdruck „. . ." ist eine Konstante in einem akzeptierten Sprachrahmen. Wenn diese letztere Bedingung nicht erfüllt ist, dann ist der Ausdruck keine Aussage.) Da (*a*) aus (*c*) und (*b*) folgt, ist (*a*) auch analytisch. Daher ist klar: *Wenn* jemand den Rahmen der Zahlen akzeptiert, dann muß er (*c*) und (*b*) und daher auch (*a*) als wahre Aussagen anerkennen. Ganz allgemein, wenn jemand einen Sprachrahmen für eine gewisse Art von Entitäten annimmt, dann muß er diese Entitäten als mögliche Designata zulassen. Die Frage der Zulässigkeit von Entitäten eines gewissen Typs oder von abstrakten Entitäten im allgemeinen als Designata reduziert sich auf die Frage der Akzeptierbarkeit des sprachlichen Rahmens für diese Entitäten. Beide, die nominalistischen Kritiker, welche Ausdrücken wie „rot", „fünf" usw. den Status von Designatoren oder Namen verweigern, weil sie die Existenz abstrakter Entitäten leugnen, wie auch die Skeptiker, die Zweifel in bezug auf deren Existenz haben und Beweise dafür verlangen, behandeln die Frage der Existenz als eine theoretische Frage. Sie denken natürlich nicht an die interne Frage; die bejahende Antwort auf *diese* Frage ist analytisch und trivial und, wie wir gesehen haben, zu selbstverständlich, um einen Zweifel oder eine Ablehnung zu gestatten. Ihre Zweifel beziehen sich vielmehr auf das System der Entitäten selbst; d. h. sie meinen die externe Frage. Sie glauben, daß man nur, nachdem man sich vergewissert hat, daß es wirklich ein System von Entitäten der fraglichen Art gibt, eine Rechtfertigung dafür besitzt, den Rahmen zu akzeptieren, indem man seine sprachlichen Formen in unsere Sprache aufnimmt. Wir haben aber gesehen, daß die externe Frage nicht eine theoretische Frage ist, sondern vielmehr die praktische Frage, ob man jene sprachlichen Formen annehmen soll oder nicht. Diese Annahme bedarf keiner theoretischen Rechtfertigung (es sei denn im Hinblick auf die Leistungsfähigkeit und Fruchtbarkeit), da sie keine Behauptung oder Vermutung impliziert. Ryle sagt, daß das „Fido"-Fido-Prinzip eine „groteske Theorie" ist. Grotesk oder nicht, Ryle hat nicht recht, wenn er es eine Theorie nennt. Es handelt sich vielmehr um die praktische Entscheidung, gewisse Sprachrahmen zu akzeptieren. Vielleicht hat Ryle für jene, die er als frühere Vertreter des Prinzips erwähnt, nämlich John Stuart

Mill, Frege und Russell historisch recht. Wenn diese Philosophen die Annahme eines Systems von Entitäten als eine Theorie, als eine Behauptung betrachteten, dann waren sie Opfer der gleichen, alten metaphysischen Konfusion. Aber es ist sicher falsch, *meine* semantische Methode aufzufassen, als enthielte sie einen Glauben an die Realität von abstrakten Entitäten. Denn ich lehne eine These dieser Art als eine metaphysische Pseudo-Aussage ab.

Die Kritiker des Gebrauchs von abstrakten Entitäten in der Semantik übersehen den grundsätzlichen Unterschied zwischen der Annahme eines Systems von Entitäten und einer internen Behauptung, z. B. einer Behauptung, daß es Elefanten oder Elektronen gibt oder Primzahlen, die größer sind als eine Million. Gewiß ist jeder, der eine interne Behauptung aufstellt, verpflichtet, sie dadurch zu rechtfertigen, daß er Beweise anführt; empirische Daten im Falle von Elektronen, einen logischen Beweis im Falle der Primzahlen. Die Forderung nach einer theoretischen Rechtfertigung, die im Falle von internen Behauptungen durchaus korrekt ist, wird manchmal auf die Annahme eines Systems von Entitäten in falscher Weise angewendet. So verlangt z. B. Ernest Nagel (in [Review]) nach Beweismaterial, „das dafür relevant ist, daß man mit Berechtigung behaupten kann, daß es solche Entitäten wie Infinitesimalien oder Propositionen gibt“. Er charakterisiert das in diesen Fällen erforderliche Beweismaterial — zum Unterschied zum empirischen Beweismaterial im Falle der Elektronen — als „in einem weiten Sinne logisch und dialektisch“. Darüber hinaus gibt es aber keine Andeutung darüber, was man als relevantes Beweismaterial betrachten sollte. Einige Nominalisten betrachten die Annahme von abstrakten Entitäten als eine Art von Aberglauben oder Mythos, man bevölkert die Welt mit fiktiven oder zumindest zweifelhaften Entitäten, analog den Zentauren oder Dämonen. Hier zeigt sich wieder die erwähnte Konfusion, denn ein Aberglaube oder eine Mythe ist eine falsche (oder zweifelhafte) interne Aussage.

Nehmen wir als Beispiel die natürlichen Zahlen als Kardinalzahlen, d. h. in Kontexten wie „hier sind 3 Bücher“. Die sprachlichen Formen des sprachlichen Rahmens der Zahlen, welche Variablen und den Prädikatausdruck „Zahl“ umfassen, werden allgemein in unserer gewöhnlichen Verständigungssprache benützt; und es ist leicht, explizite Regeln für ihren Gebrauch zu formulieren. Die logischen Eigenschaften dieses sprachlichen Rahmens sind also hinreichend klar (während viele interne Fragen, d. h. arithmetische Fragen natürlich noch offen sind). Trotzdem geht die Kontroverse über die externe Frage der ontologischen Realität des Systems der Zahlen weiter. Nehmen wir an, daß ein Philosoph sagt: „Ich glaube, daß es Zahlen als reale Entitäten gibt. Das verleiht mir das Recht, die sprachlichen Formen des sprachlichen Rahmens für Zahlen zu gebrauchen und semantische Aussagen über Zahlen als Designata von Ziffern zu machen." Sein nominalistischer Gegner antwortet: „das ist falsch; es gibt keine Zahlen. Die Ziffern kann man zwar immer noch als sinnvolle Ausdrücke benützen. Aber sie sind nicht Namen; es gibt keine Entitäten, die durch sie bezeichnet werden. Daher darf man das Wort 'Zahl' und Zahlenvariablen nicht benützen (falls man nicht eine Methode findet, sie als bloße Abkürzungen einzuführen, eine Übersetzung für sie in die nominalistische Dingsprache)." Ich kann mir kein mögliches Beweismaterial vorstellen, das von beiden Philosophen als relevant betrachtet würde und daher, wenn man es tatsächlich fände, den Streit entscheiden oder wenigstens eine der einander entgegenstehenden Thesen mehr wahrscheinlich machen würde als die andere. (Zahlen als Klassen oder Eigenschaften zweiter Stufe zu konstruieren — nach der Frege-Russell-Methode — würde natürlich den Streit nicht beseitigen, denn der erste Philosoph würde die Existenz des Systems der Klassen oder Eigenschaften zweiter Stufe bejahen und der zweite würde sie verneinen.) Deshalb sehe ich mich gezwungen, die externe Frage als eine Pseudofrage zu betrachten, solange nicht beide Parteien des Streites eine gemeinsame Interpretation der Frage als eine kognitive Frage liefern. Dazu würde eine Andeutung des möglichen Beweismaterials gehören, das von beiden Seiten als relevant betrachtet würde.

Es gibt eine bestimmte Art von Fehlinterpretation der Annahme von abstrakten Entitäten in verschiedenen Gebieten der Wissenschaft und in der Semantik. Gewisse frühe englische Empiristen (z. B. Berkeley und Hume) leugneten die Existenz abstrakter Entitäten mit dem Argument, daß uns die unmittelbare Erfahrung nur Partikularien, keine Universalien liefere: z. B. diesen roten Fleck, aber nicht Röte oder Farbe-im-Allgemeinen, dieses gleichseitige Dreieck, aber nicht gleichseitige Dreieckigkeit oder Dreieckigkeit-im-Allgemeinen. Nur Entitäten, die zu einem Typ gehören, von dem man Beispiele im Bereich der unmittelbaren Erfahrung finden kann, könnte man als letzte Bausteine der Realität akzeptieren. Daher könnte nach dieser Denkweise die Existenz von abstrakten Entitäten nur dann behauptet werden, wenn man entweder zeigen könnte, daß einige abstrakte Entitäten in das unmittelbar Gegebene fallen, oder daß die abstrakten Entitäten mit Hilfe der Typen von Entitäten definiert werden können, die gegeben sind. Da diese Empiristen innerhalb der Welt der Sinnesdaten keine abstrakten Entitäten finden, leugnen sie entweder deren Existenz oder starten einen vergeblichen Versuch, Universalien mit Hilfe von Partikularien zu definieren. Einige zeitgenössische Philosophen, insbesondere englische Philosophen, die Bertrand Russell folgen, denken in einer grundsätzlich ähnlichen Weise. Sie betonen die Unterscheidung zwischen den Daten (das was im Bewußtsein unmittelbar gegeben ist, z. B. Sinnesdaten, unmittelbar vergangene Erfahrungen usw.) und den Konstrukten, die auf den Daten basieren. Existenz oder Realität wird nur den Daten zugeschrieben; die Konstrukte sind nicht reale Entitäten; die entsprechenden sprachlichen Ausdrücke sind nur Redeweisen und bezeichnen nicht wirklich etwas (das erinnert an den *flatus vocis*). Wir werden hier diese allgemeine Auffassung nicht kritisieren. (Soweit sie ein Auswahlprinzip für Entitäten ist, das ontologische, phänomenalistische und nominalistische Pseudo-Aussagen beiseite schiebt, kann es keinen theoretischen Einwand dagegen geben.) Aber wenn diese Auffassung zu der Ansicht führt, daß andere Philosophen oder Wissenschaftler, die abstrakte Entitäten akzeptieren, damit deren Auftreten als unmittelbare Daten behaupten oder implizieren, dann muß eine solche Auffassung als Fehlinterpretation zurückgewiesen werden. Bezugnahme auf Raum-Zeit-Punkte, das elektromagnetische Feld oder Elektronen in der Physik, auf reelle oder komplexe Zahlen und ihre Funktionen in der Mathematik, auf das Erregungspotential oder unbewußte Komplexe in der Psychologie, auf inflatorische Tendenzen in der Wirtschaft u. dgl. implizieren nicht die Behauptung, daß derlei Entitäten als unmittelbare Daten auftreten. Und das gleiche gilt für den Bezug auf abstrakte Entitäten als Designata in der Semantik. Einige kritische Äußerungen englischer Philosophen gegen derartige Bezugnahmen erwecken den Eindruck, daß sie, vermutlich wegen der eben erwähnten Fehlinterpretation, den Semantiker nicht so sehr einer schlechten Metaphysik bezichtigen (wie dies einige Nominalisten tun), sondern einer schlechten Psychologie. Die Tatsache, daß sie eine semantische Methode, die abstrakte Entitäten gebraucht, nicht als zweifelhaft und vielleicht falsch, sondern als offensichtlich absurd betrachten, als lächerlich und grotesk, und daß sie Entsetzen und tiefen Abscheu gegenüber dieser Methode zeigen, ist vielleicht durch eine Fehlinterpretation der beschriebenen Art zu erklären. In Wirklichkeit behauptet der Semantiker weder direkt, noch in indirekter Weise, daß die abstrakten Entitäten, auf die er sich bezieht, durch Empfindung oder eine Art rationaler Intuition als unmittelbar gegeben erfahren werden können. Eine Behauptung dieser Art wäre in der Tat sehr zweifelhafte Psychologie. Die psychologische Frage, welche Arten von Entitäten als unmittelbare Daten auftreten und welche nicht, ist völlig irrelevant für die Semantik, wie sie es auch im Hinblick auf die erwähnten Beispiele für die Physik, die Mathematik und die Volkswirtschaft ist.[9]

5. *Ergebnis*

Für diejenigen, die semantische Methoden verwenden oder entwickeln wollen, ist die entscheidende Frage nicht die angeblich ontologische Frage der Existenz von abstrakten Entitäten, sondern vielmehr die Frage, ob der Gebrauch von abstrakten sprachlichen Formen oder, technisch ausgedrückt, der Gebrauch von Variablen für etwas anderes als für Dinge (oder phänomenale Daten) leistungsfähig und fruchtbar im Hinblick auf jene Zwecke ist, denen die semantischen Analysen dienen, d. h. die Analyse, Interpretation, Klärung oder Konstruktion von Mitteilungssprachen, insbesondere von Wissenschaftssprachen. Diese Frage wird hier weder entschieden noch überhaupt diskutiert. Das ist nicht einfach eine Frage von ja oder nein, sondern etwas Graduelles. Von den Philosophen, die semantische Analysen durchgeführt und sich Gedanken über geeignetes Werkzeug für diese Arbeit gemacht haben, beginnend mit Plato und Aristoteles oder in mehr technischer Weise auf der Grundlage der modernen Logik, angefangen mit C. S. Peirce und Frege, hat die große Mehrheit abstrakte Entitäten angenommen. Das beweist natürlich nichts. Schließlich ist die Semantik in technischem Sinne immer noch am Anfang ihrer Entwicklung und wir müssen mit der Möglichkeit grundsätzlicher Änderungen in den Methoden rechnen. Geben wir also zu, daß die nominalistischen Kritiker vielleicht recht haben. Aber wenn das so ist, werden sie bessere Argumente vorbringen müssen als bisher. Berufung auf eine ontologische Einsicht wird nicht viel Gewicht haben. Die Kritiker werden zu zeigen haben, daß es möglich ist, eine semantische Methode aufzubauen, die jeden Bezug auf abstrakte Entitäten vermeidet und mit einfacheren Mitteln im wesentlichen das gleiche Resultat erreicht wie die anderen Methoden.

Die Annahme oder Ablehnung abstrakter Sprachformen wird genau wie die Annahme oder Ablehnung von anderen Sprachformen in irgendeinem Zweig der Wissenschaft letzten Endes nach ihrer Leistungsfähigkeit als Instrument entschieden werden, nach dem Verhältnis der erreichten Resultate zum Maß und zur Schwierigkeit der nötigen Arbeit. Dogmatische Verbote gewisser sprachlicher Formen auszusprechen, anstatt sie auf ihren Erfolg oder ihr Versagen beim praktischen Gebrauch zu prüfen, ist schlechter als nutzlos; es ist absolut schädlich, denn es kann wissenschaftlichen Fortschritt verhindern. Die Geschichte der Wissenschaften zeigt Beispiele solcher Verbote, die auf Vorurteilen beruhten, welche aus religiösen, mythologischen, metaphysischen oder anderen irrationalen Quellen kamen und welche die Entwicklung für kürzere oder längere Zeit verlangsamten. Lernen wir aus der Geschichte. Wir sollten denen, die in einem speziellen Gebiet der Forschung arbeiten, die Freiheit zugestehen, jede Ausdrucksform zu gebrauchen, die ihnen nützlich erscheint; die Arbeit in dem Gebiet wird früher oder später zur Elimination jener Formen führen, die keine nützliche Funktion besitzen. *Seien wir vorsichtig im Aufstellen von Behauptungen und kritisch bei ihrer Untersuchung, aber tolerant, wenn es um die Zulassung von Sprachformen geht.*

Literaturhinweise

[auf diejenigen Arbeiten, die Carnap in den Anmerkungen des vorliegenden Beitrags nur mit Titelabkürzungen zitiert].

Quine, W. V. [Designation.] Designation and Existence, *J. Phil.*, 36 (1939), 702—9.

—. [Notes] Notes on Existence and Necessity, *J. Phil.*, 40 (1943), 113—27. Wiederabgedruckt in: Linsky, L. (Hrsg.), Semantics and the Philosophy of Language, Urbana 1952.

—. [Universals] On Universals, *J. Symb. Logic*, 12 (1947), 74—84. Vgl. in diesem Sammelband S. 84.

—. [What] On What There Is, *Review of Metaphysics*, 2 (1948), 21—38. Wiederabgedruckt in [Logical] und in: Linsky, L. (Hrsg.), Semantics and the Philosophy of Language, Urbana 1952. Vgl. in diesem Sammelband S. 102.

—. [Semantics] Semantics and Abstract Objects, *Proc. Amer. Acad. of Arts and Sciences*, 80 (1951), 90—96. Vgl. in diesem Sammelband S. 124. Teilweise wiederabgedruckt in [Logical].

—. [Logical] *From a Logical Point of View: Nine Logico-Philosophical Essays.* Cambridge, Mass., 1953.

G. Ryle [Meaning], Meaning and Necessity, *Philosophy*, 24 (1949), 69—76.

E. Nagel [Review], Review of Carnap *Meaning and Necessity*, *J. Phil.*, 45 (1948), 467—72.

Anmerkungen

[1] Ich habe hier einige kleinere Formulierungsänderungen vorgenommen, so daß der Ausdruck „Rahmen" jetzt nur für das System der sprachlichen Ausdrücke verwendet wird und nicht für das System der betreffenden Entitäten.

[2] Die Ausdrücke „Satz" und „Aussage" werden hier synonym für Behauptungs- (indikative, propositionale) Sätze verwendet.

[3] In meinem Buch *Meaning and Necessity* (Chicago, 1947) habe ich eine semantische Methode entwickelt, welche Propositionen als Entitäten annimmt, die durch Sätze bezeichnet werden (genauer, als Intensionen von Sätzen). Um das Verständnis der systematischen Entwicklung zu erleichtern, habe ich dort einige informelle, außersystematische Erklärungen über die Natur der Propositionen hinzugefügt. Ich sagte, daß der Ausdruck „Proposition" „weder für einen sprachlichen Ausdruck noch für ein subjektives, geistiges Vorkommnis benützt wird, sondern vielmehr für etwas

Objektives, das in der Natur exemplifiziert sein kann oder nicht. ... Wir wenden den Ausdruck 'Proposition' auf beliebige Entitäten eines gewissen logischen Typs an, nämlich jene, die durch (Behauptungs-)sätze in einer Sprache ausgedrückt werden" (S. 27). Nach einigen ausführlicheren Erörterungen der Relation zwischen Propositionen und Tatsachen und über die Natur falscher Propositionen fügte ich hinzu: „Es war der Zweck der vorhergehenden Bemerkungen, das Verständnis unserer Auffassung von Propositionen zu erleichtern. Wenn aber ein Leser diese Erklärungen mehr verwirrend als klärend empfinden sollte, dann braucht er ihnen keine Beachtung zu schenken" (S. 31) (d. h. man soll diese außersystematischen Erklärungen nicht beachten; aber nicht die ganze Theorie der Propositionen als Intensionen von Sätzen, wie ein Rezensent verstand). Trotz dieser Warnung scheint es, daß einige jener Leser, die durch die Erklärungen in Verwirrung gebracht wurden, sich nicht von ihnen freimachten, sondern dachten, daß man durch Einwände gegen sie die Theorie widerlegen könnte. Das ist analog dem Vorgehen einiger Laien, die glauben, sie können gewisse physikalische Theorien widerlegen, wenn sie (in korrekter Weise) das Äther-Bild oder andere Veranschaulichungen der physikalischen Theorien kritisieren. Vielleicht werden die Erörterungen in der vorliegenden Arbeit helfen, einerseits die Rolle des Systems sprachlicher Regeln für die Einführung eines sprachlichen Rahmens für Entitäten zu klären und andererseits die Rolle außersystematischer Erklärungen über die Natur von Entitäten.

[4] W. V. Quine war der erste, der die Bedeutung der Einführung von Variablen als Indikatoren der Annahme von Entitäten erkannte. „Die Ontologie, auf die einen der eigene Sprachgebrauch festlegt, besteht einfach aus den Gegenständen, die man als in den Wertbereich der Variablen fallend behandelt" ([Notes], S. 118; vgl. auch sein [Designation] und [Universals]).

[5] Für einen nah verwandten Standpunkt in diesen Fragen vgl. die detaillierten Diskussionen in Herbert Feigl, "Existential Hypotheses", *Philosophy of Science*, 17 (1950), 35—62.

[6] Paul Bernays, „Über den Platonismus in der Mathematik" (*L'Enseignement math.*, 34 [1935], 52—69 [vgl. in diesem Sammelband S. 64 ff.]). W. V. Quine, vgl. eine frühere Anmerkung und eine neuere Arbeit (What). Quine erkennt die Unterscheidung, die ich oben betonte, nicht an, denn nach seiner allgemeinen Auffassung gibt es keine scharfen Grenzlinien zwischen logischer und faktischer Wahrheit, zwischen Fragen des Sinns und Tatsachenfragen, zwischen dem Akzeptieren einer Sprachstruktur und dem Akzeptieren einer Behauptung, die *in* der Sprache formuliert ist. Diese Auffassung, die beträchtlich von herkömmlichen Denkweisen ab-

zuweichen scheint, wird in seinem Artikel (Semantics) erklärt. Wenn Quine im Artikel (What) meine logistische Konzeption der Mathematik (die von Frege und Russell abgeleitet ist) als „Platonischen Realismus" klassifiziert (S. 33), so ist das (nach einer persönlichen Mitteilung von ihm) nicht so gemeint, daß er mir eine Übereinstimmung mit Platos metaphysischer Universalien-Lehre zuschreibt, sondern nur als Hinweis auf die Tatsache, daß ich eine Sprache der Mathematik akzeptiere, die Variablen höherer Stufen enthält. In bezug auf die Grundhaltung, die man bei der Wahl einer Sprachform (einer „Ontologie" nach Quines Terminologie, die mir irreführend zu sein scheint) einnehmen soll, scheint nun zwischen uns Übereinstimmung vorzuliegen: „der selbstverständliche Rat ist Toleranz und experimenteller Geist" ([What], S. 38).

[7] Vgl. Carnap, *Scheinprobleme in der Philosophie; das Fremdpsychische und der Realismusstreit,* Berlin, 1928. Moritz Schlick, *Positivismus und Realismus,* wiederabgedruckt in: *Gesammelte Aufsätze,* Wien, 1938.

[8] Vgl. (1); *Meaning and Necessity* (Chicago, 1947). Die Unterscheidung, die ich in letzterem Buch zwischen der Methode der Namensrelation und der Methode der Intension und Extension getroffen habe, ist für unsere augenblickliche Diskussion nicht wesentlich. Der Ausdruck „Bezeichnung" wird im vorliegenden Artikel in einer neutralen Weise gebraucht; er kann verstanden werden als Hinweis auf die Namens-Relation oder die Intensions-Relation oder die Extensions-Relation oder irgendwelche andere ähnliche Relationen, die bei anderen semantischen Methoden gebraucht werden.

[9] Wilfrid Sellars ("Acquaintance and Description Again", in *Journal of Philosophy,* 46 [1949], 496—504; vgl. S. 502 f.) analysiert in klarer Weise die Wurzeln des Fehlers, „die Designations-Relation einer semantischen Theorie für eine Rekonstruktion des *In-einer-Erfahrung-präsent-Seins*" zu halten.

QUELLENVERZEICHNIS

Bertrand Russell, Kennzeichnen

Bertrand Russell, "On Denoting." Reprinted by permission of the Author and original publisher from *Mind* 14 (1905), pp. 479—493. [Reprinted in: H. Feigl and W. Sellars (Ed.), Readings in Philosophical Analysis, New York 1953 (1949).] Aus dem Englischen von Eike von Savigny.

F. P. Ramsey, Universalien

Reprinted by permission of the publisher from F. P. Ramsey, The Foundations of Mathematics, and other Logical Essays ed. by R. B. Braithwaite (London: Routledge & Kegan Paul [2]1960), pp. 112—134 (= "Universals"). Copyright 1960 by Routledge & Kegan Paul Ltd., London. [First published in *Mind* n.s. 34 (1925), pp. 401—417.] Aus dem Englischen von Eike von Savigny.

Paul Bernays, Über den Platonismus in der Mathematik

Paul Bernays, « Sur le platonisme dans les mathématiques ». Imprimé par permission de l'auteur de *l'Enseignement mathématique* 34 (1935), pp. 52—69. [Auch in: P. Bernays, *Abhandlungen zur Philosophie der Mathematik*, Darmstadt 1976.] Aus dem Französischen von Peter Bernath.

Willard van Orman Quine, Über Universalien

Willard van Orman Quine, "On Universals." Reprinted by permission of the publisher of the Association for Symbolic Logic from *The Journal of Symbolic Logic*, Vol. 12, No. 3, pp. 74—84 [Copyright © 1947]. Aus dem Englischen von Walter Hoering.

Willard van Orman Quine, Was es gibt

Willard van Orman Quine, "On What There Is." Reprinted by permission of the author and original publisher from *The Review of Metaphysics* 2 (1948), pp. 21—38. Aus dem Englischen von Walter Hoering.

Willard van Orman Quine, Semantik und abstrakte Gegenstände

Willard van Orman Quine, "Semantics and Abstract Objects." Reprinted by permission of the author and original publisher *Dædalus* from *Proceedings of the American Academy of Arts and Sciences* 80, Boston (1951), pp. 90—96. Aus dem Englischen von Walter Hoering.

Willard van Orman Quine, Logik und die Verdinglichung von Universalien

Reprinted by permission of the author and publisher from Willard van Orman Quine, *From a Logical Point of View. 9 Logico-Philosophical Essays* (Cambridge: Harvard University Press, [3]1971 [[1]1953; [2]1961]), pp. 102—129 (= Chapter VI "Logik and the Reification of Universals" Copyright 1953, 1961 by The President and Fellows of Harvard College. Aus dem Englischen von Walter Hoering.

Willard van Orman Quine, Bezeichnung und Modalität

Reprinted by permission of the author and publisher from Willard van Orman Quine, *From a Logical Point of View. 9 Logico-Philosophical Essays* (Cambridge: Harvard University Press, [3]1971 [[1]1953; [2]1961]), pp. 139—159 (=Chapter VIII "Reference and Modality"). Copyright 1953, 1961 by The President and Fellows of Harvard College. Aus dem Englischen von Walter Hoering.

Alonzo Church, Propositionen und Sätze

Alonzo Church, "Propositions and Sentences." Reprinted be permission of the author and original publisher from I. M. Bocheński, A. Church, N. Goodman: *The Problem of Universals* (Notre Dame: Notre Dame University Press, 1956), pp. 3—11. Copyright 1956 by the University of Notre Dame. Aus dem Englischen von Walter Hoering.

Alonzo Church, Ontologische Voraussetzungen

Alonzo Church, "Ontological Commitment." Reprinted by permission of the author and original publisher from *The Journal of Philosophy* 55 (1958), pp. 1008—1014. Aus dem Englischen von Walter Hoering.

Alonzo Church, Intensionale Semantik

Alonzo Church, "The Need for Abstract Entities in Semantic Analysis." Reprinted by permission of the author and original publisher *Dædalus* from *Proceedings of the American Academy of Arts and Sciences* 80, Boston (1955), pp. 100—108. Aus dem Englischen von Walter Hoering.

Nelson Goodman, Eine Welt von Individuen

Nelson Goodman, "A World of Individuals." Reprinted by permission of the author and original publisher from *Philosophy of Mathematics. Selected Readings*, ed. by Paul Benacerraf and Hilary Putnam (Englewood Cliffs: Prentice Hall, 1964), pp. 197—210. [First published in I. M. Bocheński, A. Church, N. Goodman: *The Problem of Universals*, Notre Dame 1956.] Copyright 1956 by the University of Notre Dame. Aus dem Englischen von Walter Hoering.

Leon Henkin, Einige Bemerkungen zum Nominalismus

Leon Henkin, „Some Notes on Nominalism." Reprinted by permission of the author from *The Journal of Symbolic Logic* 18 (1953), pp. 19—29. Aus dem Englischen von Walter Hoering.

Michael Dummett, Nominalismus

Michael Dummett, "Nominalism." Reprinted by permission of the author from *Philosophical Review* 65 (1956), pp. 491—505. Aus dem Englischen von Eike von Savigny.

Hao Wang, Was ist ein Individuum?

Hao Wang, "What is an Individual?" Reprinted by permission of the author from *Philosophical Review* 62 (1953), pp. 413—420. Aus dem Englischen von Walter Hoering.

R. L. Cartwright, Ontologie und die Theorie der Bedeutung

R. L. Cartwright, "Ontology and the Theory of Meaning." Reprinted by permission of the author and the original publisher from *Philosophy of Science* 21 (1954), pp. 316—325. Copyright © 1954, The Williams & Wilkins Company, Baltimore, Md. 21202, U.S.A. Aus dem Englischen von Walter Hoering.

Israel Scheffler und Noam Chomsky, Was sein soll

Israel Scheffler and Noam Chomsky, "What is Said to be." Reprinted by permission of the authors from *Proceedings of the Aristotelian Society* 59 (1958/59), pp. 71—82. Aus dem Englischen von Eike von Savigny.

Alan Ross Anderson, Was symbolisieren Symbole?: Platonismus

Alan Ross Anderson, "What do Symbols Symbolize?: Platonism." Reprinted by permission of the author and original publisher from *Philosophy of Science* (Newark: The Delaware Seminary, vol. 1 [1961/62]) pp. 137—151. Copyright by the University of Delaware, Newark (Del.). Aus dem Englischen von Eike von Savigny.

Rudolf Carnap, Empirismus, Semantik und Ontologie

Reprinted by permission of the author from *Meaning and Necessity*, enlarged edition (Chicago: The University of Chicago Press, 1956), pp. 205—221. [First published in *Revue internationale de philosophie* 4, 1950, pp. 20—40.] Aus dem Englischen von Walter Hoering.

REGISTER

Namen und Sachen, die in den Anmerkungen vorkommen, sind durch Seitenangaben mit nachgestelltem A gekennzeichnet.

Namen

Sachen